应用型本科物流管理专业精品系列教材

仓储与配送管理

主　编　胡玉洁　李春花
副主编　刘　燕　李　莎　张芳馨
主　审　贺敏娟

北京理工大学出版社
BEIJING INSTITUTE OF TECHNOLOGY PRESS

内 容 简 介

本书以应用型人才培养为主导，基于仓储与配送工作过程的逻辑主线编排教学内容。全书共四篇九章，包括仓储配送认知篇，主要内容为仓储与仓储管理、配送与配送中心；仓储配送作业管理篇，主要内容为仓储作业管理、配送作业管理与优化；仓储规划管理篇，主要内容为仓储设施总体规划、仓储布局规划；仓储配送运营管理篇，主要内容为仓储库存管理、仓储配送经营与商务管理、仓储配送成本与绩效评价。

本书注重理论与实践相结合，书中提供大量案例，既可作为应用型本科物流管理专业教学用书，也可作为从事相关工作人员的学习、培训教材。

图书在版编目（CIP）数据

仓储与配送管理／胡玉洁，李春花主编. —北京：北京理工大学出版社，2020.7
ISBN 978-7-5682-8479-0

Ⅰ. ①仓… Ⅱ. ①胡… ②李… Ⅲ. ①仓库管理-高等学校-教材 ②物流管理-物资配送-高等学校-教材 Ⅳ. ①F253 ②F252.14

中国版本图书馆 CIP 数据核字（2020）第 123105 号

出版发行／北京理工大学出版社有限责任公司	
社　　址／北京市海淀区中关村南大街 5 号	
邮　　编／100081	
电　　话／（010）68914775（总编室）	
（010）82562903（教材售后服务热线）	
（010）68948351（其他图书服务热线）	
网　　址／http：//www.bitpress.com.cn	
经　　销／全国各地新华书店	
印　　刷／唐山富达印务有限公司	
开　　本／787 毫米×1092 毫米　1/16	
印　　张／18.25	责任编辑／时京京
字　　数／430 千字	文案编辑／时京京
版　　次／2020 年 7 月第 1 版　2020 年 7 月第 1 次印刷	责任校对／刘亚男
定　　价／49.80 元	责任印制／李志强

仓储与配送是物流管理过程中不可或缺的重要环节，同时也是降低物流成本、提高服务质量的第三利润源，因此在实际工作中对仓储与配送的学习显得尤为重要。

仓储与配送管理是应用型本科物流管理专业的一门核心课程，同时也是一门理论性与实践性都很强的课程。因此在编写过程中，本书以培养应用型人才为目标，注重理论与实践相结合，学生在学习本教材后，能够认识仓储与配送的概念及流程，掌握仓储与配送管理业务、仓储规划方法、库存控制方法、仓储经营方法和技巧，以及仓储配送成本与绩效评价方法。本书重在培养学生应用所学知识分析和解决实际仓储与配送问题的能力。

本书具有以下特点。

1. 创新性。本书内容与编排体例具有较强的创新性。一是基于对行业实际工作情况的调研，结合人才培养目标，梳理整合本课程要求达到的课程能力目标，并以此匹配知识目标，整合与优化知识体系，对理论与能力模块进行解构和重构，最终形成本教材内容。二是每个章节都设置有"基础知识""案例讨论""实训项目""小结与习题"模块，逻辑清晰、条理分明，通过提供多种学习形式帮助学生更好地理解相关内容。

2. 应用性。本书力求理论与实践相结合，具有较强的实践性和应用性。一是通过案例导入的方式引出理论知识，同时对重要知识点也引入相关案例，还专门设置案例讨论模块来提高学生学习兴趣，帮助学生更好地理解学习内容。二是每个章节都围绕本章理论内容设置相应实训项目，通过实训项目的训练，使学生掌握相应的实践能力。

3. 前沿性。本书在设置知识点时，参考了大量的学术性资料，吸收了国内外仓储配送理论和其他物流理论的研究成果，反映了行业的前沿动态，能启发学生对仓储配送相关理论系统及整个物流理论体系的思考。

本教材由胡玉洁、李春花担任主编，负责教材的结构和框架及本书的统稿工作；刘燕、李莎、张芳馨担任副主编，参与教材编写；贺敏娟担任主审，对本书整体进行审核。本书具体编写分工如下：胡玉洁编写文前及第八、九章（共107千字），李春花编写第一、二、四章（共117千字），刘燕和张芳馨共同编写第五、六章（共105千字，其中刘燕约87千字，张芳馨约 18 千字)，李莎编写第七章（共 58 千字），胡玉洁和李莎共同编写第三章（共 43 千字，其中李莎约 28 千字，胡玉洁约 15 千字）。

在编写与整理本书的过程中，黄卫平博士提供了很多专业建议与帮助，在此表示衷心的感谢。另外，本书参考了大量专家学者的文献、案例及网络资料，在此一并向原作者和发刊机构致谢，若有所疏漏，编者郑重声明其著作权属于原作者，并在此表示歉意。同时由于编者水平有限，若书中存在不足之处，敬请广大读者、同行和专家批评、指正。

编　者
2020 年 5 月

目　录

第二篇　仓储配送作业管理

第三篇　仓储规划管理

第四篇 仓储配送运营管理

第一篇　仓储配送认知

第一章

仓储与仓储管理

■■■\ 学习目标 ....

1. 复述仓储和仓储管理的含义、作用与分类。
2. 列举仓储的类型、功能及在物流中的作用。
3. 概括仓储管理的作用、任务和原则。
4. 复述自动化立体仓库的概念和基本结构。
5. 概括自动化立体仓库的功能、分类和特点。
6. 能够调研并总结仓储行业发展情况。

■■■\ 案例导入 ....

某汽车制造厂仓储管理的改进——自动化仓库建设

20世纪70年代，北京某汽车制造厂建造了一座高层货架仓库（即自动化仓库）作为中间仓库，存放装配汽车所需的各种零配件。此厂所需的零配件大多数由其协作单位生产，然后运至自动化仓库进行存储。该厂是我国第一批发展自动化仓库的企业之一。

该仓库结构分高库和整理室两部分，高库采用的是固定式高层货架与巷道堆垛机结构，在整理室与高库之间设有辊式输送机。当入库的货物包装规格不符合托盘或标准货箱时，则还需要对货物的包装进行重新整理，这项工作就是在整理室进行的。由于当时各种物品的包装没有标准化，因此整理工作的工作量相当大。

货物的出入库是运用电脑控制与人工操作相结合的人机系统完成的，这套设备在当时是相当先进的。该仓库建在该厂的东南角，距离装配车间较远，因此，在仓库与装配车间之间需要进行二次运输，即将所需的零配件先出库，装车运输到装配车间，然后才能进行组装。

自动化仓库建成后，这个先进设施在企业的生产经营中所起的作用并不理想，其利用率也逐年下降，最后不得不拆除。由此可见，不是拥有好的仓库设备就能带来高效的仓储作业，仓储管理的手段和方法也起着关键作用。

（案例来源：2013 年物流师考试真题）

模块一　基础知识

一、仓储

（一）仓储的含义及其发展

1. 仓储的发展历史

仓储活动是随着社会化大分工和商品交换而逐步产生和发展的。人类社会自从有了剩余产品，就有了储存行为，即将多余的、暂时不消费的商品存起来以备再用的活动。早期的储存仅仅是为了保存好商品的数量和所有权，储存方式和保管方法都非常简单。经过长期发展，现代的商品储存已经从附属于某部门、某企业的状况，逐渐分离为一个独立的行业——仓储业。仓储业的形成，使储存商品的仓库不再是生产企业、流通企业的附属部分，而成为一个独立的经济组织，专门从事商品的储运业务。这就使商品储运管理水平提高到了一个更高的阶段。随着现代科学技术和生产力的进一步发展，仓库已由过去单纯的作为"储存、保管商品的场所"，逐步向"配送中心、物流中心"发展，仓库不但在建筑场所的外貌上焕然一新，而且内部的空间、设施和货物都发生了根本的变化，更有功能和管理的进化。现代仓储和物流中心已经形成由围绕货物设置的存储空间、储存设施设备、人员和作业及管理系统组成的仓储系统，功能也延伸到运输、仓储、包装、配送、流通加工等物流环节。

2. 仓储的含义

"仓"也称为仓库，是存放物品的建筑物和场地，如房屋建筑、大型容器、洞穴或其他特定的场地等，仓库具有存放和保护物品的功能；"储"表示收存以备使用，有收存、保管的意思，当适用于有形物品时也称为储存。"仓储"则为利用仓库存放、储存未即时使用的物品的行为。仓储的含义有狭义和广义之分。狭义的仓储是指商品在离开生产领域进入消费领域之前，处于流通领域时所形成的"停滞"状态；广义的仓储不仅存在于从生产进入消费的过程中间，而且存在于生产过程的中间和消费流通过程的中间。所以仓储可以概括为利用仓库存放暂未使用的物品的行为，是物品在供需之间转移时存在的一种暂时滞留。这种供需之间转移可以是生产过程上下游工序之间的转移，可以是流通各环节之间的转移，也可以是从生产进入流通的过程中商品的转移。

我国国家质量监督检验检疫总局在颁布的《中华人民共和国国家标准：物流术语（GB/T 18354—2006）》中，对仓储的定义是：利用仓库及相关设施设备进行物品的入库、存贮、出库的作业。

在现代物流背景下，仓储需要借助现代化的技术手段来实现更高效的仓储作业。因此，现代意义上的仓储是以满足客户需求为目的，在特定的场所、运用现代技术对物品进行储存的行为，包括出入库、分拣、包装、配送、加工及信息处理等物流活动。

3. 我国仓储业的发展趋势

现代物流业的迅速发展对仓储行业提出了更高的要求：充分利用已有的仓储资源，实现仓储社会化；充分利用机械化与自动化设备，提高仓储的信息处理能力。具体而言，包含以下几个方面。

（1）社会化

目前，我国仓储行业的资源利用率低、作业条件差，整体的运作效率也较低。在市场经济环境中，任何社会资源只有在市场中自由交换才能充分体现其价值，也只有在自由交换体制的激励下，才会更好地发挥其创造性。仓储业需要以"产权明晰、权责明确、政企分开、管理科学"为原则进行现代化改造，建立科学的企业治理制度，成为自负盈亏、自主经营的市场竞争中的主体，彻底改变我国仓储业的不良状况，向更加健康的方向发展。因此，未来仓储业将会向着专业化、特殊化、功能化、个性化的方向发展，同时也可能出现私人仓储等新业态。

（2）自动化

随着生产技术的发展，机械化和自动化已成为现代企业生产的基本特征。机械具有承重能力强、效率高、工作时间长、损害低等特点。仓储作业大多负荷重、作业量大、作业环境恶劣、时间紧，因此机械化比人工操作更加有效，而且能减少人身伤害和货物损害。随着货物运输包装向着大型化、托盘化方向发展，仓储也必然要向机械化过渡。

仓储自动化是指由计算机管理控制整个仓储过程，仓储管理各项工作通过扫描技术、条形码、射频通信、数据处理等技术，指挥仓库堆垛机、传送带、自动导引车、自动分拣机等设备自动完成；自动控制空调、监控设备、制冷设备进行环境管理；向运输设备下达运输指令安排运输，并同时完成单证、报表的制作和传递。对于危险品、冷库暖库、粮食等特殊仓储，都有必要采取自动化控制。目前，一些先进的机械化和自动化设备已出现在仓储管理中，如自动分拣机、拣货机器人等。

（3）信息化

对于存货品种繁多、存量巨大的物流与配送中心，如果缺少高效的信息化处理系统，那么要提高仓库利用率、保持高效率的存货流转，几乎是不可能实现的。仓储是物流的节点，是企业存货管理的核心环节。企业生产、经营的决策需要仓储及时地把存货信息反馈给管理部门，在充分掌握物品的存量、储备、存放地点、消费速度的情况下，管理部门才能够进行准确的生产和经营决策。因此，只有实现信息化管理，仓库、厂商、物流管理者、物流需求者等主体之间建立有效的信息网络，实现仓储信息共享，通过信息网络控制物流，才能实现企业的高效运作。

案 例

海尔的信息化改革

海尔自1995年就成立了信息中心，专门负责推进企业信息化工作，现在海尔已成功实现从传统的制造企业向现代信息化企业的转变。更重要的是，通过"市场链"对传统的"金字塔"型组织结构与管理体系进行再造，实现企业面向流程的组织再造。海尔物流注重整个供应链全流程最优与同步工程，不断消除企业内部与外部环节重复和无效的劳动，让流动在每一个过程中的资源都实现增值，使物流业务能够支持客户实现快速获取订单与满足订单的目标。由于有物流技术和计算机信息管理的支持，海尔通过3个JIT（Just in Time，准时制生产方式），即JIT采购、JIT配送和JIT分拨物流来实现同步流程。在海尔企业内部，计算机自动控制的各种先进物流设备不但降低了人工成本、提高了劳动效率，还直接提升了物流过程的精细化水平，达到了质量零缺陷的目的。

（案例来源：道客巴巴网，引文经节选、整理和改编）

（二）仓储的类型

仓储是利用仓库储存、保管物品的行为。现代科学技术和生产力的发展，以及市场经营的多方面需要，决定了仓储活动不能只有单一的主体和功能，不能只采用一种经营方式、存储一类物品，而是必须以多种类型满足不同的社会需求。因此，仓储活动可以从不同角度区分为多种类型，不同的仓储类型又具有不同的特性。

1. 按仓储经营主体分类

（1）自营仓储

自营仓储主要包括生产企业自营仓储和流通企业自营仓储。生产企业为保障原材料供应、半成品及成品保管的需要而进行仓储保管，其储存的对象较为单一，以满足生产为原则。流通企业自营仓储则为流通企业所经营的商品进行仓储保管，其目的是支持销售。

自营仓储不具有经营独立性，仅仅是为企业的产品生产或商品经营活动服务。相对来说，它规模小、数量多、专业性强、仓储专业化程度低、设施简单。

（2）营业仓储

营业仓储是仓储经营人以其拥有的仓储设施向社会提供仓储服务。仓储经营人与存货人通过订立仓储合同的方式建立仓储关系，并且依据合同约定提供仓储服务并收取仓储费。营业仓储面向社会，以经营为手段，实现经营利润最大化。与自营仓储相比，营业仓储的仓库使用效率较高。

案 例

某家用电器企业借力营业仓储进行仓储优化

某家用电器企业实施并购后，销售额急剧上升，需要扩大仓储系统以满足需要。公司以往的物流战略是全部使用自建仓库和车辆为各分店提供高水平的服务，因而此次公司计划投入 3 000 万元新建一个仓库，用来缓解仓储能力不足的问题。然而，公司同时进行的网络设计模拟研究表明，新仓库并没有完全解决仓储能力不足的问题。这时，有人建议采用混合战略，即除使用自建仓库外，同时租赁营业型仓库，这样算下来的总成本比全部使用自建仓库的总成本要低。于是企业将部分产品转移至营业型仓库，然后在已建仓库中安装新设备，新设备的成本为 100 万元。最终，企业通过混合战略成功地避免了在单一仓储模式下可能导致的 3 000 万元的巨额投资。

（案例来源：孙宏英. 仓储与配送管理——理论、实务、案例、实训［M］. 2 版. 大连：东北财经大学出版社，2017.）

（3）公共仓储

公共仓储是公用事业的配套服务设施，为车站、码头等提供仓储配套服务，其运作的主要目的是保证车站、码头等的货物作业和运输，具有内部服务的性质，处于从属地位。对于存货人而言，公共仓储有经营性质，但不独立经营，不单独签订仓储合同，而是将仓储关系列在作业合同、运输合同之中。

（4）战略储备仓储

战略储备仓储是国家根据国防安全、社会稳定的需要，对战略物资进行储备。战略储备仓储特别重视储备品的安全性，且储备时间较长，所储备的物资主要有粮食、油料、有色金属等。

2. 按仓储功能分类

（1）储存仓储

储存仓储是为物资提供较长时期储存和保管的仓储。储存的物资较为单一，品种少，但存量较大。这种仓库一般选在较为偏远的地区，存储费用较低。由于物资存放时间长，储存仓储特别注重对物资质量的维护。

（2）物流中心仓储

物流中心仓储是以物流管理为目的的仓储活动，是为了实现有效的物流管理，对物流的过程、数量、方向进行控制的环节，是实现物流的时间价值的环节。一般在一定经济地区的中心、交通较为便利、储存成本较低处进行。物流中心仓储品种较少，通常以较大批量进库，一定批量分批出库，整体上吞吐能力强。

（3）中转仓储

中转仓储是衔接不同运输方式的仓储，主要设在生产地和消费地之间的交通枢纽地，如港口、车站等。中转仓储是为了保证不同运输方式之间的高效衔接，同时减少运输工具的装卸和停留时间。中转仓储具有货物大进大出的特性，储存期限短，注重货物的周转作业效率和周转率。

（4）配送仓储

配送仓储也称配送中心仓储，是商品在配送交付给消费者之前所进行的短期仓储，是商品在销售或者供生产使用前的最后储存，是商品保管和加工相结合的仓储活动。配送仓储一般在商品的消费经济区间内进行，主要职能是根据市场需要，对商品进行拆包、分拣、组配等流通加工活动，并迅速送达消费者和零售商。配送仓储物品品种繁多、批量少，需要一定量进货、分批少量出库操作，主要目的是支持销售，注重对物品存量的控制。

（5）保税仓储

保税仓储所储存的对象是暂时进境并且还需要复运出境的货物，或者是海关批准暂缓纳税的进口货物。保税仓储受到海关的直接监控，虽然所储存的货物由存货人委托保管，但保管人要对海关负责，入库或出库单据均需要由海关签署。保税仓储一般在进出境口岸附近进行。

3. 按仓储的保管条件分类

（1）普通物品仓储

普通物品仓储是指不需要特殊条件的物品存储，其设备和库房建造都比较简单，使用范围较广。这类仓储只需要一般性的保管场所和设施，常温保管，自然通风。

（2）特殊物品仓储

特殊物品仓储是指保管时有特殊要求或需要满足特殊存储条件的物品存储，如危险品、粮食、冷藏物品存储等。这类仓储必须按照物品的物理、化学、生物特性及相关法规进行仓库建设和管理，需要配备防火、防爆、防虫等专门设备。特殊物品仓储一般为专用仓储，即专门用来储存某一类（种）物品。

（三）仓储的功能及作用

1. 仓储的功能

仓储主要是对流通中的物品进行检验、保管、加工、集散和转换运输，并解决供需之间和不同运输方式之间的矛盾，提供场所价值和时间效益，使物品的所有权和使用价值得到保护，加速物品流转，提高物流效率和质量，促进社会效益的提高。概括起来，仓储的功能可以分为以下几种。

（1）存储功能

存储是指将物品存放在特定的场所并进行妥善保管，确保被存储的物品不受损害。存储是仓储最基本的功能，是仓储产生的根本原因。存储的目的是确保存储物的价值不受损害。在存储过程中，存储物所有权属于存货人。

（2）调节功能

仓储在物流中起着"蓄水池"的作用。一方面仓储可以调节消费与生产的关系，使其在时间和空间上得到协调，保证社会再生产的顺利进行。另一方面，仓储还可以实现对运输活动的调节。因为物品从生产地向销售地流转，主要依靠运输完成，但不同的运输方式在运向、运程、运量及运输线路和运输时间上存在着差距。货物的运输若只依靠一种运输方式一般很难直达目的地，需要在中途改变运输方式、运输路线、运输规模、运输工具，而且为协调运输时间和完成物品倒装、转运、分装、集装等物流作业，还需要在物品运输的途中停留。通过仓储的调节，可以实现物品从生产地向销售地的快速转移。另外，当交易不利时可以对物品先进行存储，等待有利的交易机会。

（3）保管检验功能

仓储保管一方面是对存货人交付的仓储物的数量、质量进行保管，尽量保持与原保管物一致；另一方面是按照存货人的要求分批收货和分批出货，对储存的货物进行数量控制，配合物流管理的有效实施，同时向存货人提供一定数量的服务信息，以便客户控制存货，提高物品的效用。为了保证仓储物的数量和质量，分清事故责任，维护各方面的经济利益，必须对仓储物进行严格的检验，以满足生产、运输、销售及用户的要求。仓储为组织检验提供了场地和条件。

（4）配送功能

随着现代科技的发展，消费者订货可以通过网络等途径完成，但产品从生产者到消费者手中必须经过物流环节。通过仓储配送可以缩短物流渠道，减少物流环节，提高物流效益，促进物流的合理化，实现物品的小批量送达。因此，配送是商流与物流的结合体，是拣选、包装加工、组配、配发等各种活动的有机组合，配送点一般设置在生产和消费集中的地区。仓储配送业务的发展有利于生产企业降低存货，减少固定资金的投入；有利于流通企业减少存货，降低流动资金使用量，并能保证销售。

（5）集散功能

仓储把制造企业的产品汇聚起来，形成规模，然后根据需要分散到消费地去。配载和拼装是对使用相同运输工具和运输线路的货物进行合理安排，使货物批量小的订单实现整车运输，是仓储活动的一个重要内容。通过配载和拼装实现一集一散，衔接产需，均衡运输，提高物流速度。大多数仓储提供配载和拼装服务，来自多个制造企业的产品或原材料在仓库（这类仓库一般被称为整合仓库）集中，按照运输的方向进行分类仓储，当运输工具到达时出库装运。通过对运输车辆进行配载和拼装，确保配送的及时和运输工具的充分利用，同时减少由多个供应商向同一个客户供货带来的拥挤和不便。

▶ 案 例

西安国际港务区保税仓业务功能

2019年6月11日，西安国际港务区正式开启跨境电商备货业务。西安市民原先海淘从下单到收货需要7天左右时间，而现在的保税备货模式可以实现快递次日到达。跨境电商备货业务就是指跨境电商企业通过集中海外采购，统一由海外发至国内保税仓库，消费者在平台下单之后，货物直接从保税仓发出，由物流公司直接配送至客户手中，避免了国际运输线上的时间，客户能够较快取到货物，对消费者而言也有较好的消费体验。该模式同时享受了进口环节税的税收优惠政策。集中采购能够通过大幅降低商品的采购成本和物流成本，带来更具竞争力的价格，并且在进口通关、检验检疫方面全程接受严格监控。保税备货模式能够更好地保证商品本身的质量及消费者的利益。

（案例来源：搜狐网，引文经节选、整理和改编）

（6）交易中介功能

仓储经营人利用大量存放在仓库的有形物品，以及与各类物品使用部门在业务上的广泛联系，开展现货交易中介活动，充分利用社会资源，扩大货物交易量，加速仓储物的周转和吸引新的仓储业务，从而提高仓储效益。同时，在大批量的实物交易中，购买方可以到仓库查验货物。由仓库保管员出具的货物仓单是实物交易的凭证，可以作为对购买方提供的信用保证。因而，交易中介功能的开发是仓储经营发展的重要方向。

（7）流通加工功能

在仓储期间，企业可以通过简单的制造、加工活动来延期或延迟生产，提高物品附加值。加工本是生产环节的任务，但随着消费的个性化、多元化发展，许多企业将产品的定型、分装、组配、贴商标等工序留到仓储环节进行。通过流通加工，缩短生产时间、节约材料、提高成品率、保证供货质量和更好地为消费者服务，实现产品从生产到消费之间的价值增值。

● 案 例

阿迪达斯的流通加工

阿迪达斯公司在美国有一家超级市场，设立了组合式鞋店。鞋店内摆放的不是做好了的鞋，而是做鞋用的半成品。款式花色多种多样，有6种鞋跟、8种鞋底，均为塑料制造的；鞋面的颜色以黑、白为主；鞋带的颜色有80种，款式有100余种。顾客进来可任意挑选自己喜欢的各个部位，交给店员当场进行组合。只要10分钟，一双崭新的鞋便生产了出来。这家鞋店昼夜营业，店员技术娴熟，鞋子的售价与成批制造的价格差不多，有的还稍便宜些。所以顾客络绎不绝，销售额比邻近的鞋店多10倍。

（案例来源：豆丁网，引文经节选、整理和改编）

2. 仓储在物流中的作用

在社会生产与生活中，由于生产与消费节奏不统一，货物在流通过程中的储存和滞留不可避免。如何在生产与消费或供给与需求的时间差中保持货物的完好性，是物流过程中的仓储环节所要面对的问题。仓储在物流中的主要作用可以概括为以下几点。

①仓储是物流过程中的重要环节。物流过程主要包括运输和仓储两种运作方式，运输和仓储用"移动"和"静止"来实现"供给"与"需求"之间的衔接。运输靠货物的位置移动来实现价值，而传统的仓储靠改变货物的存储时间实现增值。现代仓储是指货物在流通过程中处于"停歇"或"静止"状态的物流形式。

②仓储可保证社会再生产过程顺利进行。仓储过程不仅是货物流通的有利保证，也是社会再生产过程得以进行的必要条件。商品的生产过程需要原材料、零件、配件的准备和供给，商品生产链条中如果缺少了仓储过程，生产就难以实现，商品的再生产过程也将停止。

③仓储可优化商品流通，节约流通费用。物流过程中的仓储环节是商品流通网络中的一个节点，通过仓储作业，可以加快商品流通的速度，降低商品流通总体成本。仓储通过储存、分拣等过程使商品在流通过程中单位商品流通距离缩短、时间减少，从而降低商品流通的综合成本。

④仓储可保证商品在流通过程中的质量。通过仓储环节，对流通商品进行检验，加强商

品进入市场前的质量检查工作，可以最大限度地防止不合格商品流入市场。因此，做好商品进出库的检验工作，并管理好商品的在库质量是仓储管理的重要任务。

⑤为商品进入市场做好准备。在仓储作业环节，可以进行商品的整理、包装、质检、分拣、贴标签、再加工等工作。在销售末端环节运营成本越来越高的情况下，尽可能地利用仓库集中作业的低成本和有效性，可以为下一个流通环节提供方便、创造价值。

⑥为生产提供方便。为使生产过程品种简化，流通环节存货减少，可以在仓储环节中实现部分后续生产过程，以快速应对客户对产品的特殊要求，并减少生产和存货的品种数量。

⑦为逆向物流提供场所。一般意义上的仓储是为商品从原材料到产成品的流通过程提供场所，而现代商品流通向着可持续发展方向发展，商品的包装物及其使用后的回收越来越引起人们的注意。商品流通对逆向物流提出了新的要求，仓库也是逆向物流必不可少的通道和场所。

二、仓储管理

(一) 仓储管理的含义及内容

1. 仓储管理的含义

仓储管理就是对仓库及仓库内的物资所进行管理，是仓储机构为了充分利用所具有的仓储资源（包括仓库、机械、人力、资金、技术等）向客户提供高效的仓储服务所进行的计划、组织、协调和控制的过程。我国国家质量监督检验检疫总局在颁布的《中华人民共和国国家标准：物流术语（GB/T 18354—2006）》中，对仓储管理的定义是：对仓储设施布局和设计以及仓储作业所进行的计划、组织、协调与控制。仓储管理既是一门经济管理学科，又是一门应用技术学科，其内涵随着其在社会经济领域中的作用而不断变化。仓储管理是对仓库及其库存物品的管理，仓储系统是企业物流系统中不可或缺的子系统。物流系统的整体目标是以最低成本提供令客户满意的服务，而仓储系统在其中发挥着重要作用。仓储活动能够促进企业提高客户服务水平，增强企业的竞争力。现代仓储管理已从静态管理向动态管理发生了根本性的变化，对仓储管理的基础工作也提出了更高的要求。

综上所述，随着仓储业务的不断发展，仓储管理的服务范围也发生了很大变化。因此，仓储管理是仓储经营者在仓库内部和外部充分利用仓储资源，对与货物储存相关的服务过程和内容进行计划、组织、协调、控制的过程。

2. 仓储管理的内容

仓储管理工作包括以下几个方面的内容。

①仓库的选址与建设。它包括仓库的选址原则、仓库建筑面积的确定、仓库内运输道路与作业的布置等问题。仓库的选址和建设问题是仓库管理战略层所研究的问题，因为它涉及公司长期战略与市场环境相关问题的研究，对仓库长期经营过程中的服务水平和综合成本具有非常大的影响。

②仓库机械作业的选择与配置。它包括：如何根据仓库作业特点和储存商品的种类及其理化特性，选择机械装备以及应配备的数量；如何对这些机械进行管理等。现代仓库离不开仓库所配备的机械设施，如叉车、货架、托盘和各种辅助设备等。恰当地选择适用于不同作

业类型的仓库设施和设备将大大降低仓库作业中的人工作业劳动量，并提高货品流通的顺畅性，保障货品在流通过程中的质量。

③仓库组织结构和流程管理。它包括：设置什么样的组织结构；各岗位的责任分工如何；仓储过程中如何处理信息流程和作业流程等。仓库的作业组织和流程随着作业范围的扩大和功能的增加而变得复杂，现代大型的物流中心要比以前的储存型仓库组织机构大得多，流程也复杂得多。设计合理的组织结构和明确的分工是仓储管理的目标得以实现的基本保证。合理的信息流程和作业流程使仓储管理工作更加高效、顺畅，并能达到使客户满意的目的。

➡ 案 例 ●●●●

某储运公司组织结构设置

某储运公司现设五个部门：项目操作管理部、行政管理部、财务部、人力资源部、快运专线部。其中快运专线部负责 SY 分公司（下辖 CC 分公司、DL 分公司、SHJ 办事处、QD 办事处、WH 办事处）、HEB 分公司（下辖零担配送部、DQ 办事处、QQHE 办事处、综合管理部）及四个项目组（MQL 项目组、ZPKP 项目组、TJKP 项目组、SDKB 项目组）的业务。公司现有员工 150 余人，员工平均年龄为 27 岁，是一个年轻化、学习型的专业团队。

④仓库管理技术的应用。现代仓储管理离不开现代管理技术与管理手段。例如，选择合适的编码系统、安装仓储管理系统、实行 JIT 管理等先进的管理方法。现代物流越来越依靠现代信息和现代管理技术，这也是现代物流区别于传统物流的主要特点之一。商品的编码技术和仓储管理系统极大地改善了商品流通过程中的识别和信息传递与处理过程，使得商品的仓储信息更准确、快捷，成本更低。

⑤仓库的作业管理。仓库的作业管理是仓储管理工作中最基本的管理内容。例如：如何组织商品入库前的验收，如何安排库位存放入库商品，如何对在库商品进行合理保存和拣选出库等。仓库的作业管理是仓库人员日常所面对的量大且复杂的管理工作，只有认真做好仓库作业中每一个环节的工作，才能保证仓储整体作业的良好运行。

⑥仓储综合成本的控制。成本控制是每一个企业的重要工作目标，仓储管理企业也不例外。仓储的综合成本控制不但要考虑库房内仓储运作过程中各环节的相互协调关系，还要考虑物流过程中各功能间的背反效应，以平衡局部利益和总体利益最大化的关系。选择合适的成本控制方法和手段，对仓储过程中每一个环节的作业表现和成本加以控制，是实现仓储管理目标的要求。

（二）仓储管理的作用和任务

1. 仓储管理的作用

仓储管理是现代物流运作不可或缺的一个环节。通过分析物品从生产者到消费者手中这一过程，可以看到物品的生产环节是创造价值的过程。一旦产品下了生产线，就会面临贬值的可能。仓储、运输等流通环节的根本作用就是通过快速、准确地移动物品，将物品及时送达到消费者手中，从而实现其价值。由此可以看出，仓储管理的首要作用就是物品的保值。

此外，仓储管理还要尽可能减少物品在仓储环节的停留时间和成本；同时，为了生产运输前后环节的便利，还应采取措施实现增值。

（1）仓储物品的保值

物品的价值在生产阶段已经确认，仓储环节必须保证物品的价值在市场上能及时有效地实现。在这种要求下，有人提出"仓储是蓄水池"，这的确很好地说明了仓储的保值功能。另外，仓储为物品提供专业化的养护，客观上也是实现物品不贬值的需要。就仓储管理而言，在这一阶段必须保证该功能充分有效地发挥。任何物流成本的节约，都不能影响仓储对物品的保值，这是仓储管理存在的根本意义。

（2）降低仓储成本

物品越快速、准确地流向消费者，其价值就越能有效发挥。物品在仓储阶段停留时间越长，贬值风险就越大。从仓储管理的角度而言，"零库存"是最佳的，但几乎是不可能的。实际的做法只有使物品快速入库、中转、出库，即提高周转率。在这里，快速流动不但能降低物品的机会成本，还能为企业带来良好的经济效益。仓储成本的高低，是判断一条供应链联盟成功与否的重要标准。

（3）仓储物品的增值

仓储能实现物品的增值。在这里，物品增值的含义有两点：一是为仓储环节与生产运输环节做好衔接，实现"无缝"流转，缩短物品在流通环节的总时间，加速物品价值的实现；二是采用生产延迟、运输延迟等策略，针对不同的行业和物品，把物品的粗加工、包装等基本作业放在仓储部门，不仅进行拼箱运装，还按客户要求进行物品整合，既能为上下游的生产、运输环节提供直接便利，又可以使仓储作业从单一的保值功能向增值等多元化功能发展，大大提高仓储的直接效益。生产、仓储、运输等环节是否协同合作，物品在每一个环节是否都能增值，也是判断一条供应链成功与否的重要标准。

在实际运用中，仓储管理往往需要和企业信息化相连接，借助先进的信息技术来实现仓储管理最优化。运用时必须运用系统的思维和战略的眼光，将仓储管理放入供应链中，结合上下游环节来实现整条供应链的共赢。生产和消费之间或多或少存在时间或空间上的差异，而仓储可以提高物品的时间效用，调整均衡生产和集中消费或集中生产和均衡消费在时间上的矛盾。

2. 仓储管理的任务

仓储管理作为现代物流管理的功能之一，其基本任务就是从客户需求出发，做好物品的入库、保管保养和出库等工作，为客户提高优质的服务。其具体任务包括以下几点。

①做好入库验收，确保入库物品数量准确、质量完好。包括接收物品、审核入库凭证、查看外观、验收数量、记录验收结果、处理财务及维护系统等。

②做好保管保养，确保物品质量完好。包括仓库合理规划、堆垛与苫垫整理、物品维护保养及盘点和检查等。

③做好出库供应，为生产服务。包括审核出库凭证、备料、包装、送货与发运等。

④建立健全仓储管理制度。根据 ISO9000 质量管理体系和 ISO14000 环境管理系列标准的要求，不断完善仓储管理规章制度和作业程序，使仓储管理同国际接轨并实现国外先进技术的本土化。

⑤做好仓库清洁卫生。仓库清洁卫生的要求与其他场所不同，它是根据物品的储存要求

来确定的。由于灰尘对不同物品的质量有不同程度的影响，因此，做好清洁卫生是仓储管理的基本要求之一。

⑥讲求经济效益，做好经济预算。仓储管理是一种经济活动，它通过仓储活动给客户提供增值服务，同时，仓储活动也会产生相关费用。只有通过仓储的合理规划，加快货物周转，提高仓储设施利用率，降低作业成本，才能取得良好的经济效益，使仓储活动在企业生产经营中更好地发挥作用。

⑦保障仓库安全。仓库安全包括仓库治安、安全生产、劳动与环境保护、防台风、防汛等。其中，安全生产是仓储活动的基本保证。

（三）仓储管理的原则

1. 效率原则

效率是指一定量的劳动要素投入时的产品产出量。较小的劳动要素投入和较高的产品产出才能实现高效率。高效率意味着劳动产出大、劳动要素利用率高，是现代生产的基本要求。仓储的效率表现在仓容利用率、货物周转率、进出库时间、装卸车时间等指标上，应力求做到快进、快出、多储存、保管好、省费用。

2. 经济效益原则

利润是经济效益的表现，实现利润最大化需要做到经营收入最大化和经营成本最小化，企业生产经营的目的是获得利润最大化。

3. 仓储服务定位原则

仓储服务定位原则是：在进入或者引起竞争时期，高服务低价格且不惜增加仓储成本；在积极竞争时期，用一定的成本实现较高的仓储服务；在稳定竞争时期，提高服务水平，争取不断降低成本；已占有足够的市场份额或者处于垄断竞争时期，服务水平不变，尽力降低成本；在退出或者完全垄断时期，大幅度降低成本，同时降低服务水平。

三、仓库与自动化立体仓库

（一）仓库概述

1. 仓库的概念

仓库作为连接生产者和消费者的纽带，是物流系统的一个重要环节，是物流节点设施。现代的仓库已由过去单纯的作为"存储、保管商品的场所"，逐步向"商品配送服务中心"发展，不仅存储、保管商品，还具有商品分类、检验、计量、入库、包装、分拣、出库及配送等多种功能。

仓库是用来储存、保管物品的建筑物和场所的总称，从现代物流系统角度看，仓库也是从事包装、分拣、流通加工等作业活动的物流节点设施。

从狭义上讲，对仓库的管理就是仓储管理；从广义上讲，对仓库的管理是仓储管理的一个重要组成部分。

2. 仓库的分类

仓库是仓储管理活动的基本设施，是仓储作业的主要场所。由于仓库在不同行业用途广泛，因此其种类繁多。在这里介绍几种常见的分类。

（1）根据仓库的用途分类

①储存仓库。储存仓库主要对货物进行保管，以解决生产和消费间的不均衡，如季节性生产的大米储存到第二年卖，常年生产的化肥通过仓储在春秋季节集中供应。

②流通仓库。流通仓库除具有保管功能以外，还具有进行配装、简单加工、包装、理货及配送功能，具有周转快、附加值高、时间性强的特点，能减少流通过程中商品的停滞消耗。

③配送中心仓库。配送中心是向市场或者直接向消费者配送商品的仓库。作为配送中心的仓库往往存货种类多、存货量较少，除开展配送业务外，还要进行商品包装拆除、配货等作业。

④中转仓库。中转仓库处于货物运输系统的中间环节，存放那些等待转运的货物，一般货物在此仅临时停放。这类仓库一般设置在公路、铁路的场站和水路运输的港口/码头附近，以方便货物在此等待装运。

⑤生产仓库。生产仓库主要是为了保证企业的正常生产而建立的仓库。这类仓库主要存放生产企业生产所需的原材料、设备和工具等，并存放企业生产的成品。按其存放物品的性质，又可分为原材料仓库、半成品仓库和产成品仓库。

⑥保税仓库。保税仓库是指应国际贸易的需要，设置在一国国土之上、但在海关关境以外的仓库。外国企业的货物办理海关申报手续后可以免税进出这类仓库，而且经过批准后，可以在保税仓库内对货物进行加工、存储等作业。

⑦储备仓库。储备仓库是政府为了防止自然灾害、战争及国家经济比例严重失调而设立的仓库，一般储备的货物储存时间较长，对仓储条件、质量维护和安全保卫要求较高。

（2）根据仓库作业方式分类

①人力仓库。人力仓库采用人工作业方式，无装卸作业所用的机械设备，一般规模较小，常用于储存电子元器件、工具、备品备件等货物。

②半机械化仓库。半机械化仓库是指入库和出库采用机械作业（如叉车等）、盘库采用人工作业的仓库。一般适合批量入库、零星出库的情况。

③机械化仓库。机械化仓库是指入库和出库均采用机械作业（如行车、叉车、输送机等）的仓库，适合整批入库和出库。一般来说，机械化仓库配备有高层货架，有利于提高仓库空间的利用率。

④半自动化仓库。半自动化仓库是自动仓库的过渡形式，配备有高层货架和输送系统，采用操作巷道堆垛机的方式，多见于备件仓库。

⑤自动化立体仓库。自动化立体仓库是以高层货架为主体，配备自动巷道作业设备和输送系统的无人仓库，如青岛海尔公司、红塔卷烟集团等企业的自动化仓库。

（3）根据保管条件分类

①普通仓库。普通仓库具备一般性的保管场所和设施，按照通常的货物装卸和搬运方法作业，设备与仓库建筑构造比较简单。普通仓库用于存储一般物资，对仓库没有特殊要求，如一般的金属仓库、机电产品出口等。在货物流通行业中，普通仓库所占的比重较大。

②保温仓库。保温仓库用于储存对温度等有特殊要求的货物，如粮食、水果、肉类等。保温仓库包括恒温仓库、恒湿仓库及冷藏库等，在建筑结构上要有隔热、防寒和密封等功

能，并配备专门的设备，如空调、制冷机等。

③水面仓库。水面仓库是利用货物的特性及宽阔的水面来保存货物的仓库，如在水中储存原木、竹排等。

④特种仓库。特种仓库用于储存特殊性能、要求特殊保管条件的物品。这类仓库必须配备防火、防爆、防虫等专用设备，其建筑构造、安全设施都与普通仓库不同。特种仓库主要包括石油仓库、化学危险品仓库等。

3. 仓库的作用

（1）存储和保管

存储和保管是仓库最基本、最传统的作用。仓库具有一定的空间，可用于存储物品，并应根据存储物品的特性配备相应的设备，以保持存储物品的完好性。例如，存储挥发性溶剂的仓库必须配备通风设备，以防止空气中挥发物质含量过高而引起爆炸；存储精密仪器的仓库，须防潮、防尘、恒温，应配备空调等设备。仓库作业中要防止搬运和堆放时碰坏、压坏物品，使仓库真正起到存储和保管的作用。

（2）支持生产

大部分生产车间为完成加工作业需要各种原材料、半成品等，这些生产投入品来自不同的供货商。为了顺利、有序地完成向生产车间发送原材料及其他生产投入品的任务，需要建现代化的仓库，将来自不同供货商的商品存放起来，以保障生产活动的正常开展。

（3）调节运输能力

各种运输工具的运输能力是不一样的。船舶的运输能力很大，海运船一般是万吨级，内河船舶也有几百吨至几千吨。火车的运输能力稍小，每节车厢能装运 30 ~ 60 吨货物，一列火车的运量最多为几千吨。汽车的运输能力更小，一般每辆车装 4 ~ 10 吨。所以，各种运输工具之间的直接运输衔接是很困难的，这种运输能力的差异也通过仓库进行调节。

（4）配送商品

每个客户对商品品种、规格、型号、数量、质量、到达时间和地点等的要求不同，而仓库必须按客户的要求对商品进行分拣和组配。这也是现代仓储业区别于传统仓储业的重要特征之一。

（5）商品加工

为了满足客户提出的特殊要求或实现合理配送，在仓库内部可以对存储的物品进行一些辅助性的流通加工，如再包装、重新分类、重新标价，或者改变产品尺寸及形状等。因此，仓库需要适当增加一些加工设备以满足客户的要求。

（6）信息处理

仓库内部每时每刻都会产生大量物流信息。在现代信息技术装备下，订单处理、库存管理、储位管理、拣货作业等工作全部都可以实现无纸化操作。哪一个客户订多少商品，订购批量的峰值是多少，哪些商品比较畅销，都可以借助仓库内部的信息系统迅速获取。

（二）自动化立体仓库

1. 自动化立体仓库的含义和功能

（1）自动化立体仓库的含义

自动化立体仓库是第二次世界大战之后生产和技术发展的结果。20 世纪 50 年代初，美国出现了采用桥式堆垛起重机的立体仓库；50年代末60年代初，出现了司机操作的巷道式堆垛起重机立体仓库；1963年，美国率先在高架仓库中采用计算机控制技术，建立了第一座计算机控制的立体仓库。此后，自动化立体仓库在美国和欧洲得到迅速发展。20世纪60年代中期，日本开始兴建立体仓库，并且发展速度越来越快，如今已成为世界上拥有自动化立体仓库最多的国家之一。

我国于1963年成功研制第一台桥式堆垛起重机，1973年开始研制第一座由计算机控制的自动化立体仓库，该库于1980年投入运行。自动化立体仓库在卷烟、制药、化工、电子、家电、航运、钢铁、食品等行业以及军事后勤领域使用最多，从其规模和自动化程度来看，卷烟、制药、电子、家电行业的立体仓库走在前列，国内大型卷烟厂80%以上已经建成立体仓库。

总之，自动化立体仓库是物流技术发展的产物，是仓储智能化的体现，它利用立体仓库设备实现仓库空间利用合理化、存取自动化、操作简便化，是通过计算机和相应的自动控制设备对仓库作业和仓储管理进行自动控制和管理，并通过自动化系统进行仓库作业的现代化仓库。

➡ 案 例

海尔自动化立体仓库

海尔国际物流中心仓储管理系统包括原材料和产成品两个自动化管理系统，采用了世界上最先进的激光导引技术开发的激光导引无人运输车系统、巷道堆垛机、机器人、穿梭车等，实现了现代物流的自动化和智能化。巷道堆垛机根据计算机信息指令，自动装取货架上的货物，送到巷道口，再由无人操纵的穿梭车或LGV（激光导引）小车运至出入库站台。所有这些出入库信息都由货物托盘上的条码和机械搬运设备上的红外线扫描，同步传送到海尔物流的计算机管理系统。海尔物流中心只有10个叉车司机，而同样的工作，一般仓库至少需要上百人。海尔自动化立体仓库一角如图1-1所示。

（案例来源：百度文库，引文经节选、整理和改编）

图1-1 海尔自动化立体仓库一角

（2）自动化立体仓库的功能

①大量储存。一个自动化立体仓库拥有货位数可达到 30 万个，可储存 30 万个托盘，以平均每托盘储存货物 1 吨计算，则一个自动化存取系统可同时储存 30 万吨货物。

②自动存取。自动化立体仓库的出入库及库内搬运作业全部由计算机控制的机电一体化作业来实现。仓库管理人员主要负责商品存取系统的操作、监控、维护等。只要操作员输入出库拣选、入库分拣、包装、组配、储存等作业指令，该系统就会调用巷道机、自动分拣机及其配套的周边搬运设备协同运作，完全自动化地完成各种作业。

2. 自动化立体仓库的基本组成和分类

（1）自动化立体仓库的基本组成

①货架。目前，国内外大多数立体仓库采用钢货架，其优点是构件尺寸小，仓库空间利用率高，制作方便，安装建设周期短。在货架内是标准尺寸的货位空间，一个货位的唯一地址根据其所在货架的排数、列数及层数确定，自动出入库系统据此对所有货位进行管理。

②巷道机。在两排高层货架之间一般留有 1～1.5 米宽的巷道，巷道机在巷道内进行来回运动，巷道机上的升降平台上下运动，升降平台上的存取货装置可对巷道机确定的某一个货位进行货物存取作业。

③周边搬运系统。周边搬运系统所用的机械有输送机、自动导向车、叉车、台车及托盘等。其作用是配合巷道机完成货物的输送、转移、分拣等作业；同时，当高架仓库内主要搬运系统因故障停止工作时，周边设备可以发挥作用，使立体仓库继续工作。

④控制系统。自动化立体仓库的计算机中心或中央控制室接收到出库或入库信息后，由管理人员通过计算机发出出库或入库指令，巷道机、自动分拣机及其他周边搬运设备按指令启动，共同完成出库或入库作业，管理人员对此过程进行全程监控和管理，保证存取作业按最优方案进行。

（2）自动化立体仓库的分类

①按照立体仓库的高度分类。自动化立体仓库按照立体仓库的高度，可分为低层立体仓库、中层立体仓库和高层立体仓库。低层立体仓库高度在 5 米以下，中层立体仓库的高度在 5～15 米，高层立体仓库的高度在 15 米以上。

②按照操作对象的不同，自动化立体仓库可分为托盘单元式自动仓库（Pallet Unit AS/RS）、箱盒单元式自动仓库（Fine Stocker）、拣选式高层货架仓库（Pick Stocker）、单元/拣选式自动仓库（Unit-Pick Stocker）、高架叉车仓库（Rack Fork Stocker）。其中，托盘单元式自动仓库被国内企业广泛使用。

③按照储存物品的特性进行分类。按照储存物品的特性，自动化立体仓库可分为常温自动化立体仓库、低温自动化立体仓库、防爆型自动仓库等。

④按货架构造形式分类。按货架构造形式，自动化立体仓库可分为单元货格式仓库、贯通式仓库、水平旋转式仓库和垂直旋转式仓库。

⑤按其发挥的作用分类。按其发挥的作用，自动化立体仓库可分为生产性仓库和流通性仓库。

3. 自动化立体仓库的优缺点及适用条件

（1）自动化立体仓库的优点

①能较好地满足特殊仓储环境的需要，保证货品在整个仓储过程安全运行，提高了作业质量。

②采用高层货架和自动化管理系统，大大提高了仓库的单位面积利用率，提高了劳动生产率，降低了劳动强度。

③降低了货物处理和信息处理过程中的差错率。

④能够合理有效地进行库存控制。

⑤便于实现系统的整体优化。

（2）自动化立体仓库的缺点

①结构复杂，配套设备多，需要的基建和设备投资很大。

②货架安装精度要求高，施工比较困难，而且施工周期长。

③储存货品的品种受到一定的限制，不同类型的货架仅适合于与此对应的储存物品，因此，自动化仓库一旦建成，系统的更新改造比较困难。

（3）自动化立体仓库的适用条件

①适用于出入库作业频繁，且货物流动比较稳定的货物。

②系统运行需要有较大的资金投入。

③需要配备一支高素质的专业技术队伍。

④对货品包装要求严格。

⑤仓库的建筑地面应有足够的承载能力。

模块二　案例讨论

案例1

月山啤酒集团的仓储管理

月山啤酒集团借鉴国内外物流公司的先进经验，并结合自身的物流运作特点，制订了仓储物流改革方案。首先，成立了仓储调度中心，对全国市场区域的仓储活动进行重新规划，对产品的仓储、转库实行统一管理和控制。从提供单一的仓储服务，到对产成品市场的区域分布、流通时间等进行全面调整、平衡和控制。其次，以原运输公司为基础，月山啤酒集团注册成立了具有独立法人资格的物流有限公司，引进现代物流理念和技术，并完全按照市场机制运作。作为提供运输服务的"卖方"，物流公司能够确保按规定要求，以最短的时间、最少的投入和最经济的运送方式将产品送至目的地。最后，筹建了月山啤酒集团技术中心，将物流、信息流、资金流全部统一在计算机网络的智能化管理系统，建立起各分公司与总公司之间的快速信息通道，及时掌握各地最新的市场库存、货物和资金流动情况，为制定市场策略提供准确的依据，并且简化了业务运行程序，提高了销售系统的工作效率，增强了企业的应变能力。

通过这一系列的改革，月山啤酒集团获得了很大的直接和间接经济效益。首先，集团的仓库面积由 7 万多平方米降到不足 3 万平方米，产成品平均库存量由 12 000 吨降到 6 000 吨。其次，产品物流实现了环环相扣，销售部门根据各地销售网络的要货计划和市场预测制订销售计划，仓储部门根据销售计划和库存情况及时向生产企业传递需求信息，生产厂有针对性地组织生产，物流公司则及时地调度运力，确保交货质量和交货期。最后，销售代理商在有了稳定的货源供应后，从人、财、物等方面进一步降低销售成本，增加效益。

经过一年多的运转，月山啤酒集团的物流网取得了阶段性成果。实践证明，现代物流管理体系的建立，使月山啤酒集团的整体营销水平和市场竞争能力大大提高。

（案例来源：百度文库，引文经节选、整理和改编）

案例思考：

1. 月山啤酒集团为什么要进行仓储物流改革？
2. 月山啤酒集团改革的效果如何？对企业仓储管理有什么启示？

案例2

福保赛格保税仓

深圳赛格储运有限公司下属的福保赛格实业有限公司（以下简称福保赛格）在深圳市福田保税区拥有 28 000 平方米的保税仓。福田保税区有通向香港落马洲的进出境通道（一号通道）和通向深圳市区的进出关通道（二号通道）这两条优势通道。货物进出境只需要向海关备案，而进出关则需要报关。客户可以利用保税区境内关外的政策优势，享受整批进境、分批入关的延迟纳税优惠，或提前退税的好处。

福保赛格的主要客户包括日本理光国际通运有限公司、华立船务有限公司、伯灵顿货运有限公司、华润物流等近百家外资、港资物流企业和分布于珠三角地区的制造企业。福保赛格面向这些企业，提供保税仓的长租和短租服务，并附带从事流通加工等物流增值服务。

福保赛格的主营业务是以仓库库位出租为核心的物流服务项目，基本收费项目是仓库库位租赁，另外还有装车、卸车、并柜/拼箱，对货品进行贴标、缩膜/打板、换包装、简单加工（如分包、重新组合包装、简单装配等），以及代客户进行报关、报检等服务项目等。主要支出是人工费、水电费、仓储物和设备折旧带来的维修维护费用等。

福保赛格的仓库主要是平面仓，有部分库区采用立体货架。以托盘为基本搬运单元，用叉车进行进出库搬运和库内搬运。一楼是越仓区，有 5 辆燃气动力的叉车。二楼到十楼为储存区，每层都有 1~2 台电动叉车（用蓄电池驱动）。有 2 个大型货运电梯进行垂直方向运输。车辆停靠的月台有 10 多个车位，可以停靠货柜车、箱式车等多种型号的运输车辆。

福保赛格及其母公司深圳赛格储运有限公司在 1999 年开发过一套基于 C/S 体系的管理信息系统，后因结算不准确、系统灵活性差、不能适应业务变化等而放弃使用。自 2002 年年底到 2003 年年底，深圳赛格储运有限公司与赛邦软件合作开发了一套全新的、基于 Web

的 B/S 体系的物流管理系统，覆盖了运输业务、仓储业务、财务结算等各个方面，从而实现了客户网上下单，网上查询订单处理状态、库存状态、账单明细等，可以做到实时结算和预约结算。

（案例来源：百度文库，引文经节选、整理和改编）

案例思考：

1. 福保赛格的仓库属于什么类型？

2. 福保赛格的仓库与其他仓库相比，功能有什么不一样？

案例3

科捷仓储——精益管理+智慧仓库

一、科捷物流简介

北京科捷物流有限公司（以下简称"科捷物流"）于 2003 年在北京正式成立是中国具有深厚积淀的整合 IT 服务提供商——神州控股的全资子公司。科捷物流立足物流电商的"大客户模式"，融合 B2B 和 B2C 的客户需求，基于遍布全国的物流网络与自主知识产权的物流管理系统，为客户提供定制化的一站式供应链服务。科捷所有仓库均为直管自营仓库，分布在全国 104 个城市，共计 231 个仓储中心。其中电商仓分布在北京、天津、廊坊、上海、昆山、太仓、无锡、合肥、广州、深圳、惠州、福州、厦门、成都、武汉、郑州、沈阳、西安。

二、科捷仓储

科捷仓储是科捷物流的一个服务项目，科捷仓储提供库房布局与设计、先进设备配置、订单响应和库内操作、收货预约及上架、库存管理、退货逆向物流、订单导入、日常作业报表监控、流程服务持续改进、大促保障响应机制等服务。通过科捷物流自主研发的支持多平台操作的仓储管理系统（WMS），对仓库作业进行可视化应用和管理，极大地控制作业风险，有效地解决商家容易出现的库存积压、库存不准、超卖、退货处理难等问题。

科捷仓储具有如下几个特点。

1. 遍布全国的仓储资源

科捷物流在全国拥有 231 个仓储中心，拥有标准的操作流程及自主研发系统，满足了客户分仓需求。

2. 优质的库内仓储管理

支持全国分仓拓展：B2B 和 B2C 物流融合，共享同一库存，达到作业最优化，提高库存周转率，减少调拨次数。实行联网监控：客户可以通过网络查看所有仓库的货物保管情况，通过电脑、iPad、智能手机 24 小时查看实时监控画面。执行安全审计：库房业务团队每日自查，库房质量团队每月审计，总部管理团队每季度巡查审计。

3. 卓越的大促保障能力

科捷物流自主研发的专业物流管理软件——神州金库，包括仓储管理系统（WMS）、运输管理系统（TMS）、物流核算系统（BMS），实现了物流业务全体系信息化管理。此外，科捷物流还具有丰富的系统对接经验，与淘宝、天猫及其他电子商务平台实现成功对接，历经6年双十一考验。科捷利用智能波次合单处理、全程RF精准作业、针对产品特点灵活选用拣选方法、不同订单类型匹配不同的下架和复核流程等作业流程和精益管理手段，使仓储效率大幅提升，发货错误率降低，并在2018年的双十一大促洗礼中经受了考验并圆满地完成了任务。

三、智慧仓——"人机共舞"

2017年10月10日，位于天津武清园区的科捷物流武清旗舰仓正式开仓运营。该仓由三座两层楼库组成，总建筑面积达11万平方米。其中一层采用仓储机器人自动分拣系统，针对科捷物流运营的菜鸟网络等业务特点，创造性地采用"人机共舞"的设计方案。机器人具有自适应和自学习功能，安装有人机互动系统，分拣准确率达99.99%，分拣效率比纯人工分拣高3倍，同时大幅降低人工数量。科捷物流采用的"人机共舞"仓储机器人解决方案，既可以节约人力资源，又可以从容应对双十一等大促期间业务量剧增的情况。

科捷物流作为入驻菜鸟网络武清园区的综合物流服务提供商，对该仓投资过亿元，采用北京艾瑞思机器人，着力把该仓打造成"人机共舞"的旗舰示范仓，成为新物流时代具有中国特色的智慧仓储模式开拓者之一。这也进一步提升了科捷物流的核心竞争力。

（案例来源：百度文库，引文经节选、整理和改编）

案例思考：

1. 简述科捷物流的仓储类型及仓储的作用。
2. 基于科捷物流武清旗舰仓"人机共舞"的设计方案，思考未来仓储的发展趋势。

模块三　实训项目

一、实训目的

物流有效地解决了生产地和消费地分离的问题，成为生产者和消费者之间的桥梁，而仓储是物流系统十分重要的环节。随着现代物流的发展，很多仓储企业已经从传统的单一存储业务向多元化发展。通过本次实训，学生应加深对现代仓储企业的了解，并熟知现代仓储企业的经营模式和发展方向。

二、实训内容

1. 实训任务

①通过网络调查，了解10家以上的知名物流仓储相关企业，了解企业的性质、注册地址、业务范围、经营规模等。

②选择其中一家有代表性的物流仓储相关企业，对其进行调研分析，每个小组利用PPT或海报的形式制作调研报告。

2. **实训成果**

①仓储企业名录。

③调查问卷。

④调研报告。

模块四　小结与习题

一、内容小结

本章介绍了仓储与仓储管理方面的内容。仓储是以满足客户需求为目的，在特定的场所、运用现代技术对物品进行储存的行为，包括出入库、分拣、包装、配送、加工及信息处理等物流活动。仓储管理是仓储经营者在仓库内部和外部，充分利用仓储资源，对货物储存相关的服务过程和内容进行计划、组织、协调、控制的过程。

仓储活动具有存储功能调节功能、保管检验功能、配送功能、集散功能、交易中介功能、流通加工功能等；仓储管理的作用在于仓储物品的保值、降低仓储成本、仓储物资的增值等；仓储管理的任务包括入库验收、货物保管、出库供应、建立仓储管理制度、做好库区卫生、讲求经济效益、保障仓库安全。仓储管理应遵循效率原则、经济效益原则和仓储服务定位原则，不同的行业对仓储管理有不同的要求。因此，仓储从业人员需要具备一定的知识、能力和素质。

仓库为众多物流环节提供了作业场所，作为物流管理的核心环节而存在并发挥着协调整体物流的作用。仓库是储藏、保管物品的场所的总称。现代的仓库已由过去单纯的作为"存储、保管商品的场所"，逐步向"商品配送服务中心"发展，不仅存储、保管商品，还具有商品的分类、检验、计量、入库、保管、包装、分拣、出库及配送等功能。从狭义上讲，对仓库的管理也就是仓储管理；从广义上讲，对仓库的管理是仓储管理的一个重要组成部分。自动化仓库是现代物流技术发展的产物，是仓储智能化的重要体现。自动化仓库是指通过计算机和相应的自动控制设备对仓库的作业和仓储管理活动进行自动控制和管理，并通过自动化系统进行仓库作业的现代化仓库。自动化仓库由高层货架、巷道式堆垛机、周边搬运系统、控制系统组成，具有大量储存、自动存取、信息处理等功能。

二、思考题

1. 什么是仓储？仓储有什么功能和作用？

2. 什么是仓储管理？仓储管理有哪些任务？

3. 仓储管理应遵循哪些基本原则？

4. 仓储管理在物流过程中有哪些作用？仓储管理活动的意义有哪些？

5. 什么是仓库？仓库有哪些类型？

6. 自动化立体仓库由哪几部分组成？有哪些优缺点？

第二章

配送与配送中心

学习目标

1. 复述配送、配送管理及配送中心的含义。
2. 列举配送的作用和分类，概括配送行业发展趋势。
3. 概括配送管理的内容及配送中心的功能。
4. 能对比不同配送中心的特点。
5. 能分析配送中心的配送模式。
6. 能够评价配送中心的运作情况并总结经验。

案例导入

日本神户生协连锁超市配送中心

神户生协是日本消费者合作社中规模最大的连锁企业，它拥有会员数约123万个，拥有超市连锁门店171个，每天购货达35万人次。对于那些会员少、尚不具备开设门店的地区，则建立无店铺销售网，设置送货地点近22万个、服务对象近33万户。面对供应面广、品种多、数量大的供配货需求，神户生协建造了鸣尾浜配送中心，承担全部销售商品的配送任务。

在规划这座配送中心时，神户生协高层认为，首先应有利于提高对客户的服务水平，根据商品多品种、小批量，客户多批次要货的特点，做到能在指定的时间里，将需要的商品按所需的数量送到客户的手中，以提高销售额、减少商场库存、提高商店作业效率，降低流通过程的物流成本，增强企业的竞争力。

1. 多功能的供货枢纽

鸣尾浜配送中心具有以下几种重要功能。

(1) 商品出货单位要小，以满足商场越来越强烈的拆零要求。

（2）将原来由商场承担的工作量大、耗时多的贴标签、改包装等流通加工作业，放到配送中心里完成，以满足小型超市商场运营的需要。

（3）扩大库存商品的品种，以强化配送中心的供货能力，降低商品的缺货率。特别是采用了与 POS 系统联网的 EOS（电子订货系统），来处理连锁店的订货，并根据库存信息预测总订货量，向供应商发出订货单。

（4）扩大分拣功能，根据对中转型商品的集约化作业，改善零售店收货和搬运作业。

（5）除一部分特殊商品（如日配品）外，全部由配送中心供货，为实现向商场配送有计划地管理奠定基础。

（6）满足无店铺定点销售物流的要求。

（7）开发支撑配送中心高效运转的信息处理系统。

2. 现代化的物流设施

配送中心的选址是一项至关重要的工作。神户生协把配送中心选在神户西宫市鸣尾浜地区，其理由有三：第一，日本关西商业经营的重心在大阪，配送中心必须能迅速调运商品；第二，根据神户生协连锁超市发展区域点多面广，尽可能利用附近的 43 号国道和大阪海岸公路；第三，大量车辆出入配送中心，产生较大的噪声，必须选择在准工业地域。

鸣尾浜地区全部填海造地而成，配送中心基地面积 38 000 平方米，宽 190 米、长 200 米，呈长方形。配送中心建筑平面呈"L"形，大部分为两层建筑，仅南端生活办公用房为 3 层，总建筑面积 33 805 平方米。其中，用于配送作业面积 27 907 平方米。

为了更合理地组织车流，基地设有两个出入大门，东门出、西门进，各宽 15 米。建筑中心两翼各有一条卡车坡道，宽 6.5 米（包括 1 米宽人行道），坡度为 15 度。卡车由东坡道上楼、西坡道下楼，单向行驶。配送中心是现浇钢筋混凝土结构的建筑物，柱网尺寸为 12 米×9 米，底层高 7.5 米，二层为 6 米；建筑物底层为分拣系统及发货场地、发货站台，二层为储存货架、拣货作业场所、进货场地和进货站台。上下两层站台长 460 米，拥有停靠车位 147 个，其中收货 58 个、发货 89 个。送货的车辆在二层卸货入库，二层拣选出来的货物通过传送带传递到底层的分拣系统进行自动分货，再装到停靠在底层的配送车辆上。

（案例来源：百度文库，引文经节选、整理和改编）

案例思考：

鸣尾浜配送中心属于哪种类型的配送中心？有什么功能？

模块一 基础知识

一、配送

（一）配送的含义及发展趋势

1. 配送的含义

在物流活动过程中，通常把面向城市内或区域范围内需求者的运输称为"配送"，也就是说，"少量货物的末端运输"即为配送。这是一种广义上的概念，是相对于城市之间和物流节点之间的运输而言的。然而随着物流业的发展，人们对配送的理解与认识也在发生变化，相应的，配送的内涵也在不断发生变化。

我国国家质量监督检验检疫总局在颁布的《中华人民共和国国家标准：物流术语（GB/T 18354—2006）》中，对配送所下的定义为："在经济合理区域范围内，根据客户要求，对物品进行拣选、加工、包装、分割、组配等作业，并按时送达指定地点的物流活动。"

从配送的发展来看，配送涉及的活动越来越多，几乎包括了所有的物流功能要素，是物流在小范围内全部活动的体现；而且配送的范围越来越广，已不限于固定区域和距离。一般来说，配送集装卸、包装、储存、运输于一身，通过这一系列活动将物品送达客户；而特殊的配送则还要进行加工活动，包含的面更广。

综上所述，配送是根据客户订货要求，在配送中心或其他物流节点进行物品配备，并以最合理的方式送交客户的物流活动。配送概念中"以最合理的方式"的提法是基于这样一种考虑：过分强调"按客户要求"是不妥的，客户的要求有时会损失自我甚至双方的利益。对于配送者来讲，必须以"要求"为依据，但又不能盲从，应该追求合理性，进而指导客户，实现共同获益。配送的含义包括以下两个方面。

（1）配送是"配"和"送"的有机结合

"配"是指配用户、配时间、配货品、配车辆、配路线，"送"是指送货运输。配送是"配"和"送"有机结合的形式。

（2）配送以低成本、优质服务为宗旨

专业配送系统能够实现多用户、多品种的联合配送，比直送要节约车辆、节约人力、节约费用，从而最大限度地降低成本。此外，专业配送还可实现按时、按量、按品种配套齐全后送达用户，并提供各种服务，可以适时、适量满足用户需要，提高服务水平。由此可见，配送是以低成本、优质服务为宗旨的。

2. 配送的发展趋势

（1）多功能化

在电子商务时代，物流发展进入集约化阶段，一体化的物流配送中心不仅提供仓储和运输服务，还必须开展包括配货、配送及各种提高附加值的流通加工服务的物流项目。此外，还可以按客户的需要提供其他服务。

（2）信息化

配送信息化就是直接利用计算机网络技术重新设计配送系统。例如，建立 EDI 系统，快速、准确、高效地传递和处理大量的配送信息；利用计算机技术，建立计算机辅助进货系统、辅助配货系统、辅助分拣系统、辅助调度系统及辅助选址系统等。信息化是其他先进物流技术在配送领域应用的基础。

（3）自动化

配送作业突破了体力劳动和手工劳动的传统模式，出现了大量自动化立体仓库，采用了如自动装卸机、自动分拣机、无人取货系统和搬运系统等自动化物流设施，为高效、快速、优质的配送服务提供了技术基础。

小知识

电子商务配送

随着电商行业的快速发展，电子商务配送也备受关注。电子商务配送是指物流配送企业采用计算机技术和现代化的硬件设备、软件系统及先进的管理手段，严格地、守信用地按客户的订货要求，进行一系列分类、编配、整理、分工、配货等理货工作，定时、定点、定量地交给没有范围限度的各类客户，满足其对商品的需求。

电子商务配送是信息化、现代化、社会化的物流配送，其定位是为电子商务客户提供服务，根据电子商务的特点，对整个物流配送体系实行统一的信息管理和调度，按照客户订货要求，在物流基地进行理货工作，并将配好的货物送交收货人的一种物流方式。

（二）配送的作用

配送与一般送货的重要区别在于，配送往往在物流据点有效地利用分拣、配货、理货等工作，使送货达到一定规模，以利用规模优势取得较低的送货成本。同时，配送以客户为出发点，以满足"按客户的订货要求"为宗旨。为此，完善配送对物流系统的提升、生产企业和流通企业的发展，以及整个经济社会效益的提高，具有重要的作用。配送的作用表现为以下几个方面。

1. 增强企业竞争力

生产领域利用配送，生产企业需要多少，供应商就配送多少；生产企业何时需要，供应商就何时送货。分销领域实行配送，批发商需要多少，生产商就生产多少，实现产成品零库存，最大限度地节约资源。销售领域采用配送系统，可以降低物流成本、提高服务水平，从而进一步扩大销售、扩大市场份额。可见，企业实行配送体制促使供应体系、生产体系、分销体系发生根本性变化，增强了企业的竞争力。

2. 提高库存周转率

通过配送中心集中库存可以最大限度地利用有限仓库为更大范围、更多客户服务。配送的需求大、市场面广，货物利用率和库存周转率必然大大提高。此外，通过仓储与配送环节的有机结合，发挥规模经济优势，可使单位存货、配送和管理的总成本降低。

3. 完善干线运输体系

采用配送作业，可以在一定范围内，将干线运输、支线运输与仓储等环节有机结合，使干线运输体系得到优化，形成一个将大范围物流与局部范围配送相结合的、完善的物流配送体系。

（三）配送的分类

1. 根据配送商品的种类和数量分类

（1）多品种小批量配送

在现代社会，生产消费和市场需求纷繁复杂，不同消费者的需求状况差别很大。一些生产企业在产品生产过程中所消耗的物资，除了少数几种主要物资外，绝大多数属于次要物资，其品种数量多，但品种需求量不大。相应的配送体系要按照客户的要求，将所需的各种货物选好、配齐，少量而多次地运达客户指定的地点。这种配送作业难度较大，技术要求高，使用的设备复杂，因而操作时要求有严格的管理制度和周密的计划。

（2）单品种大批量配送

一般来讲，客户需求量较大的货物，单独一个品种或少数几个品种就可以达到较大运输量时，可以实行整车运输。这时往往不需要再与其他货物搭配，可由专业性很强的配送组织进行大批量配送。这样的配送活动即为单品种大批量配送。"工业配煤"就属于此类配送。

（3）配套、成套配送

配套、成套配送是指按照生产企业的生产需要，尤其是装配型企业的生产需要，配送组织依照企业的生产计划，将各种零配件、部件、成套设备定时送达企业，生产企业随即将这些成套的零部件送入生产线以装配出成品。在这种配送方式中，配送组织承担了生产企业大部分的生产供应工作，使生产企业专注于生产。这种方式与多品种小批量配送效果相似。

2. 根据实施主体进行分类

（1）仓库配送

仓库配送的主体是仓库，是以仓库为节点进行的配送。在一般情况下，仓库配送是利用仓库原有的设备、设施（如装卸或搬运工具，库房、场地等）开展业务活动。由于传统仓库的设施和设备不是按照配送活动的要求专门设计和配置的，所以在利用原有设施和设备时，必须对其进行技术改造。仓库配送形式有利于挖掘传统仓库的潜力，且所需投入资金不多，是配送起步阶段可选择的形式。

（2）配送中心配送

配送中心配送的主体是专门从事配送业务的配送中心。配送中心的专业性强，和客户有较稳定的配送关系，一般实行计划配送，很少超越自己的经营范围，需配送的商品通常有一定的库存量。配送中心的设施及工艺流程是根据配送需要专门设计的，配送能力强、配送品种多、配送数量大，可以承担企业主要物资的配送及补充性配送等。

（3）商业门店配送

商业门店配送的主体是商品的经营网点（即商店）。这些商店往往只有零售业务，规模一般不大，但经营品种比较齐全。除日常经营的零售业务外，商店还可以根据客户的要求将经营的品种配齐，或代客户外订、外购部分本门店平时不经营的商品，然后一起配齐送达客户。

（4）生产企业配送

生产企业配送的主体是生产企业，是以生产企业成品库为据点开展的配送活动。生产企业配送具有直接、避免中转的特点，节省了物流费用，但适用范围有限，主要配送需求量比较大的商品。在品种、规格和质量等要求相对稳定的条件下，可运用此类方式配送。此外，某些不适于中转的化工产品及地方建材，也常常采用这种配送方式。

3. 根据经营形式分类

（1）销售配送

销售配送指销售型企业为营销所进行的促销型配送。用配送方式促进销售是获取更多利润的重要方式。由于销售配送是在送货服务前提下进行的活动，容易受到客户的欢迎，各种类型的商店配送多属于销售配送。

（2）供应配送

供应配送是指企业为了自己的供应需要所采取的配送，是企业或企业集团组建送货点，集中组织大批量进货，以便取得批量优惠，然后向本企业或本企业集团若干子公司配送。用这种配送方式进行供应，可以保证供应水平，提高供应能力，降低供应成本。尤其是大型企业或企业集团或联合公司，由于一次配送量大，更宜采用这种配送方式。

（3）销售-供应一体化配送

销售-供应一体化配送是指对于基本固定的客户和基本确定的配送产品，企业可以在自己销售的同时，承担客户有计划的供应活动，企业既是销售者又成为客户的供应代理人。采用这种配送方式，对销售者来说，可以获得稳定的客户和销售渠道，有利于扩大销售量，有利于企业的持续稳定发展；对客户来讲，能够获得稳定的供应。

（4）代存代供配送

代存代供配送是指客户将属于自己的货物委托给配送组织代存、代供，有时还委托代订，然后组织配送。这种配送在实施时不发生货物所有权的转移，配送组织只是客户的委托代理人，商品所有权在配送前后都属于客户，所发生的仅仅是商品物理位置的转移。配送组织依靠提供代存、代供服务而获取收益，而不能获得商品销售的经营性收益。在这种配送方式下，商流和物流是分开的。

二、配送管理

（一）配送管理的含义及内容

1. 配送管理的含义

结合配送的含义和管理的基本职能，配送管理的含义可概括为：为了以最低的配送成本达到客户所满意的服务水平，对配送活动进行有效的计划、组织、指挥、协调与控制的过程。

2. 配送管理的内容

（1）配送模式管理

配送模式一般是指企业对配送所采取的基本战略和方法。企业选择何种配送模式，主要取决于四个方面的因素，即配送对企业的重要性、企业的配送能力、保证的服务及配送成本、市场规模与地理范围。

（2）配送作业的流程管理

由于各种物品的属性不同，所以不同物品的配送可能各有特点，但是配送的一般流程却大体相同。配送作业的流程管理就是对配送流程中的各项活动进行计划和组织。一般来说，配送组织工作的基本程序和内容主要包括配送路线选择和配送计划制订。

（3）配送系统的要素管理

从系统的角度看，对配送系统各要素的管理主要包含以下内容。

①人的管理。人是配送系统和配送活动中最活跃的因素。对人的管理包括配送从业人员的选拔、录用和考核，配送专业人才的教育、培训等。

②财的管理。财的管理主要是指配送管理中关于降低配送成本、提高经济效益等方面的内容。具体包括配送经济效益指标体系的建立，资金的筹措与运用，配送成本的计算与控制，提高经济效益的方法等。

③物的管理。物的管理指的是对配送活动的客体，即物质资料实体和设备的管理。物质资料种类繁多，物理、化学性能更是千差万别。设备管理主要包括各种配送设备的选型与优化配置，各种设备的研制、开发与引进，各种设备的合理使用和更新改造等。

④信息管理。信息是配送系统的神经中枢，只有做到有效地收集、处理并及时传输物流信息，才能对系统内部的人、财、物等各个要素进行有效的管理。

⑤方法管理。方法管理主要包括现代管理方法的应用，各种配送技术的研究、推广普及，新技术的推广普及，配送科学研究工作的组织与开展等。

（4）配送活动的职能管理

从职能上划分，配送管理主要包括以下四个方面。

①配送计划管理。配送计划管理是指在系统目标的约束下，对配送过程中每个环节都要进行科学的计划管理，体现在配送系统内各种计划的编制、执行、监督及修正的全过程中。配送计划管理是物流管理中最重要的职能。

②配送质量管理。配送质量管理是配送管理工作的中心问题。配送质量的提高意味着配送管理水平的提高，意味着企业竞争力的提高。

③配送技术管理。配送技术管理是配送管理工作的依托。配送技术管理包括配送硬技术管理和配送软技术管理。配送硬技术管理是指对配送基础设施和配送设备的管理；配送软技术管理包括配送作业流程的制定，各种专业技术的开发、推广和引进，配送技术人员的培训，技术情报和技术文件的管理等。

④配送经济管理。配送经济管理的核心是成本费用的管理。配送经济管理通常包括配送费用的计算和控制，配送活动的经济核算和分析，配送劳务价格的确定和管理等。

（二）常见的配送模式

企业在发展过程中，逐渐形成了自己独特的配送模式，这些模式有各自的优势和劣势，企业在实际运作过程中，可以结合各种模式的优点，建立适合的配送模式。

1. 供应商直供

供应商直供是指门店的所有商品由供应商直接送到。这种配送模式对门店而言有较多的优势，例如，可以实现快速送货。由于供应商资源多集中在同一个城市，上午下订单，下午商品就有可能送达，因此可以将商品缺货造成的失销成本大幅降低。同城配送能满足卖场"小批量、多频率"的订货需要，从而减少资金的占用，并且退换货比较方便。当然，这种配送模式的弊端也是显而易见的。成千上万的供应商使门店工作人员每天在大量重复地做同一件事，即进行大量的供应商验货和收货，根本无暇去从事店铺的管理。据统计，一家经营品种在5 000种左右的超级市场，如由供应商直接送货，每天需要接待各类供应商的送货车78次。且这种配送只是简单地解决了"送"的问题，"配"的问题则完全交给门店去解决，门店不合理地承担了本应由对方承担的"组配"责任。

2. 配送中心统一配送

配送中心统一配送是目前连锁企业广泛采用的一种配送模式。企业通过独立组建配送中心，可以实现对内部系统各门店的物品供应配送。它的优点较为突出：一是具有灵活性，因为连锁企业可以对其作业程序进行调整，以满足独特的需要；二是便于连锁企业对门店的控制和监督；三是由总部统一采购，配送中心统一配送，这样可以实现规模经济，从而降低采购成本。它的主要缺点是资金投入较大，具有一定的风险。

3. 社会化配送

社会化配送被广泛地用于物流系统，在这种模式中，企业可以将全部或部分配送活动委托给第三方专业公司来承担，即第三方物流。

社会化配送的优势在于，专业公司能够通过规模性的操作，带来经济利益，所以具有较低的成本。另外，专业公司能够提供更多作业上和管理上的专业知识，可以使企业降低经营风险。在运作中，专业公司对信息进行统一处理后，按客户订单的要求配送到各门店。这种模式的配送还表现出用户之间可以交流供应信息，从而起到调剂余缺、合理利用资源的作用。

4. 共同配送

共同配送也称共享第三方物流服务，是指多个客户联合起来共同由一个第三方物流服务公司来提供配送服务。

共同配送可以分为两种方式。一种是由一个配送企业对多家用户进行配送，即由一个配送企业综合某一地区内多个用户的要求，统筹安排配送时间、次数、路线和货物数量，全面进行配送。另一种是在送货环节上将多家用户待运送的货物混载于同一辆车上，然后按照用户的要求分别将货物运送到各个接货点，或者运到多家用户联合设立的配送货物接收点上。这种配送有利于节省运力和提高运输车辆的货物满载率。

共同配送实质上实现了资源的整合，无论是对货主还是对第三方物流服务商，甚至从社会角度来讲，都具有较为突出的优势。从货主角度来看，共同配送可以降低配送成本；从第三方物流服务商角度来看，共同配送同样可以降低他们的成本，从而间接地为其客户带来费用的节省；从社会角度看，可以有效地减少社会车流总量。

三、配送中心

(一) 配送中心的含义

王之泰教授在《新编现代物流学》中将配送中心定义为：从事货物配备（集货、加工、分货、选货、配货）和组织对用户送货，以实现高水平销售或供应的现代流通型结点。这种全方位、多功能的现代物流生产实体，聚合了物流、商流、信息流、资金流等活动，以经济有效的运作模式，充分发挥社会资源的作用，为生产者和消费者提供高水平、低成本的服务，从而促进经济的良性循环。

《国美经营管理手册》中对配送中心的定义是：根据分部业务部的订货信息接收供货厂家的批量送货，进行商品储存，并按门店的要求进行配销的流通机构；各地区分部的配送中心无相互隶属关系，仅对所属分部各门店有纵向垂直管理关系。

我国国家质量监督检验检疫总局在颁布的《中华人民共和国国家标准：物流术语（GB/T 18354—2006）》中，对配送中心的定义是：从事配送业务且具有完善信息网络的场所或组织，应基本符合下列要求：

①主要为特定的用户服务。
②配送功能健全。
③辐射范围小。
④多品种、小批量、多批次、短周期。
⑤主要为末端客户提供配送服务。

物流术语中所说的辐射范围小是指与物流中心相比，配送中心的辐射范围应小于物流中心，配送中心以配送为主、存储为辅。

小知识

物流中心与配送中心的异同点

根据《中华人民共和国国家标准：物流术语（GB/T 18354—2006）》，物流中心是指从事物流活动且具有完善信息网络的场所或组织（要面向快递业、运输业的称分拨中心）。应基本符合下列要求：①主要面向社会提供公共物流服务；②物流功能健全；③集聚辐射范围大；④存储、吞吐能力强，能为转运和多式联运提供物流支持；⑤对下游配送中心客户提供物流服务。

物流中心与配送中心都是从事物流活动的一种场所或组织，都具有较齐全的物流配送功能，且功能非常相似，有完善的信息网络。这些是它们的共同点，也是两个概念在现实中经常被混淆的原因之一。但这两个概念是有区别的，主要有：①服务客户群的差别；②辐射范围的差别；③品种与批量上的差别；④上下游的差别，物流中心的上游是工厂，下游是配送中心或批发商，而配送中心的上游是物流中心或工厂，下游是零售点或最终消费者；⑤存储的差别，存储是物流中心的一项主要业务和功能，而存储是配送中心的一项辅助业务。

综上所述，配送中心是指根据用户的订货需求，将货物按品种、规格、质量、数量等标准，进行分类、保管、加工、包装和信息处理等作业，备齐货物，并以尽可能短的时间将其送达用户的集商品销售、储运为一体的企业。

配送中心由于具有人才优势、技术优势和信息优势，可以采用更先进的物流技术和管理方式，取得规模经济效益，从而达到物流合理化，即争取在产品从供应方到需求方的全过程中，做到环节最少、时间最省、路程最短、费用最小。

▶ 案 例

亚马孙凤凰城配送中心

亚马孙最大的物流中心位于美国亚利桑那州的凤凰城，占地面积超过 11 万平方米，相当于 28 个足球场的大小。凤凰城配送中心成立的初衷是适应亚马孙的快速发展，通过扩大配送中心的分布来加快周边消费者收到货品的速度，进一步提升购物体验。2020 年 3 月，亚马孙宣布利用新的"迷你配送中心（Mini-fulfillment Centers）"来加快当日配送时效。据了解，迷你配送中心的占地面积约为 9 290 平方米，约为传统配送中心面积的十分之一。这些配送中心分布在用户居住地附近，覆盖包括费城、凤凰城、奥兰多和达拉斯在内的美国市场。

数十个类目的 300 万种商品会在当日送达配送服务的范围。而且，用户全天都可以下单，不必为了在当天收到货物而早起抢购。此外，亚马孙还表示，Prime 会员可以选择"通宵至次日上午 8 时"这个配送时段，在这种情况下，快递员将在凌晨 4 时 30 分至上午 8 时送货上门，保证用户在出门上班之前收到包裹。当地 Prime 会员的当日交付时间将因此缩短至几个小时。

（案例来源：搜狐网和雨果网，引文经节选和改编）

（二）配送中心的分类

1. 根据配送中心的功能分类

（1）储存型配送中心

储存型配送中心具有强大的储存功能，能够利用自身的储存能力开展快速配送活动。生产资料配送中心、连锁超市的配送中心等就属于这种类型。从商品销售的角度看，为确保用户的需求能够得到及时满足，企业商品的销售需要较大的库存支持。生产企业需要储存一定数量的生产资料，以保证生产的连续运转，其配送中心也需要有较强的储存功能。

（2）流通型配送中心

流通型配送中心以对商品进行快速中转为主要功能，不具备长期保存商品的能力，通常采取随进随配随送的方式，或对进入配送中心的商品进行暂存，并在最短的时间内组织出货。这类配送中心的特点为"快进快出"，商品在进入配送中心后，或者直接换装出货，或者经过简单分拣、配套后出货，或者进入暂存并等待另一批商品到达后一起出货。

（3）加工型配送中心

加工型配送中心是以流通加工为主要业务的配送中心。一般根据用户需要对配送物品进行加工，而后进行配送。这种配送中心行使加工职能，其加工活动主要有分装、改包装、集中下料、套裁、初级加工、组装、剪切、表层处理等。闻名于世的麦当劳、肯德基的配送中心就是典型的加工型配送中心。

● 案　例

英国阿波罗金属有限公司的配送中心

英国阿波罗金属有限公司（简称"阿波罗公司"）设在德国法兰克福的配送中心就是一个加工型配送中心。阿波罗公司是英国最大的独立钛金属分销商，也是全球第二大铝金属板材分销商。英国宇航公司、美国波音飞机制造公司、空客公司指定该配送中心为其加工、配送民用客机和军用飞机所需的铝材制品。阿波罗公司每年要为这些企业采购、加工并配送到岗位上的零部件在10万件以上。英国宇航公司本身也是一个大型企业，拥有6家生产基地、16个零部件加工点，并有350家原材料供应企业为其服务。1998年，英国宇航公司把采购、加工、配送的环节剥离出来，交给了阿波罗公司，甚至把生产线上的7 000件工具的订单也交给了该公司。

（案例来源：郑克俊. 仓储与配送管理［M］. 2版. 北京：军事科学出版社. 2010. 引文经节选、改编、整理）

2. 根据配送中心的经营主体分类

（1）制造商主导型配送中心

制造商主导型配送中心是以制造商为主体的配送中心。这种配送中心里的物品全部由自己生产制造，用以降低流通费用、提高售后服务质量。该种配送中心按照现代化、自动化的配送中心设计，从物品制造到标条码和进行包装等流程都较易控制，但不具备社会化的要求。

● 案　例

资生堂的配送中心

近畿配送中心是资生堂物流系统中极具代表性的物流设施。从总体规划上看，近畿配送中心的建设目标是日处理10万件，拣选、分拣实现完全自动化。为此，在规划设计时，资生堂对经营商品的形状、尺寸、重量、外形等各方面进行了非常细致的研究。商品按不同的出货单位分成三类，并经商品检验、包装和分拣，向不同客户配送。订货时间为每天下午5点之前，夜间处理这些订单数据，第二天进行拣货、理货、发货，第三天配送到客户手中。

近畿配送中心的配送范围包括日本近畿地区的 18 个销售公司及 4 200 家连锁店。

（案例来源：豆丁网，引文经节选、整理）

（2）批发商主导型配送中心

批发商主导型配送中心是由批发商或代理商所成立的配送中心。批发是物品从制造厂到消费者手中的传统流通环节之一，一般是按部门或物品类别，把每个制造厂的物品集中起来，然后以单一品种或多个品种搭配向消费地的零售商进行配送。这种配送中心的物品来自各个制造商，它所进行的一项重要活动就是对物品进行汇总和再销售，而它的全部进货和出货都是社会配送的，社会化程度较高。

案 例

美国加州的食品配送中心

美国加州食品配送中心是面向超市开展配送的全美第二大批发配送中心，建于 1982 年，属于美国加州食品有限公司。该配送中心经营的商品均为食品，有 43 000 个品种，其中 98% 的商品由该配送中心组织进货，2% 的商品为该配送中心开发加工的商品。美国加州食品配送中心拥有全美超市中经营的所有种类食品，除了满足国内超市所需的各种食品外，还对亚洲一些国家和地区进行配送。

（案例来源：豆丁网，引文经节选、整理）

（3）零售商主导型配送中心

零售商主导型配送中心由零售商向上整合所成立的，以零售业为主体的配送中心。零售商发展到一定规模后，就可以建立自己的配送中心，为专业物品零售店、超级市场、百货商店、建材商场、粮油食品商店、宾馆饭店等服务，其社会化程度介于制造商主导型配送中心和批发商主导型配送中心之间。

案 例

上海联华超市的配送中心

上海联华超市是中国较大的商业零售企业，它的智能型配送中心是上海第一个大型智能化物流配送中心，总面积达 56 713 平方米，条形码、扫描仪、铲车、计算机房、门店的电脑等组成了现代化信息物流系统。上海联华超市的百货类配送，要完成 30 家门店的 6 000 箱商品配送任务，而从门店发出要货指令到配货作业完毕，只需要 40 分钟。生鲜类配送更快，门店从网上发出要货指令后，配送中心会根据每个门店的要货时间和地点远近，自动安排生产次序，自动加工，自动包装。以一盒肉糜为例，从原料投入到包装完毕，整个过程不超过 20 分钟。

（案例来源：豆丁网，引文经节选、整理）

（4）物流企业主导型配送中心

物流企业主导型配送中心是以第三方物流企业（包括传统的仓储企业和运输企业）为主体的配送中心。这种配送中心有很强的运输配送能力，地理位置优越，可迅速将到达的货物配送给用户。它为制造商或供应商提供物流服务，而配送中心的货物仍属于制造商或供应商所有，配送中心只是提供仓储管理和运输配送服务。这种配送中心的现代化程度往往较高。

案　例

中海物流公司的配送中心

中海物流（深圳）有限公司（简称"中海物流公司"）于1994年注册成立，1995年正式开展配送业务，是深圳市福田保税区的第一家现代综合物流企业。1998年，中海物流公司与美国著名的国际商用机器公司（IBM）成功签约，为该公司进行供应和国际市场销售两个方向的配送。由于与IBM牵手，中海物流在全国物流行业首先开展高科技产品的国际配送业务，并完成了从传统仓储企业向现代物流企业的转变，实现了质的飞跃，形成了中海物流公司的核心竞争力。1999年又与（中国）香港美能达公司签约，承担了该公司更加复杂的配送业务。其中，对美能达本部生产企业的配送与IBM类似，不同的是，供应商供给的零部件，有一部分还要让内地供应商加工成半成品，这一部分物流业务也由中海物流公司承担。

（案例来源：豆丁网，引文经节选、整理）

3. 根据配送货物的种类分类

按照配送货物的种类，配送中心可以分为多种类别，如日用品配送中心、食品配送中心、医药配送中心、化妆品配送中心、家电配送中心、服装配送中心、书籍配送中心、汽车配件配送中心、电子产品配送中心、化工产品配送中心、建材配送中心等。

（三）配送中心的功能

配送中心是专门从事货物配送活动的经济组织，换个角度说，它又是集加工、理货、送货等多种职能于一体的物流据点。正如有人所言："配送中心实际上是集货中心、分货中心、加工中心功能的综合。"具体地说，配送中心有如下几种功能。

（1）储存功能

配送中心的服务对象是众多的企业和商业网点（如超级市场和连锁店）。配送中心的职能和作用是按照用户的要求及时将各种配装好的货物送交到用户手中，满足生产需要和消费需要。为了顺利完成向用户配送商品的任务，通常，配送中心都要兴建现代化的仓库并配备一定数量的仓储设备，来储存一定数量的商品。某些区域性大型配送中心和开展"代理交货"配送业务的配送中心，不但要在配送货物的过程中储存货物，而且所储存的货物数量大、品种多。储存功能是配送中心的重要功能之一。

（2）分拣功能

分拣是配送中心区别于一般仓库的标志。为了将多种货物向多个客户按不同要求、种类、规格、数量进行配送，配送中心必须有效地将储存货物按客户要求分拣出来，并按配送计划进行理货。为了提高分拣效率，应配备相应的分拣装置，如货物识别装置、传送装置等。

（3）配货功能

配送中心将各客户所需的多种货物，在配货区有效地组合起来，形成向客户发送的配载。配送功能也是配送中心的重要功能之一。配货功能也是配送中心不同于其他物流组织的独特功能。

（4）送货功能

送货属于配送中心的末端职能，配送中心对送货工作的指挥管理起决定性作用。送货工作的难点是，如何组合形成最佳配送路线，如何使配装和路线有效搭配。

（5）集散功能

在物流实践中，配送中心凭借其特殊的地位和其拥有的各种先进设施设备，能够将分散在各个生产企业的货物集中到一起，而后经过分拣、配装，向多个用户发运。与此同时，配送中心也可以把各个用户所需要的多种货物有效地组合（或配装）在一起，形成经济、合理的货载批量。

集散功能是配送中心的一项基本功能。实践证明，利用配送中心来集散货物，可以提高卡车的满载率，由此可以降低物流成本。

（6）衔接功能

通过开展货物配送活动，配送中心能把各种工业品和农产品直接运送到用户手中，客观上可以起到连接生产和消费的作用，这是配送中心衔接功能的一种重要表现。此外，通过集货和储存货物，配送中心有平衡供求的作用，由此能有效地解决季节性货物的产需衔接问题，这是配送中心衔接功能的另一种体现。

（7）加工功能

为了扩大经营范围和提高配送水平，国内外许多配送中心配备了各种加工设备，由此具有了一定的加工（主要是初加工）能力。这些配送中心能够按照用户提出的要求，根据合理配送商品的原则，将组织进来的货物加工成一定的规格、尺寸和形状。配送中心积极开展加工业务，不但大大方便了用户，省去了不少烦琐劳动，而且也有利于提高物质资源的利用效率和配送效率。此外，对于配送活动本身来说，客观上则起着强化其整体功能的作用。

（8）信息处理功能

配送中心除了具有上述功能外，还能为配送中心本身及上下游企业提供各种信息，以作为配送中心营运管理政策制定、商品路线开发、商品销售推广政策制定的参考。配送中心在干线物流与末端物流之间起衔接作用，这种衔接不但靠实物的配送，也靠信息的衔接。

模块二　案例讨论

案例1

城市配送中心——富日物流

一、公司背景

杭州富日物流有限公司（以下简称"富日物流"）是一家现代化第三方物流企业，注册资本为 5 000 万元。公司以降低社会物流成本为己任，为客户提供仓储、配送、装卸、加工、代收款、信息咨询等物流服务。

富日物流拥有杭州市最大的城市快速消费品配送仓，已完成 30 万平方米的常温带月台式物流中心并全部投入使用，且在九堡镇建造规模更大的 600 亩物流园区，为客户提供全方位的第三方物流服务。富日物流已经是众多快速流通民用消费品的华东区总仓，其影响力和辐射半径还在扩大。

富日物流的主要客户包括大型家用电器厂商（科龙、小天鹅、伊莱克斯、上海夏普、LG、三洋等）、酒类生产企业（五粮液的若干子品牌、金六福等）、方便食品生产企业（康师傅、统一等）和其他快速消费品厂商（金光纸业、维达纸业等）。国美电器、永乐家电等连锁销售企业和华润万家等连锁超市也与富日物流达成了战略合作关系。

富日物流的商业模式就是基于配送的仓储服务。制造商或大批发商通过干线运输等方式大批量地把货品存放在富日物流的仓库里，然后根据终端店面的销售需求，用小车小批量配送到零售店或消费地。富日物流的利润来源包括仓租费、物流配送费、流通加工服务费等，其业务流程如图2-1所示。

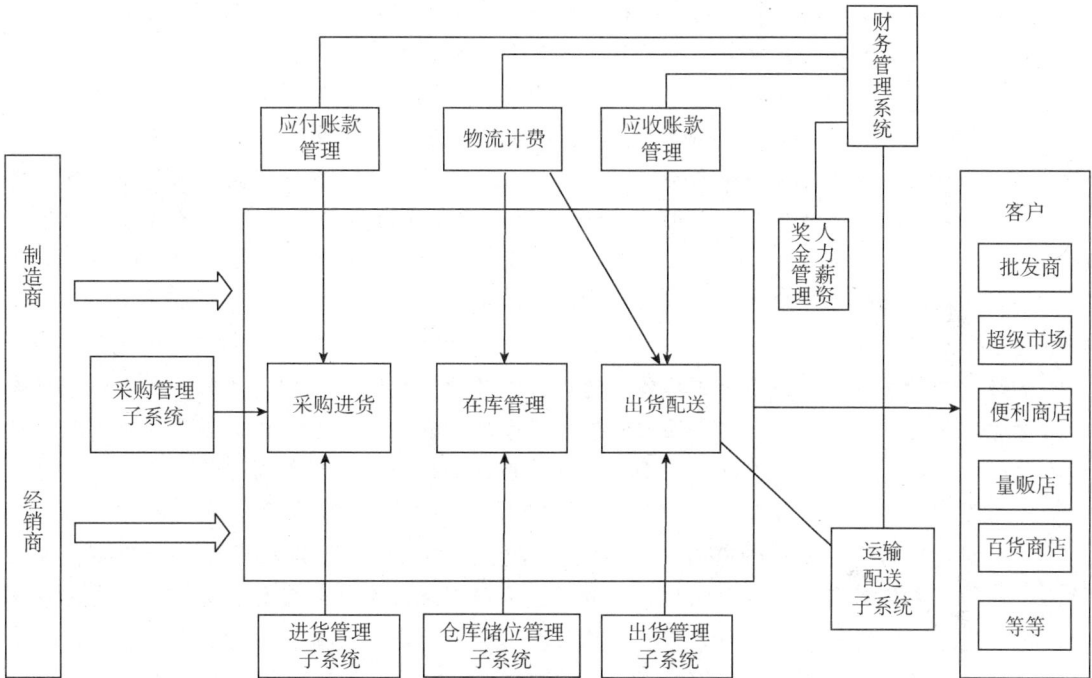

图2-1 富日物流配送中心业务流程

富日物流的仓库全都是平面仓，部分采用托盘和叉车进行库内搬运，少量采用手工搬运。月台设计得适合大型货柜车、平板车、小型箱式配送车的快速装卸作业。

富日物流在业务和客户源上已经形成良性循环。如何迅速扩充仓储面积，提高配送订单的处理能力，进一步提高区域影响力已经成了富日物流公司决策层的考虑重点。

二、问题分析

富日物流最重要的问题是客户服务水平不高、仓储管理效率低、劳动力成本耗费高、信息管理水平落后等问题。综合表现在以下几个方面。

（1）仓库内部库位分布及堆垛方式不合理。

（2）仓库内部人员缺乏协调，很少关注库存周转、库存水平、交货时间，使得接收的货量持续超过发送到店铺的货量，最终导致仓库饱和。

（3）人工随机决定存储位置，手工键入信息，引起不必要的内部位移、很低的分拣效率和缺乏关于可用空间的信息。同时，加大了人工输入的工作量，降低了工作效率。

（4）订单拣选方式不科学，导致仓库正常工时产出量低，加班情况经常出现。

三、解决方案

问题一改进方案：

针对仓库储位规划不合理问题，可通过库位安排、堆垛方式及仓库设施配置进行改善。

（1）库位安排方法。一般有两种方式，随机库位安排和固定库位安排。由于富日货流量大、客户及货物品较多，可以将两种方式结合使用，即对各供应商库存区采用固定库区，而同一供应商产品库位采用随机库位法储存。这样有利于提高仓储空间利用率，又有利于出库时能及时、准确地寻找到目标商品。

（2）堆垛方式。由于商品流量大，仓储的空间利用率要尽可能高。因此，建议货物托盘化堆垛后，采用货架式储存。对单个品项储货量大的，可以采用驶入式托盘货架；对品项多、储量小、托盘货物高度差异大的货物，可采用可调式托盘货架；对一些重量较轻、体积不大的货物，可采用移动式托盘货架，以提高仓储空间利用率。

（3）搬运设备与分拣设备。由于以货架储货为主要方式，因此，要匹配相应的搬运设备。库内存货设备与取货设备以电动前移式托盘叉车为主，并根据货架高度匹配一定量的臂式堆高机；对重量大的货物，可采用平衡式燃油叉车。库内水平移动采用座驾式电动叉车（距离长）、自走式电动叉车（距离短），并配一定量的手动托盘叉车。分拣设备以多层分拣车为主，并根据货架高度配少量的高位分拣机。

问题二改进方案：

加强员工素质培养，提高员工协作能力。时刻关注库内的存货信息，加强交流。也可进行质量管理与全员教育培训，按全面质量管理的管理理念，实施ISO9000质量管理体系，对所有管理人员和基层人员，严格按照全面质量管理的要求进行在岗培训与教育。

1. 接货处理

对不同类别的商品分配固定储位，如使用ABC分类法。对于供应商送来的商品，经验收后，备货人员按照商品类别、品种将其分开，分门别类地存放到指定的仓位或场地。当客户订单下达后，配货人员再按订单将有关商品拣选出来，送到发货场以待发送。

这样可以解决因人工控制随机决定存储位置、手工键入信息所导致的不必要的内部位移、很低的分拣效率和缺乏关于可用空间的信息等问题。此外，还会减少人工输入的工作量，提高工作效率。这样做还有利于收集商品信息，即通过对统计数据的收集、整理和分类，掌握商品销量、需求量和库存量的情况，对其发展趋势进行预测等。

2. 订单分拣

改变以往每笔订单独立分拣的拣选方式，将独立分拣的拣选方式改为批量拣选方式或混合拣选方式，将多张订单集合成一批，将所有订单所要的同一种货物拣出，再按各用户的需求二次分拣。

采用这种方法可以提高仓库工作人员的工作效率，提高正常工时的产出量，有效缓解加班情况，还可以借助有效的自动分拣设备优化货物拣选。此外，还可以通过优化拣选路径等方式提高订单分拣的效率。

3. 库存控制

富日物流出现了明显的库存超出和缺货现象，因此必须制定一个合理的库存控制方案，比如在商品采购程序中设置一个补货系统。通过对现有库存状态进行盘点，制定出合理的订货点、订货量和提前期等来组织采购。

常用的库存策略有订货点补货系统、定期检测补货系统、DRP（配送需求计划）补货系统等。另外，库存控制的新策略还有 JIT 库存管理方法、VMI（供应商管理库存）管理和渠道中库存的管理等。

4. 物流信息系统的建议

在企业的整个生产经营活动中，物流信息系统与各种物流作业活动密切相关，具有有效管理物流作业系统的职能。它有两个主要作用：一是随时把握商品流动所带来的商品量的变化；二是提高各种有关物流业务的作业效率。因此，物流信息系统对企业经营管理起着关键性的作用，先进的物流信息系统可以提升企业竞争力。

针对富日物流，本书虽然提出了上述的改进方案。但是企业有必要提升整体的物流信息系统，开发符合其自身业务特点的物流信息化管理系统，帮助企业取得更大的进步。例如，企业可以采用基于 RFID（射频识别）的配送中心解决方案，该方案由多套射频识别系统、中间件、数据库系统及仓库管理信息系统组成。各系统情况如下。

①射频识别系统：主要用于读/写电子标签上的信息。

②中间件：介于前端硬件模块与后端数据库与应用软件中间，提供程序管理、信号过滤与汇集、事件管理、安全管理、网络管理等机制。

③数据库系统：各种数据信息的录入、分析、输出、管理。

④仓库管理信息系统：控制流程中各环节的动作，完成收货入库管理、盘点调拨管理、拣货出库管理及整个系统的数据备份、数据查询、数据统计、报表生成、报表管理。

（案例来源：百度文库，引文经节选、整理和改编）

案例思考：

1. 富日物流属于哪一种配送中心？其承担了哪些功能？
2. 针对富日物流在配送管理方面出现的问题，试分析其原因？

案例 2

7-11 便利店的物流配送

一、7-11 简介

7-11（正式商标记为"7-Eleven"）便利店为全球最大的便利连锁店，它的店铺分布在 18 个国家和地区。每天有超过 2 000 万人次的顾客，接受着 7-11 提供的 24 小时全天候便利服务。

（1）经营理念

以推动"中小型零售业现代化与活性化""共同生存与发展"为创业理念，对制造、流通、销售等环节进行革新，不断给消费者提供独具特色的高品质的商品及便利的服务；努力建造与地区发展紧密结合、深受广大消费者喜爱的便利店。

（2）经营方针

7-11 不求便宜，只求便利，本着品种齐全、保质保鲜、亲切待客、清洁卫生的基本原则，目标客户群一般是 18 至 35 岁的年轻人、白领。通过这些经营策略，避开价格竞争——

便利店真正竞争的是优质服务、现代化和一致化的经营模式。7-11把各单体商店按统一模式进行管理。自营的小型零售业，例如小杂货店或小酒店在经7-11许可后，按7-11的指导原则改建为7-11门店，7-11随之提供独特的标准化销售技术，并决定其销售品类。7-11连锁店作为新兴零售商，特别受年轻一代的欢迎，从而急速扩张。

二、7-11便利店配送模式

一家便利店的成功，很大程度上取决于配送系统的成功，7-11是有着日本最先进物流系统的连锁便利店集团。7-11的物流配送模式经历了三个阶段三种方式的变革。

第一阶段——批发商直送。

早期7-11的生产商有自己特定的批发商，而且每个批发商一般只代理一家生产商，批发商是7-11和生产商之间传递货物、信息和资金的通道。生产商把产品交给批发商后，对产品的销售就不再过问，所有的配送和销售都会由批发商来完成。

对于7-11而言，批发商就相当于自己的配送中心，它所要做的就是把供应商生产的产品迅速有效地运送到7-11手中。为了自身的发展，批发商需要最大限度地扩大自己的经营范围，尽力向更多的便利店送货，并且要对整个配送和订货系统作出规划，以满足7-11的需要。早期的7-11集货配送体系如图2-2所示。

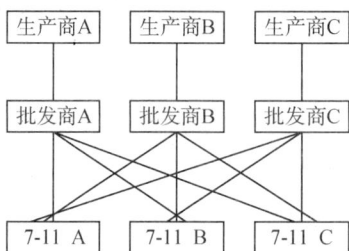

图2-2　早期的7-11集货配送体系

第二阶段——集约化配送。

由各个批发商分别送货的方式无法再满足规模日渐扩大的7-11便利店的需要，7-11开始和批发商及合作生产商构建统一的集约化的配送和进货系统。

一家在一定区域内的特定批发商统一管理该区域内的同类生产商，然后向7-11统一配货，这种方式就是7-11的集约化配送。后期的7-11集约化配送体系如图2-3所示。

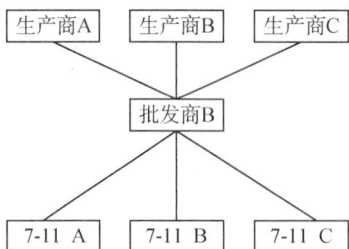

图2-3　后期的7-11集约化配送体系

在这种系统下，7-11改变了以往由多家批发商分别向各个便利点送货的方式，改由一家在一定区域内的特定批发商统一管理该区域内的同类供应商。集约化配送有效地降低了批发商的数量，减少了配送环节，为7-11节省了物流费用。

第三阶段——共同配送中心配送。

当集约化配送无法再满足7-11日益扩大的需求时，共同配送中心代替了特定批发商，分别在不同的区域统一集货、统一配送。共同配送中心配送体系如图2-4所示。

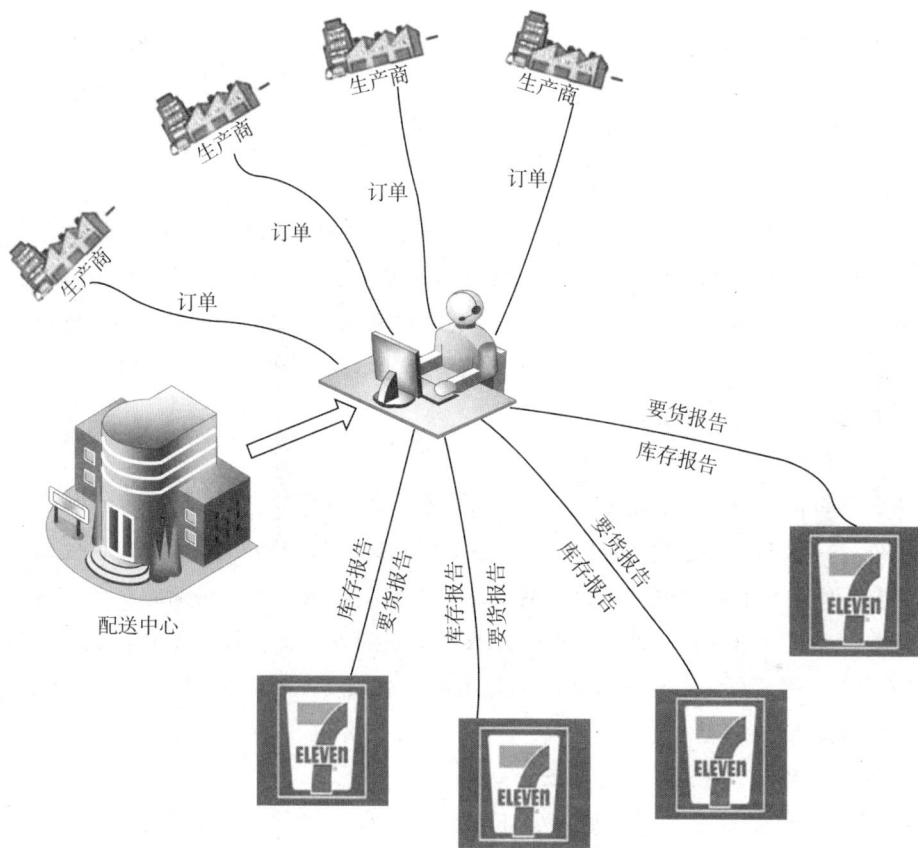

图2-4 共同配送中心配送体系

配送中心有一个计算机网络配送系统，分别与生产商及7-11店铺相连。为了保证不断货，配送中心一般会根据以往的经验保留4天左右的库存，同时，配送中心的计算机系统每天都会定期收到各个店铺发来的库存报告和要货报告，配送中心把这些报告集中分析，最后形成一张张向不同供应商发出的订单，通过计算机网络传给供应商，而生产商则会在预定时间之内向中心派送货物。共同配送模式下的作业流程如图2-5所示。

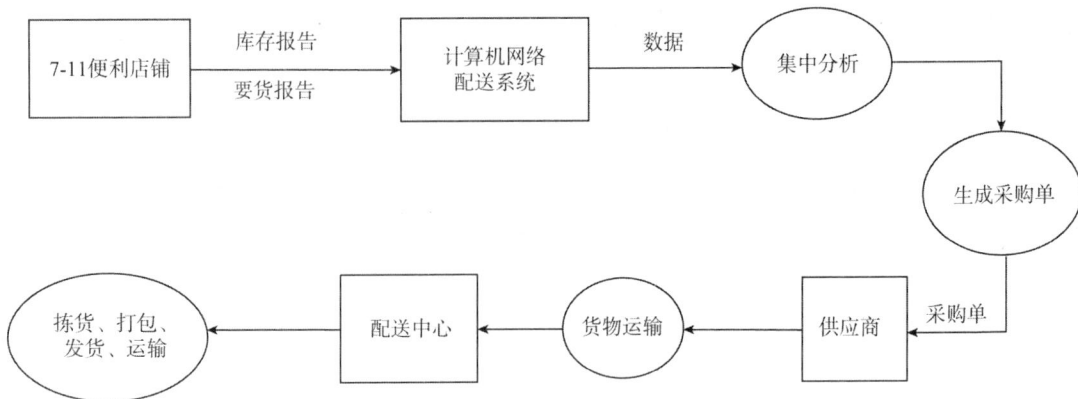

图 2-5　共同配送模式下的作业流程

配送中心的优点在于 7-11 从批发商手上夺回了配送的主动权。7-11 能随时掌握在途货物、库存货物等数据，也清楚财务信息和供应商的其他信息，这样就能和生产商谈价格了。7-11 和生产商之间定期会有一次定价谈判，以确定未来一定时间内大部分货物的价格，包括供应商的运费和其他费用，这样就省下了每次和供应商讨价还价这一环节，少了口舌之争，多了平稳运行，节省了时间和费用。

三、配送管理

随着店铺的扩大和货物的增多，7-11 的配送体系越来越复杂，配送时间和配送种类的细分势在必行。以台湾地区的 7-11 为例，全省的配送就细分为出版物、常温食品、低温食品和鲜食食品四个类别的配送，各区域的配送中心需要根据不同货物的特征和需求量每天做出不同频率的配送，以确保食品的新鲜度，吸引更多的顾客。新鲜、即时、便利和不缺货是 7-11 配送管理的最大特点，也是各家 7-11 店铺的最大卖点。下面以食品为例，说明 7-11 配送管理的特点。

（1）根据食品的保存温度来建立配送体系

7-11 对食品的分类是：冷冻型（零下 20℃），如冰激凌等；微冷型（5℃），如牛奶、生菜等；恒温型，如罐头、饮料等；暖温型（20℃），如面包、饭食等。

（2）根据食品类型采用不同方法和设备配送

不同类型的食品会使用不同的方法和设备配送，如各种保温车和冷藏车。例如，对于冷藏食品，使用冷藏车配送。由于冷藏车在上下货时经常开关门，容易引起车厢温度的变化和冷藏食品的变质，7-11 还专门采用了一种两仓式货运车，这样一个仓中温度的变化不会影响到另一个仓，需冷藏的食品就始终能在需要的低温下配送了。

（案例来源：百度文库，引文经节选、整理和改编）

案例思考：

1. 7-11 在哪些方面对配送进行了有效管理？

2. 请总结 7-11 的配送模式。

案例3

沃尔玛物流配送中心

一、沃尔玛物流配送情况简介

1. 沃尔玛简介

沃尔玛公司是一家美国的世界性连锁企业，以营业额计算为全球最大的公司，其控股人为沃尔顿家族。沃尔玛总部位于美国阿肯色州的本顿威尔，主要涉足零售业，是世界上雇员最多的企业。沃尔玛主要有沃尔玛购物广场、山姆会员店、沃尔玛商店、沃尔玛社区店四种营业方式。

2. 沃尔玛物流配送管理策略

（1）注重与第三方物流公司形成合作伙伴关系

在美国本土，沃尔玛做自己的物流和配送，拥有自己的卡车运输车队，使用自己的后勤和物流方面的团队。但是在其他地方，沃尔玛就只能求助于专门的物流服务提供商了，飞驰公司就是其中之一。飞驰公司是一家专门提供物流服务的公司，在除美国外的其他地方为沃尔玛提供物流方面的支持，成为沃尔玛大家庭的一员，并百分之百献身于沃尔玛的事业。飞驰公司同沃尔玛是一种合作伙伴的关系，它们共同的目标是努力做到最好。

（2）挑战"无缝点对点"物流系统

为顾客提供快速服务。在物流方面，沃尔玛尽可能降低成本。为了做到这一点，沃尔玛向自己提出了一些挑战，其中一个是要建立一个"无缝点对点"的物流系统，能够为商店和顾客提供最迅速的服务。"无缝"的意思是使整个供应链达到一种非常顺畅的连接。

（3）自动补发货系统

沃尔玛之所以能够取得成功，还有一个很重要的原因就是沃尔玛有一个自动补发货系统。每一个商店都有这样的系统，包括在中国的商店。它使沃尔玛在任何一个时间点都可以知道：目前某个商店中有多少货物，有多少货物正在运输过程中、有多少在配送中心等。同时，补发货系统也使沃尔玛可以了解某种货物上周卖了多少、上一年卖了多少，还可以预测某种货物将来的销售情况。

（4）零售链接系统

任何一个供货商都可以进入零售链接系统，来了解他们的产品卖得怎么样，包括昨天、今天、上一周、上个月和上一年卖得怎么样，而且可以在 24 小时内实时更新。这种系统可以让供货商们在沃尔玛公司的每一个门店中，及时了解到有关情况。

二、沃尔玛配送体系

1. 沃尔玛配送体系的特色

沃尔玛公司作为全美零售业年销售收入位居第一的著名企业，素以精确掌握市场、快速传递商品和最好地满足客户需要著称，这与沃尔玛拥有庞大的物流配送系统和实施了严格有效的物流配送管理制度有关，因为它确保了公司在效率和规模成本方面的最大竞争优势，也保证了公司顺利地扩张。沃尔玛现代化的物流配送体系，表现在以下几个方面。

（1）设立运作高效的配送中心

从建立沃尔玛折扣百货公司之初，沃尔玛公司就意识到，有效的商品配送是保证公司达到最大销售量和最低成本的核心，而唯一能使公司获得可靠供货保证及提高效率的途径就是建立自己的配送中心，包括送货车队和仓库。配送中心使公司可以大量进货。公司也可要求供应商将商品集中送到配送中心，再由公司统一接收、检验、配货、送货。

（2）采用先进的配送作业方式

沃尔玛在配送运作时，大宗商品通常经铁路送达配送中心，再由公司卡车送达商店。每店每周收到 1~3 卡车货物，60% 的卡车在返回配送中心的途中又捎回沿途从供应商处购买的商品，这样的集中配送为公司节约了大量的资金。

（3）实现配送中心自动化的运行及管理

沃尔玛配送中心的运行完全实现了自动化。每种商品都有条码，通过几十千米长的传送带传送商品，激光扫描器和电脑追踪每件商品的储存位置及运送情况，每天能处理 20 万箱的货物配送。

（4）完善的配送组织结构

沃尔玛公司为了更好地进行配送工作，非常注重配送组织的完善，其中一个重要举措便是建立自己的车队进行货物的配送，以保持灵活性，为一线商店提供最好的服务。这使沃尔玛享有极大竞争优势，其运输成本也总是低于竞争对手。

2. 沃尔玛的配送流程

沃尔玛各分店的订单信息发送到配送中心—由配送中心整合后正式向供应商订货—供应商将商品送到配送中心—配送中心核对采购计划、进行商品检验等程序，分别送到货架不同位置存放—电脑系统给所需商品打出印有商品代号的标签—整包装的商品直接由货架送往传输带—经传感器对标签进行识别后，自动分送到不同的汽车装卸口—由沃尔玛公司卡车送达各区域相关门店。

三、沃尔玛配送中心的运作

1. 沃尔玛配送中心的类型

沃尔玛有 6 种形式的配送中心：一是干货配送中心，负责生鲜食品以外的日用商品进货、分装、储存和配送；二是生鲜食品配送中心，负责一些不易变质的饮料等食品和易变质的生鲜食品，使用专门的冷藏仓储和运输设施，直接送货到店；三是山姆会员店配送中心，只对会员开放，有一套烦琐庞大的供应商筛选制度，所售商品多采用大箱包装或组合包装以降低成本；四是服装配送中心，不直接送货到店，而是分送到其他配送中心；五是进口商品配送中心，为整个公司服务，主要作用是大量进口以降低进价，再根据订货情况送往其他配送中心；六是退货配送中心，接收店铺因各种原因退回的商品，一部分退给供应商，一部分送往折扣商店，收益主要来自出售包装箱的收入和供应商支付的手续费。

2. 沃尔玛配送中心的特点

沃尔玛的每个配送中心都非常大，相当于 23 个足球场。一个配送中心负责一定区域内多家商场的送货，从配送中心到各家商场的路程一般不会超过一定行程，以保证送货的及时性。配送中心一般不设在市区，而设在郊区，这样有利于降低用地成本。沃尔玛配送中心主要有以下三个特点。

第一，沃尔玛的配送中心虽然面积很大，但它只有一层，之所以这样设计，主要是考虑到货物流通的顺畅性。有了这样的设计，沃尔玛就能让产品从一个门进，从另一个门出，以此来实现货物在一天内的成功转运。如果产品不在同一层就会出现许多障碍，如电梯或其他物体的阻碍，产品流通就无法顺利进行。

第二，沃尔玛配送中心的一端是装货月台，可供 130 辆卡车同时装货，另一端是卸货月台，可同时停放 135 辆大卡车。每个配送中心有 600～800 名员工，24 小时连续作业；每天有 160 辆货车开来卸货，150 辆车装好货物开出。

第三，沃尔玛使用传送带让这些产品能够非常有效地流动，进货时直接装车出货，没有入库储存与分拣作业，加速了流通。在此基础上，运用无缝连接形式，可以尽可能降低成本，提高效率。

3. 沃尔玛配送中心的职能

（1）转运

沃尔玛把大型配送中心所进行的商品集中及转运配送的过程叫转运，大多是在一天当中完成进出作业。

（2）提供增值服务

沃尔玛配送中心还提供一些增值服务，例如在服装销售前，需要加订标签，为了不损害产品的质量，加订标签需要在配送中心采用手工进行比较细致的操作。

（3）调剂商品余缺，自动补进

每个商品都需要一定的库存，比如软饮料、尿布等。在沃尔玛的配送中心可以做到这一点，每一天或每一周它们根据这种稳定的库存量增减来进行自动补进。这些配送中心可以保持 8 000 种产品的转运配送。

（4）订单配货

沃尔玛配送中心在对新商场开业的订单处理上，采取这样的方法：在这些新商场开业之前，沃尔玛要对这些产品进行一次检查，然后运输到这些新商场。沃尔玛将其称为新商场开业的订单配货。

4. 科学的配送运输

（1）拥有全美最大的私人运输车队

沃尔玛一直坚持有自己的车队和司机，以灵活地为一线门店提供最好的服务。在整个物流链条中，运输环节是最昂贵的，运输车队省下的成本越多则整个物流链条节省的钱越多。为降低运输成本和提高效率，沃尔玛采取了自身拥有车队的方法，并辅以卫星定位的高科技管理手段，保证车队总是处于准确、高效、快速、满负荷的状态。

（2）先进的 IT 管控精确的卫星定位系统是沃尔玛保持配送优势的有力武器，在强大的运输能力背后是沃尔玛超凡出众的 IT 能力。沃尔玛拥有世界一流的 IT 管控、卫星定位系统和电视调度系统。沃尔玛的 IT 系统规模在美国仅次于五角大楼，全球 7 000 家店的销售、订货、仓库情况都可以让供应商随时调出查阅。与休斯公司合作发射的专用卫星用于全球店铺的信息传送与运输车辆的定位联络。

四、沃尔玛的核心竞争力及优势

（1）配送速度快

在物流方面，沃尔玛尽可能降低成本，努力建立一个"无缝点对点"的物流系统，为商店和顾客提供最迅速的服务。沃尔玛的货架总能保持充盈，集中配送的同时还为各门店提供了更快捷、更可靠的送货服务，实现了多品种、小批量的低成本物流配送和销售需求，并能随时准确地掌握到货时间，使门店更好地控制存货。

（2）让利消费者

沃尔玛物流配送中心体系较为先进，通过提升其效率来降低运输及采购成本，从而降低商品价格，让利于消费者，以此来获得较好的客户口碑及长期稳定的客户群体。

（3）配送成本低

沃尔玛的配送成本占销售额的2%，而一般来说物流成本占整个销售额的10%左右，有些食品行业甚至达到30%。另外，竞争对手一般只有50%的货物进行集中配送，而沃尔玛85%是进行集中配送的，每家店每天送1次货（竞争对手每5天1次），可以减少商店或者零售店里的库存，这就使得零售场地和人力管理成本大大降低。沃尔玛配送成本一直以来都低于行业平均配送水平的50%，这样成本与对手相比就要低很多。

所有这些都使沃尔玛享有不可替代的竞争优势，在零售业市场中拥有独特的核心竞争力，确保其在效率和规模成本方面的竞争优势，夯实了"天天低价"的营销策略基础，也保证了全球扩张的顺利进行。

（案例来源：百度文库，引文经节选、整理和改编）

案例思考：

1. 沃尔玛配送中心属于哪种类型？有哪些功能？
2. 请思考沃尔玛配送中心的成功经验在其他哪些行业可借鉴？

模块三　实训项目

一、实训目的

随着客户对配送要求的不断提升，配送的业务范围不断扩展，很多企业建立了自己的配送中心。近年来，随着互联网的发展，线上销售与线下配送的结合越来越紧密，良好的配送成为电商企业线上销售的保障。通过本次实训，学生应了解当地配送行业的发展现状，学习成功企业的配送运营模式。

二、实训内容

1. 实训任务

①通过现场走访及网络调查，了解当地知名的配送中心，了解其业务范围、服务对象、经营规模等，形成"××市配送中心统计表"。

②对所有的配送中心进行分类，并分析其功能，形成"配送中心研究对比表"。

③挑选某知名配送中心，分析其运营模式，并总结成功经验，形成分析报告。

2. 实训成果

①调查问卷。

②配送中心统计表。

③配送中心研究对比表。

④分析报告。

模块四　小结与习题

一、内容小结

本章介绍了配送及配送管理方面的内容。配送是根据客户订货要求，在配送中心或其他物流节点进行物品配备，并以最合理的方式送交客户的物流活动。配送管理是指为了以最低的配送成本达到客户所满意的服务水平，对配送活动进行计划、组织、指挥、协调与控制的过程。配送的作用主要体现在增强企业竞争力、提升物流服务水平、提高库存周转率、完善干线运输体系等，按照不同的分类标准，配送可分为多种类型。配送管理主要包括模式管理、作业管理、业务管理、配送系统的要素管理、配送活动的职能管理、配送中心管理。

作为配送作业的主要场所，配送中心是值得重点关注的物流节点。配送中心是指根据用户的订货需求，将货物按品种、规格、质量、数量等标准，进行分类、倒装、保管、加工、包装和信息处理等作业，备齐货物，并以尽可能短的时间将其送达用户的集商品销售、加工、储运为一体的企业。配送中心根据不同分类标准，可以分为不同类别，一般来说，根据经营主体，配送中心分为制造商主导型配送中心、批发商主导型配送中心、零售商主导型配送中心、物流企业主导型配送中心。配送中心能够实现集货、存储、分拣、配货、送货、流通加工、信息处理等功能，由于实现了统一进货、统一定价、统一配送、统一调拨的作业管理，对企业经营业务的发展和经济效益的提高起到了良好作用。

我国配送行业经过几十年的发展，引进了国外先进的配送经验，已经发展到多种模式相结合的智能化阶段。现代配送的发展趋势是多功能化、信息化、自动化。同时，电子商务环境下的配送也成为互联网时代的重要配送方式。

二、思考题

1. 如何理解配送的含义？

2. 什么是配送管理？配送管理的内容有哪些？

3. 配送有哪些作用？如何对配送进行分类？

4. 什么是配送中心？配送中心常见的类型有哪些？

5. 配送中心有哪些功能？

6. 常见的配送模式有哪些？分析配送的发展趋势。

第二篇 仓储配送作业管理

第三章

仓储作业管理

▰▰\ **学习目标** ╴╴╴╴

1. 复述仓库入库作业、出库作业、盘点作业过程中的相关流程与内容。
2. 描述货物保管与保养的方法，举例说明货物堆码与苫垫的方法。
3. 运用储位管理的目标与原则，根据实际情况选择合适的存储策略。
4. 对仓储作业中存在的异常情况进行分析，并掌握解决方法。
5. 能够运用所学知识对仓储作业相关案例进行分析和解决。

▰▰\ **案例导入** ╴╴╴╴

某制造企业仓储作业流程

某制造企业于 2005 年在某沿海城市成立，是一家中日合资企业，主要生产适合超市使用的制冷设备，一直以来与上海华联、沃尔玛、家乐福等大客户业务往来密切。

该企业规定每周一公司采购员通过生产管理系统打印零部件需求订单，然后将订单传递给供应商，供应商按订单安排生产、发货。外地供应商通过铁路、公路、航空将零部件发到当地中转站，再由公司派车提货；本地供应商将零部件直接送到公司的仓库，零部件仓库保管人员负责验收零部件、上架，并录入仓储管理系统。仓库人员根据生产计划，一般提前两天准备好零部件，提前半天送到生产线。在每周二至每周五期间，采购人员对因生产计划调整，而追加订货或调整交货期的情况与供应商进行沟通与协调。

成品从生产线下线后，在包装区域内包装、贴上标签，进入成品库，成品库保管人员验收、入库，并录入管理系统，发货人员根据客户订单，安排发货车辆，按量、按期准备发货。

（资料来源：申纲领. 物流案例与实训［M］. 北京：北京大学出版社，2010. 引文经整理、节选和改编）

模块一 基础知识

仓储作业是指从商品入库到商品出库的整个仓储作业过程，主要包括入库阶段、存储阶段和出库阶段，其基本流程如图 3-1 所示。仓储作业在物流系统中一直扮演着重要的角色。

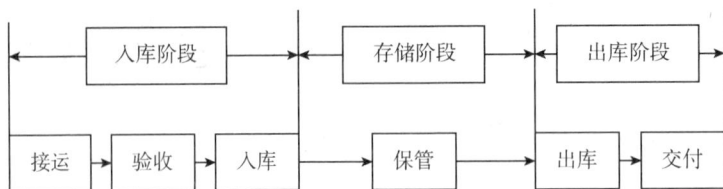

图 3-1 仓储作业基本流程

一、仓库入库作业

仓库入库作业是指仓储单位按照货主的要求，合理组织人力及物力等仓储资源，依据入库作业程序，认真履行各项职责，及时、准确地完成入库任务的工作过程。

（一）入库作业的要求

商品入库作业的基本要求是：以货主的正式入库凭证作为接货依据，清点商品数量，对商品及其包装质量、标识进行检查，并按入库作业工作流程安排商品入库。在入库作业过程中，需做好过程信息记录，对入库情况存在异议的，需双方当面解决，以便划分双方责任。

（二）入库作业的流程

入库作业流程主要包括入库前准备、入库接运、入库验收和入库手续处理四个步骤，如图 3-2 所示。

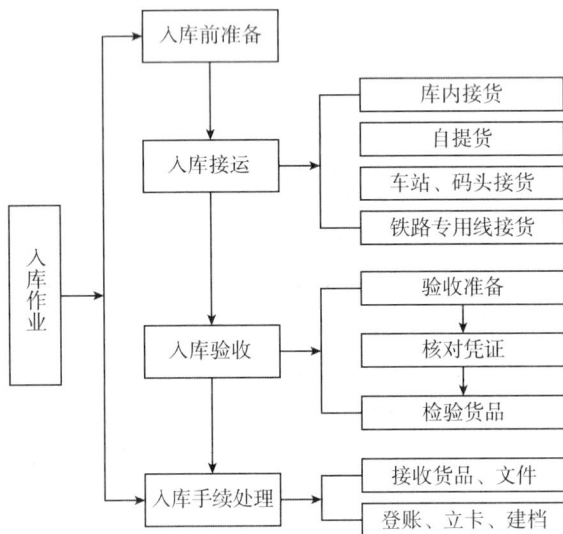

图 3-2 入库作业流程

1. 入库前准备

仓库应根据仓储合同或者入库计划、入库单，及时调整仓库场地，以便货物能按时顺利入库，因此入库准备需要相关各部门协调合作，共同完成。

①了解仓库库场情况。熟悉在货物入库期间、保管期间，仓库的仓容、设备、人员变动情况，以便对工作进行具体安排。必要时对仓库进行清查，清理归位。对于需要使用重型设备辅助入库的货物，一定要提前安排好货位和相关设备与人员。

②熟悉入库货物。管理人员应认真核对入库货物的规格、数量、包装、货品特性等相关信息，以及到库时间、货物存期、保管要求等，以便于后续对仓库货位的安排。

③制订仓储计划。仓库业务部门要根据货品情况、仓库情况、设备情况制订仓储计划，并将任务下达到各相应的作业单位、管理部门。

④进行货位准备。仓库理货人员要及时进行货位准备，对货位进行清洁，清除残留物，清理排水管道（沟），必要时安排消毒、除虫工作。详细检查照明、通风等设备，发现任何损坏应及时进行修理。

⑤妥善安排货位。仓库业务部门要根据入库货物的具体情况与要求，核算货位大小，妥善安排货位、验收场地，确定堆垛方法、苫垫方案等。

⑥验收准备。仓库理货人员要根据货物情况和仓库管理制度，确定验收方法。准备验收所需的调试、称量、开箱、装箱、丈量、移动照明等工具。

⑦装卸搬运工艺设定。仓库理货人员根据货物、货位、人员、设备等情况，合理科学地制定卸车搬运工艺，确定工作的顺序。

⑧文件准备。仓库理货人员需将货物入库所需的各种票据、凭证、单证、记录簿（如入库记录、理货检验单、料卡、残损单等）预填备妥，以备查用。由于货物不同、仓库不同、业务性质不同，入库准备工作也有很大差别，需要根据具体情况和仓库制度做好充分准备。

⑨苫垫材料、作业用具准备。仓库理货人员根据所确定的苫垫方案，准备相应材料，并组织衬垫铺设作业，将作业所需的用具准备妥当，以便及时使用。

2. 入库接运

入库接运的方式主要有以下四种。

①库内接货。库内接货是指由供货单位或承运单位将需存储的货品直接送至待存储仓库，仓库保管员在仓库内与货主或送货人进行货品交接的一种接运方式。

②自提货。自提货是指由仓库提货员直接到货主单位或承运单位提取待存储货品的一种接运方式。

③车站、码头接货。车站、码头接货是指由陆运或水运等第三方承运单位将货品运送至车站或码头，由仓储企业自备运输工具，把货品从车站或码头接运到库房的一种接运方式。

案 例

"库到库"无缝衔接

铁路快车（Rail Express）在华盛顿州的卢拉到纽约州的鹿特丹工业园区之间（运输距

离 4 828 千米）提供 5 日达运输服务承诺，以铁路进入物流中心的冷库方式承揽业务，接收托运人的零散物品，至少可以接收 4 托盘的货物，市场效果良好。

铁路快车由铁路公司负责提供单元列车运输，由 Railex 公司负责组织其他物流服务，包括组织公路短途接运、冷藏冷冻仓储服务、装卸作业、库存管理及多式联运等物流服务，公司还为客户提供 5 天的免费仓储服务。

铁路快车由至少 55 辆 64 英尺（约 19.5 米）的铁路冷藏车组成，Railex 公司还在华盛顿卢拉的配送中心设置可容纳 19 辆 64 英尺铁路冷藏车的封闭式装卸站台，可以实现在完全冷藏环境下进行全列车的装卸作业，站台上还配备有能够调节车辆装卸平台位置的可移动式装置，以提高装卸作业效率。

通过上述冷库设施实现冷链物流无缝衔接，既可以减少公路拖车的接取送达空返浪费，提高装备的利用效率，降低运营成本，又提高了铁路运输的灵活性和冷链服务质量，扩大了运输辐射范围，受到包括食品经销商、物流服务商在内的冷链物流企业的普遍欢迎。

（案例来源：孙金平，孙文桥，纪若婷. 美国铁路冷链物流技术的发展 [J]. 铁道运输与经济，2015，37（12）：35-56.）

④铁路专用线接货。铁路专用线接货是指铁路运输部门将货品直接运送到库房内部专用线，由仓储部门直接与铁路运输部门在库内交接货品的接运方法。库房接到车站的到货通知后，应确定卸车货位，准备好卸车所需的人员和设备；列车抵达后，要进行一定的引导。若接运工作正常，提货人员在送货回单上盖章表示货品收讫。如发现异常情况，必须在送货单上详细注明并由送货人员签字，或由送货人员出具差错情况记录、异常情况记录等书面材料，作为事后处理的依据。

3. 入库验收

入库验收是指货品在正式入库前，按照一定的作业流程，对到库货品进行数量和外观等方面的检查，检验其是否符合仓储合同规定的一项工作。由于到货的来源复杂、渠道较多，产地和厂家不同，又经过了不同运输方式和运输环节，货品有可能会受到一定影响，所以在货品正式入库前对到货进行验收是十分必要的。入库验收包括验收准备、核对凭证、检验货品等。

（1）验收准备

验收准备是货物入库验收的第一道程序。仓库接到到货通知后，应根据商品的性质和批量提前做好验收的准备工作，包括全面了解验收物资的性能、特点和数量，准备相应的检验工具，并做好事前检查，以保证验收数量的准确性和质量的可靠性；收集和熟悉验收凭证及有关资料；进口物资或上级业务主管部门指定需要检验质量者，应通知有关检验部门共同验收。

（2）核对凭证

核对凭证就是将仓储作业相关凭据、单证进行整理，并进行逐一核对。单证内容经核对且相符后，即可进入实物检验环节。若存在单证不齐或不符等异常情况，须及时与存货单位联系，暂缓入库。

（3）检验货品

检验货品主要包括数量、质量和包装三方面的内容，即检验货品数量是否与入库凭证相符；货品质量是否符合规定；货品包装能否保证其在储存和运输过程中的安全。

①数量检验是货品入库前不可缺少的措施，一般是在质量检验之前进行。按货品特性和包装情况，数量检验一般以计件、检斤、检尺求积三种形式进行。计件是以件数为计量单位，在进行数量验收时清点件数；检斤是以重量为计量单位，进行数量验收时称重；检尺求积是以体积为计量单位，例如木材、竹材、沙石等，先对尺寸进行检验，再根据尺寸进行体积的测算，从而完成数量验收。

②质量检验包括外观检验、尺寸检验、机械物理性能检验和化学成分检验四种形式。仓库一般只针对外观、尺寸进行检验，如要进行后两种检验，则需委托专业检验部门进行取样检验。

外观检验是指通过人的感觉器官检查商品外观质量的检查过程。其主要检查货物的自然属性是否因物理及化学反应而造成负面的改变，如是否受潮、沾污、腐蚀、霉烂等；检查商品包装的牢固程度；检查商品有无损伤，如撞击、变形、破碎等。外观检验时有严重缺陷的商品，要单独存放，防止混杂，等待处理。

③包装检验是检验货品外包装的好坏和干潮情况，包装是否可靠直接关系货品的储存和运输安全。对包装有具体要求的，如包装纸板的厚度等，要严格验收。对于包装的干潮程度，一般是用眼看、手摸的方法进行检查验收。

4. 入库手续处理

入库手续主要是指仓库管理人员与交货单位之间所办理的交接工作，其中包括对货品的检查核对、事故的分析、责任的判定，经双方认定后须在交接单上签字确认。仓库一方面给交货单位签发接收入库凭证，并将凭证交给会计入账、登记；另一方面仓库内部安排储位，并提出保管要求。

①交接手续。完整的交接手续包括接收货品、接收文件、签署单证。办理完交接手续，意味着货主、承运单位、送货人和仓库的责任划分完毕，是仓库对收到的货物向送货人进行的确认，表示已接受货品。

②登账。货品入库后，仓库应建立详细反映物品仓储的明细账，登记物品入库、出库、结存的详细情况，用以记录库存物品动态和出入库过程。

③立卡。物品入库或上架后，要将物品名称、规格、数量或出入库状态等内容填在料卡上，并将其摆放在货架或货垛正面的明显位置上。

④建档。仓库须给所有库存物品建立档案，以便进行物品在库管理，也有助于提高仓储管理水平。建档的内容包括且不限于以下几类：入库通知单、送货单、发货清单、质量合格证、验收记录、技术检验报告、保管期间记录表、出库凭证、交接签单等。

（三）入库异常的处理

1. 接运工作中异常的处理

货物在接运过程中可能发现的问题包括错发、混装、漏装、丢失、损坏、受潮、污损及单证少缺等。如果发生此类问题，则应先找出发生问题的原因，其次确认导致该问题的责任人，划分责任界限，做好事故情况记录，凭记录与责任方协商处理解决。

2. 验收工作中异常的处理

在货物验收过程中，会发现各种各样的问题，比较常见的问题有数量上的短缺、质量上的缺陷、包装上的残损，以及业务资料、凭证的不符、不全等，针对每种情况采用相应的处理方式。

一般数量短缺可以按照实际数量质检收货，或者与货主协商补货到齐后再一起收货；质量不符合要求的则一律拒收；入库前已有部分货损残损的，则首先查明是哪一方责任，再协商处理；证件不符或不全时，商品应暂时存放于待检区，证齐后再进行验收入库。

二、仓库存储作业

（一）盘点作业

盘点作业就是定期或不定期地对仓库内存储货品进行清点，以掌握一定期间内货品的实存数量及损耗情况。

货品在库房中因不断地搬运和出入库，其库存账面数量容易与实际数量不符，还有些物品会因存放时间过久、储存措施不恰当而发生变质、损耗等。为了有效地掌握商品在库数量和掌握企业资产的损益情况，需要对在库商品的数量进行清点，即盘点工作。盘点是保证储存货物达到账、货、卡完全相符的重要措施之一，通过盘点还能及时发现物品管理过程中存在的问题，从而改善作业流程和作业方式，提高人员素质和企业的管理水平。

1. 盘点作业的内容

①检查数量。通过对在库货品进行数量清点，核对实际库存量是否与库存账面资料一致。

②检查质量。检查在库货品质量与形态是否发生变化、是否超过有效期、是否存在长期积压等现象，必要时还可对货品进行技术检验。

③检查保管条件。检查保管条件是否与各种货品的保管要求相符。

2. 盘点的分类

盘点作业可根据盘点形式和盘点时间划分成不同的类型。

（1）依据盘点形式分式

依据盘点形式分类，盘点可分为账面盘点与实物盘点。

①账面盘点。又称为永续盘点，即从存货账卡或计算机库存数据库上查询货品盘点期内出入库、库存量及库存金额等信息，根据每天出入库的情况逐项进行记录与汇总。账面盘点简单易行，但若出现差错不易及时发现。

②实物盘点。又称实盘法，是实际去仓库清点核实所要盘点货品的库存量，并依据货品单价计算出实际库存金额，包括动态盘点法、循环盘点法和期末盘点法。

动态盘点法是只要货品发生出入库作业，就立即实地对货品库存量与账卡进行核对。与账面盘点相比，此法有利于及时发现差错并及时处理，一般适用于贵重货品。

循环盘点法也称连续盘点法，是指每天或者每周按顺序清点一部分商品，在一定的循环周期内完成所有库存货物至少一次的清点作业。在实际过程中，可按货区进行分区、分批、分堆等循环盘点。

期末盘点法是指在会计期末核算时统一清点所有库存商品数量的方法。此时所有的物品需要一次清点完毕，工作量大，并且所有相关的出入库作业都必须停止，对生产运营影响较大。

（2）依据盘点时间分类

依据盘点时间分类，盘点可分为定期盘点、临时盘点和抽盘。

①定期盘点。即规定每月某日为仓库的盘点日。它是仓库开展自查自检的常用方法。

②临时盘点。即在企业发生较大人事变动、有货损货差或临时有其他需要时，临时安排的盘点。

③抽盘。即根据需要，除了定期盘点、临时盘点外，专门安排人员按照一定比例进行随机抽查盘点。

> **案　例**

家乐福的盘点作业

家乐福利用循环盘点代替一年两次实地盘点的做法在一定程度上也是值得制造型企业学习的。"循环盘点"是以一个月或几星期为一个周期，根据品类管理对物料的分类，同样也对所储存的物料进行盘点周期的分类。每一次盘点若干个储位，根据盘点的结果进行调整，并生成循环盘点的相关报表。采用"循环盘点"可以达到缩短盘点周期、及早发现"人"的问题及仓储中存在的问题。但循环盘点的实施需要企业财务、采购、仓库各个部门有更强的控制能力和相互间联系反应的能力。

（案例来源：百度文库，引文经整理、节选和改编）

3. 盘点的流程

一般情况下，盘点可以按以下步骤进行。

①盘点前的准备工作。事先对可能出现的问题、盘点中易出现的差错进行周密的准备和研究，是相当重要的。准备工作主要包括以下内容：确定盘点的程序和具体方法，配合财务人员做好准备工作，设计盘点用的各种表格，准备盘点使用的基本器具。

②确定盘点时间。每一次盘点，都要耗费大量的人力、物力和财力，因此，应根据实际情况确定盘点的时间。如可按 ABC 分类法将货物按重要程度科学地分为 A 类、B 类、C 类，分别制定相应的盘点周期，重要的 A 类物品，每天或每周盘点一次；一般的 B 类物品，每两周或三周盘点一次；C 类物品可以一个月甚至更长时间盘点一次。

③确定盘点方法。因盘点场合、要求不同，盘点的方法也有差异。因此，盘点作业开始前必须明确盘点方法。

④确定并培训盘点人员。盘点前须对盘点人员进行必要的指导和训练，使盘点人员了解

盘点要求、盘点常犯错误及异常情况的处理办法等。盘点人员按职责一般可分为填表人、盘点人、核对人和抽查人等。

⑤清理储存场所。对尚未办理入库手续的商品，应标明不在盘点之列；对已办理出库手续的商品，要提前通知有关部门，运到相应的配送区域；账卡、单据、资料均应整理后统一结清；整理商品堆垛、货架等，使其整齐有序，以便于清点记数；检查计量器具，使其误差符合规定要求。

⑥盘点。在盘点过程中一定要仔细认真，由于盘点工作涉及大量的数字，如果因一时大意看错数字，在核对时就会出现差异，从而导致重新盘点。在盘点过程中还要注意因自然原因导致某些商品挥发、吸湿使货品重量发生变化等情况。

⑦盘点的盈亏处理。查清差异原因后，为了使盘点账面数与实物数保持一致，需要对盈亏和报废品一并进行调整。

（二）货物堆码与苫垫

1. 货物堆码

（1）货物堆码的原则与要求

仓库货品进行堆码的主要原则是：尽量提高空间利用率，采取立体储存的方式；仓库通道与堆垛之间保持适当的宽度和距离，提高物品装卸的效率；根据货品的不同收发批量、包装形式、性质和盘点要求，采取不同的堆码形式，其中，性质相互抵触的物品应该区分开来，不得混淆，例如危险品和非危险品的堆码；不要轻易改变物品存储的位置，大多应按照先进先出的原则进行堆码；在库位不紧张的情况下，尽量降低货品堆码的密度。

小知识

堆码的"安全五距"标准

堆码的"五距"是指顶距、灯距、墙距、柱距和堆距。顶距是指货垛的顶部与仓库屋顶平面之间的距离，留顶距主要是为了通风，平顶楼房的顶距应在50厘米以上。灯距是指在仓库里的照明灯与货垛之间的距离，留灯距主要是防止火灾，货垛与灯的距离一般不应少于50厘米。墙距是指货垛与墙的距离，留墙距主要是防止渗水，便于通风散潮。柱距是指货垛与屋柱之间的距离，留柱距是为防止货品受潮和保护柱脚，一般留10~20厘米。堆距是指货垛与货垛之间的距离，留堆距是为了便于通风和检查货品，一般留10厘米即可。

货物堆码过程中有如下几点操作要求：安全，堆码全程须严格遵守安全操作规程；牢固，注意安全负荷量，保证货垛的安全与牢固；定量，尽量采取类似"五五化"等量堆码，便于记数与盘点（"五五化"堆垛示意如图3-3所示）。整齐，货垛应按一定规格与尺寸整齐码放；节约，应注意空间位置的有效利用；方便，选用的堆垛方法应方便堆垛，以提高作业效率，垛形应便于进行查验货品等保管作业。

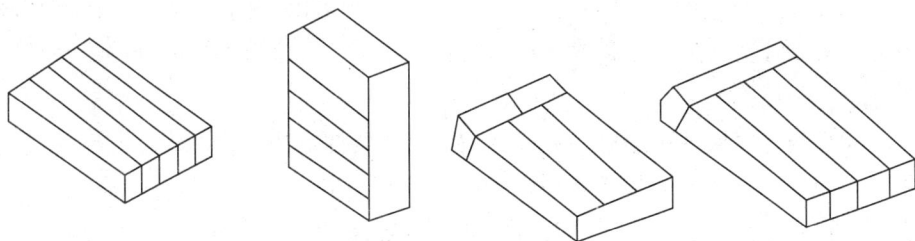

图3-3　"五五化"堆垛示意

（2）货物堆码的方法

货物堆码的方法主要有三种：货架堆码法、散堆法和堆垛法。

①货架堆码法是指把物资堆放在货架上的方法。其适用于标准化的货品、带包装密度较小的物资，以及不带包装的各种零星小物资。

②散堆法是指散装堆放货品的方法。其适用于不便于计数且没有包装或不需要包装的大宗物资，如煤炭、砂石、颗粒状粮食作物等。

③堆垛法是指把物资堆码成一定垛形的方法。其适用于货品外形或包装尺寸较整齐的大件物资，如钢材的型钢、钢板等。

（3）常见的堆垛形式

利用堆垛法进行货品码垛时，根据货品的特性，可选择合适的形式进行堆垛存放。几种常见的堆垛方式如图3-4所示。

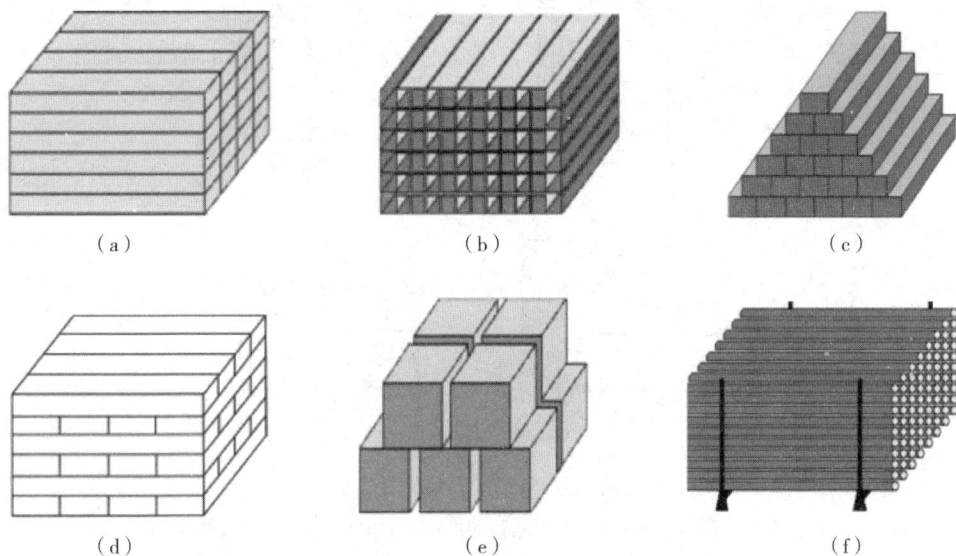

（a）　　　　　　　　　　（b）　　　　　　　　　　（c）

（d）　　　　　　　　　　（e）　　　　　　　　　　（f）

图3-4　几种常见的堆垛方式

（a）重叠式；（b）仰伏相间式；（c）压缝式

（d）纵横交错式；（e）通风式；（f）栽柱式

①重叠式是指逐件逐层向上重叠堆码货品的方法。钢板、箱装物资等不怕挤压、占地面积较大的货品均可采用这种垛形。这种形式便于操作，但稳定性较差。

②仰伏相间式是指将货品一层仰放、一层伏放，仰伏相间相扣的码垛方法。其适用于上下两面有大小差别或凹凸形状的货物，如工字钢、槽钢、角钢等物资的堆码。该种形式下的货垛极为稳定，但操作不便。

③压缝式是指将底层并排摆放，上层放在下层的两件货物之间的码垛方法。其适用于卷板、钢带、卷筒纸、卧放的桶装货品等。

④纵横交错式是指每层货物在码放时，都以旋转 90 度的方向向上堆放的方法。其适用于铜线锭、管材、型材、狭长的箱装物资等。这种形式下的货垛较为稳定，但操作不便。

⑤通风式是指货物在堆码时，每件相邻的货品之间都留有空隙，以便通风的方法。层与层之间以压缝式或纵横交错式堆垛。适用于需要通风量较大的货物堆垛，例如蜂窝煤。

⑥栽柱式是指在货垛的两旁各插上两根或三根木柱或钢棒，然后将材料铺平在柱中，每层或隔几层在两侧对应的柱子上用铁丝拉紧，以防倒塌的方法。其适用于长条形的金属材料，如少量的圆钢、钢管、有色管棒材等。

小知识

托盘的码垛方法

托盘的码垛是货物直接放在托盘上存放，提高搬运活性指数。常见的组托方式有重叠式、纵横交错式、旋转交错式和正反交错式四种，如图 3-5 所示，适合包装较为整齐的货品存放。

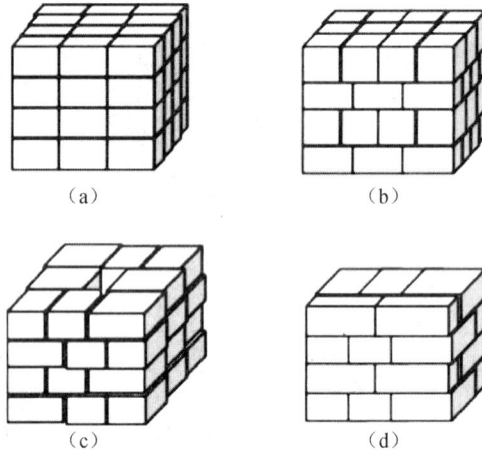

（a）　　　　　　　　　（b）

（c）　　　　　　　　　（d）

图 3-5　常见的四种组托方式

（a）重叠式；（b）纵横交错式；（c）旋转交错式；（d）正反交错式

除此之外，一个货垛的形式可能是多样化的，如小型箱装货物的堆垛形式可以是重叠式与压缝式的结合，因为这样可以分担地面重量负荷，同时增加货垛稳定性；再如工字钢的堆垛，虽是以仰伏相间式码放，但整体的货垛是按照重叠式进行堆码的。

2. 货物苫垫

（1）苫盖

苫盖是指采用专用苫盖材料对货垛进行遮盖，以减少自然环境中的阳光、雨、雪、风、露、霜、尘、潮气等对物品的侵蚀、损害，并使物品由于自身理化性质所造成的自然损耗尽可能减少，保护物品在储存期间的质量。特别是露天存放的物品，在码垛以后，一般应进行妥善的苫盖，以避免物品受损。需要苫盖的物品，在堆垛时应根据物品的特性、堆存期的长短、存放货场的条件，合理选择苫盖材料和堆码的垛型。通常使用的苫盖材料包括塑料布、席子、油毡纸、苫布等，也可以将一些商品的旧包装材料改制成苫盖材料。

（2）垫垛

垫垛就是在货品堆垛前，根据货垛的形状、底面积大小、货品保管养护的需要、负载重量等要求，在将要进行堆垛的下方预先铺好垫垛材料的作业。其目的是使垛底保持通风，减少堆垛货受到地面湿气的影响，提高货品的存储质量。垫垛材料通常采用枕木、石墩、水泥墩、木板、防潮纸等，在实际操作中需要根据不同的储存条件、货品的不同要求，选用不同的垫垛材料。

（三）储位管理

储位管理就是利用储位来使货品处于"被保管状态"，并且能够明确显示货品所储存的位置。这样，当货品的位置发生变化时有准确记录，能使管理者随时掌握货品的情况，同时提高仓储作业效率。

1. 储位管理目标与原则

（1）储位管理目标

①充分有效利用仓储空间。

②尽可能提高人力资源及设备的利用率。

③有效地保护好货品的质量和数量。

④维护良好的储存环境，实现储位有效管理。

⑤使所有在储货物处于随存随取状态。

（2）储位管理的基本原则

①储位位置明确化：在仓库中所储存的货品都应有明确的存放位置。

②存放货品合理化：每一个货品的存放是遵循一定的规则的。

③存放状况明确化：当货品存放于储位后，货品的数量、品种、位置、拣取等变化情况都必须随之进行记录更新，并录入仓库管理系统。

2. 储位的规划

（1）仓库分区

仓库分区是根据仓库的建筑样式，以及库房、货场和库内道路的分布情况，结合货品分类情况和各类货品的储存量，将仓库划分为若干区域，确定每类货品储存的区域。库区的划分一般在库房、货场的基础上进行，多层库房分区时也可按照楼层划分。

⊙ **案 例** ━━━━━━━━━━━━━━━━━━━━━━ ● ● ●

安利（中国）物流中心的分区管理

安利（中国）物流中心按照产品类型，将库区进行分类，分别存放不同的产品。干货库区（面积14 416平方米，可储存10 621个卡板）存放家居护理和个人护理系列产品，以及印刷和音像制品；恒温库区专门存放营养保健食品和美容化妆品；危险品库区（面积385平方米，可储存500个卡板）专门存放压缩气体及含酒精成分的货品。

（案例来源：百度文库，引文经整理、节选和改编）

（2）储位确定

在进行储位规划时应充分考虑存放货品的特性、体积、重量及周转率等，并根据货品相关性和储位分配原则确定每类货品在仓库中具体存放的位置。

①根据货品特性确定储位。为性质相同或保管条件相近的货品选择条件适宜的库房或货场进行集中存放，即将同一种货物存储在同一保管位置，产品性能类似或互补的保管条件相近的货品放在相邻位置。将相容性低，特别是互相影响质量的货品分开存放。这样既能提高作业效率，又能防止货品在保管期间受到损失。

②根据货品体积、重量确定储位。在储位规划时，必须同时考虑货品体积、尺寸和重量，以确定货品所需存储的位置。通常为了保证存储安全，存放时应满足"大不压小、重不压轻"的原则，重而大的物品存放在地面或存放在货架的下层位置。

③根据货品周转率确定储位。将库存货品以周转率进行排序并分段，将周转率大、出入库频繁的货品储存在接近出入口的位置，以缩短搬运距离，提高作业效率。在同一段内的货品则可以按照定位或分类储存法进行存放。

④根据货品相关性确定储位。有些库存的货品具有很强的相关性，相关性大的货品，应尽可能规划在同一储区或相近储区内，以缩短搬运路径和拣货时间。

⑤根据货品先进先出的原则确定储位。先进先出即指先入库的货品优先安排出库，该原则对于生命周期有特别要求的货品尤其重要，如食品、化学品等。

除上述原则外，为了提高储存空间的利用率，还可以利用合适的存储货架、托盘等工具，使货品的存放形式向空间方向发展。

⊙ **案 例** ━━━━━━━━━━━━━━━━━━━━━━ ● ● ●

某企业的货品存放

某企业是一家生产工装裤的工厂，规模不是很大，只生产少数几种产品，而产品的主要差别仅在于裤子的尺寸不同。该企业在进行仓库货品存放时先根据产品的特点进行分类分项，再根据分类分项结果进行存放。

在安排货位时，该企业按照工装裤的尺寸考虑分别进行存放，即先按照工装裤的腰围，从最小尺寸到最大尺寸，分为若干类。然后每一类再按裤长尺寸由最小尺寸到最大尺寸，分为若干项。分类分项后，就按顺序存放。

为了减少订单分拣人员的分拣时间，除了按上述方法将工装裤按尺寸分类分项外，还将客户最常选购的一般尺寸就近存放在存取较为方便的货位，而将特小和特大、客户不常选购的特殊尺寸存放在较远和高层的货位。该企业通过货物在仓库中合理布局，提高了仓储工作效率，实现了货位存储合理化。

（案例来源：李联卫. 物流管理案例及解析［M］. 北京：化学工业出版社，2015. 引文经整理、节选和改编）

（3）储位编号

在根据一定的规则完成储位规划以后，就要对储位进行编号。储位编号是将库房、货场、货垛、货架及货品的存放具体位置按顺序统一编号并明显标识。具体的编号方法可以按仓库的不同条件和实际需要，灵活运用垂直、平面或立体的序列。最常用的是"四号定位"法，即第一个数字表示仓库序号；第二个数字表示货架号；第三个数字表示货架的层号；第四个数字表示货位号。例如，编号 2-11-3-4，表示第 2 号库房、第 11 个货架、第 3 层的第 4 号货位。

3. 储位储存策略

（1）定位储存

定位储存是指为每项货品安排固定的储位，且只能按此安排进行存储。但在设置储位时，要保证安排的储位容量可以满足在该储位存储货品的最大库存量。

定位储存通常适合存储条件有特定要求的货品、贵重货品或多品种、少批量货品。定位储存方式便于对在库货品的管理，同时有助于提高仓库拣选作业效率，但空间的利用率较差。

（2）随机储存

随机储存是根据库存货品及储位使用情况，随机安排和使用储位。各种货品的储位是随机产生的，类似"见缝插针"。通过模拟实验，随机储存系统比定位储存节约 35% 的移动库位时间及增加 30% 的储存空间。随机储存适用于储存空间有限及货品品种少而体积较大的情况。

与定位存储方式不同的是，随机存储能够最大化利用仓库空间资源，但缺点也显而易见，主要表现在以下几个方面：增加货物出入库管理及盘点工作的难度；周转率高的货物可能被随机存放在离出入口较远的位置，增加出入库搬运的工作量；有些物理或化学性质相斥的货物可能会发生相邻存放的情况，从而造成货品损耗，甚至发生危险。

▶ 案 例

亚马孙的混乱仓储模式

全球最大的零售电商亚马孙仓库用混乱无序的方式存放各类商品，但在这种无序仓储的背后，隐藏着一整套能够产生最大运作功效的"混乱库存管理制度"。

"混乱库存管理制度"也就是"随机储存制度"，本质上是一个存放商品的货架系统。依照现有的经验来分析，还没有发现它与那些使用固定位置存放商品的仓库有何不同。但亚马孙的出错率远低于普通固定储存系统，关键在于分拣及物流方式。

从分区的商品开始，仓库的工作人员把入库商品运至货架系统，找个空位存放。每个货架和每个商品都有一个独一无二的条形码。工作人员用手持扫描仪扫描货架位和对应商品，然后计算机就会出现存储该商品的具体位置。

当订单下来需要商品出库时，计算机会自动输出一组提货单，提货单上显示的商品是距离负责提取该商品的人员最近的那些货架，精准而高效。每个商品从货架取下时都要再扫描一次，保证了数据库的即时信息更新。

这里要指出的是，混乱管理并不是混乱操作，也并非意味着全自动化管理，因为全自动操作一个混乱存储系统虽然可行，但成本太高，所以不是亚马孙的优先选择。亚马孙通过一项模拟存储进程的实验发现，雇佣适当的仓库管理员结合信息管理系统比全自动化更节省成本。

（案例来源：商联网，引文经整理、改编）

（3）分类储存

分类储存是按照货品流动性、货品尺寸、货品特性等来进行分类，每一类货品固定其储存区域，同类货品中的不同品种又按一定的规则来安排储位。使用分类储存的优点是便于仓库出入库管理，具有定位储存的部分优点。缺点是储位必须按各类货物的最大在库量设计，因此存储空间平均利用率较低。

（4）分类随机储存

分类随机储存是指每一类商品有固定的存放区域，但在各存储区内，每个储位却是随机指定的。其既具有定位储存的部分优点，又兼具随机存储节省储位数量、提高储区空间利用率的优点。但分类随机储存增加了货品出入库管理的难度，尤其是盘点工作。

（5）共同储存

共同储存是指在已确定各货品出入库时间的条件下，不同的货品可共享同一库位。该策略能够有效地节省存储空间和搬运操作时间，但管理难度较大。

4. 储位优化

（1）储位优化的意义

传统的仓储作业管理过程中，对于储位的管理并不多做分析，只是沿袭多年习惯与经验进行存放，难免不会存在储位设置的不合理性而导致货品流通速度慢、作业效率低、空间利用不足等弊端。然而，现代仓储管理的目标是利用有限的资源条件，降低仓储运作成本，提高仓储作业效率，提供高质量的服务。

储位优化管理是根据每项货物的特性为其分配较为合适的储存位置。储位优化管理追求分析不同设备和货架类型特征、货品分组、储位规划、人工成本等因素以实现最佳的储位布局，有效掌握货品变化，将成本节约最大化。

（2）储位优化策略

进行储位优化时需要很多原始数据和资料，需要知道每种货品的规格、型号、材料类型、储存环境、保质期、尺寸、重量等，甚至包括客户订单的信息。一个高效的储位优化策略可以增加库存吞吐量，改善劳动力，减少货品的损失和更好地利用存储空间。以下是常见的储位优化策略。

①周期流通性的储位优化。可根据在所选某时间段内，如年、季、月等的流通性并以商品的体积来确定存储模式和具体储位。

②销售量的储位优化。在每段时间内根据出货量来确定存储模式和空间分配。

③单位体积的储位优化。根据货品单元化体积（如托盘、箱等容器）或货品的体积来进行划分和整合。

④分拣密度的储位优化。具有高分拣密度的商品应放置在黄金区域及最易拣选的拣选面。

通常储位优化是一种利用模拟工具进行的建模过程。在综合使用多种策略或交替使用某些策略进行模拟，并得到满意效果后进行实地实施，是目前进行储位优化常用的一种手段。

（四）货物保管与养护

库存货品的保管与养护是指仓库针对存储货品的特性，结合仓库的具体条件，采取各种科学手段对货品进行养护，防止和延缓货物的质量变化。其目的在于保持在库货品的价值，最大限度地减少货品的自然耗损，杜绝因保管不善而造成的货物损害。仓库保管人有绝对义务对仓储物进行妥善保管，这是仓储合同要求仓储保管人所负的责任。若因保管不善造成存储货物的损失，保管人必须承担相应的赔偿责任。

▶ 案 例 ●●●

冷库租用纠纷处理案例

2018年9月，从事水果生意的肖某决定从库尔勒购进一批香梨在石河子销售。为方便储存，肖某租用了何某的一间冷库。两人口头约定，租赁期限6个月，租金9 000元。当月，肖某付租金5 000元后，何某将冷库的钥匙交给了他。随后，肖某从库尔勒购进大批香梨，存放在冷库中，准备将这批水果卖到第二年春天。由于忙于生意，除了提货，肖某很少去冷库查看货物。2019年1月，肖某突然接到何某的电话，何某说："别人告诉我，冷库的控制箱显示的温度不对，你快去看看！"肖某急忙让妻子赶到冷库查看，发现控制箱上显示的温度为57℃。而库房里存放的香梨此刻表皮已全部泛黑了，数万元的水果"全军覆没"。肖某夫妇找到何某，要求他赔偿损失，但遭到了何某的拒绝："我已经把冷库交给你使用了，冷库的温度为何会升高，我也不清楚，这不是我的责任。"肖某委托有关机构对存放在冷库的香梨进行了估价，损失价值有6万余元。随后，肖某将何某起诉到法院，要求其赔偿损失。法院查明，肖某租赁的冷库与另外两间冷库共用一个外间，冷库温度的控制箱安装在外间的墙壁上，冷库升温的主要原因是有人动了控制箱的调控开关。

（案例来源：道客巴巴，引文经整理、节选和改编）

1. **库存货物的变化**

货品在储存期间，由于其本身的成分、结构和理化性质，以及受到日光、温度、空气、微生物等外界条件的影响，会发生一定的质量变化。货品质量变化的形式很多，归纳起来有物理变化、化学变化、生理生化变化及生物变化。

①物理变化。物理变化是指货品仅改变其本身的外部形态（如气体、液体、固体"三态"之间发生的变化），在变化过程中没有产生新的物质。如货品的挥发、溶化、熔化、渗漏、串味、沉淀、沾污、破碎与变形等。

②化学变化。化学变化是指构成货品的物质发生变化后，不仅改变了货品本身的外部形态，也改变了本质，并伴随有新物质产生的现象。常见的化学变化有化合、分解、氧化、聚合、老化、风化等。

③生理生化变化。生理生化变化是指有机体（具有生命力）在生长、发育过程中，为了维持其生命活动，自身发生的一系列特有变化。呼吸作用、后熟作用、发芽、胚胎发育等现象，都属于生理生化变化。这些变化使有机体货品消耗了大量的营养物质，使货品发热增湿，造成微生物的繁殖，以致污染、分解货品，加速了货品的霉腐变质。

④生物变化。生物变化是指货品在外界有害生物作用下，受到破坏的现象，如虫蛀、鼠咬、霉变等。害虫在危害货品的过程中，不仅破坏货品的组织结构，使货品发生破碎或产生洞孔，而且排泄各种代谢废物污染货品，影响货品质量和外观，降低货品价值。

2. **库存货物的养护方法**

货品养护的基本方针是"以防为主，防治结合"。做好"防"的工作就可以减少"治"或者避免"治"。但是，一旦发生了质量问题，就必须"治"。如果"治"的方法恰当、及时，同样可以避免货品的价值受到影响。

（1）适当安排储存场所

由于不同货品性能不同，所以对保管条件的要求也不同，分区分类、合理安排储存场所是货品养护工作的一个重要环节。如怕潮湿和易霉变、易生锈的货品，应存放在较干燥的库房里；怕热、易溶化、发黏、挥发、变质或易发生燃烧、爆炸的货品，应存放在温度较低的阴凉场所；性能相互抵触或易串味的货品不能在同一库房混存等。

（2）严格入库验收

货品在入库之前，对入库货品除了核对数量、规格外，还应该按比例检查其有无变形、变色、沾污、发霉、虫蛀、鼠咬、生锈、老化、沉淀、聚合、分解、潮解、风化、挥发、含水量过高等异状，有条件的还应进行必要的质量检验。

（3）合理堆垛、苫垫

入库货品应根据其性质、包装条件、安全要求采用适当的堆垛和苫垫方式，达到安全牢固、节约仓容和养护的目的。如为了防止货品受潮和防汛需要，货垛底部应加垫隔潮层，露天货垛必须苫盖严密，垛底地面应稍高，货垛四周应无杂草，并有排水沟以防积水；含水易较高的易霉货品，热天应码通风垛。

（4）加强库房温湿度管理

货品质量变化类型虽然很多，但多数是受到空气温度和湿度的影响。因此，仓库管理人员需要掌握温湿度的变化规律，了解库房内不同区域的温湿度差异情况，配备有关测量仪器，通过自然措施或机械设备调节仓库内温湿度环境，以保护货品质量。库房内温湿度调节的方法包括密封、通风、吸湿等。

（5）实施金属防锈措施

在金属材料制品、机械设备的存储过程中，锈蚀现象普遍存在，危害严重。为防止金属锈蚀，要求在金属货品保管过程中首先要采取防水、防潮、防尘、防有害气体等措施，其次可以喷涂防护油、气象防护剂等，或者将金属器件装入防锈袋。若锈蚀已发生，就立即采取物理或化学除锈措施，避免锈蚀扩大。

◉ 案 例

加强物资保养，提升仓库管理水平

为确保仓库物资安全储存，杜绝因保管、保养不善而导致物资短少、变质、锈蚀、损坏，2017年8月，某制造企业仓库开展了一次全面的仓库物资保养活动。

本次保养活动主要是对容易产生质变和长期保存的物资采取有针对性的养护措施。如对桶装油漆，定时翻垛，以免表面结皮；在轴承表面涂抹润滑油脂，以达到防锈、防腐、保持物资原有性能的目的。同时，对仓库存放的物资进行重新分类，对于易变质、易锈蚀的物资，单独分区存放，以便于日常检查保养。

（案例来源：孙宏英. 仓储与配送管理——理论、实务、案例、实训［M］. 2版. 大连：东北财经大学出版社，2017.）

（6）推行在库巡查制度

货品在储存期间受到各种因素的影响，在质量上可能发生变化，若未能及时发现，就可能造成损失。因此，需要根据其性质、储存条件、储存时间及气候变化确定检查周期、检查比例、检查内容，按期进行检查或进行巡回检查，做好相应的防治工作。

（7）搞好仓库清洁卫生

储存环境不清洁易引起微生物及虫鼠等害虫的繁殖，危害货品。因此，仓库内外应经常清扫，必要时使用药剂杀灭微生物和潜伏的害虫。对容易遭受虫蛀、鼠咬的货品，要根据货品性能和虫、鼠生活习性及危害途径，及时采取有效的防治措施。

三、仓库出库作业

出库作业是仓库依据业务部门或存货单位所持的出库凭证（提货单、调拨单等），按其所列待出库货品的名称、规格、型号、数量等项目，组织货品顺利出库的过程。货品出库是整个仓储阶段的最后一个环节，做好出库工作对改善仓储经营管理、提高仓储服务质量有重要价值。货品出库要求所发放的货品必须准确，且与出库凭证所列清单一致。

（一）出库作业的要求

商品出库要求做到"三不三核五检查"。"三不"即未接单据不翻账，未经审核不备货，未经复核不出库；"三核"即在发货时，要核实凭证、核对账卡、核对实物；"五检查"即对单据和实物要进行品名检查、规格检查、包装检查、件数检查和重量检查。商品出库作业要求严格执行各项规章制度，积极与货主联系，杜绝差错事故，提高服务质量，使用户满意。

（二）出库的方式

出库作业的方式有多种，至于选用哪种方式出库，要根据具体情况，由供需双方事先协商确定。常见的出库方式有送货、自提、过户、取样和转仓五种。

①送货。即仓库根据货主单位的出库通知，通过使用仓库自有车辆或交由第三方承运企业将出库货品运送到指定收货地点。

②自提。即由提货人按货主所填制的发货凭证，用自备的运输工具到仓库提取货品。仓库会计人员根据发货凭证转开货品出库单。仓库保管人员按上述凭证、单据配货，经复核人员逐项核对后，将货品当面交给提货人，在库内办清交接手续。

③过户。即仓库货品不动，而通过转账变动其所有者户头的一种发货方式。货品过户时，其所有权已经由于调拨或销售而转给另一所有者，但仍由原货主填制正式发货凭证，仓库据此进行过户转账。

④取样。即货主由于商检或样品陈列等需要，到仓库提取货样（通常要开箱拆包、分割抽取样本）。仓库必须根据正式取样凭证发出样品，并做好账务记载。

⑤转仓。即货主单位为了业务方便或改变储存条件，需要将某批库存货品自一个仓库转移到另一个仓库。仓库必须根据货主单位开出的正式转仓单办理转仓手续。

（三）出库作业的流程

货品的出库流程包括出库前准备、出库备货（包括核单、拣选、复核、包装）、出库（包括点交、登账与清理），具体作业流程如图3-6所示。

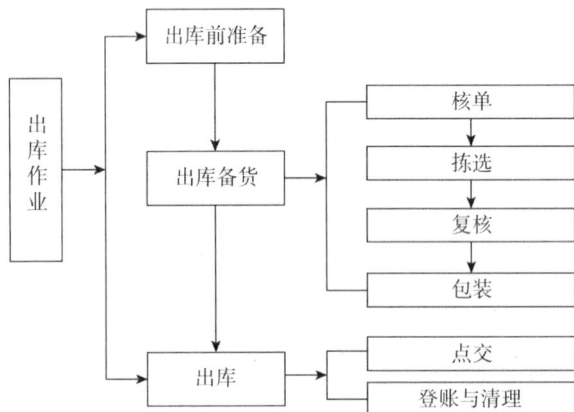

图3-6　出库作业流程

1. **出库前准备**

出库前的准备工作可分为两个方面：一方面是计划工作，即根据货主的出库通知，预先做好货品出库的各项安排，包括货位确定、设施设备的准备、工作人员的安排等；另一方面是要做好出库物品的包装和标志标记，使其满足货主或交通运输部门的规定或要求。

2. **出库备货**

①核单。如属自提物品，首先要审核提货凭证的合法性和真实性；其次要核对品名、型号、规格、单价、数量、收货单位、有效期等。出库货品应附有质量证明书或副本、磅码单、装箱单等。机电设备、电子产品等，其说明书及合格证应随货同附。

②拣选。拣选作业就是依据出库信息或订单，将待出库货品快速从存储区域取出并完成分拣，送至配货区的作业过程。拣选的基本方法有摘果法和播种法。

③复核。为了保证出库货品不出差错，在出库前应进行复核。出库的复核形式主要有专职复核、交叉复核和环环复核三种。除此之外，发货作业的各环节都贯穿着复核工作。例如，理货员核对货物，守护员（门卫）凭票放行，账务员（保管会计）核对账单（票）等。这些分散的复核形式，起到分头把关的作用，有助于提高仓库发货业务的工作质量。复核工作包括以下内容：品名、型号、规格、数量、重量是否同出库单一致；配套是否齐全；技术证件是否齐全；外观质量和包装是否完好。只有加强出库的复核工作，才能防止错发、漏发和重发等问题的发生。

④包装。出库货品的包装必须完整、牢固，标记必须正确、清楚，如有破损、潮湿、捆扎松散等不能保障运输安全的情况，应加固整理，破包破箱不得出库。各类包装容器上若有水渍、油迹、污损，均不能出库。出库货品如需托运，包装必须符合运输部门的要求，选用适宜包装的材料，其重量和尺寸应便于装卸和搬运，以保证货物在途的安全。

3. **出库**

①点交。出库货品经过复核和包装后，需要托运和送货的，应由仓库保管部门移交相关运输部门；属于用户自提的，则由保管部门按出库凭证向提货人当面交清。

②登账与清理。点交后，仓管员应在出库单上填写实发数、发货日期等内容，并签名。然后将出库单连同有关证件、资料，及时交给货主，以便货主办理货款结算。当出库完毕后，仓管员应及时做销账处理、更新资料卡，保证账、卡、物三者相符。做好现场和档案的清理工作，保证现场干净，档案完整。

案 例

某生鲜食品配送中心的出库流程

北京某生鲜食品配送中心专为当地生鲜超市提供新鲜蔬菜、水果等商品配送工作。该配送中心面积约500平方米，其中加工作业区面积约330平方米（分为收货区、加工区、配送区、临时储存区4个作业区），高3米左右；储存区、冷藏仓库面积各为70平方米；堆垛最高为1.8米。配送中心基本上是人工作业，机械作业设备只有手动液压叉车4台。入库商品由供应商负责运输、装卸，出库商品由配送中心负责配送。

每天早晨 8 点，配送中心的出库管理员都会根据出库凭证（出库凭证由生鲜超市前一天晚上 10 点发出的订单生成）进行核单备货，为防止所备货物出错，仓库保管员会对出库管理员所备的货物进行复核。在确认无误后，由包装业务员对所备的生鲜食品进行必要的包装。9 点左右，生鲜超市的提货人会赶到配送中心"点交货物"，即当面清点所需货物，办理货物的交接手续并在出库凭证上签章。交接手续办完后，出库管理员必须填单，即填写出库单并签章，将出库货物记录在册。最后，派人清理作业现场和库存商品，并对在库商品的收发、盈亏、数量等档案资料进行整理与更新。

（案例来源：道客巴巴网，引文经整理、改编）

（四）出库异常的处理

1. 出库凭证（提货单）异常

凡出库凭证超过提货期限，货主前来提货，必须先办理手续，按规定缴足逾期仓储保管费后方可发货。任何非正式凭证都不能作为发货凭证。凡发现出库凭证有疑点，或发现出库凭证有假冒、复制和涂改等情况时，应及时与仓库保管部门及出具出库单的单位或部门联系，妥善进行处理。在货品入库时未验收，或者因其他原因未正式入库的情况下，一般需要暂缓发货，并通知货主，待货到并验收后再发货，顺延提货期。如果发现出库凭证上出库货品规格不对时，保管员不得调换规格发货，必须重新开票。如货主因各种原因将出库凭证遗失，货主应及时与仓库发货员和账务人员联系挂失；如果挂失时货已被提走，保管人员不承担责任，但需协助货主找回货品；如果货品还未提走，经保管人员和账务人员核实后，做好挂失登记将原凭证作废，缓期发货。

2. 串发货和错发货

串发货和错发货主要是指发货人员由于工作中的疏忽，把错误规格、数量的货品发出库的情况。如果货品尚未离库，应立即组织人力，重新发货。如果货品已经离开仓库，保管人员应及时向主管部门和货主通报串发货和错发货的品名、规格、数量、提货单位等情况，会同货主单位和运输单位共同协商解决。一般在无直接经济损失的情况下，由货主单位重新按实际发货数冲单（票）解决。如果已形成直接经济损失，应由保管部门进行赔偿。

案 例

错发货导致高额罚款

某物流公司仓库由于备货时不够仔细，导致错发货物，将货主计划近期只在 B 地区销售的品种发至异地，打乱了货主的整个营销策略，使货主的预期销售目标不能实现。根据合同中的有关条款，该物流公司将赔付高达 10 万元的罚款，后经与货主多次协商对方做出了较大让步。这次事件使该物流公司仓储部在出库复核环节加大了管理力度。

（资料来源：百度文库）

3. 提货数与实存数不符

如属于入库时记错账，则可以采用报出报入方法进行调整。如属于仓库保管员串发、错发而引起的问题，应由仓库方面负责解决库存数与提货数间的差数。如属于货主单位漏登账而多开提货数，应由货主单位出具新的提货单，重新组织提货和发货。

4. 包装破漏

包装破漏是指在出库作业中，因货品外包装破损引起的货品品质受损等问题。此类问题一般是由存储过程中货垛挤压或搬运装卸过程操作不慎造成的，出库前理应对包装进行检查，对不符合要求的包装进行更换或再次包装，否则造成的损失应由保管部门承担。

5. 漏记账和错记账

漏记和错记都会造成账实不相符的情况，因此一经发现，应及时向上级领导如实汇报，同时根据原出库凭证查明原因并调整账册，使其与实际库存保持一致。若由于漏记或错记已经给货主单位、运输单位或仓储部门造成损失，则应予赔偿并追究相关人员责任。

模块二 案例讨论

▶ 案例1

伊藤洋华堂的仓储管理模式

一、存货管理

1. 伊藤洋华堂物流组织结构

伊藤洋华堂以多种会议（如业务改革委员会会议、店长会议、综合管理者会议、集团方针说明会议）的形式，通过自上而下的全面的沟通和交流，形成了一个完整、有效的组织管理体系和信息共享机制，实现了信息双向及时的流动。这是实现存货管理和排除滞销商品的重要组织基础。

2. 伊藤洋华堂存货滞销标准

在现实管理活动中，最困难的是确定什么是滞销品，滞销品削减多少最为恰当，什么商品在什么时候、有多少库存是合理的，等等。伊藤洋华堂每年采购的商品有60多万种，面对这么多的商品，让商场负责人去判断哪些是滞销品是根本不可能的，所以必须尽快确定各种商品的库存水平。伊藤洋华堂曾在商品库存管理上，对各品种商品制定滞销标准，制定完后，再将这种标准在店长会议上讨论，最后形成统一意见，并按这个标准实施。伊藤洋华堂对店内滞销品的处理做得很出色，滞销品的处理也是反映店铺经营绩效的一个标志。

3. 伊藤洋华堂对存货的理解

伊藤洋华堂认为，原来那种仅关注总库存水平的控制方法并不合理，忽视了单品库存和销售差异。以衬衫为例，顾客在购买时尽管也很注重衬衫的设计和衣料，但是他们最为关注的却是领口、袖长等是否合身。而总库存控制状态下的管理人员只关注各店铺的衬衫库存是否合理，这样会造成一种假象，即衬衫的总库存可能比较合理，但是店铺中需求量很少的衬衫可能陈列很多，而一些需求量大的衬衫却出现断货的现象。如果不能就每个单品的库存进行合理的规划，就不可能真正解决商品滞销问题。

4. 伊藤洋华堂存货管理绩效

（1）大规模地剔除滞销品，积极引进新产品，削减滞销品。在继续保持畅销品库存的同时，有效地导入顾客所需要的新产品，从而不断优化产品的结构，维持强大的竞争力。

（2）商品库存管理需要花费很多资金，库存减少，就能增加企业的流动资金，减少贷款，同时也能减少相应的利息负担。

（3）滞销品数量的降低减少了处理销售的情况，加快了商品周转，从而提高了总利润率。

（4）由于库存水平下降、商品周转加快，库存管理所需要的人力资源减少、工作强度下降。这也有助于企业削减人员费用，优化经营体制，并为将来构筑现代化的经营物流管理体制奠定了基础。

二、进货管理

1. 伊藤洋华堂进货管理系统的建设

伊藤洋华堂加强综合信息系统的建设，通过现代化信息工具，导入POS系统，通过POS数据及时把握每种商品的销售动向，为实施单品管理提供决策依据，使商品管理更加具体。例如，通过POS系统，能及时了解A品牌的咖喱每天能卖30份，B品牌的咖喱每天只能卖5份等，这样商品管理部门在进货时就会考虑不同品种的进货数量。这是进货管理和发现滞销品的重要监控手段。

将从POS系统得来的数据送到企业总部进行综合分析和处理，并结合时间、气候及地区等情况，能使管理部门正确及时地把握各店铺的销售特点、顾客特性和销售动向，从而有针对性地制定销售策略和政策，并加以指导。早在1991年，伊藤洋华堂就强制实行全店铺POS系统的导入，将信息处理的场所放在了店铺，实行分散化的信息处理，使经营决策及时适应当地市场的变化特点。

要实现单品管理，除了积极导入POS系统等现代化的现场数据采集和分析工具外，还有一个很重要的方面就是进货管理。一般来讲，商品订货2~3天后，批发商或生产商就应将所需要的商品按指定的数量送到指定的店铺。但是，伊藤洋华堂曾对订货产品的发货情况进行调查。调查结果表明，完全按伊藤洋华堂的指令发货的不到40%，不能及时发货或发货有差错的高达60%。面对这种状况，仅仅导入POS系统是不足以改善经营绩效的，只有形成健全的进货体制，才能发挥信息系统的作用。

2. 伊藤洋华堂的进货管理政策

日本的超市在进货后是不允许退货的，出现滞销商品后，企业只能削价处理，损失很大。伊藤洋华堂强烈要求供应商必须完全按照伊藤洋华堂指定的日期，将指定的商品按指定的数量交付给店铺。伊藤洋华堂在合同中规定，如果出现没有交货或延迟交货的情况，生产商或批发商必须交纳罚金；如果完全按伊藤洋华堂的指令发货后，发现商品中有生产日期比较陈旧的商品，必须用新生产的商品进行兑换。

伊藤洋华堂自从实行这种政策以后，配送差错率大大降低，从原来的60%迅速下降到不足1%，而且商品配送的数量也从原来的一次50件减少为一次15件，从而真正开始了多品种、小批量的经营方式。

三、作业流程管理

伊藤洋华堂店铺中的作业实行各单品 POS 数据的灵活运用，主要是根据产品前一天的销售数据（生鲜产品和乳制品则根据当天的数据）来把握其销售情况，同时在此基础上，结合库存基准来决定下一步的作业。这种作业又有两种形式，即陈列补货和商品订货。

陈列补货是在货架缺货时及时进行补货、上架，作业时间是在早上8点至10点。商品订货是店铺出现断货时，通过自动订货终端向总部请求进货，作业时间一般是早上10点至中午12点，所有作业全部在中午完成，下午各店铺可以专心从事经营活动。在没有建立起现代化的信息系统以前，这种作业活动是不可能实现的，像加工食品的陈列补货作业往往需要在晚上7点才开始，先是清点各货架上的商品，然后再补货上架，这样使订货时间常常拖到第二天早上。商品订货通过 POS 系统和店铺计算机进行，各店铺能及时预测傍晚商品销售的数量，并根据店铺商品库存的情况及时订货，第二天就能将新商品发到店铺。

店铺早上发送的订单到中午开始在伊藤洋华堂总部处理，下午2点至3点将各订单发给相对应的合作生产商，共同配送中心和琦玉物流中心经一夜的物流作业后，第二天再将所订商品发往店铺。

（案例来源：百度文库，引文经整理、节选和改编）

案例思考：

1. 阅读案例，伊藤洋华堂的存货管理、进货管理和作业流程管理有哪些特点？

2. 你认为一个企业所需要的相关物流服务，是自己提供和解决好，还是委托第三方物流企业完成好？

3. 若需委托第三方，是否应有一个适度的标准？如果有，应该是什么？

▶ 案例2

学研的分区分类存储

位于日本东京的学习研究社（简称学研）以出版和销售书籍为主，兼营与教育相关的教学器材、体育用品、文具、玩具等。随着销售量的急剧上升，学研总公司为全日本的4 000多家特约销售店服务，每天的物流量高达1万吨。

为适应迅速发展的业务需要，该公司曾几次改进仓储出入库作业方式。一开始公司决定将传统的仓库改建为仓储配送中心，引进托盘化作业、传送带包装拣货等，为现代装卸搬运、仓储保管打下了基础。随后公司逐步采用自动化立体仓库技术，商品出入库作业全部实现自动化，并将计算机用于库存管理和编制出库作业路线图等，开发了新一代仓储、配送信息网络系统，提升了服务质量，同时节省了成本。

学研的教材类书籍均属多品种、少批量，规格、形状、尺寸各异的商品。该类商品入库验收后只进行暂时保管，其后打包成标准包装进入拣选作业线，由联机打印出的运输标签进行拣选，那些未打包成标准包装的零星出库商品用纸箱重力式货架移动，等待拣选。拣选商品被贴上标签后进入自动分拣系统。传送带全长430米，可实现水平搬运，并由仓库4楼向

1楼的垂直输送机出货，送往高速自动分拣。经激光扫描器扫描，自动阅读标签上的条形码，再自动分拣到指定的分拣滑道。

杂志类书籍属少品种、大批量，规格、形状、尺寸基本统一的商品。该类商品在收货、验货后，热缩包装集装化后装载在托盘上，暂时储存在托盘重力式货架上保管。根据出库的信息，商品被自动拣选，计算机系统打印出配送用的标签，自动粘贴在纸箱上。在1楼的出货站台，一旦汽车到达，出货商品由水平输送机等自动送到出货处装车。而零星商品在3楼拣货、配货后，由垂直输送机向1楼运送出货。

（案例来源：道客巴巴，引文经整理、节选和改编）

案例思考：

1. 该公司的商品是如何分区分类存储的？

2. 为确保商品质量安全，在储位选择时应注意哪些问题？

案例3

浙江正泰公司自动化立体仓库作业流程

浙江正泰电器股份有限公司是正泰集团核心控股公司，也是中国低压电器行业产销量最大的企业。其自动化立体仓库是公司物流系统中的一个重要部分。它在计算机管理系统的高度指挥下，高效、合理地贮存各种型号的低压电器成品，准确、实时、灵活地向各销售部门提供所需的产成品，并为物资采购、生产调度、计划制订、产销衔接提供准确信息。同时，它还具有有效利用仓储空间、减轻劳动强度、提高物流效率、降低储运损耗、减少流动资金积压等功能。

浙江正泰公司立体仓库占地面积达1 600平方米（入库小车通道不占用库房面积），高度近18米，有3个巷道（6排货架）。作业方式为整盘入库，库外拣选。其基本工作流程如下。

（1）入库流程。仓库的第二、三、四层两端的6个入库区各设1台入库终端，每个巷道口各设2个成品入库台。需入库的成品经入库终端操作员键入产品名称、规格、型号和数量后，控制系统通过人机界面接收入库数据，按照均匀分配、先下后上、下重上轻、就近入库、ABC分类的原则，自动分配一个货位，并提示入库巷道。搬运工可依据提示，将装在标准托盘上的货物由小电瓶车送至该巷道的入库台上，随后由巷道堆垛机按指令存放于指定货位。

（2）出库流程。仓库底层两端为成品出库区。各巷道口分别设置一台出库终端，均配备LED显示屏幕，用于提示本盘货物要送至装配平台的位置。需出库的成品，经操作人员键入产品名称、规格、型号和数量后，控制系统按照先进先出、就近出库、出库优先等原则，查出满足出库条件且数量相当或略多的货盘，修改相应账目数据，自动将需出库的各类成品货盘送至各个巷道口的出库台上，经电动叉车将之取出并送至运输车辆上。同时，出库系统在完成出库作业后，在客户机上形成出库单。

（3）回库空盘处理流程。底层出库后的部分空托盘经人工叠盘后，操作员键入空托盘回库作业命令，搬运工依据提示用电瓶车送至底层某个巷道口，堆垛机自动将空托盘送回立体库的第二、三、四层的原入口处，再由各车间将空托盘拉走，形成一定的周转量。

浙江正泰公司高效的自动化立体仓库作为现代化的物流设施，对提高企业的仓储自动化水平具有重要作用。

（案例来源：百度文库，引文经整理、节选和改编）

案例思考：

1. 自动化立体仓库作为现代化的物流设施，对提高浙江正泰公司仓储自动化水平具有什么作用？

2. 描述浙江正泰公司自动化立体仓库的出入库作业流程。

3. 在日常存取活动中，怎样对立体仓库所有出入库及库内存储作业进行最佳规划设置？

模块三　实训项目

一、实训目的

通过储存方案的设计，学生应能够对实际存储过程中商品的堆垛方式和货物苫垫进行选择；理解几种储位存储策略的特点，并根据商品特性对商品的储位和编号进行确定，完成储存方案的设计。

二、实训内容

某仓库接到入库任务，有7种商品将入库，需要你对即将入库的商品设计储存方案。入库商品如表3-1所示。

表3-1　入库商品表

序号	货品编号	货品名称	规格型号	单位	单价/元	数量	外包装尺寸/毫米
1	D001	康师傅矿泉水	550毫米×24	扎	2	100	350×220×220
2	F001	统一小当家	35克×48	箱	1	36	250×400×130
3	F002	乐吧薯片	（68克×16）×4	箱	5	60	320×230×260
4	F003	华丰魔法士	360克×48	箱	1	100	410×290×140
5	W001	汉斯小木屋果啤	620毫米×9	扎	3	60	250×250×280
6	W002	惠普彩色显示屏	4.5千克×1	台	2 500	16	490×380×148
7	W003	美汁源果粒橙	1.25升×12	箱	3	20	370×300×280

已知以上7种商品根据以往周转量可分为A类、B类和C类三类，如表3-2所示。

· 75 ·

表 3-2　入库商品分类表

序号	货品编号	货品名称	周转量（箱/扎）	分类
1	F002	乐吧薯片	1 000	A
2	D001	康师傅矿泉水	300	B
3	F001	统一小当家	200	B
4	F003	华丰魔法士	120	C
5	W001	汉斯小木屋果啤	100	C
6	W002	美汁源果粒橙	50	C
7	W003	惠普彩色显示屏	5	C

该仓库采用横梁式托盘多层货架，长、宽、高分别为 4 200 毫米、1 000 毫米、3 000 毫米；待存储区域内共 12 个货位，货位尺寸为 1 400 毫米、1 000 毫米、1 500 毫米；货架示意如图 3-7 所示。

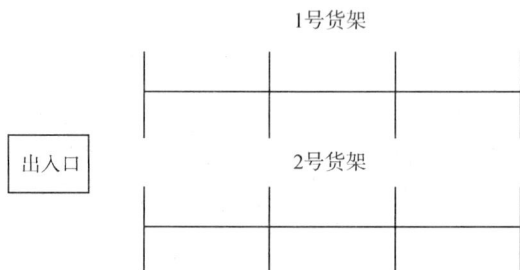

图 3-7　货架示意

1. 实训任务

（1）商品组托设计

商品组托的目的是将零散的货物在一定约束条件下按托盘面积利用率最大化原则在托盘上进行码放。一般约束条件包括高度、重量及数量等要求。

①选择托盘。

一般以国际公认的托盘尺寸 1 200 毫米×1 000 毫米、1 200 毫米×800 毫米、1 100 毫米×1 100 毫米、1 140 毫米×1 140 毫米等类型，在选择托盘时应根据产品与托盘的特性选择合适的托盘尺寸。

●产品特性：产品包装的尺寸、包装的特性，产品重量要求、堆垛高度要求、搬运要求等。

●托盘特性：托盘性能、托盘尺寸、托盘质量、托盘材质及数量等。

②商品组托。

选择合适的托盘堆码方式，尽可能节省托盘数量，尽可能多地往托盘上堆放，但是货物不能超出托盘的边缘，除特殊货物外，一般安全高度不超过 1.5 m。堆放要整齐，不能出现重心偏移、倾斜等情况。

③画出堆码方式设计图。

根据商品选择的堆码方式，画出堆码方式设计图，包括奇数层和偶数层的俯视图。

（2）商品储存货位安排

①按商品属性归类，以货架的排为单位，将货位存储情况反映在存储示意图上，在相应货位上标注货物名称及该货品库存箱数。

- 首先对货位利用四号定位法进行编号，假设都安排在1号仓库。
- 根据商品周转量安排储位，周转量大的安排在方便出入库的货位。
- 根据商品重量安排储位，重量大的尽量安排在下层货位，方便出入库。

②绘制货位存储图。

2. 实训成果

将本次实训过程中形成的储存方案进行整理，形成实训报告，作为本次实训项目的成果。

模块四 小结与习题

一、内容小结

仓储作业主要包括入库作业、存储作业和出库作业三大阶段。在仓库出入库过程中，出入库前准备将影响货物的出入库作业能否顺利进行；入库接运及出库方式需由双方共同协商而定；入库验收与出库备货则是入库货物责任划分的重要判断依据，也是保证货物准确出库的前提；出入库过程中出现的各种异常情况均需就实际情况进行分析后，采取相应措施进行处理。

在仓库存储作业过程中，盘点作业通过账面盘点或实物盘点的方法按照一定的流程对在库货物的数量、质量及存储条件进行清查，有效掌握货物在库情况；货物的保管过程中需要根据货物性质合理选择合适的养护方法，保证货物在库安全；货物堆码的方法有货架堆码法、散堆法和堆垛法三种，而苫垫分为苫盖与垫垛，均有利于货物存储状态的管理；储位管理中常见的储位储存策略包括定位储存、随机储存、分类储存、分类随机储存与共同储存等，储位的优化能有效提高仓储作业效率。

二、思考题

1. 简述货品入库作业、盘点作业、出库作业流程。

2. 接运入库的方式有哪几种？

3. 简述盘点作业的几种方法及它们的区别和特点。

4. 出库备货的工作内容包括哪些？

5. 常见的堆垛形式有哪些？分别适用于哪类货品？

6. 简述常见的储位储存策略及各自优缺点。

7. 储位优化策略有哪些？

第四章

配送作业管理与优化

▰▰＼ **学习目标** ----

1. 了解不同配送作业的流程。
2. 熟悉配送作业基本环节。
3. 理解配送线路优化的意义。
4. 理解配送车辆积载的原则。
5. 能够运用配送线路优化方法进行配送线路优化。
6. 能够运用车辆积载合理化的方法进行车辆配装。

▰▰＼ **案例导入** ----

中国石油四川销售分公司成品油公路配送管理与优化

　　成品油配送是成品油销售链条中十分重要的环节，也是体现企业运行效率和实现经济效益的关键环节。成品油配送是指油品装载、运输、接卸的全过程，包括从炼厂到销售企业油库的一次配送及从油库到加油站和终端客户的二次配送。成品油公路配送优化管理就是基于二次配送的整体优化提出的。

　　据统计，成品油公路配送成本占销售企业运行成本的6%，每吨油配送费平均在48元，是成本控制的重要环节，也是提高客户满意度的重要手段。但目前我国成品油公路配送大多处在分散管理、手工作业、环节复杂的低水平阶段。由于公路配送管理方式落后，国内成品油销售系统普遍存在配送效率低、运费成本高、管理漏洞多等问题，造成资源浪费和企业竞争力不强。

　　中国石油四川销售分公司成品油公路配送优化管理的具体举措如下。

　　1. 构建整体框架

　　成品油公路配送优化管理的构架是"形成一个模式，打造一个平台，完善六项功能"，即形成信息化管理模式，打造高度集成的成品油公路配送信息化管理平台，完善物流优化、资金结算、运输监控、集中调度、系统融合、成本控制六项功能。

2. 推行经济区域配送

打破原有的区域划分，统一各地区公司使用的票据，依托现有的油库和运输公司的运力，构建8个经济片区和8个物流中心的整体构架，对成品油按经济流向和运距最优原则进行配送。

3. 统一集中调度车辆

由过去各地区公司承运商自发无序地组织配送向全省范围内的车辆统筹安排转变，实现车辆调度的快速响应和整体联动，提高配送车辆的周转次数。

4. 优化配送路线

针对四川地处西南，辖区范围大，区内平原少，丘陵、高山和峡谷多，道路坡多、弯急的特点，根据实际里程数确定每个加油站的最优和次优配送油库，避免过远运输、迂回运输、无效运输和重复运输。

5. 分步自主开发信息管理系统

立足实际，本着"投入少、功能简捷、应变力强、包容性好、扩展性强、易推行"的开发原则，自主开发成品油公路配送优化管理软件。采取分步推进的方式：第一步，从配送运行基本需求入手设置功能模块，优先满足配送管理的最基本要求，包括运行管理、运费管理及加油站收油管理，通过可视化信息系统摆脱手工作业，减轻人工劳动，打通配送管理信息传递的瓶颈；第二步，进行区域功能设置，实现按经济区域优化配送；第三步，通过各业务系统之间数据的共享，完善配送功能。

6. 优化车辆调度管理

运输公司通过系统的运行管理模块，查询车队车辆当日及次日配送计划和车辆调度计划，了解各车队配送任务量；在车辆调度模块中查找各车队的空闲车辆，通过系统下达指令将空闲车辆调度到相邻的运力紧张的车队，实现配送车辆的统筹安排指挥和集中调度管理，提高配送计划的时效性。

总之，四川销售分公司实现了企业内部商品、资金、配送、信息的集中管理，重塑配送制度流程，使物流管理环节得到优化，岗位人员有效精减，劳动生产率进一步提高。数据传递更加迅速及时，响应时间明显缩短，配送时效进一步提高，客户对企业的满意度也明显上升。实行区域配送打破了原有的限制，总体运距有效减少，车辆使用效率明显提高。对运输车辆运行过程全程监控，对危险运输路段进行优化选择，有效保障了车辆行车安全。

（案例来源：百度文库，引文经节选、整理和改编）

模块一　基础知识

一、配送作业流程

（一）一般作业流程

配送中心的一般作业流程指的是配送活动的典型作业流程。在市场经济条件下，客户所需要的货物特性和配送服务形态不一样，使得配送中心的种类很多，内部结构和运作方式也不相同。一般来说，中、小件品种，规格复杂的货物具有典型的意义，所以，配送中心的一般作业流程多以中、小件杂货配送流程为代表。这种类型的配送活动服务对象繁多，配送作业流程复杂。

这种配送中心应当满足有一定储存量的要求。它属于有储存功能的配送中心，理货、分类、配货、配装功能要求较强，但一般来说，很少有流通加工功能。在实际应用中，配送固体化工产品、小型机电产品、日用百货、五金工具、书籍等可以采取这种作业流程。配送中心一般作业流程如图4-1所示。

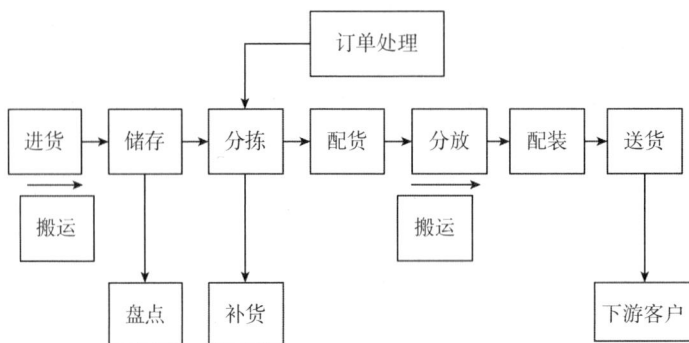

图4-1 配送中心一般作业流程

案 例

三马五金机电配送有限公司配送作业流程

三马五金机电配送有限公司（以下简称"三马五金"）主要经营和配送纺织印染设备及零配件、陶瓷机电、五金化工等工业原材料，其凭借先进合理的配送作业流程，能够为商家提供"1小时配送"的便利服务。三马配送的作业流程首先是进货，进货形式有供应商送货和配送中心提货。当货物到达配送中心后，需要进行卸货、检查单据、货物检验、搬运等操作。所有环节检查无误后，搬运人员利用叉车等设备将货物运往指定的货架进行储存。配送中心接到客户订单后，就要按照订单指令进行分拣，有时按照不同客户的要求可进行简单的包装、分装、贴标签等作业。把拣取、分类完成的货品经过配货、检查无误后，装入容器并做好标记，再运到配货准备区，待装车后送至客户处。

（案例来源：孙宏英. 仓储与配送管理［M］. 2版. 大连：东北财经大学出版社，2017. 引文经节选、整理和改编）

（二）不带储存库的作业流程

不带储存库的配送中心主要以配送为职能，而将存储场所，尤其是存储大量货物的场所转移到配送中心之外的其他地点，如专门设置补货型的存储中心。这种类型的配送中心不单设储存区，只有满足一时配送之需的备货暂存，而无大量库存。

这种配送中心的作业流程和一般作业流程大致相同，主要工序及主要场所都用于理货、配货，区别在于前者大量的储存场所位于配送中心外部而不在其中。这种类型的配送中心，由于没有集中储存的仓库，占地面积比较小，可以节省仓库、现代货架等设施和设备的巨额投资。至于补货仓库，可以采取外包的形式及协作的方法来解决，也可以自建补货中心。在实际运作过程中，若干个配送中心可以联合，在若干配送中心的基础上共同建立一个更大规模的集中储存型补货中心。在当地信息化比较完善、信息资源丰富、市场比较发达的条件下，还可以采取虚拟库存的方法来解决。这种配送中心的作业流程如图4-2所示。

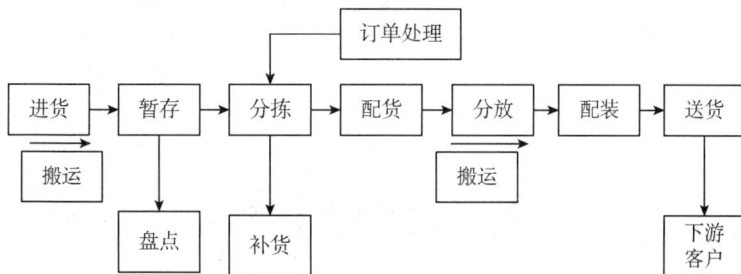

图4-2　不带储存库的作业流程

（三）加工配送型作业流程

由于加工方式不同，加工配送中心的流程也有所区别。在这种类型的配送中心里，进货是大批量、单一品种的产品，根本无须分类存放。储存后按客户的要求加工，无特定加工标准。由于加工后便按客户要求分放、配货，所以这种类型的配送中心不单设分货、配货和拣货环节。有时候加工、分货、配货和拣货环节合并为一道工序。在加工配送型配送中心里，加工是主要作业环节，配送中心加工场地及加工后分放货物暂存区的区域面积较大。这种配送中心的作业流程如图4-3所示。

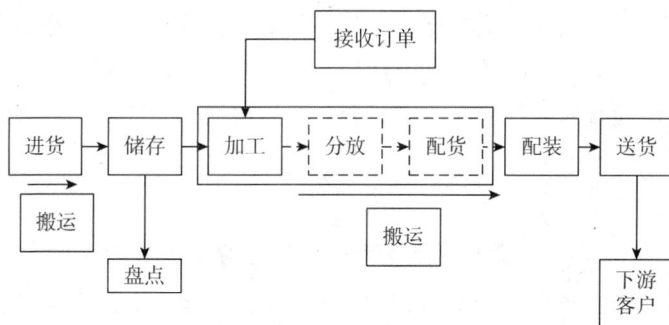

图4-3　加工配送型作业流程

（四）批量转换型作业流程

批量转换型配送中心一般是将批量大、品种单一的进货转换成小批量发货的配货中心。在这种类型的配送中心里，产品换装、分包是主要作业环节。如不经加工的煤炭和不经加工的水泥、油料的配送中心，大多属于这种类型。

这类配送中心的作业流程非常简单，基本不存在分类、拣选、分货、配货、配装等工序，但由于大量进货，储存能力较强，储存及装卸作业是主要作业内容。这种配送中心的作业流程如图4-4所示。

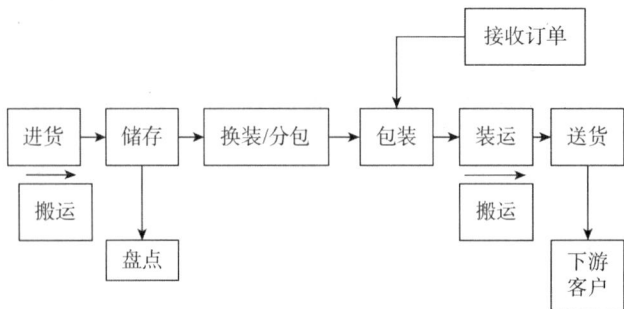

图 4-4　批量转换型作业流程

二、配送作业的基本环节

在自动化物流配送中心，不论是机械化的物流系统，还是自动化或智能化的物流系统，如果没有与正确有效的作业方法配合，那么不论多么先进的系统和设备，也未必能取得最佳的经济效益。综合上述配送中心的作业流程，可以将物流配送作业环节归纳为以下几步。

（一）进货作业

进货是配送中心顺利实施业务活动的第一步，进货作业的基本流程是：确定进货目标→货车到达→卸货→拆装→分类货品→检查单据、传票等文件→在进货单上记录进货→货品验收检查→进货正确记录→指派入库位置。其中，确定进货目标的内容一般包括：掌握货物到达的日期、品种、数量；配合停泊信息协调进出货车的交通问题；为了方便卸货及搬运，计划好货车的停车位置；预先计划临时存放位置。货品验收检查是对产品的质量和数量进行检查的工作。验收工作一般分为两种：第一种是先点收货物，再通知负责检验的单位办理检验工作；第二种是先由检查部门检验品质，完全合格后再通知仓储部门办理收货手续。

▶ 案　例

亚马孙配送中心进货作业流程

亚马孙配送中心的进货作业流程如下：采购人员下订单，当这个订单被系统接收后，系统会根据客户订单的分布及仓库的存储空间进行计算，最后决定供应商送到哪个库房。库房码头24小时收货，收货时打开货品的箱子对货品条码进行扫描，录入亚马孙的系统。经过扫描后的货品，摆在蓝色的架子上等待上架。上架的员工会把这些货品推走，进行第二次扫描并放在工作车上，随后会在数小时之内摆放在货架上，用户就能够在亚马孙网站上看见并且进行购买。

（案例来源：道客巴巴，引文经节选、整理和改编）

（二）订单处理作业

订单处理作业是指从接到客户订货开始到着手准备拣货为止的作业阶段，通常包括订单资料确认、存货查询、单据处理等。订单处理是与客户直接沟通的作业阶段，对后续的拣货作业、配送加工作业产生直接影响。订单处理有人工处理和计算机处理两种形式。人工处理具有较大的弹性，但只适合少量订单的处理，一旦订单数量较多，处理将变得缓慢且容易出错。计算机处理则速度快、效率高、成本低，适合大批量的订单处理。计算机处理是一种借助计算机信息处理，以取代传统人工书写、输入和传送的订货方式。订单处理的一般流程如图 4-5 所示。

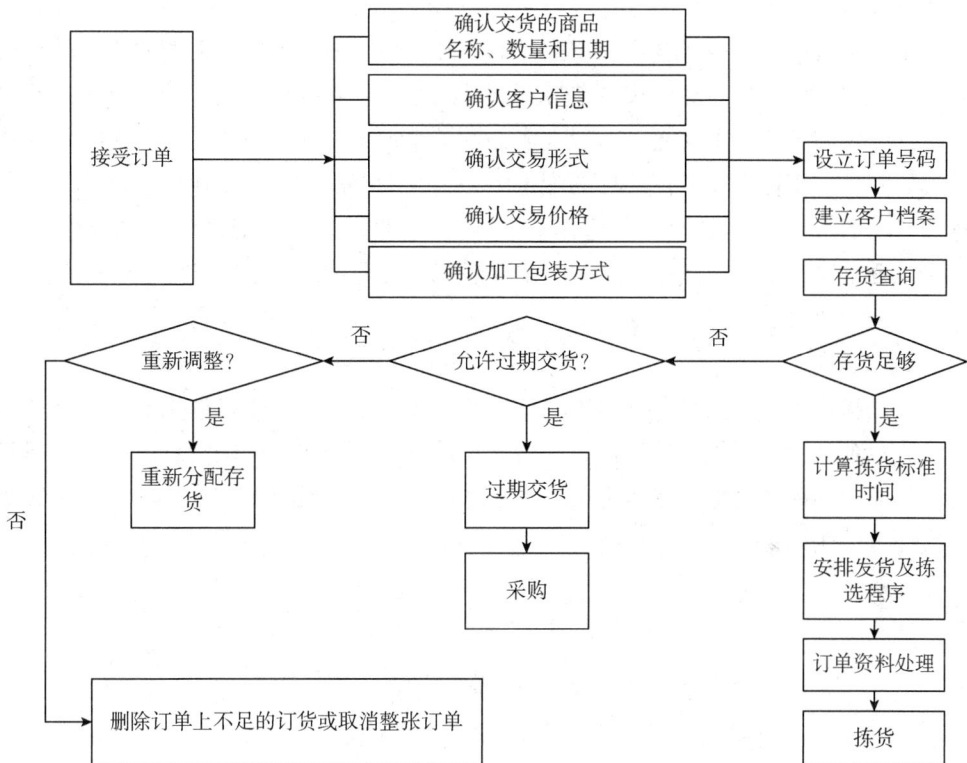

图 4-5　订单处理的一般流程

● 案　例

某公司的订单处理流程

某公司是一家专门从事医药产品批发、零售的大型医药公司。其服务对象是医院、药品零售店，经营范围覆盖全国 600 家医药厂商，近 6 000 种医药产品，拥有会员 10 万余人。公司采用国际先进的配送方式进行产品销售，并为此建立了统一的客户订单处理和仓储配送系统，以达到快速准确处理客户订单、快速配送的服务目标。

公司订单处理流程是：客户订单生成以后，由订单中心统一进行处理，在订单系统中生成发货单。配送中心接收到订单系统生成的客户发货单后，在仓储系统中生成拣货单。拣货员按照拣货单在各楼层进行拣货，拣货完成后，将拣货单及拣货后的药品，送到一楼的发货组，进行包装发货。拣货员穿梭在各个楼层库位，平均每张订单的拣货时间为10～20分钟，工作量十分大。

（案例来源：中国物流职业经理资格证书考试（中级）物流案例与实践（二）2006年真题，经节选、整理和改编）

（三）拣货作业

1. 拣货作业的含义

拣货作业是指按订单拣选客户所需商品的业务活动。在配送中心的作业中，最费人手的作业之一就是按订单拣选商品。按订单拣选商品的作业内容各种各样、千差万别，各种配送中心的拣选内容和方法也不相同。一般在多品种、小批量的配送中心，有3 000～5 000种按订单拣选的商品；而像汽车零件那样的配送中心，其库存品种有100 000种以上。因此，按订单拣选商品的拣货作业要投入仓库作业50%以上的人力，占配送中心全部作业时间的30%～40%，是决定配送中心经营效率的重要环节。

2. 拣货作业的方法

（1）摘果法

摘果法是指让拣货、搬运员巡回于储存场所，按某客户的订单挑选出每一种商品，将配齐的商品放置到发货场所指定的货位。然后，再进行下一个客户的配货，巡回完毕即完成了一次配货作业。摘果法就像从果树上摘取水果那样，配货人员将各个客户的货物从货架上取出，一次配齐一张订单。

小知识

摘果法的优缺点

（1）摘果法的优点

①作业方法单纯。

②订单处理前置时间短。

③作业人员责任明确，派工容易、公平。

④拣货后不必再进行分拣作业。

⑤适用于大批量、少品种订单的处理及紧急出库时拣货。

（2）摘果法的缺点

①拣取区域大时，搬运系统设计困难。

②多品种、少批量、多批次、高频率拣取时，会造成拣货路径重复费时，效率降低。

（2）播种法

播种法即按商品品种拣选，这种拣选方式将一组顾客订货单上的同种商品各自累加起来，从储位上取出，然后再按每一客户所需的数量分货。

小知识

播种法的优缺点

（1）播种法的优点

①订单数量多时，可以缩短拣取时的行走搬运距离，增加单位时间的拣取量。

②适用于少批量、多批次、高频率的配送。

③适用于作业量大、采用自动分拣机械进行后续分货作业的环境。

（2）播种法的缺点

①对订单的到来无法做出及时的反应，必须等订单达到一定数量时才做一次性处理。

②后续的作业在没有完成一组订单的拣选之前无法实施，因此可能会浪费时间。

案　例

亚马孙凤凰城配送中心拣货作业

亚马孙凤凰城配送中心在拣货时，系统会将订单分为两类，一类是单件货品订单，另一类是多个货品订单。它们由两条不同的流水线进行包装，以节省时间。亚马孙的系统，能够根据货品摆放的位置及订单所需求的货物，进行最短检货路径的计算。系统会根据订单生成最佳路径，员工每捡完并扫描一件货品后，手持终端会自动告诉他下一个要去的货架。

捡货员根据系统给的订单和计算出的路线，装满捡货车后，会送到包装流水线上。包装台上的员工对货品进行扫描后，系统会根据商品录入时的体积、重量，自动挑选合适的包装盒，员工进行包装、贴条、贴订单信息，然后将货品放在一旁滚动的传送带上。

（案例来源：道客巴巴，引文经节选、整理和改编）

（四）补货作业

与拣货作业息息相关的是补货作业，补货作业的目的是保证拣货区有货可拣。补货作业是将货物从保管区移到拣货区或配货区，并对此移库作业进行信息处理。

1. 补货类型

补货作业必须满足两个前提，即"确保有货可配"和"将待配商品放置在存取都方便的位置"。为此，常见的补货类型有以下几种。

（1）流动补货

流动补货即将货物从保管区移至流动式货架，由流动式货架向商品拣选作业区进行补货，如图4-6所示。

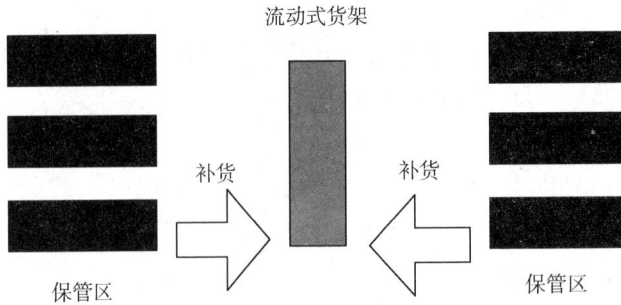

图 4-6   流动补货

（2）移动补货

移动补货即将货架的上层作为储存区，下层作为拣货区，商品由上层货架向下层货架补货，如图 4-7 所示。

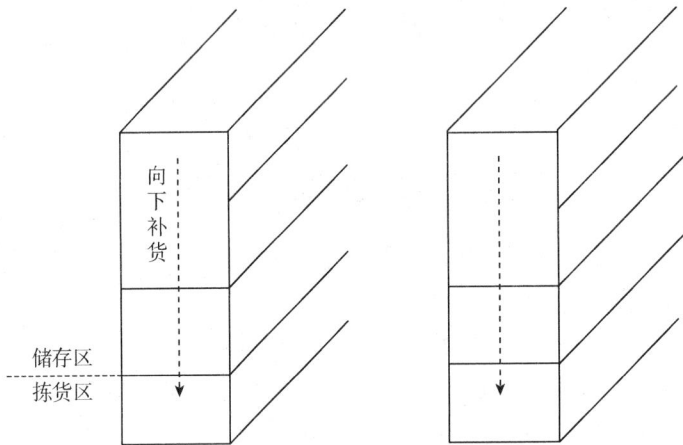

图 4-7   移动补货

2. 补货方式

补货作业发生与否主要看拣货区的商品存量。应尽量避免出现拣货中途发现要拣选的商品存量不足的局面。常用的补货方式有批次补货、随机补货和定时补货。

①批次补货。在每天或每一批次拣取之前，经电脑计算所需货品的总拣取量，再查看拣货区的存货量，计算差额并在拣货作业开始前补足货品。这种补货方式比较适合于一天内作业量变化不大，紧急追加订货不多，或是每一批次拣取量大，因而可事先掌握的情况。

②随机补货。这是一种指定专人从事补货作业的方式，这些人员随时巡视拣货区，发现不足随时补货。这种方式较适合于每批次拣取量不大，紧急追加订货较多，以至于一天内作业量不易事先掌握的场合。

③定时补货。将每天划分为若干个时段，补货人员在不同时段内检查拣货区货架上的货品存量，如果发现不足，马上予以补足。这种补货方式适合于分批拣货时间固定且处理紧急追加订货的时间也固定的情况。

（五）配送加工作业

1. 配送加工的含义

配送加工是配送企业在配送系统内，按客户要求设立加工场所而进行的加工活动，如卷板展平、开片、下料、原木锯材、配煤加工、玻璃集中套裁等，力求把货物变为客户所需要的尺寸、规格或成分等。配送加工是流通加工的一种，但配送加工有不同于一般流通加工的特点。它只取决于客户的要求，加工的目的单一，但可取得多种社会效果，如可以提高运输效率、降低消耗、减轻生产企业的负担、满足客户需要、提高配送质量、增加配送效益等。

2. 配送加工的类型

由于配送加工作业具有不同的目的和作用，配送加工的类型也呈多样化，主要有以下几种。

①以保存产品为主要目的配送加工。如水产品、蛋产品、肉产品为保鲜、保质而进行的冷冻加工、防腐加工等；丝、麻、棉织品的防虫、防霉加工等；为防止金属材料的锈蚀而进行的喷漆、涂防锈油加工等；木材的防腐朽、防干裂加工等；水泥的防潮、防湿加工等；煤炭的防高温、防自燃加工等。

案　例

永辉超市的配送加工

永辉超市为了做好生鲜产品的销售，有6 670万平方米养殖及蔬菜基地，而且有近万平方米的食品加工中心和5万平方米的物流配送中心。以奶白菜的加工为例，加工方式为翻筐（挑拣），加工标准为叶片新鲜、完整，根茎脆嫩，根部无腐烂、畸形的部分。加工流程是：分把，以2~3棵为一把；挑拣，摘除黄叶、烂叶，挑拣出腐烂，畸形的部分；对齐，将商品在加工台上弄；捆扎，用绿胶带在离根部10厘米的位置捆扎一道，松紧以手指刚好能插入为准，扎完后，将商品以根部向后摆放在传送带上；装筐，经检验合格后，进行装筐作业，每层8把，每筐4层交叉码放，每筐重约10千克。

（案例来源：百度文库，引文经节选和改编）

②为适应多样化需要的配送加工。为了满足客户对产品多样化的需要，同时保证高效率的社会化大生产，可将生产出来的标准产品进行多样化的改制加工。例如，对钢材卷板进行舒展、剪切加工，对平板玻璃按需要的规格进行开片加工，将木材改制成枕木、方材、板材的加工等。

③为方便消费、省力的配送加工。如根据需要将钢材定尺、定型，按要求下料；将木材制成可直接投入使用的各种型材；将水泥制成混凝土拌合料，使用时只需稍加搅拌即可使用等。

案 例

美国大型钢材服务中心的配送加工

美国大型钢材服务中心的加工范围，包括长材产品的锯切、弯曲、打孔、焊接、除锈以及板材剪切，甚至还包括了零部件的精细加工。在美国重要钢材消费市场，一般设有一个中心仓库和加工中心，除存储大量库存外，还配置各种加工设备。在中心仓库周围建立一些卫星仓库，库存品种和加工设备各有侧重，尽量避免重复配置。中心仓库和卫星仓库之间的库存与加工相互支持，有效利用加工设备，提升库存产品利用率，并保证48小时交货。大型服务中心实行统购分销，各中心仓库可以覆盖300千米的销售半径，钢材进货、仓储运输和加工效率大大高于用户和钢厂，充分发挥社会分工的优势。这一模式的核心是通过向终端客户提供高效物流配送和加工等增值服务，最大限度地满足客户的个性化需求，降低流通成本，提升流通效率，从而实现稳定的销售，获得竞争优势。

（案例来源：豆丁网，引文经节选、整理和改编）

④为提高产品利用率的配送加工。例如，钢材的集中下料可充分进行合理下料、搭配套裁、减少边角余料，从而达到加工效率高、加工费用低的目的。

⑤为提高物流效率、降低物流损失的配送加工。例如，自行车在消费地区的装配加工，可防止整车运输的低效率和高损失；造纸用的木材磨成木屑的配送加工，可极大地提高运输工具的积载效率；集中煅烧熟料、分散磨制水泥的配送加工，可有效地防止水泥的运输损失，减少包装费用，提高运输效率；天然气的液化加工，使很难输送的气态物转变为容易输送的液态物，也可提高物流效率。

⑥为衔接不同输送方式、使物流更加合理的配送加工。例如，散装水泥中转仓库把散装水泥装袋配送加工，满足了水泥厂大批量运输和工地小批量装运的需要。

⑦为实现配送进行的配送加工。如混凝土搅拌车可根据客户的要求，把沙子、水泥、石子、水等材料按比例要求装入可旋转的罐中。在配送路途中，搅拌车边行驶边搅拌，到达施工现场后，混凝土已经搅拌好，可直接投入使用。

（六）配装作业

为了充分利用货车的容积和提高运输效率，配送中心常常把同一条送货路线上不同客户的货物组合、配装在同一辆载货车上，在理货和配货流程中还需完成组配或配装作业。配装作业把多名客户的货物混载于同一辆车上进行配载，不但能降低送货成本，而且可以减少交通流量。所以，配装也是配送系统中有现代特点的功能要素，是现代配送不同于以往送货的重要区别。

案 例

亚马孙配送中心的配装作业

亚马孙配送中心在配装之前会对货物进行包装，包装员面前有可以调节容量大小的不同货架，每扫描一个商品，系统会自动辨识放在哪个货架上，这样一张订单的货品就能够集中在一起。然后根据物品的长度和宽度，给出包装建议，贴上订单进入传送带，并测量包裹重量是否和订单内容一致。如果误差很大，则会在传送带的一个分叉口被自动踢出，等待员工核查。

复核结束之后，那些没有问题的货品，则通过传送带来到快递区，分拣人员根据订单上的物流信息，将货品分给不同的快递公司的货车。

（案例来源：道客巴巴，引文经节选、整理和改编）

（七）送货作业

送货是配送活动的核心，也是备货和理货工序的延伸。在物流中，送货的现实形态实际上就是货物的运输。因此，常常以运输代表送货。配送中的运输需面对众多的客户，而且要多方向运动。因此，在送货过程中，常常进行运输方式、运输路线和运输工具的选择。按照配送合理化的要求，必须在全面计划的基础上，选取科学的、距离较短的货运路线，选择经济、迅速、安全的运输方式，选用适宜的运输工具。通常，配送中心送货都把汽车作为主要的运输工具。

（八）商品退货作业

商品退货是指配送中心按配送合同将货物发出后，由于某种原因，客户将商品退回公司。商品退货会减少公司的营业额，降低利润，因此企业要了解导致商品退货的原因，加强营业管理，提高运营绩效。通常发生退货或换货的情形有以下几种。

①依照协议退货。如超市与配送中心订有特别协议的季节性商品、试销商品、代销商品等，协议期满后，剩余商品将退回配送中心。

②有质量问题的退货。如有瑕疵的商品，配送中心也将予以退换。

③搬运途中损坏退货。如包装不良、在搬运中受到剧烈振动、破损或包装污损等的商品，配送中心将予以退回。一般的食品或药品会有相应的有效期限，如面包、卤味、速食类及加工肉食等。通常配送中心与供应商定有协约，商品的有效期一过，就予以退货或换货。在消费者意识高涨的今天，过期商品绝对要从货架上卸下，不可再卖。过期商品的处理要花费大量的时间、费用和人力，无形中增加了营运成本。为此，配送中心必须做到适量订货，事前通过准确分析商品的需求，实施多次、少量配送，从而减少过期商品的产生；同时要进货时特别注意商品的生产日期，做到先进先出。

④次品回收。在设计、制造过程中存有问题，但在销售后才由消费者或厂商自行发现，存有重大缺失的商品，必须立即部分或全部回收。此种情况虽不常发生，但是不可避免。

⑤商品送错退回。凡是商品条码、品种、规格、重量、数量与订单不符的商品，都必须换货或退回。

为规范商品的退换货工作，配送中心要制订一套符合企业标准流程作业的退货作业流程，以保证退货业务的顺利进行。退货作业流程如图4-8所示。

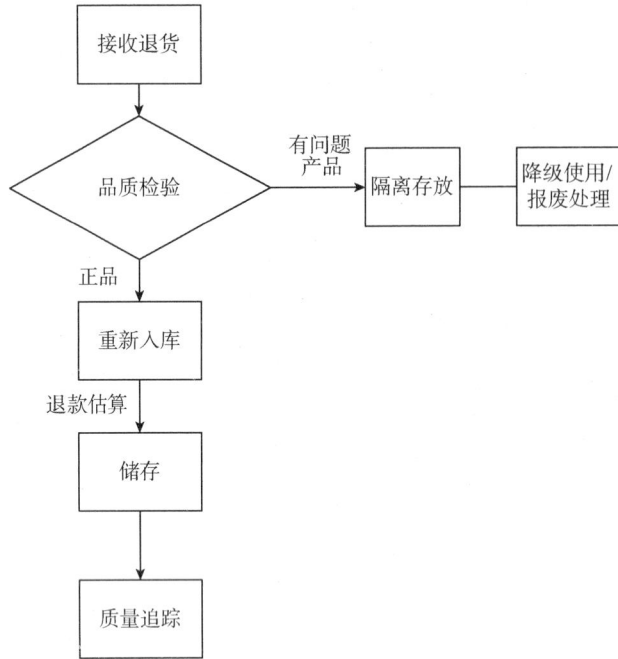

图 4-8　退货作业流程

三、配送线路优化设计

(一) 配送线路优化设计的意义

对配送路线进行设计时，需要考虑很多因素，如现有的道路网络分布，配送客户的地理分布，配送时的本地流量、道路施工，政府对某些线路的管制等。各种因素互相影响，容易造成送货不及时、服务水平下降、配送成本高等问题。配送线路设计就是整合影响配送运输的各因素，适时适当地利用现有的运输工具，结合道路状况，及时、安全、方便、经济地将客户所需的物资准确地送达，提供优良的物流配送服务。在运输线路设计中，需要根据不同客户群的特点和要求，选择不同的线路，最终达到节省时间、缩短运行距离和降低运行费用的目的。

(二) 直送式配送线路优化设计

当由一个配送中心向一个特定的客户进行专门送货时，如果客户的需求量接近或大于可用车辆的额定载重量时，需专门派一辆车一次或多次送货，即为直送式配送。在进行直送式配送线路设计时，追求的是最短配送距离，从而节省时间、多装快跑，提高配送效率。因此，直送式配送线路的物流优化，主要是寻找物流网络中的最短线路。

目前公认的最好方法是 Dijkstra 算法（迪克斯特拉算法），这种方法是由 Dijkstra 于 1959 年提出来的，也称标号法，如图 4-9 所示。

假设用 d_{ij} 表示运输线路中两点 i 与 j 相邻时的距离，用 L_{si} 表示从初始点 P_s 到点 P_i 的最短路线长度。现要求从点 P_s 到点 P_i 的最短路线，该算法步骤如下。

步骤 1：从初始点 P_s 出发，逐一给其他点标号。

给点 P_i 标上 (α_i, β_i)，其中 α_i 为初始点到点 P_i 的最短路长，即 $\alpha_i = L_{si}$；β_i 为点 P_i 在最短路线上来源点（亦即 P_i 是从哪一点来的）的代号；L_{si} 的数值标注在点 P_i 的旁边的小方框内；至此表示点 P_i 已标号。首先给初始点标号 $(0, 0)$，$L_{ss} = 0$。

步骤2：找出与点 P_s 相邻点中路长最小的一个，若几个点同时达到最小，就都找出来。设找出的点为 r，将 (α_r, β_r)（其中 $\beta_r = s$）和 $L_{sr} = L_{ss} + d_{sr}$ 的值标注给点 P_r，表明点 P_r 也已标号。

步骤3：从已标号的点出发，找出这些点相邻的所有点。

把每个已标号点（如点 P_i）旁标注的数字 [如 (α_i, β_i) 和 L_{si}] 和与之相邻的点（如点 P_j）到这个已标号点（如点 P_i）间的距离 d_{ij} [边 (P_i, P_j) 的长度] 加起来，从所有和中选出最小的。如这个最小的和是 $L_{sk} + d_{kq}$，再找出最小和对应的未标号点，比如 q（当几个都为最小时，把它们对应的不同的未标号都找出来），然后给这个点（比如 q 点）标号 (α_q, β_q)，其中 $\beta_q = k$，$L_{sq} = L_{sk} + d_{kq}$。

步骤4：重复步骤3，直到给点 P_t 标上号 (α_t, β_t) 和 L_{st} 为止。

步骤5：从点 P_t 开始根据各点的标号 (α_i, β_i) 反向寻找点 P_s 到点 P_t 的最短路线所关联的边 (P_i, P_j)，并将其加粗。

以上得到的由加粗边构成的点 P_s 到点 P_t 的路径即为点 P_s 到点 P_t 间的最短路线，其长度为 L_{st}。

例4-1 用 DijkStra 算法找出图4-9中从点 P_1 到点 P_8 的最短路线。

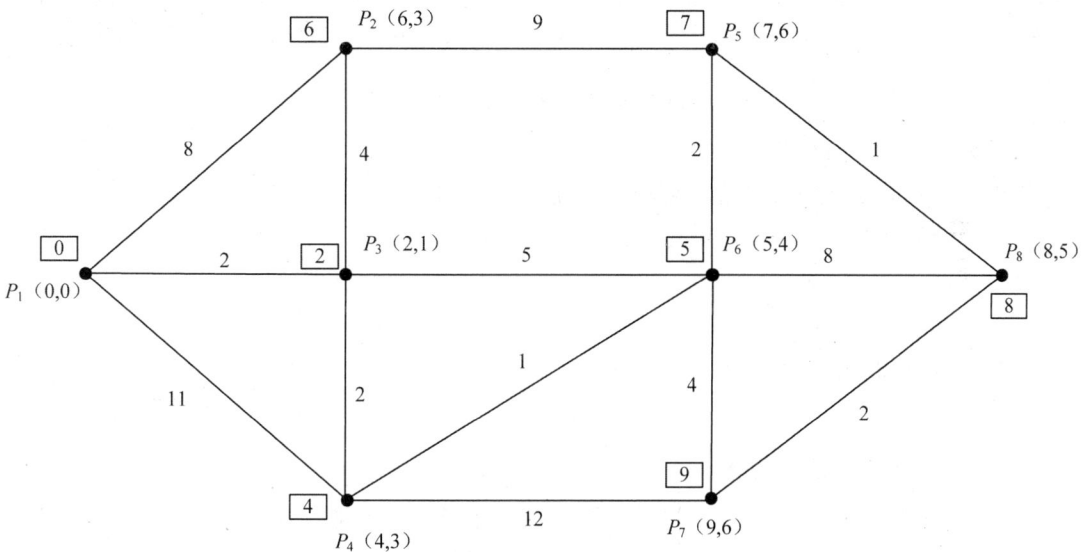

图4-9 DijkStra 算法

(1) 从 P_1 出发，首先给 P_1 标号 $(0, 0)$，$L_{11} = 0$。

(2) 对点 P_1，与其相邻的未标号的点有 P_2，P_3，P_4 三点，$\min(L_{11} + d_{12}, L_{11} + d_{13}, L_{11} + d_{14}) = \min(0 + 8, 0 + 2, 0 + 11) = 2$，因此，对应最小值的点为 P_3，给点 P_3 标号 $(2, 1)$，且 $L_{13} = 2$。

(3) 对已经标号的点 P_1、P_3，与其相邻的未标号的点有 P_2，P_4，P_6 三点，$\min(L_{11}$

$+ d_{12}$，$L_{13} + d_{32}$，$L_{13} + d_{36}$，$L_{11} + d_{14}$，$L_{13} + d_{34}) = \min(0 + 8, 2 + 4, 2 + 5, 0 + 11, 2 + 2) =$ 4，因此，对应最小值的点为 P_4，给点 P_4 标号 $(4, 3)$，且 $L_{14} = 4$。

（4）对已经标号的点 P_1、P_3、P_4，与其相邻的未标号的点有 P_2，P_6，P_7 三点，$\min(L_{11} + d_{12}$，$L_{13} + d_{32}$，$L_{13} + d_{36}$，$L_{14} + d_{46}$，$L_{14} + d_{47}) = \min(0 + 8, 2 + 4, 2 + 5, 4 + 1, 4 + 12) =$ 5，因此，对应最小值的点为 P_6，给点 P_6 标号 $(5, 4)$，且 $L_{16} = 5$。

（5）对已经标号的点 P_1、P_3、P_4、P_6，与其相邻的未标号的点有 P_2，P_5，P_7，P_8 四点，$\min(L_{11} + d_{12}$，$L_{13} + d_{32}$，$L_{16} + d_{65}$，$L_{16} + d_{68}$，$L_{16} + d_{67}$，$L_{14} + d_{47}) = \min(0 + 8, 2 + 4, 5 + 2, 5 + 8, 5 + 4, 4 + 12) = 6$，因此，对应最小值的点为 P_2，给点 P_2 标号 $(6, 3)$，且 $L_{12} = 6$。

（6）对已经标号的点 P_1、P_3、P_4、P_6、P_2，与其相邻的未标号的点有 P_5，P_7，P_8 三点，$\min(L_{12} + d_{25}$，$L_{16} + d_{65}$，$L_{16} + d_{68}$，$L_{16} + d_{67}$，$L_{14} + d_{47}) = \min(6 + 9, 5 + 2, 5 + 8, 5 + 4, 4 + 12) = 7$，因此，对应最小值的点为 P_5，给点 P_5 标号 $(7, 6)$，且 $L_{15} = 7$。

（7）对已经标号的点 P_1、P_3、P_4、P_6、P_2、P_5，与其相邻的未标号的点有 P_7，P_8 三点，$\min(L_{15} + d_{58}$，$L_{16} + d_{68}$，$L_{16} + d_{67}$，$L_{14} + d_{47}) = \min(7 + 1, 5 + 8, 5 + 4, 4 + 12) = 8$，因此，对应最小值的点为 P_8，给点 P_8 标号 $(8, 5)$，且 $L_{18} = 8$。

（8）对最后的未标号点 P_7 来说，$\min(L_{18} + d_{87}$，$L_{16} + d_{67}$，$L_{14} + d_{47}) = \min(8 + 2, 5 + 4, 4 + 12) = 9$，因此，对应最小值的点为 P_7，给点 P_7 标号 $(9, 6)$，且 $L_{17} = 9$。

至此，已完成对图中所有点的标号，P_1 到各点的最短路线和路长已经求出。由此可见，从点 P_1 到点 P_8 的最短路长为 8，最短路线为：$P_1 \rightarrow P_3 \rightarrow P_4 \rightarrow P_6 \rightarrow P_5 \rightarrow P_8$。

小知识

直送式配送线路适用条件及效果

直送式配送线路适用条件：

①由配送中心向每一位客户开展专门送货。

②该客户的送货量必须满足配送车辆满载。

期望达到的配送效果：

①配送车辆满载运输。

②配送运输路线距离最短。

（三）分送式配送线路优化设计

当由一个配送中心向多个客户进行共同送货，在同一条线路上的所有客户的需求量总和不大于一辆车的额定载重量时，由这一辆车装载所有客户的货物，沿着一条精心设计的最佳路线依次将货物送到各位客户手中，即为分类式配送。这样既保证按时按量将用户需要的货物及时送达，又节约了车辆，节约了行驶里程，节省了费用，缓解了交通压力。分送式配送线路优化可以采用节约里程法。

1. 节约里程法的基本思想

如果一个配送中心分别向 N 个客户配送货物，在汽车载重能力允许的前提下，每辆汽车在配送路线上经过的客户个数越多，里程节约量越大，配送线路越合理。

2. 节约里程法的线路设计原理

设 P 点为配送中心所在地，A 和 B 为客户所在地，三者相互间的道路距离分别为 PA，PB，AB。送货时最直接的想法是利用两辆车分别为 A 和 B 进行配送，此时车辆的实际运行距离为 $2PA+2PB$，运输线路如图 $4-10(a)$ 所示。然而，如果改用一辆车巡回配送，则运行的实际距离为 $PA+PB+AB$，如图 $4-10(b)$ 所示。当道路状况没有特殊规定时，可节约车辆运行距离为 $(2PA+2PB)-(PA+PB+AB)=PA+PB-AB$。根据三角形两边之和大于第三边的定理，即 $PA+PB-AB>0$，则这个节约量称为节约里程。

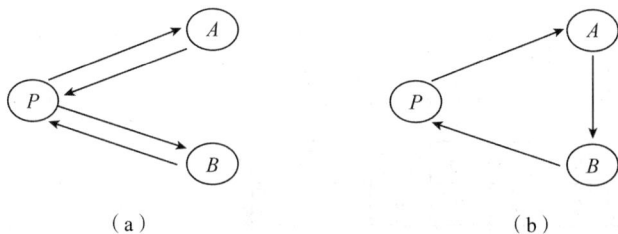

图 4-10 分送式配送线路示意
(a) $2PA+2PB$ 模式；(b) $PA+PB-AB$ 模式

节约里程法的基本规定：配送的是同种或相似的货物；各客户的位置及需求量已知；配送中心有足够的运输能力。

除此之外，还应满足以下条件：满足所有用户的要货需求；每辆车不能超载；每车每天总运行时间或行驶里程不能超出规定上限；方案能满足所有用户。

3. 节约里程法的求解过程

给数个客户进行配送时，首先计算包括配送中心在内的相互之间的最短距离，然后计算各客户之间的可节约的运行距离，按照节约运行距离的大小顺序连接各配送地点，从而设计出配送路线。

下面举例说明节约里程法的求解过程。

例 4-2 某配送中心 P 向它旗下的 10 家连锁商店 a，b，c，d，e，f，g，h，i，j 配送商品，其配送网络如图 $4-11$ 所示。

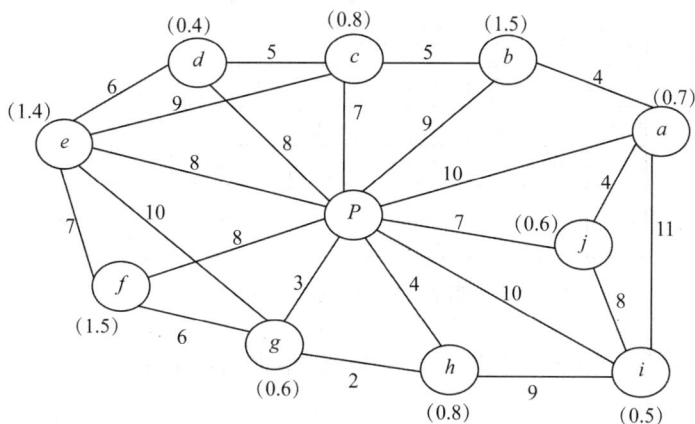

图 4-11 配送中心网络示意

图中括号内的数字表示每一家连锁店的需求量 q_i，单位为吨；线路上的数字表示两节点之间的距离 d_{0j}，单位为千米。配送中心现有 2 吨和 4 吨车辆可供使用，并且每辆车配送距离不得超过 30 千米。请为该配送中心制定最优的配送方案。

步骤 1：计算网络结点之间的最短距离。

作出最短距离矩阵，从配送网络图中列出配送中心至用户相互间的最短距离矩阵，如图 4-12 所示。

	P									
a	10	a								
b	9	4	b							
c	7	9	5	c						
d	8	14	10	5	d					
e	8	18	14	9	6	e				
f	8	18	17	15	13	7	f			
g	3	13	12	10	11	10	6	g		
h	4	14	13	11	12	12	8	2	h	
i	10	11	15	17	18	18	17	11	9	i
j	7	4	8	13	15	15	15	10	11	8	j

图 4-12　最短距离矩阵

步骤 2：计算各客户之间可节约的运行距离。

从最短距离矩阵中，计算用户相互间的节约里程，以 b—c 的节约行程计算过程为例：P—b 的距离为 9，P—c 的距离为 7，b—c 的距离为 5，则 b—c 的节约行程为 $9 + 7 - 5 = 11$。

所有用户（包括配送中心）相互之间的节约里程计算结果如图 4-13 所示。

P	a								
b	15	b							
c	8	11	c						
d	4	7	10	d					
e	0	3	6	10	e				
f	0	0	0	3	9	f			
g	0	0	0	0	1	5	g		
h	0	0	0	0	0	4	5	h	
i	9	4	0	0	0	1	2	5	i
j	13	8	1	0	0	0	0	0	9

图 4-13　节约里程矩阵

步骤 3：对节约里程数按大小顺序进行排列，结果如表 4-1 所示。

表4-1　节约里程排序表

序号	连接点	节约里程	序号	连接点	节约里程
1	a—b	15	13	f—g	5
2	a—j	13	13	g—h	5
3	b—c	11	13	h—i	5
4	c—d	10	16	a—b	4
4	d—e	10	16	b—i	4
6	a—i	9	16	f—h	4
6	e—f	9	19	b—e	3
6	i—j	9	19	d—f	3
9	a—c	8	21	g—i	2
9	b—j	8	22	c—j	1
11	b—d	7	22	e—g	1
12	c—e	6	22	f—i	1

步骤4：组成配送路线图。

初始方案：从配送中心出发，需要设计10条配送线路，分别向10家连锁店配送商品；需要10辆2吨的配送车辆（每家连锁店的需要量都低于2吨），总配送距离为148千米。初始方案配送路线如图4-14所示。

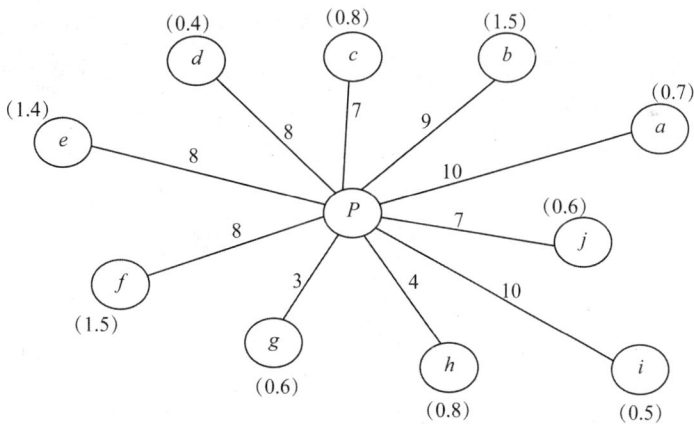

图4-14　初始方案配送路线

第一次修正方案：按节约里程大小顺序，组成配送线路，先将a—b，a—j，b—c连接起来，形成巡回路线，同时取消P—a，P—b的路线。规划线路1装载货物3.6吨，运行距离27千米，未超过30千米。此时，共有7条线路，运行总距离109千米，需要2吨车6辆，4吨车1辆。第一次修正方案配送线路如图4-15所示。

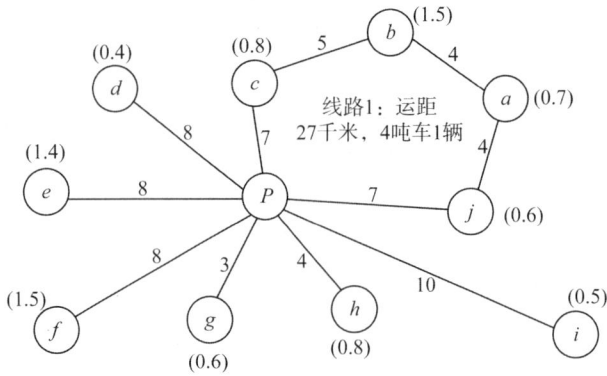

图 4-15　第一次修正方案配送路线

第二次修正方案：按节约里程的大小顺序连接 c—d 和 d—e，这两条线都有可能并到线路 1 中，但由于车辆配送距离的限制，不能并入线路 1。因此，连接 d—e，形成线路 2，这样线路 2 的载重量为 1.8 吨，运行距离为 22 千米，未达到各项限制条件。考虑到线路的均衡性和车辆利用率，按节约里程的大小顺序，将 a—i，e—f，i—j 并入现有路线，因为连锁店 a、j 已并入线路 1，受到车辆额定载重和配送距离的限制，线路 1 不能增加客户，故不连接 a—i，i—j，因此将 e—f 并入线路 2，这样，新的线路 2 运行距离为 29 千米，装载量为 3.3 吨。继续考虑将其他点连接并入，按照节约里程的大小顺序是 a—c，b—j，b—d，c—e，因为这些客户都已经包含在线路 1 和线路 2 中，因此不进行连接。按照节约里程的大小顺序，继续考虑 f—g，将其并入线路 2。新的线路 2 运行距离为 30 千米，装载量为 3.9 吨，此时由于车辆最远配送距离的限制，线路 2 也不可再增加客户。此时，共有 4 条线路，运行总距离 85 千米，需要 2 吨车 2 辆，4 吨车 2 辆。第二次修正方案配送路线如图 4-16 所示。

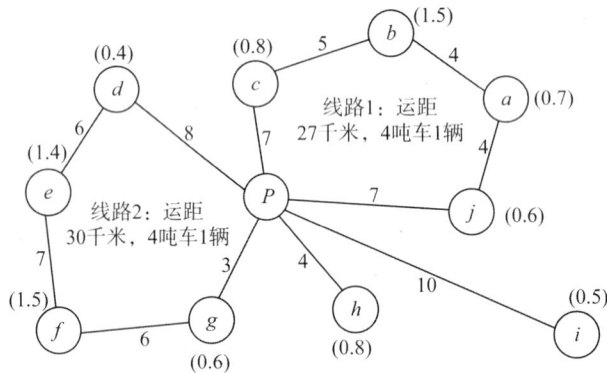

图 4-16　第二次修正方案配送路线

第三次修正方案：按节约里程的大小顺序，接下来是 g—h 和 h—i，由于配送距离的限制，g—h 不能并入线路 2，因此连接 h—i，形成线路 3，其运行距离为 23 千米，装载量为 1.3 吨。此时，共有 3 条线路，运行总距离 80 千米，需要 2 吨车 1 辆，4 吨车 2 辆。第三次修正方案配送路线如图 4-17 所示。

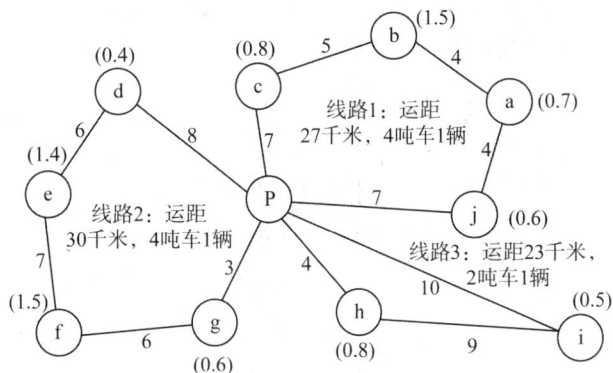

图4-17　第三次修正方案配送路线

综上所述，该配送中心的最优配送方案为：

线路1：$P \to j \to a \to b \to c \to P$。

线路2：$P \to d \to e \to f \to g \to P$。

线路3：$P \to h \to i \to P$。

小知识

分送式配送线路适用条件及效果

分送式配送线路适用条件：

①由配送中心向多位客户开展拼装送货。

②每位客户的送货量都不能满足配送车辆满载。

配送效果：

①配送车辆满载运输。

②配送运输路线距离最短。

4. 节约里程法注意事项

①适用于有稳定客户群的配送中心。

②各配送线路的负荷要尽量均衡。

③实际选择线路时还要考虑道路情况。

④要考虑驾驶员的作息时间及客户要求的交货时间。

四、配送车辆积载技术

(一) 车辆积载的影响因素及原则

1. 车辆积载的影响因素

（1）货物本身的特性

在配载货物时要充分考虑货物的特性，充分利用好车辆容积。当货物密度过小或过大时（如轻泡货），由于车辆容积的限制和运行限制（主要是超高），则无法满足吨位，从而造成吨位利用率降低。同时，也需要考虑货物的物理性质及化学性质，比如，有些货物理化性质相抵触或可能串味，那么就不能将这些货物混合配载。

小知识

什么是重货

重货与轻泡货的界定与运费有很大的关系。不同的运输方式有不同的规定，在公路运输中，规定每立方米不足 333 千克的为轻泡货；在航空运输中，规定每 6 000 立方厘米不足 1 千克的为轻泡货；在海运中，规定每立方米货物的重量大于 1 吨的为重货，小于 1 吨的为轻泡货。

（案例来源：叶伟媛. 仓储与配送管理 ［M］. 大连：东北财经大学出版社，2018. 引文经改编）

（2）货物包装情况

装载时要充分考虑货物的包装尺寸和车辆尺寸，尽量让车辆尺寸和货物包装尺寸成倍数关系。当车厢尺寸与货物包装容器的尺寸不成整倍数关系，则无法装满车厢。如货物宽度80 厘米，车厢宽度 220 厘米，将会剩余 60 厘米。

（3）相关法律规定

货物的运输要遵循相关的法律规定，通常情况下，应尽量选派核定吨位与所配送的货物数量接近的车辆进行运输，有时按有关规定必须减载运行，比如有些危险品必须减载运送才能保证安全。

2. 车辆积载的原则

（1）"后送先装"原则

拼装时，一般将后送的货物先装在里面，先送的货物后装在外面，以便于卸货，这是配载最基本、最重要的原则。

（2）轻重搭配原则

车辆装货时，必须将重货置于车厢底部，轻货置于重货上部，避免重货压坏轻货，并保证积载完成后货物重心尽量下移，从而保障运输安全。

（3）大小搭配原则

货物包装的尺寸有大有小，为了充分利用车厢的内容积，可在同一层或上下层合理搭配不同尺寸的货物，以减少箱内的空隙。

（4）货物性质搭配原则

拼装在一个车内的货物，要充分考虑其化学性质和物理性质，其化学及物理属性不能互相抵触。例如，不能将散发臭味的货物与吸臭性的食品混装；不能将散发粉尘的货物与清洁货物混装。

（5）一次积载原则

如果货物到达同一地点，又适合配装在一起，应尽可能考虑将这些货物一次积载完毕。

（6）安全性原则

货与货之间、货与车辆之间应留有空隙并适当衬垫，防止货损。装载易滚动的卷状、桶状货物，要垂直摆放。装货完毕，应在门端处采取适当的稳固措施，以防开门卸货时货物倾倒造成货损。

（二）车辆积载合理化

1. 车辆积载的要点

一般来说，车辆积载在遵循以上原则的前提下，应尽可能提高满载率，主要应做到以下几点：研究各类车厢的装载标准，根据不同货物和不同包装体积的要求，合理安排装载顺序，努力提高装载技术和操作水平，力求装足车辆核定吨位；根据客户所需要的货物品种和数量，调派适宜的车型承运，这就要求配送中心根据经营商品的特性，配备合适的车型；凡是可以拼装运输的，尽可能拼装运输，但要做好不同客户货物的标记，防止出现差错。

小知识

常见的车辆尺寸

在装载时要考虑各种货物或集装单元与车辆的匹配度。常见货车类型的车厢尺寸如表4-2所示。

表4-2 常见货车类型的车厢尺寸

车型	车厢（长×宽×高）/米
载重量3吨	5.2×2.10×2.0
载重量5吨	7.2×2.24×2.2
载重量8吨	8.2×2.24×2.2
载重量10吨	9.6×2.3×2.3
载重量15吨	12.5×2.3×2.3
20尺集装箱	6.0×2.35×2.38
40尺集装箱	12.0×2.35×2.38

注：3尺为1米，20尺约为6.67米，40尺约为13.33米。

2. 车辆积载的计算方法

在配载中，对于重货来讲，基本上能实现100%的满载率，如果将重货和轻泡货混装，要实现车辆的容积和载重量都得到充分利用，是有难度的。需要分别计算不同货物的装载量，常用的计算方法如下。

设厢式货车有确定的车厢容积为 V，车辆载重量为 W。现要装载的两种货物的单位质量体积分别为的 R_x、R_y，如何配载才能使车辆的载重量和车厢容积均得到充分利用呢？

设：两种货物的配装重量为 x、y，可以得到下列式子

$$\begin{cases} x + y = W \\ x \times R_x + y \times R_y = V \end{cases}$$

$$x = \frac{V - W \times R_y}{R_x - R_y}$$

$$y = \frac{V - W \times R_x}{R_y - R_x}$$

例 4-3 某建材配送中心需要为客户运送水泥和玻璃两种货物,已知水泥的单位质量体积为 0.9 立方米/吨,玻璃的单位质量体积为 1.6 立方米/吨,计划使用车辆的载重量为 11 吨,车厢容积为 15 立方米。试问如何装载才能使车辆的载重量和车厢容积都得到充分利用呢?

设:水泥的装载量为 x,玻璃的装载量 y,得

$$x = \frac{V - W \times R_y}{R_x - R_y} = \frac{15 - 11 \times 1.6}{0.9 - 1.6} \approx 3.71 (吨)$$

$$y = \frac{V - W \times R_x}{R_y - R_x} = \frac{15 - 11 \times 0.9}{1.6 - 0.9} \approx 7.29 (吨)$$

因此,该车装载水泥约 3.71 吨、玻璃约 7.29 吨时达到满载。

通过以上计算得出的结果,可以保证车辆的载重量和车厢容积都得到充分利用。但是其前提条件是:车厢的容积系数介于所要配载货物的容重比之间。如所需要装载货物的质量体积都大于或小于车厢容积系数,则只能是满足车厢容积或者满足载重量。当存在多种货物时,可以将货物比重与车辆容积系数相近的货物先配装,剩下两种最重和最轻的货物进行搭配配装。

模块二 案例讨论

案例1

联华配送中心管理

一、联华配送中心的简介

联华超市是上海首家以发展连锁经营为特色的超市,在上海、北京、天津、江苏、浙江、安徽、江西、广西、广东、山东、山西、河南、河北、辽宁、吉林、新疆、内蒙古等 20 多个省(市、自治区)的 100 多个城市建立了强大的连锁经营网络。联华配送中心采用仓库管理系统,实现整个配送中心的计算机控制和管理,以条码扫描技术、无线手持终端和无线通信技术实现信息实时采集与沟通。在具体操作中,以货架形式来保管,以自动化输送系统和自动分拣系统并辅以人工操作实现半自动化。

二、联华的配送模式

联华超市的商品配送模式并不单一,它采用了更适合自己的、多元化的配送模式,使配送效率得到保证,服务质量也得到了顾客的认可。联华有三种配送模式,分别为配送中心统配、供应商直送门店、配送中心中转。其中以配送中心统配模式为主,辅以另外两种模式。联华配送中心的作业流程如图 4-18 所示。

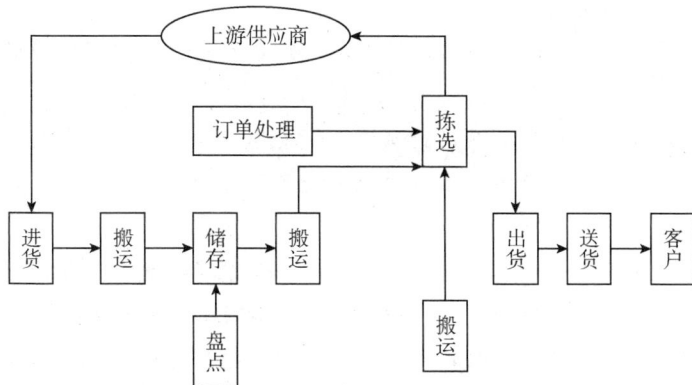

图 4-18　联华配送中心的作业流程

三、联华配送中心作业管理

商品按物流类型分为储存型、中转型、加工型和直送型，下面分别从以下几个方面来说明联华配送中心是如何做的。

（1）订单管理

门店的要货订单通过联华数据通信平台，实时地传输到生鲜配送中心，在订单上有各商品的数量和相应的到货日期。生鲜配送中心接收到门店的要货数据后，立即在系统中生成门店要货订单，并按不同的商品物流类型进行不同的处理。

①储存型商品。系统计算当前的有效库存，比对门店的要货需求及日均配货量和相应的供应商送货周期，自动生成各储存型商品的建议补货订单；采购人员看到此订单，根据实际的情况进行一些修改，形成正式的供应商订单。

②中转型商品。此种商品没有库存，直进直出，系统根据门店的需求汇总，按到货日期直接生成供应商的订单。

③直送型商品。根据到货日期，分配各门店直送经营的供应商，直接生成供应商直送订单，并通过 EDI 系统直接发送给供应商。

④加工型商品。系统按日期汇总门店要货订单，根据各产成品/半成品的 BOM 表计算物料耗用，比对当前有效的库存，系统生成加工原料的建议订单；生产计划员根据实际需求做调整，发送给采购部，生成供应商原料订单。

各种不同的订单在生成完成后，通过系统中的供应商服务系统自动发送给各供应商，会立即组织货源，安排生产或做物流计划。

（2）物流计划

在得到门店的订单并汇总后，物流计划部根据第二天的收货、配送和生产任务制订物流计划。物流计划包括以下内容。

①线路计划。根据各线路上门店的订货数量和品种，进行线路调整，保证运输效率。

②批次计划。根据总量和车辆、人员情况设定加工和配送的批次，实现循环使用资源，提高效率。在批次计划中，将各线路分别分配到各批次中。

③生产计划。根据批次计划制订生产计划，将量大的商品分批投料加工，设定各线路的

加工顺序，以保证和配送运输协调。

④配货计划。根据批次计划，结合场地及物流设备的情况，进行配货的安排。

（3）商品检验

进货时要先对订单的品种和数量进行预检，预检通过后方可验货，验货时须根据终端系统检验商品条码并记录数量，再根据不同要求进行品质检验。

（4）拣货作业

拣货采用播种方式，由于汇总单标识了从各个仓位取货的数量，所以根据汇总单可以确定取货总量，从而确定本批配货的总量。取货完成后系统会预扣库存，被取商品从仓库拉到待发区。在待发区配货，配货人员根据各路线、各门店配货数量对各门店进行播种配货，并检查总量是否正确，如不正确，则向上校核。若因商品的数量不足或其他原因造成门店的实配量小于应配量，配货人员可以通过手持终端设备调整实发数量，配货、检验无误后再使用手持终端设备确认配货数据。

（5）加工作业

联华配送中心的加工作业可实现小批量、多批次的配送。通过加工环节的处理，有利于降低用户库存或实现零库存配送，有利于提高运输工具的配载和装卸效率，有利于净化物流环境，实现绿色物流。此外，还可为联华超市增强增值服务功能，增加附加值。

（6）配送运作

商品分拣完成后，堆放在待发库区，按正常的配送计划，将这些商品在晚上送到各门店，门店第二天早上将新鲜的商品上架。在装车时按计划依路线上的门店顺序进行，同时抽样检查准确性。在货物装车的同时，系统能够自动算出包装物（笼车、周转箱）的各门店使用清单，装货人员也据此来核对差异。在发车之前，系统根据各车的配载情况生成各运输车辆随车商品清单、各门店的交接签收单和发货单。

商品到门店后，由于数量的高度准确性，在门店验货时只要清点总的包装数量，退回上次配送带来的包装物，完成交接手续即可。一般一个门店的配送商品交接只需要5分钟。

四、联华配送中心的特点

在国内同类型企业的配送中心中，联华超市配送中心具有鲜明的特点。

①先进性。联华配送中心的自动升降系统、自动分拣系统，无论是在技术上还是在性能上，都是国内一流的。

②实用性。配送中心的设计以现代物流管理理论为基础，并结合中国国情，主要配送作业实现了全自动化，辅助作业采用人工操作，既降低了投入成本，又达到了运作的高效率。

③易用性。配送中心的全部设备都对应有简单的操作界面，操作人员只需要按下按钮，就可以对设备进行操作。

④灵活性。自动分拣系统的条滑道可随机对应一个品种，当一个品种分拣结束时，可随机切换成另一个品种，无须再另外进行设计。

⑤可维护性。整个系统由一个总的控制中心进行控制，并装有监控系统。配送中心无论何处出现故障，都能够及时有效地进行维护。

（案例来源：百度文库，引文经节选、整理和改编）

案例思考：

1. 请阐述联华配送中心有哪些作业环节？
2. 联华配送中心采用什么样的拣货方式？
3. 总结联华生鲜食品加工配送中心的作业流程和配送模式。

案例2

华润万家配送流程优化设计

一、华润万家配送中心现状分析

华润配送中心的作业由供应物流和销售物流组成，供应物流一般包括进货、卸货、验收、入库；销售物流一般包括堆码、盘点、分拣、拣货、发货等环节。

①进货：华润物流中心根据各个超市的实际需求向供货商进行商品采购，将采购商品的入库。

②卸货：司机负责把采购的商品运达物流中心，将其卸到拖车上，由拖运人员负责把货搬运到预定货位进行堆垛。

③验收和入库：仓库作业规程要求，凡入库货物与货物单必须一起到库，收货员对货物的品名、规格、数量、质量、包装和印章应逐一核对，确认无误后，决定货物正式入库。

④堆码：仓库推行分区分类货位管理制度，根据不同货物的理化性质适当存放。

⑤盘点：对仓库的货物进行清点以确定仓库的存储情况，并据此加以改善，加强管理。仓库针对大宗货物管理难的特点，建立相应的盘点制度，其内容包括货物盘点的方式、盘点的程序、盘点职责和要求及盘点发现问题的处理办法。

⑥分拣及拣货：分拣是根据实际配送的需要对不同的货物分类拣取；拣货不针对分类货物，它是把拣取出来的货物存放在指定的发货区。

⑦发货：发货是物流配送中心作业流程的最终环节，配送中心利用自备运输工具或社会专业运输力量来完成送货作业。华润万家配送中心发货作业流程如图4-19所示。

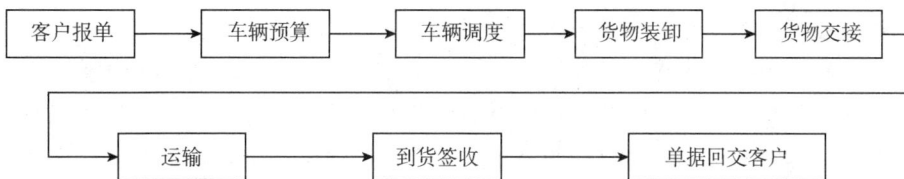

图4-19　发货作业流程

二、华润万家配送中心出现的问题

1. 业务量大、配送范围广给配送带来压力

杭州华润物流配送中心占地面积2.8万平方米，主要为苏州地区的综合超市提供配送服务，日配送能力近10万箱，辐射范围在苏州地区的150千米以内。配送中心负责运输、保管、包装、流通加工、配送、信息处理等活动，压力较大，并且其配送方式采用一对一单独专线配送，效率低，浪费现象严重。

2. 缺乏物流信息管理软件，管理效率不高

物流中反映供应链上下游节点企业之间关系的指标包括准时交货率、成本利润率、产品质量合格率、用户满意度。只有实现了这些指标，供应链的绩效才会最大化。而华润的物流供应链基本上没有实现信息化，供应链管理比较紊乱，缺乏系统管理软件。

3. 各个环节缺乏规范化、科学化的操作标准

库存、配送、运输、包装等流程没有标准的操作流程，各个分店各行其是，浪费资源和时间。

三、华润万家配送中心优化建议

1. 优化配送模式

要根据销售对象的不同要货量，采用不同的运输配送方式。应灵活掌握配送次数，根据不同门店的周转速度决定是进行一日多配、一日一配还是几日一配。要货量大的店铺应尽量从工厂直接配送，要货量相对少且较分散的店铺，应尽量通过配送中心集中、定期配货。要根据自身的实际情况，单独或综合使用科学的配送方式。

2. 改善货物包装

在配送作业中，对货物的装卸搬运应推行包装标准化，这样可在一定程度上提高整个配送作业的机械化水平。要实现包装合理化，应广泛采用先进包装技术，由一次性包装向反复使用的周转包装发展。采用组和单元装载技术，即采用托盘、集装箱进行组合运输。

3. 优化库存管理

要按照"周转快的商品分散保管，周转慢的商品尽量集中保管"的原则进行管理，以压缩流通环节库存，有效利用保管面积，简化库存管理。在库存量控制中，应根据商品销售额与品种数之间的不均衡性，将配送中心里的商品分为A、B、C三类。对于A类商品，应重点精心管理和养护，以保证其质量，尤其要经常检查其库存；对C类商品，一般应尽可能减少日常管理工作，以减少管理成本，但可适当增大订购量和库存量；对B类商品的库存管理，原则上介于A、C两者之间。采用此种管理方法，能突出重点，兼顾一般，减少管理成本和库存量，消除库存积压和断货现象，提高经济效益和服务水平。

4. 构建信息系统

现代物流管理是以信息化为基础的管理活动，可以毫不夸张地说，没有信息化的支持，就没有现代物流管理。连锁超市对外要应对成千上万的供应商和瞬息万变的市场，对内承担着众多连锁分店的配送和及时满足它们需要的任务，必须要有完善的物流信息管理系统，才能使其管理真正落到实处，管出应有的经济效益来。可以说，信息系统是连锁超市的神经中枢，它将整个连锁超市的采购、分拣、加工、包装、储存、运输和配送等作业系统有机地联系起来。为此，华润超市应努力构建计算机信息管理系统，如销售时点信息系统、自动补货系统、运输信息管理系统及电子数据交换系统等，尽快实现管理的信息化和科学化。

（案例来源：百度文库，引文经节选、整理和改编）

案例思考：

1. 华润万家配送中心有哪些优点？

2. 结合其他连锁超市的成功案例，应该如何对华润配送中心的问题进行改善？

案例3

百胜物流配送优化

一、中国百胜物流模式

中国百胜餐饮集团（简称"中国百胜"）建立和管理着自己的物流网络，在全国设有十几个一级、二级配送中心，物流配送网络遍及全国的260多个城市。百胜集团从1987年进入中国到现在，一直找不到一家理想的第三方物流公司，因而创造出了业内公认的"灵活而实用"的物流运营模式，即自我物流服务+供应商提供物流服务+第三方物流服务。

中国百胜的自我物流服务比例占50%，主要进行核心城市和餐厅密集型区域的核心产品及有特殊要求的产品的物流配送，如必胜客餐厅的沙拉、肯德基餐厅的薯条等。中国百胜设有16个配销中心，物流的配送网络已遍及国内400多个城市，为旗下的2300多家餐厅提供配送服务。所配送的产品从烹饪用具到鸡翅、新鲜蔬菜、食用油、纸杯、吸管等，可谓一应俱全。

第三方物流服务的比例占40%，主要是对分散的区域及对温度要求不是很高的产品服务。供应商提供物流服务的比例占10%。如湖南省长沙市有一家面包供应商，餐厅只需将订单以电子邮件方式传至DC（配送中心）客户服务部，客户服务部收到邮件将餐厅订单导入DIMS（文件管理）系统，仓储部依据DIMS中心打印各餐厅所需货物的备货单，进行备货及装车工作；运输部依据DIMS中心打印各餐厅送货单，安排车辆和行车路线，然后将货物运往餐厅，餐厅接收货品并签署相应送货单。

二、百胜物流配送方案优化

对于连锁餐饮业来说，由于原料价格相差不大，物流成本始终是企业竞争的焦点，但是靠物流手段节约成本并不容易。作为肯德基、必胜客等业内巨头的指定物流提供商，百胜物流抓住运输环节大做文章，通过合理的运输排程、降低配送频率、实施歇业时间送货等优化物流管理方法，有效地实现了物流成本的"缩水"，给业内管理者指出了一条细致而周密的降低物流成本之路。

1. 合理安排运输排程

运输排程的意义在于尽量使车辆满载，只要货量许可，就应该做相应的调整，以减少总行驶里程。运输排程的构想最初起源于运筹学中的路线原理，其最简单的是从起点A到终点O，有多条路径可供选择，每条路径的长度各不相同，要求找到最短的路线。实际问题要比这个模型复杂得多。首先，需要了解最短路线的点数，从几个点增加到上千个点，路径的数量也相应增多到上万条。其次，每个点都有一定数量的货物需要配送或提取，因此要寻找的不是一条串联所有点的最短路线，而是每条串联几个点的若干条路线的最优组合。另外，还需要考虑许多限制条件，比如车辆装载能力、车辆数目、每个点在相应的时间开放窗口等，问题的复杂度随着约束条件的增加呈几何级数增长。要解决这些问题，需要用线性规划、整数规划等数学工具，目前有一些软件公司已经以这些数学解题方法作为引擎，结合连锁餐饮业的物流配送需求，做出了优化运输路线安排的软件。

接下来就要进行每日运输排程，也就是计算每天各条路线的实际货量，根据实际货量对配送路线进行调整。通过对所有路线逐一安排，可以去除某些送货路线，减少行驶里程，最终达到增加车辆利用率、增加配送效率和降低总行驶里程的目的。

2. 减少不必要的配送

对于产品保鲜要求很高的连锁餐饮业来说，尽力和餐厅沟通，降低不必要的配送频率，可以有效地减少物流配送成本。如果连锁餐饮餐厅要将其每周配送频率增加 1 次，会对物流运作的哪些领域产生影响呢？

在运输方面，餐厅所在路线的总货量不会发生变化，但配送频率上升，会导致运输里程上升，相应地，油耗、过路桥费、维护保养费和司机工时都要上升。在客户服务方面，餐厅下订单的次数增加，相应的单据处理作业也要增加，餐厅来电打扰的次数相应上升，办公用品（纸、笔、计算机耗材等）的消耗也会增加。在仓储方面，所要花费的拣货、装货人工费用会增加；如果涉及短保质期物料的进货频率提高，那么仓储收货的人工费用也会增加。在库存管理上，如果涉及短保质期物料进货频率提高，由于进货批量减少，进货运费很可能会上升，处理的厂商订单及后续的单据作业数量也会增加。

由此可见，配送频率提高会影响配送中心的几乎所有职能，最大的影响在于运输里程上升所造成的运费上升。因此，减少不必要的配送，对于连锁餐饮企业尤其关键。

3. 提高车辆的利用率

运输成本是最大项的物流成本，所有别的职能都应该配合运输作业的需求。改变作业班次是常用的提高车辆利用率的方法，它是指改变仓库和别的职能的作业时间，适应实际的运输需求，提高运输资产的利用率。否则，朝九晚五的作业时间表只会限制发车和收货时间，从而限制货车的使用。

另外，通过安排车辆二次出车，也可增加车辆的利用率。如果配送中心实行 24 小时作业，货车就可以利用晚间二次出车配送，大大提高车辆的时间利用率。在实际物流作业中，一般会将餐厅收货分成四个时间段，分别是上午、下午、上半夜、下半夜，据此制定仓储作业的配套时间表，从而将货车利用率最大化。

4. 尝试歇业时间送货

目前我国城市的交通管制越来越严，货车只能在夜间进入市区。由于连锁餐厅一般到夜间 24 点才结束，如果赶在餐厅下班前送货，车辆的利用率势必非常有限。而解决此类问题的办法就是利用餐厅的歇业时间送货。

歇业时间送货避开了城市交通高峰时间，既没有打扰顾客，也没有打扰餐厅的运营。由于餐厅一般处在繁华路段，夜间停车也不用像白天那样顾忌，有充裕的时间进行配送。由于送货窗口的营业时间拓宽到了下半夜，所以货车可以二次出车，这就提高了车辆利用率。

餐厅歇业时段送货的最大顾虑在于安全。餐厅没有员工留守，司机必须拥有餐厅钥匙，掌握防盗锁的密码，餐厅安全相对多了一层隐患。货车送货到餐厅，餐厅没有人员当场验收货物，一旦发生差错很难分清到底是谁的责任，双方只能按诚信原则妥善处理纠纷。歇业时间送货要求配送中心和餐厅之间有很高的互信度，如此才能将系统成本降低，所以这种方式并非在所有地方都可行。

（案例来源：百度文库，引文经节选、整理和改编）

案例思考：

1. 中国百胜如何提高车辆的利用率？
2. 中国百胜在物流配送方面做了哪些优化？

模块三　实训项目

一、实训目的

随着我国便利店行业的快速发展，某大型连锁便利店成立了自己的配送中心，因此配送方案的制定成为该企业管理的主要内容。本次实训通过对该公司最优配送方案的分析，使同学了解配送路线优化的意义，并能够运用配送线路优化方法进行最优配送方案求解。

二、实训内容

1. 实训任务

图 4-20 为某大型连锁便利店配送中心的配送网络，由配送中心 P 向 A、B、C、D、E 5 个便利店配送物品。图中连线上的数字表示运距（单位为千米）。图中靠近各用户括号里的数字表示各便利店对货物的需求量（吨）。配送中心备有 2 吨和 4 吨额定载重的汽车，且汽车一次巡回行驶里程不能超过 30 千米。求该配送中心的最优配送方案。

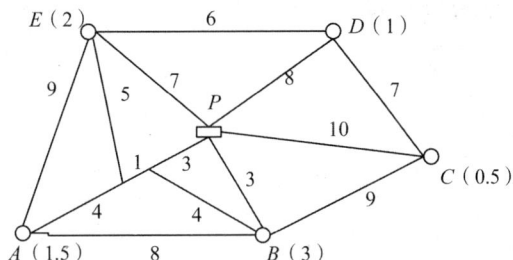

图 4-20　某大型连锁便利店的配送网络

2. 实训成果

①绘制最优配送方案路径图。
②说明最优配送方案的车辆使用方案。
③计算最优配送方案的行驶里程。

3. 实训思考

①配送线路优化设计有什么意义？
②直送式配送线路优化设计和分送式配送线路设计的适用场景。

模块四　小结与习题

一、内容小结

本章介绍了配送作业流程和基本环节，以及配送作业优化等内容。不同类型的配送中心的业务流程不同，通常可分为一般的作业流程、不带储存库的作业流程、加工配送型作业流程和批量转换型作业流程。配送作业的基本环节包括进货作业、订单处理作业、拣货作业、补货作业、配送加工作业、配装作业、送货作业、商品退货作业。

在配送管理过程中，最大的目标就是以最低的成本提供客户满意的服务，因此，配送作业的路线选择和车辆吨位利用率显得尤为重要。

在配送线路设计中，需根据不同客户群的特点和要求，选择不同的线路设计方法，最终达到节省时间、运距和降低配送成本的目的。本章重点讲解直送式配送线路优化设计和分送式配送线路优化设计方法。直送式配送线路优化时，追求的是最短配送距离，从而节省时间、多装快跑，提高配送效率，因此，直送式配送线路的物流优化，主要是寻找物流网络中的最短线路，目前公认的最好方法是 Dijkstra 算法。分送式配送线路优化适用于一个配送中心向多个客户共同送货时，可以采用节约里程法。

同时，本章分析了影响配送车辆积载的因素和车辆积载的原则，并且从定性的角度讲解了配送车辆积载效率提高的方法。

二、思考题

1. 阐述不同类型配送中心的配送作业流程。
2. 配送作业的基本环节有哪些？
3. 配送路线优化有什么意义？
4. 影响配送车辆积载的因素有哪些？
5. 配送车辆积载的原则是什么？

第三篇　仓储规划管理

第五章

仓储设施总体规划

1. 能复述仓储规划的目标及原则。
2. 能复述仓储布局的意义及原则。
3. 了解基本的仓库布局方式及影响因素。
4. 能够解释影响选址的因素。
5. 掌握仓库选址的步骤及方法。
6. 能够规划仓库网络布局及进行仓储选址。

案例导入

家乐福物流选址

家乐福集团在 1959 年成立于法国，并于 1963 年在法国开设了世界上第一家大型超市，是大卖场（Hypermarket）概念的创始者。在世界上 31 个国家和地区拥有 1 万多家销售网点，涉及的零售业态包括大卖场、超级市场、折扣店、便利店、仓储式商店与电子商务。家乐福集团建立了全球性的采购网络，向不同国家和地区的供应商采购具有市场竞争力的商品。

家乐福于 1995 年进入中国市场，短时间内便在北京、上海和深圳三地开了大卖场，并各自独立地发展出自己的供应商网络。凭借国际先进的超市管理模式和高超的选址策略，在中国市场取得了巨大的成功。

家乐福在选址时考虑了以下内容。

①标准：家乐福的法文意思就是"十字路口"，而家乐福的选址也不折不扣地体现这一

标准。

②位置要求：交通方便；人口密度相对集中；两条马路交叉口，其中一条为主干道；具备相当面积的停车场，比如在北京至少要求600个的停车位。

③建筑物要求：建筑占地面积1.5万平方米以上，最多不超过两层，总建筑面积2～4万平方米，建筑物长宽比例为10：7或10：6。

④使用GIS衡量商圈内的人口消费能力及商圈片区覆盖情况：计算这片区域内各个居住小区的人口规模和特征，计算不同区域内人口的数量和密度、年龄分布、文化水平、职业分布、人均可支配收入等多项指标。还可以根据这些小区的远近程度和居民可支配收入，划定重要销售区域和普通销售区域。

家乐福的选址绝大部分集中于上海、北京、天津及内陆各省会城市，且强调的是"充分授权，以店长为核心"的运营模式，因此商品的配送基本以供应商直送为主，这样做的好处主要是送货快速、方便。由于供应商资源多集中于同一个城市，上午下订单下午商品就有可能到达店里，将商品缺货造成的失销成本大幅降低。

（资料来源：商联网，引文经整理和改编）

模块一　基础知识

一、仓储规划

仓储规划是物流规划中的一个重要模块，包含库址选择、库内整体布局、库内储存空间布局、作业流程规划等，对作业效率、便利性和数据准确性、货物保管质量、未来能实现的功能等方面，都起到基础性的作用。虽然不同行业、不同企业有不同的仓储规划方法，但整体设计思路是相通的。

（一）仓储规划的目标

仓储规划总的目标是使人力、财力、物力和人流、物流、信息流得到最合理、最经济、最有效的配置和安排，即要确保进行仓储规划的企业以最小的投入获取最大的效益。其具有以下典型目标。

①有效地利用仓储设施设备、空间能源和人力资源。

②最大限度地减少物品搬运。

③有利于制造企业缩短生产周期，简化加工过程。

上述目标往往存在冲突，必须要用恰当的指标对每一个方案进行综合评价，才能达到总体目标的最优化。

（二）仓库规划的原则

在对仓储进行规划时，应能做到以尽可能低的成本，实现货物在仓库内快速、准确地流动。仓储系统在规划时应遵循以下原则。在特定场合下，有些原则是互相影响的，甚至是互相矛盾的。为了做出最好的规划设计，有必要进行合理的选择。

1. 系统简化原则

运用系统分析的方法对仓储系统进行整体优化，从而降低系统的操作和维护成本，提高系统的可靠性，提高仓储作业的效率。

2. 平面设计原则

若无特殊要求，仓储系统中的物流都应在同一平面上实现，从而减少不必要的安全防护措施。应减少利用率不高、作业效率低和能源消耗较大的起重机械，提高系统的总体效率。

3. 物流和信息流分离原则

现代物流是在计算机网络支持下的物流，物流和信息流的结合解决了物流流向的控制问题，提高了系统作业的准确率，从而提高了系统作业效率。但另一方面，如果不能实现物流和信息流的尽早分离，就要求在物流系统的每个分合节点设置相应的物流信息识读装置，定会增加系统成本。如果能实现物流和信息流的尽早分离，将所需信息一次性识别出来，再通过计算机网络传到各个节点，就可以降低系统成本。

4. 柔性化原则

为了保证仓储系统高效工作，需要配置针对性较强的设备。而社会物流环境的变化，又有可能使仓储货物品种、规格和经营规模发生改变。因此，在规划时，要注意机械和机械化系统的柔性和仓库扩大经营规模的可能性。同时，应重视人的因素，并考虑环境，如空间、通道设置、色彩、照明、温度、湿度、噪声等因素对人的工作效率和身心健康的影响。

5. 物料处理次数最少原则

物料处理越多，花费的时间和费用就会越多。通过复合操作，或者减少不必要的移动，或者引入能同时完成多个操作的设备，就可以减少物料处理次数。减少或消除不必要的仓储作业，是提高企业生产效率和降低消耗的有效方法之一。

6. 最短移动距离，避免物流线路交叉原则

移动距离越短，所需的时间和费用就越低。避免物流线路交叉，即可避免交叉物流控制，解决物料等待时间问题，从而保持物流的畅通。

7. 成本与效益原则

在建设仓库和选择仓储设备时，必须考虑投资成本和系统效益原则。在满足作业需求的条件下，尽量减少投资。仓储规划是从宏观到微观，又从微观到宏观的反复迭代的过程。要先进行总体方案布置设计，再进行详细布置，且详细布置设计方案要反映在仓储布置中。

小知识

如何做好物流项目的规划设计

做好物流项目的规划设计，首先要清楚物流项目规划设计的内容。根据方案的具体需求，分析、论证需求数据，筛选有用的数据。规划设计要求规划具有前瞻性，能够预测商业

模式的发展趋势。如果规划设计人员预测不到这些变化，一旦流程固化，设备配置方案将难以改变。在做物流项目规划过程当中，首先要决定工艺，因为工艺决定设备，设备决定质量；其次，要了解订单的结构；最后，应用物流技术。

一个物流中心的总体设计规划至少要能够满足未来5~8年的发展需求，因此从纷繁的被动需求当中辨认真正的需求非常重要。整个规划设计要以平面为主，而不是以设备为主。一个物流中心的好与坏，不在于自动化程度的高低，而在于相同投资下的能效等级。

（资料来源：360doc 个人图书馆，引文经节选、整理和改编）

（三）仓储布局

仓储布局即仓储网点布局，所谓仓储网点布局，是以物流系统的完善和经济效益为目标，用系统的理论和系统工程方法，综合考虑物品的供需状况、自身资源、运输条件、自然环境、竞争状况等因素，对仓储网点的数量、位置、规模、供货范围、直达供货和中转供货的比例等进行研究和设计，建立一个有效率的物流网络系统，达到费用低、服务好、效益高的目的。

1. 仓储布局的意义

随着当前物流业的快速发展，我国物流企业的数量越来越多，运营密度越来越大。在竞争如此激烈的环境下，要想服务好客户，获取盈利空间，具有竞争优势，最重要的一点就是物流节点的合理布局。仓储网点作为一种物流节点，已经成为企业的重要资源，对于物流企业而言，其已经上升到核心地位。

2. 仓储布局的原则

①尽可能采用单层仓储设施，以降低造价，提高资产的平均利用效率。物品在出入库时做单向和直线运动，避免逆向操作和大幅度改变方向的低效率运作。

②采用高效率的物品搬运设备及操作流程。

③在仓库里采用有效的存储计划。

④在物品搬运设备大小、类型和转弯半径的限制下，尽量减少通道所占用的空间。

⑤充分利用仓库的容积。

▶ 案 例

京东的前置仓

前置仓是指在企业内部仓储物流系统内，离各个门店最近，最前端的仓储配送中心。传统的物流配送格局已经由"电商平台+快递企业+消费者"转变为"电商平台+前置仓+即时物流（或消费者）"，或者"前置仓+消费者"。

京东的前置仓战略包括京东新通路的京东便利店项目、京东到家与沃尔玛旗下山姆会员店共建的仓配一体化"山姆云仓"。

京东新通路是京东利用强大的商品供应系统和物流优势，取代品牌商品经销环节，让品牌商的商品直达线下零售终端的 B2B 销售体系。

2016 年京东获得沃尔玛 40 亿美元投资，沃尔玛接入"京东到家"，双方合作优势互补。"京东到家"从沃尔玛获得门店资源，沃尔玛从"京东到家"得到线上增量。

2018 年 3 月 20 日，京东新通路正式发布"无界零售"战略，宣布推出一套全新的联合仓配体系，全面升级 B2B 通路效率，并正式进军餐饮 B2B，将联合仓配体系在全国范围内复制推广。京东新通路的联合仓配定位于服务当地 3~5 千米半径内京东掌柜宝客户（夫妻店）的末端物流体系，可以看作是打造服务夫妻店的"前置仓"体系；业务模型则是整合、招商各区域中小经销商、批发商的仓配资源，将京东的中央仓与他们的仓配资源打通，实现货物从京东中央仓到联合仓，再到夫妻店的业务流程。

联合仓配模式的本质是在"知人、知货、知场"的基础上升级零售的基础设施，整合品牌商、中小经销商、批发商的力量，有效提升配送效率，扩大最后一千米配送的可实现范围，提升用户体验，让整个通路的势能完全释放，从而打造一张完整的无界零售图景。

（资料来源：搜狐网）

3. 基本仓储布局方式

（1）辐射型

辐射型仓储布局是指仓库位于许多收货人的居中位置，产品由此向各个方向的收货人运送的方式，适用于收货人相对集中的经济区域，或者仓库是主干运输线路中的一个转运站的情况。这种仓库处于用户中心，但是服务辐射距离受物流中心等级和交通情况影响。辐射型仓储布局如图 5-1 所示。

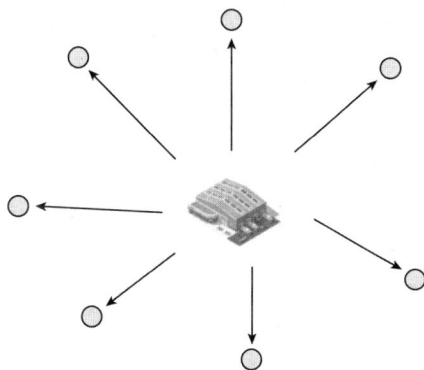

图 5-1 辐射型仓储布局

（2）吸引型

吸引型仓储布局是指仓库位于许多货主的某一居中位置，货物从各个产地向此中心运送。这种仓库大多属于集货中心。吸引型仓储布局如图 5-2 所示。

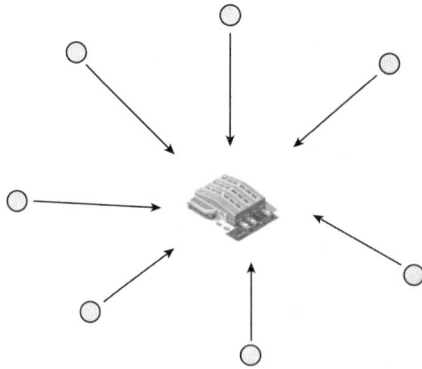

图5-2　吸引型仓储布局

（3）聚集型

聚集型仓储布局类似于吸引型仓储布局，但处于中心位置的是一个生产企业聚集的经济区域，四周分散的是仓库。聚集型布局适用于经济区域中生产企业比较密集，不可能设置若干仓库的情况。一般为大型单元提供综合配套服务。聚集型仓储布局如图5-3所示。

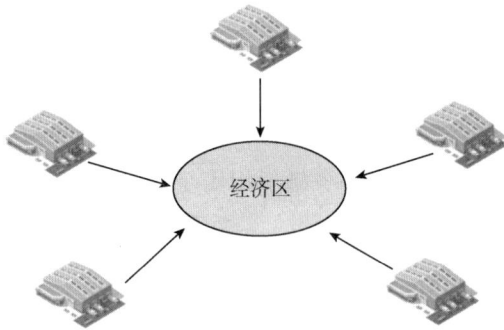

图5-3　聚集型仓储布局

（4）扇型

产品从仓库向一个方向运送，辐射方向与干线上的运输运动方向一致，从而形成扇型的仓储布局方式。扇型布局适宜于在运输主干线上仓库距离较近，下一个仓库的上方区域恰好是上一仓库合理运送区域的这种情况。扇型仓储布局如图5-4所示。

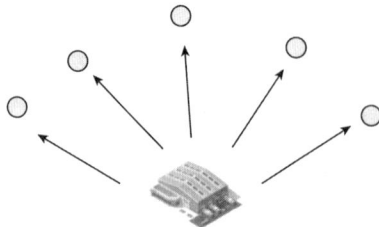

图5-4　扇型仓储布局

在物流网络中，仓库连接着供应点和需求点，是两者之间的桥梁，在物流系统中起着重要作用。仓储布局在整个物流系统中占有重要的地位，是属于物流管理战略层的研究问题，仓储布局对企业商品流转速度和流通费用产生直接影响，并关系到企业对顾客的服务水平和服务质量。如果不好好利用，盲目地进行仓储的布局就会造成巨大的资源浪费，同时给企业经营带来很多不良后果。

（四）影响仓储规划与布局的因素

1. 仓储生产作业流程

库房、货棚、货场等储存场所的数量和比例要与储存商品的数量和保管要求相适应，保证库内商品的流动方向合理，运输距离最短，作业环节和次数最少，仓库面积利用率最高，并能做到运输通畅、保管方便。

2. 商品吞吐量

在仓储作业区内，各个库房、货场储存的商品品种和数量不同，并且不同商品的周转速度也不同，从而直接影响库房、货场的吞吐作业量。进行作业区布置时应根据各个库房和货场的吞吐量确定它们的位置。对于吞吐量较大的库房和货场，应使它们尽可能靠近铁路专用线或库内运输干线，以减少搬运和运输距离。但也要避免这类库房过分集中，造成交通运输相互干扰和组织作业方面的困难。

3. 机械设备使用特点

为了充分发挥不同设备的使用特点，提高作业效率，在布置库房、货场时需要考虑所配置的设备情况。每种设备都有不同的使用要求和作业半径。因此，必须从合理使用设备的角度出发，确定设备库房、货场在作业区内的位置，以及与铁路专用线的相对位置。

4. 库内道路

库内道路的配置与仓库主要建筑设施的布置是相互联系、相互影响的，在进行库房、货场和其他作业场地布置的同时，应结合对库内运输路线的分析，制订不同方案，通过调整作业场地和道路设计，尽可能减少运输作业的混杂、交叉和迂回。另外，在布置时还应根据具体要求合理确定干线、支线的配置，确定道路的宽度，最大限度地减少道路的占地面积，在不增加仓库面积的前提下相应扩大储存面积。

5. 仓库业务及作业流程

仓库业务流程可以归纳为两种形式：一种是整进整出，商品基本按原包装入库和出库，其业务过程比较简单；另一种是整进零出、零进整出，商品整批入库、拆零付货，或者零星入库、成批出库，其业务过程比较复杂，除了接收、保管、发运外，还需要拆包、挑选、编配和再包装等。为了以最少的人力、物力耗费和在最短的时间内完成各项作业，就必须按照各个作业环节之间的内在联系对作业场地进行合理布置，使各作业环节密切衔接，环环相扣。

小知识

仓储规划的"五步骤"

仓储规划是物流规划中的一个子模块，也是一个非常重要的部分。在仓储规划中既要关注细节，也要更加注重顶层设计。仓储是物流中的一个战略节点，仓储规划的局限性会影响到整个物流系统的全局性，以下的五个步骤可以对仓储进行系统性的规划。

步骤一：认识——从供应链全局看仓储。

对仓储进行规划，应从专业的规划角度出发。首先要从供应链的角度看，可以把供应链的结构当作一个理解事物的工具，理解将要规划的仓储是处在什么样的环境中。如图5-5所示，该图表明了仓储在供应链中的位置情况，可以帮助对仓储规划的理解。

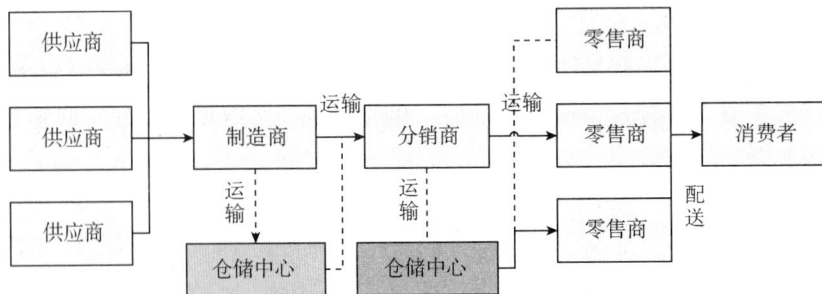

图5-5　仓储在供应链中的位置

步骤二：理解——存储对象的特征分析。

深刻理解仓储中的核心对象，核心对象以存储的物料为主分析仓储中的对象特征，这样才能进行最合理的规划。分析对象特征可以参考以下几个方面。

1. 从物料物理属性分析

分析物料的物理属性是对存储对象最基础的认识。分析所要规划对象的外形特征，例如长、宽、高等；梳理存储对象所需要的存放条件等。

2. 从数据分析

对仓储对象进行数据分析最通用的方式就是EIQ（Entry Item Quantity），基于物料分类，按订单、物料（商品）等多维度进行分析，找出分类对象在一个动态环境中的特征。

3. 从运作流程分析

在仓储规划中，为了对仓储流程分析得更清晰，可以构建一个流程模型。该模型有两个层级：第一层级是最主要的活动，如入库、分拣等；第二层级可以按对象进行细分，不同的物料对象分类下可能会采用不同的流程或方法。

步骤三：改造——核心设计仓储布局。

如果只是到大的功能区，那么可以将功能区作为对象进行拆分。通常主要功能区和次要功能区加在一起会有10~20个功能区（同类功能区可能会有多个分区），将这些功能区按一定的逻辑进行布置（比如用SLP的方法），就可以完成简单的仓储布局。如果需要做精细化的仓储布局，甚至要进行货位详细设计，可以通过智能化的调度来实现。这样仓储的布局颠覆了传统的布局方法，会更加灵活。

步骤四：评估——系统评价

通过仿真模拟作业过程中人、设施、设备的资源利用率，也就是忙闲程度，可以对所规划的仓储系统进行生产力评估。在进行系统评估时可以根据具体需要选择指标。完整的仓储评估指标会有上百个，但不一定每个规划都需要关注所有的内容，应根据运作环境、功能需求等方面的具体情况来构建合理的指标体系。

步骤五：实施——运作支持

仓储规划肯定是需要落地实施的，所以还需要考虑操作中所需设备配置和信息化需求，以及对于该仓库需要用什么样的建筑条件来匹配。在规划中将流程进行细分，设备和信息化都按照流程中的操作需求进行匹配，并在系统评估的时候选出最佳方案。

（资料来源：搜狐网，引文经节选、整理和改编）

二、仓库选址

仓库选址是企业整体物流网络的重要内容，选址合理与否与企业整体的运营成本、运作效率有重要的关系。建立物流网络系统时，仓库的布局是应该首先考虑的，这一层次的工作是仓储管理中较高层次的工作内容，是一项决策性的工作。

仓库选址首先要根据仓库的特点选择建设的地区，然后选择确定的地区内采用选址的方法以进一步确定建设的具体地点。合理的选址方案应该使商品通过仓库的汇集、中转、分发，直至输送到需求点的全过程的效益最好。因为仓库拥有众多建筑物、构筑物及固定机械设备，而建筑物和设备投资太大，仓库一旦建成就很难搬迁，所以选址时要慎重。仓库的选址是仓库规划中至关重要的一步。

（一）仓库选址的原则

仓库的选址过程应同时遵守适应性原则、经济性原则、战略性原则、协调性原则。

1. 适应性原则

适应性原则指仓库的选址应与产业、资源、经济及社会发展相适应。仓库的选址与规划首先必须与国家的经济发展方针、政策相适应，与我国物流资源分布和需求分布、工业整体布局结构相适应，与国民经济和社会发展相适应。其次，仓库规划要与企业的需求相适应。仓库是企业出于完善自己的物流系统、协调服务与成本关系的目的而进行建设的，必须要能够完全满足企业的需求。

2. 经济性原则

仓库规划中要充分考虑经济因素的影响，尤其是成本问题。仓库的成本主要包括库场的建设费用、设备的购置费用、人员工资和运营中的各项费用等。经济利益对于任何类型的仓库都是必要的。仓库建设初期的固定费用，投入运行后的变动费用，都与选址有关。仓库的选址定在市区、近郊区或远郊区，其未来物流辅助设施的建设规模及建设费用，以及运费等物流费用是不同的，选址时应将总费用最低作为仓库选址的经济性原则。

3. 战略性原则

库场选址是一项带有战略性的经营管理活动，应具有战略眼光。战略原则一要考虑全局，即让局部服从全局；二要考虑长远，即短期利益要服从长远利益。因此，选址工作要考虑到企业服务对象的分布及未来的发展，要考虑市场的开拓。

4. 协调性原则

协调性原则即仓库的选址应将国家的物流网络、公司的物流网络作为一个大系统来考虑，使仓库的设施设备与地域分布、物流作业生产力、技术水平等方面互相协调。同时，要充分考虑建设的可行性。仓库规划一定要建立在现有的生产发展水平上，要考虑到实际需要，使规划能够最终实现既定目标，并且可使环境及城乡能可持续发展。

（二）影响仓库选址的因素

设置仓库位置的时候，要选择适当的场所这就需要用到仓库选址理论。为解决这个问题，必须要懂得仓库选址的原则与仓库位置的特殊性，知道影响仓库选址的因素。影响仓库选址的因素包括自然环境因素、经营环境因素、基础设施状况及其他因素。

1. 自然环境因素

自然环境因素主要包括地质条件、水文条件、气象条件及地形条件。

（1）地质条件

地质条件主要考虑土壤的承载能力，因为仓库是大量商品的集结地，某些容重很大的建筑材料堆码起来，会对地面造成很大压力。根据仓库对地基的一般要求，坚实、平坦、干燥的地质对仓库起着重要作用，因此应选用承载力较高的土地。仓库地点必须避免建在有不良地质现象或地质构造不稳定的地段。如果仓库地面以下存在淤泥层、松土层等，会导致受压地段沉陷、翻浆等严重后果。因此，仓库选址要求土壤承载力高。

（2）水文条件

在沿江河地区选择仓库建筑地址时，要调查有关的水文资料，特别是要认真搜集选址地区近年来的水文资料，如汛期洪水最高水位等情况。同时，在水文地质方面要考虑地下水位的情况，地下水位不能过高。仓库选址要远离容易泛滥的河川流域和上溢的地下水区域，绝对禁止选择河道、洪泛区、内涝区、故河道、干河滩等区域。

（3）气象条件

在仓库选址过程中，主要考虑的气象条件有年降水量、空气湿度、风力、无霜期、冻土厚度、年平均蒸发量等。如选址时要避开风口，因为在风口建设仓库会加速露天堆放商品的老化。规划时应该详细了解当地的气象条件。

（4）地形条件

仓库应选择在地势较高、地形平坦之处，或易建地下仓库的地点，以降低建筑费用。尽量避开山区及陡坡地区，且应具有适当的面积与外形。选在完全平坦的地形上，是最理想的；其次可以选择稍有坡度的地方；对于山区陡坡地区则应该完全避开。在外形上可选长方形，不宜选择狭长或不规则形状。

2. 经营环境因素

经营环境是影响企业生产经营活动的外部条件，是制约企业生存和发展的重要因素。经营环境因素分为市场因素和非市场因素。其中市场因素包括顾客分布情况、供应商分布情况、商品特性、物流费用、服务水平、主要原材料和动力等物质资源的货源及价格、竞争对手的经济实力及发展动向等。而非市场因素包括国内外政治环境、经济环境、技术环境、社会环境、政策法规用地条件及人力资源条件等。在众多的经营环境因素中，下面介绍几种主要的因素。

（1）顾客分布情况

要准确掌握配送中心现有服务对象的分布情况及未来一段时间内的发展变化情况，因为顾客分布状况的改变、配送商品数量的改变及顾客对配送服务要求的改变都会对配送中心的经营和管理产生影响。

（2）商品特性

经营不同类型商品的仓库最好能分别布局在不同地域，如生产型仓库的选址应结合产业结构、产品结构、工业布局进行考虑。

（3）物流费用

物流费用是仓库选址重点考虑的因素之一。仓库应该尽量建在物流服务需求地，如接近大型工业、商业区，以便缩短运距、降低运费。从运费上考虑，在几个生产地和消费地之间建立仓库，可以采用线性规划模型使运费达到最小。从场地的可获得性和地价看，在城市中心建设大型仓库是不经济的。此外，在什么地方建设仓库，还应考虑当地建筑材料的可获得性和价格。

（4）服务水平

在现代物流过程中，能否实现准时运送是衡量仓库服务水平高低的重要指标。因此，在仓库选址时，应保证客户在任何时候向仓库提出物流需求，都能获得快速满意的服务。建立仓库，既要考虑服务的供应成本，又要对顾客的需求做出有效的反应。因此，需要考虑货物运送到顾客手中的时间限制。

（5）政策法规条件

掌握政府对配送中心建设的法律法规要求，哪些地区不允许建设配送中心，哪些地区政府有优惠政策等。仓库所在地区的优惠物流产业政策对产业进行扶持，这将对物流业的效益产生直接影响；数量充足和素质较高的劳动力也是仓库选址要考虑的因素之一。

（6）用地条件

仓库须占用大量的土地资源，土地的来源、价格、利用程度等都要充分考虑。

（7）竞争对手因素

竞争对手的仓库选址对企业的选址工作也是具有一定影响的。竞争对手的竞争策略、竞争对手的实力、与竞争对手的差异等，都会影响企业的选址工作。

3. 基础设施状况

基础设施状况主要包括交通条件及公共设施状况。

（1）交通条件。

仓库必须建在交通便利之处，最好靠近交通枢纽，如港口、车站、交通主干道（国道、省道）、铁路编组站、机场等，至少应该有两种运输方式衔接。仓库选址要从方便商品购销、加速商品流通、降低流通费用出发，对于货物进出量大、进出频繁的通用、专用和特种仓库，要考虑铺设铁路专用线或建设专用码头。

（2）公共设施状况

仓库应该选择靠近水源、电源的地方，以保证方便和可靠的水电供应。仓库的所在地要求城市的道路、通信等公共设施齐备，有充足的供电、供水、供热、供燃气的能力，且场区周围要有污水、固体废弃物处理能力。

4. 其他因素

其他因素主要包括国土资源利用、环境保护要求、附属设施条件及防火防污等。

（1）国土资源利用

仓库的规划应贯彻节约用地、充分利用国土资源的原则。仓库一般占地面积较大，周围要留有足够的发展空间，因此地价对布局规划有重要影响。此外，仓库的布局要兼顾区域与城市发展规划。

（2）环境保护要求

仓库的选址需要考虑保护自然环境与人文环境等因素，尽可能降低对城市生活的干扰。对于大型转运枢纽，应设置在远离市中心的地方，不影响城市交通，不破坏城市生态环境。

（3）附属设施条件

配送中心周围的服务设施也是考虑的因素之一，如外部信息网络技术条件，北方地区的供暖、保温设施等。

（4）防火防污

仓库是火灾重点防护单位，不宜设在易散发火种的工业设施（如木材加工、冶金企业）附近，也不宜建在居民住宅区附近。仓库与周围其他建筑物之间必须有安全隔离，以防止火患蔓延。在仓库选址时，还应注意将油库、化工危险品及危险性大的库区设在郊外旷野；仓库布置时应尽可能少占用良田，少拆迁民宅，并且不宜长期预留仓库发展用地。食品类仓库应避开传染病医院和其他易污染设施。

案 例

服装电商仓库选址

2017年天猫女装销售额达1 098亿元，服装电商的巨大利润吸引了各路投资者，服装生产、运输、仓储需求大幅增长。但服装电商在仓库选址、库内规划方面与其他行业有很大的不同，因而服装电商仓库选址、布局成了不少电商企业的难题。服装电商仓库选址考虑的因素按照重要性递减排列如下。

1. 选仓前提条件

仓库资质：选择证件齐全的仓库，如有土地使用证、房产证、竣工验收备案证、消防备案证等。保证仓库的真实性、合法性，避免日后不必要的纠纷（如频繁检查等）。

政策法规：选择仓库前要充分了解地方政策法规，如地方政府的支持程度、城市区域规划、税收制度等。不排除某些地区对产业结构规划严格，对于电商服装入驻限制较多。尽量不选择有可能受到交通网络、工业用地规划影响的仓库，避免日后搬迁。

2. 服装仓库硬性要求

①地坪不起砂，地面起砂会严重影响商品的整洁。

②仓库通风良好，避光干燥。

③硬质地面，抗压耐磨，最好为环氧地坪。

3. 仓库容量与成本

仓库容量体现在面积的利用和布局方式上，而成本主要体现在仓库价格和物流价格上。

面积：根据储存货物的数量、货物（货架）摆放方式来确定。面积取决于业务的规模、平均库存量、服装SKU（库存量单位）种类、库区布局规划等因素。

布局：最好选择长方形或正方形布局的仓库。仓库越接近正方形越好布局，作业效率越高；库内柱网密度不要太大，并且最好绝对平行，便于库区的规划和合理地利用库区空间；立柱上方要拉上平行的钢丝绳，便于晚间作业时照明设备的悬挂；普通服装电商仓库用电量不算太高，但如果要在仓库内进行加工，或者储存的是需要恒温恒湿、定时通风的高级服装，租仓之前需要了解电价。

成本：仓库价格与物流价格在大多数情况下是背反的，仓库地段越好，租金越高，但可能距离市场较近，物流成本更低。需要根据实际市场距离、运输成本、租金价格及货物规模来确定仓库选址。

4. 仓库使用是否便利

交通：交通条件良好，靠近城市主要干道或者高速入口。

周转场地：服装电商很少采用大车运输，周转场地面积不需要太大，但是要保证周转场地无障碍物堆放。

卸货方式：最好多面卸货。

月台：最好是环形月台，最低要求是双侧月台，便于货物的吞吐；月台高度要与公司车辆高度相吻合（正常1.3米），便于作业；月台要有防雨设施，如雨棚，保证货物吞吐时的质量。

5. 有影响但非必要因素

升值空间：仓库的建设应考虑公司业务的发展，具备可利用空间（储备库区）。

基础设施：要求城市道路畅通、通信发达，具有充足的水、电、热、气供应能力。

承重能力：普通仓库一般承重能力为3吨/平方米，但服装本身属于泡货，对承重要求不高。

（资料来源：知乎专栏，引文经节选、整理和改编）

三、仓库选址的步骤及方法

（一）仓库选址的步骤

1. 调查准备

（1）组织准备

由投资策划方组织相关的工程技术人员、系统设计人员和财务核算人员成立一个专门的工作小组。

（2）技术准备

根据拟新建仓库的任务量和拟采用的储存技术、作业设备对仓库需占用的土地面积进行估算。调查了解仓库所处地区的自然环境、协作条件、交通运输网络、地质、水文、气象等资料。

（3）现场调查

现场调查的主要任务是具体考察拟建仓库地点的实际情况，为提出选址报告掌握第一手资料，并综合分析确定多个备选地址。

2. 分析阶段

分析阶段包括需求分析、费用分析和约束条件分析。

（1）需求分析

需求分析是根据物流产业的发展战略和产业布局，对某一地区的顾客、潜在顾客和供应商的分布情况进行分析，具体包括以下内容：工厂到仓库的运输量，向顾客配送的货物数量（客户需求），仓库预计最大容量，运输路线的最大业务量。

（2）费用分析

费用分析主要包括工厂到仓库的运输费、仓库到顾客的配送费、与设施和土地有关的费用及人工费等，如所需车辆数、作业人员数、装卸方式、装卸机械费等。运输费随着距离的变化而变动，而设施费用、土地费是固定的，人工费是根据业务量来确定的。以上费用必须综合考虑。

（3）约束条件分析

约束条件分析是分析仓库地理位置是否合适，是否靠近铁路货运站、港口、公路主干道，是否符合城市或地区的规划，是否符合政府的产业布局，有没有法律制度约束及地价情况。

3. 提出选址报告

分析活动结束后，企业得出综合报告，根据分析结果在本地区内初选几个仓库地址；然后一一评价初选地址，最终确定一个可行的地址；最后编写选址报告，报送主管领导审批。仓库选址报告应该包括以下几个方面的内容。

①选址概述。这一部分须简明扼要地阐述选址工作组的组成、选址工作进行的过程、选址的依据和原则，简单地介绍可供选择的几个地点，并推荐最优方案。

②选址要求及主要指标。说明为了适应仓库作业的特点，完成仓储生产任务，备选地点应满足的基本要求和应满足要求的程度，并列出选址的主要指标，如仓库总占地面积、仓库存储能力、仓库职工总数、水电需用量等。

③库区位置说明及平面图。这部分说明库区的具体方位，四周与主要建筑物及大型设施的距离，附近的地形、地貌、地物等，并画出区域位置图。

④建设时占地及拆迁情况。这部分主要说明仓库建设占地范围内的耕地情况、拆迁户数及人口数，估算征地和拆迁费用。

⑤当地地质、气象和水文情况。这部分包括备选地的地质情况、地震烈度、气温、降水量、汇水面积、历史洪水水位等。

⑥交通及通信条件。这部分主要说明备选地的铁路、公路、水运及通信的设施条件和可利用程度。

⑦地区协作条件。这部分主要说明备选地供电、供水、供暖、排水等协作关系及职工福

利设施共享的可能程度。

⑧方案对比分析。对提出的几个备选地址，依照已经确定的原则和具体指标进行对比分析，分析每个仓库方案的利弊得失。

4. 筛选及评价

筛选及评价阶段要根据所分析的情况，选定具体地点，并对所选地点进行评价。其评价方法主要有以下两种。

（1）因素评分法

因素评分法是对影响选址的因素进行评分，把每一地址各因素的得分按权重累计，然后比较各地址的累计得分来判断各地址的优劣。

（2）量本利分析法

量本利分析，全称为产量成本利润分析，也叫保本分析或盈亏平衡分析，是通过分析生产成本、销售利润和产品数量三者之间的关系，掌握盈亏变化的规律，指导企业以最少的成本生产最多的产品并使企业获得最大利润的经营方案。量本利分析主要包括保本分析（研究当企业恰好处于保本状态时量本利关系的一种定量分析方法，是量本利分析的核心内容）、安全边际分析、多种产品量本利分析、目标利润分析、利润的敏感性分析等内容。

任何选址方案都有一定的固定成本和变动成本，不同的选址方案的成本和收入会随着仓库储量的变化而变化。在实际选址时，可用画图或计算比较数值进行量本利分析。在计算比较数值时，要计算各方案的盈亏平衡点的储量及各方案总成本相等时的储量，在同一储量点上选择利润最大的方案。

（二）仓库选址的方法

选址问题分为中心选址和单一仓储中心选址，这里重点介绍单一仓储中心的选址。单一仓储中心选址可以分为两种基本背景情况，其一是在现有用户中确立一个仓库，如果可以在现有用户中确立一个仓库，那么用总距离最短、总运输周转量最小、总运输费用最小来计算会比较简单。其二是确立一个新的仓库地址，当完全新建一个仓库时，可用因素评分法、重心法、盈亏平衡分析法、运输模型法和微分法来进行评估选址。

这里重点介绍因素评分法和重心法。

1. 因素评分法

选址中要考虑的因素有很多，但是总有一些因素比另一些因素重要，决策者要判断各种因素孰轻孰重，从而使评估更接近现实。因素评分法有以下几个步骤：

①列出所有相关因素。

②赋予每个因素权重，以反映它在决策中的相对重要性。

③给每个因素的取值设定一个范围（1～10 或 1～100）。

④用上一设定的取值范围就各个因素给每个备选地址打分。

⑤将每个因素的得分与其权重相乘，计算出每个备选地址的得分。

⑥分析以上计算结果，总分最高者为最优。

运用因素评分法应注意：由于确定权数和得分完全靠个人的主观判断，只要判断有误就会影响评分数值,最后影响决策的科学性。目前关于确定权数的方法很多,比较客观准确的是层次分析法,该方法操作过程并不复杂,有较为严密的科学依据,推荐在做多方案多因素评价时尽可能采用层次分析法。

➤ 案 例

某物流中心利用因素评分法进行选址

某物流中心选址时,有备选地址 A、B、C,现在需要用因素评分法确定最佳位置。假定对选址决策的影响因素进行分析后,有五项主要影响因素,即经营环境因素、基础建设状况、经济因素、自然环境因素及其他因素。

首先,要对每一项主要影响因素赋予权重。对影响因素赋予权重的一般经验是:经营环境因素的权重系数一般是 0.3~0.5,这是进行物流中心选址时要考虑的主要因素;基础建设状况因素的权重系数一般是 0.2~0.4,该因素仅次于经营环境,应在物流中心选址评价时占较大的权重;经济因素的权重系数一般是 0.2~0.4;自然环境因素的权重系数一般是0.1~0.3,在备选地址自然环境条件相差不大的情况下,可将该权重设置得小一些,否则应大一些;其他因素的权重系数要视具体情况而定,一般是 0.1~0.2。

对该物流中心选址的影响因素赋予权重后,再针对每项影响因素,对三个备选地址进行评分(必要时请专家评分),这里取值范围为 1~100,即每项最高为 100 分。各影响因素权重和评分如表 5-1 所示。

表5-1 该物流中心选址影响因素的权重和评分

选址影响因素	权重	备选地址		
		A	B	C
经营环境因素	0.3	90	60	80
基础建设状况	0.3	100	80	100
经济因素	0.2	80	90	60
自然环境因素	0.1	80	80	80
其他因素	0.1	70	80	80

各备选地址的最终得分计算如下:

地址 A 得分计算:$0.3 \times 90 + 0.3 \times 100 + 0.2 \times 80 + 0.1 \times 80 + 0.1 \times 70 = 88$。同理地址 B 得分为76,地址 C 得分为82。取得分最高的地址,故最佳选址为 A 处。

(资料来源:阮喜珍. 现代物流企业管理 [M]. 北京:机械工业出版社,2011)

2. 重心法

(1) 重心法原理

物流网络中仓库选址的常用的方法是重心法,它是一种模拟方法,它将物流系统中的需求点和资源点看成分布在某一平面范围内的物流系统,各点的需求量和资源量分别看成物体的重量，物体系统的重心作为物流网点的最佳设置点，利用求物体系统重心的方法来确定物流网点的位置。

重心法主要考虑的因素是现有设施之间的距离和要运输的货物量，将商品运输量作为影响商品运输费用的主要因素。仓库尽可能接近运量较大的网点，从而使较大的商品运量走相对较短的路程，也就是求出使本地区实际商品总运输费用最小的重心所在的位置。

（2）单个仓库选址理论模型

重心法作为单一设施选址问题中最基本的方法之一，使用较为频繁。为了便于探讨问题，对理想的重心法理论模型作出以下假设。

①需求量集中于某一点，各个需求点的位置和需求量已知而且不变，且运入和运出成本是相等的，不考虑在不满载的情况下增加的特殊运输费用。

②模型没有区分在不同地点建设仓库所需的资本成本，以及与在不同地点经营有关的其他成本的差别，而只是计算运输成本。

③模型中仓库与其他网络节点之间的路线通常假定为直线，且运输费用只与配送中心和需求点的直线距离有关，不考虑城市交通状况。

④模型只考虑现有设施之间的距离和要运输的货物量，不考虑未来收入和成本及其他变化。

以单一设施选址的目标为配送中心且到各个需求点的总运输费用最少为依据，假设一个计划区域内有 n 个需求点，各点坐标为 $L(X_i, Y_i)$，待定仓库的位置为 $D(\overline{X}, \overline{Y})$，其中各需求点的坐标、需求量以及运输费率均已知，待定仓库的坐标可变，建立以下模型：

$$\min TC = \sum_{i=1}^{n} W_i P_i d_i \tag{5-1}$$

式中　TC——总运输成本；

　　　W_i——从待定位置的仓库到 i 点的运输量；

　　　P_i——从待定位置的仓库到 i 点的运输费率；

　　　d_i——从待定位置的仓库到 i 点的距离。

$$d_i = k\sqrt{(X_i - \overline{X})^2 + (Y_i - \overline{Y})^2} \tag{5-2}$$

式中　k——一个度量因子，将坐标轴上的单位指标转换为所需的距离单位，如千米等。

利用重心法可采用对上述目标函数求偏微分，然后再使用迭代的方法求解，但过程较为烦琐，也可以使用 Excel 软件直接求解。

重心法常用于中间仓库位置的选择，适用于由一个仓库向多个销售点送货的情况。通过重心法找到的位置，可以使总运费最少。在这种方法中选址因素只包含运输费率和该点的货物运输量，在数学上被归纳为静态连续选址模型。它把成本看成运输距离、运输数量和运输费率的乘积。

用重心法进行计算时，首先需要建立一个坐标系，在坐标系中标出各现有设施的位置。在实际运用时，可以利用地图确定各现有设施的位置，并将一个坐标重叠在地图上，确定各现有设施的坐标值。然后，根据其纵横坐标值和运量、运输费率，利用公式计算待建设施的位置。

假设待建设施到现有设施之间货物运输费率是相等的，那么重心坐标为：

$$\begin{cases} \overline{X} = \dfrac{\sum X_i W_i}{\sum W_i} \\[4mm] \overline{Y} = \dfrac{\sum Y_i W_i}{\sum W_i} \end{cases} \tag{5-3}$$

最后，求出的重心坐标值所对应的地点，即为待建设施的地点。

●→ 案 例

利用重心法确定仓库位置

现需要新建一个仓库，给 P_1、P_2、P_3、P_4 四个销售点供应物品。请用重心法确定仓库的位置。

假设 $P_i(X_i, Y_i)(i=1, 2, 3, 4)$ 为第 i 个销售点的位置；$W_i(i=1, 2, 3, 4)$ 为第 i 个销售点的需求量，单位为吨。各销售点在坐标系中的坐标和需求量如表 5-2 所示。

表5-2　各销售点的坐标和需求量　　　　　　　　　　　　　　　　吨

X_1	Y_1	X_2	Y_2	X_3	Y_3	X_4	Y_4
10	60	60	70	20	20	65	20
$W_1 = 2\,000$		$W_2 = 1\,200$		$W_3 = 1\,800$		$W_4 = 1\,500$	

分析：首先在坐标图上标出各销售点的位置，同时假设 $P_0(X_0, Y_0)$ 为仓库的位置，如图 5-6 所示。

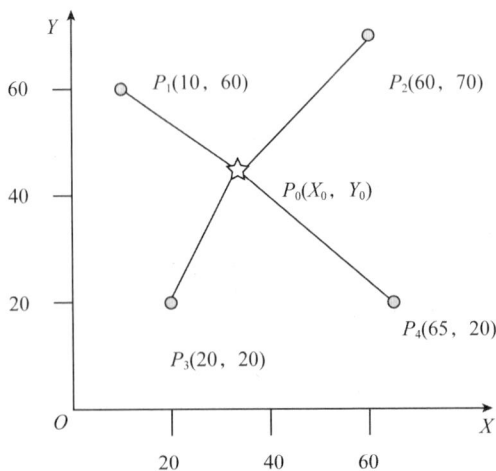

图5-6　各销售点的坐标

然后用式 (5-3) 计算重心 $P_0(X_0, Y_0)$ 的坐标, 即为仓库的位置。

$$X_0 = \frac{10 \times 2\,000 + 60 \times 1\,200 + 20 \times 1\,800 + 65 \times 1\,500}{2\,000 + 1\,200 + 1\,800 + 1\,500} \approx 34.7$$

$$Y_0 = \frac{60 \times 2\,000 + 70 \times 1\,200 + 20 \times 1\,800 + 20 \times 1\,500}{2\,000 + 1\,200 + 1\,800 + 1\,500} \approx 41.5$$

故仓库的位置为坐标图上 (34.7, 41.5) 点处。

例 5-1 假设在某计划区域内, 有两个工厂向一个仓库供货, 货物再经由仓库供应给四个需求地, 其中工厂一生产 A 产品, 工厂二生产 B 产品, 而需求地对两个产品均有需求。工厂和需求地的坐标、货运量和运输费率都已知, 如表 5-3 所示。k 在本例中取为 1。

表 5-3 已知量

地点	产品	总运输量/吨	运输费率	坐标值	
				X	Y
工厂一	A	2 000	0.050	30	80
工厂二	B	3 000	0.050	85	20
需求地一	A、B	2 000	0.075	24	50
需求地二	A、B	1 000	0.075	62	45
需求地三	A、B	1 500	0.075	80	80
需求地四	A、B	500	0.100	95	100

利用 Excel 软件中的规划求解工具, 通过设置目标单元格 (总费用) 和可变单元格 (仓库坐标值), 并设置无约束变量均为非负数, 经过 101 次迭代, 得到迭代结果, 如表 5-4 所示。

表 5-4 迭代结果

地点	产品	总运输量/吨	运输费率	坐标值		理想仓库点	
				X	Y	距离/千米	运输费用/元
工厂一	A	2 000	0.050	30	80	39.670	3 966.967
工厂二	B	3 000	0.050	85	20	41.846	6 276.821
需求地一	A、B	2 000	0.075	24	50	34.477	5 171.531
需求地二	A、B	1 000	0.075	62	45	8.142	610.655
需求地三	A、B	1 500	0.075	80	80	35.124	3 951.449
需求地四	A、B	500	0.100	95	100	60.121	3 006.070

根据计算, 得到理想仓库点的坐标值约为 (58.400, 52.303), 此时总运输费用达到最低值 22 983.493 元, 且由于不考虑其他成本因素, 设置总费用与运输费用相等, 如表 5-5 所示。

表5-5　运输费用

仓库坐标	X	Y	总运输费用/元	总费用/元
理想仓库点	58.400	52.303	22 983.493	22 983.493

（3）考虑仓库选址建设成本的实际问题

以上模型不考虑建设成本及其他经营成本等，将区域内的重心点作为仓库建设点。但由于其灵活性较大，计算出来的最佳选址点可能受实际地理状态（如高山、河流、湖泊或其他不可用地等）限制，没有修建仓库的可能，或者由于不同区域的建设成本不同，重心点并非最优解，因此应结合现实选择可行的满意方案。

将例5-1结合实际情况变形，假设在此区域内由于自然地理条件、政府限制等因素，有三处建设用地可用于建设仓库，其地理位置坐标及不同的建设成本如表5-6所示。

表5-6　各点坐标及建设成本

仓库	仓库坐标		建设成本/元
	X	Y	
仓库一	10	100	2 000
仓库二	50	65	8 000
仓库三	70	30	4 000

此时应考虑建设成本，计算总费用，通过Excel软件函数工具求解结果如表5-7所示。

表5-7　求解结果

仓库坐标	X	Y	距重心距离/米	成本/元	总运输费用/元	总费用/元
理想仓库点	58.400	52.303	0	0	22 983.493	22 983.493
仓库一	10	100	67.953	2 000	45 182.550	47 182.550
仓库二	50	65	15.224	8 000	23 926.904	31 926.904
仓库三	70	30	25.139	4 000	27 359.164	31 359.164

由表5-7数据可以看出，此时距离重心位置最近的仓库二的运输成本是最低的，这再次证明了重心求解法的有效性，但是考虑建设成本的话，仓库三则是最佳选择。而现实中往往是多重影响因素并存的。

（三）仓库选址的注意事项

大中城市的仓库应采用集中与分散相结合的方式选址；在中小城镇中，因仓库的数量有限且不宜过于分散，故应选择独立地段；在河道（江）较多的城镇，商品集散大多利用水运，仓库可选择沿河（江）地段。应当引起注意的是，城镇要防止将占地面积较大的综合性仓库放在城镇中心地带，避免交通不便等诸多问题。下面分别简要分析各类仓库在选址时的注意事项。

1. 不同类型仓库选址时的注意事项

根据一般分类方法，仓库可分为转运型、储备型、综合型三种。不同类型的仓库在选址时都有应注意的事项。

①转运型仓库。转运型仓库大多经营倒装、转载或短期储存的周转类商品，大都使用多式联运方式，因此一般应设置在城市边缘地区的交通便利地段，以方便转运和减少短途运输。

②储备型仓库。储备型仓库主要经营国家或所在地区的中长期储备物品，一般应设置在城镇边缘或城市郊区的独立地段，且具备直接而方便的水陆运输条件。

③综合型仓库。综合型仓库经营的商品种类繁多，需要根据商品类别和物流量设置在不同的地段。如与居民生活关系密切的生活型仓库，若物流量不大又没有环境污染问题，可选择在接近服务对象且交通运输方便的地段设立仓库。

2. 不同商品的仓库选址时的注意事项

经营不同商品的仓库对选址的要求不同，应分别加以注意，下面介绍果蔬食品、冷藏品、建筑材料、燃料及易燃材料等仓库在选址时的特殊要求。

①果蔬食品仓库。果蔬食品仓库应设置在入城干道处，以免运输距离拉得太长，商品损耗过大。

②冷藏品仓库。冷藏品仓库往往设置在屠宰场、加工厂、毛皮处理厂等附近。有些冷藏品仓库会产生特殊气味、污水、污物，而且设备及运输噪声较大，可能对所在地环境造成一定影响，故多设置在城郊。

③建筑材料仓库。通常，建筑材料仓库的物流量大、占地多，可能产生环境污染问题，有严格的防火等安全要求，应设置在城市边缘、对外交通运输干线附近。

④燃料及易燃材料仓库。石油、煤炭及其他易燃物品仓库应满足防火要求，选择城郊的独立地段。在气候干燥、风速较大的城镇，还必须选择大风季节的下风位或侧风位，特别是油品仓库应远离居民区和其他重要设施，最好设置在城镇外围的地形低洼处。

模块二　案例讨论

案例1

德国邮政公司零件中心仓库的建立与管理

一、德国邮政基本情况

德国邮政股份公司（简称"德国邮政"）在世界500强的邮政企业中位列第一，多年被《财富》杂志评为世界上最受尊敬的邮递企业。德国邮政首先进入欧洲物流市场，然后向外延伸，再有针对性地并购一些已建有自己的国际网络的跨国公司，逐步走向全球，成为全球市场快递和物流领域的主导经营商。

二、零件中心仓库的建立

1. 建立零件中心仓库的背景

德国邮政在筹建之初，各分拣中心都有各自的零件仓库，各自负责零件存货清单、订单、来货验收和结账，以及从设备厂商那里购买零件。经检查比较后发现，尽管分拣设备标准化水平高，但是各个分拣中心之间各种零件存货的数量和质量存在很大差异，同种零件的价格也不尽相同。

在选择供应商和测试新零件方面，没有技术部门的参与，缺乏统一的要求。因此，无法准确地统计库存零件、零件消耗率，也无法调查和评估供应商的素质。

鉴于以上情况，德国邮政经过长达一年的论证，认为必须设立零件中心仓库来克服过去的种种弊端、降低成本，并提高零件本身的质量。

2. 零件中心仓库的选址

为了达到预定目标，仓库选址就很重要。中心仓库的位置不但要临近交通要道（方便夜间航空运输），还要靠近主要的分拣中心和零件供应商。经过详细地评估，法兰克福被选作德国邮政零件中心仓库的厂址。

3. 零件中心仓库的作用

德国邮政建立零件中心仓库的突出优点是节约了成本，具体表现在：靠统一采购压低了价格，靠中央仓储减少了库存，靠故障分析优化了存货和订货。零件中心仓库在分拣中心与零件厂商之间起缓冲作用。从中心仓库到各个分拣中心之间的送货时限通常为24小时，紧急订单送货时限为8小时。若出现极端紧急情况，则选中9个分拣中心专门储备特需零件，保证在4小时内将货物送到。设立零件中心仓库可以统一零件供应渠道，实现集中采购和验收，控制供应商的数量和素质。

三、零件中心仓库运营的成果与管理经验

1. 减少零件的库存

在零件中心仓库建成以后，因为有了中央数据库，就可以计算出每年实际的零件消耗量。因此，可以大幅度降低库存量，尤其是贵重零件的库存量。

2. 利用中央数据库，提高管理效率

所有设备消耗的零件在中央数据库中都有记录，利用数据库，管理者可以查阅零件消耗的有关数据。通过对零件的测试和研究，找到磨损严重的部分，然后进行局部维修，较之以前直接将磨损的零件退给厂商换货，大大降低了成本。

3. 采购一体化和集中送货

零件中心仓库的建立使得采购一体化，大幅降低了采购成本。集中送货也使得运输成本降低，最大降幅可达85%。在这方面，中央数据库也起了很重要的作用。

4. 选择合适的供应商

零件中心仓库建成以后，分拣中心有了直接面对零件厂商的机会，可以自己选择供应商，可以对厂商的素质进行跟踪、调查。记录和分析厂商信息同样离不开中央数据库的支持。

5. 以人为本，提高员工素质

在零件集中经营的过程中，管理者创造了配套的新办法和新的内部管理程序，组织员工学习掌握信息技术及软硬件知识，同时让员工学会成本分析，逐渐培养其成本意识，达到减少成本的目的。

（案例来源：百度文库，引文经节选、整理和改编）

案例思考：

1. 德国邮政的问题主要有哪些？
2. 德国邮政为什么要设立零件中心仓库？
3. 零件中心仓库的建立给德国邮政带来了什么好处？
4. 零件中心仓库采取了什么措施来降低零件的物流总成本？

案例2

速度+规模=家乐福模式

1. 一个"空降兵"

每次家乐福进入一个新的地方，都只派1个人来开拓市场。进中国台湾地区家乐福只派了1个人，到中国大陆也只派了1个人。

被派去的第一个人就是这个地区的总经理，他所做的第一件事就是招1位本地人做助理。然后，这位"空投"到市场上的总经理和他唯一的员工，做的第一件事就是开展市场调查。他们会仔细调查其他商店里有哪些本地的商品在出售，哪些商品的流通量很大，然后再去与各类供应商谈判，决定哪些商品将会在家乐福店里出现。一个庞大无比的采购链，完完全全从零开始搭建。

这种进入市场的方式粗看难以理解，但却是家乐福在世界各地开店的标准操作手法。这样做背后的逻辑是：一个国家的生活形态与另一个国家的生活形态往往是不同的。在法国超市到处可见的奶酪，在中国很难找到供应商；在台湾十分热销的槟榔，可能在上海一个都卖不掉。所以，国外家乐福成熟有效的供应链，对于以食品为主的本地家乐福来说其实意义不大。最简单有效的方法，就是了解当地市场，从当地组织采购本地人熟悉的产品。

1995年进入中国市场后，短时间内家乐福便在相距甚远的北京、上海和深圳三地开出了大卖场，就是因为他们各自独立地发展出自己的供应商网络。除了已有的上海、广东、浙江、福建及胶东半岛等各地的采购网络，家乐福还会分别在中国的北京、天津、大连、青岛、武汉、宁波、厦门、广州及深圳开设区域化采购网络。

2. 十字路口的商圈

这个"空降兵"的落点注定是十字路口，因为加乐福的法文意思就是十字路口，而家乐福的选址也不折不扣地体现这一标准：所有的店都开在了路口，巨大的招牌在500米以外都可以看得一清二楚。而一个投资几千万的店，当然不会是拍脑袋想出的店址，其背后精密和复杂的计算，常令行业外的人士大吃一惊。

根据经典的零售学理论，一个大卖场的选址需要经过几个方面的详细测算。

第一，商圈内的人口消费能力。有一种做法是以某个原点出发，测算 5 分钟的步行距离会到什么地方、步行 10 分钟会到什么地方、步行 15 分钟会到什么地方。根据中国的本地特色，还需要测算以自行车出发的小片、中片和大片半径，最后是以车行速度来测算小片、中片和大片各覆盖了什么区域。如果有自然的分隔线，如一条铁路线，或是另一个街区有一个竞争对手，商圈的覆盖就需要依据这种边界进行调整。然后，需要对这些区域进行进一步的细化，分析这片区域内各个居住小区详尽的人口规模和特征，分析不同区域内人口的数量和密度、年龄分布、文化水平、职业分布、人均可支配收入等比重指标。家乐福甚至会根据这些小区的远近程度和居民可支配收入，划定重要销售区域和普通销售区域。

第二，区域内的城市交通和周边商圈的竞争情况。如果一个未来的店址周围有许多的公交车，或是道路宽敞、交通方便，那么销售辐射的半径就可以放大。如家乐福上海古北店周围的公交线路不多，就干脆自己租用公交车定点在一些固定的小区间穿行，方便离得较远的小区居民上门采购。

当然未来潜在销售区域会受到很多竞争对手的挤压，所以家乐福也会考虑未来所有的竞争对手。传统的商圈分析中，需要计算所有竞争对手的销售情况，产品线组成和单位面积销售额等情况；然后将这些估算的数字从总的区域潜力中减去，得出未来的销售潜力。但是这样做并没有考虑到不同对手的竞争实力，所以有些商店在开业前索性把其他商店的短板摸个透，以打分的方法发现他们的不足，如环境不清洁、某类产品的价格比较高、生鲜产品的新鲜程度不够等，最后依据这种调研结果进行商品定价、品种布局。

当然一个商圈的调查并不会随着一个门店的开张大吉而结束。家乐福的一份资料指出，顾客中有 60% 在 34 岁以下，70% 是女性，有 28% 的人走路、45% 的人乘坐公共汽车。很明显，大卖场可以依据这些目标顾客的信息来微调自己的商品线。能体现家乐福用心的是，家乐福在上海的每家店都有小小的不同。在虹桥门店，因为周围的高收入群体和外国侨民比较多，外国侨民占到了家乐福消费群体的 40%，所以店里的外国商品特别多，如各类葡萄酒、泥肠、奶酪和橄榄油等。南方商场的家乐福因为周围的居住小区比较分散，干脆开迷你的 Shopping Mall，在商场里开一家电影院和麦当劳，增加吸引较远处人群的力度。青岛的家乐福做得更到位，因为有 15% 的顾客是韩国人，干脆就做了许多韩文招牌。

超市零售业的一个误区是，总以为大批量采购压低成本是大卖场竞争的法宝，其实这只是"果"而非"因"。商品的高流通性才是大卖场真正的法宝。相对而言，大卖场的净利率非常低，一般来说只有 2% ~4%，但是大卖场周转快，大批量采购只是所有商品高速流转的集中体现而已。而体现高流转率的具体支撑手段就是实行品类管理、优化商品结构。在沃尔玛与宝洁的一次合作中，品类管理使销售额上升 32.5%、库存下降 46%、周转速度提高 11%。

而家乐福也有同样的管理哲学。据罗定中介绍，家乐福选择商品的第一项要求就是有高流转性。比如，一个商品上了货架一单销量不好，家乐福就会把它 30 厘米的货架缩小到 20 厘米。如果销售数字还是上不去，陈列空间再缩小 10 厘米。如果没有任何起色，那么宝贵的货架就会让出来给其他商品。家乐福这些方面的管理工作全部由电脑来完成，对 POS 机实时收集上来的数据进行统一汇总和分析，实现对每一个产品的实际销售情况、单位销售量和毛利率进行严密监控。这样做使家乐福的商品结构得到充分优化，完全面向顾客的需求，减少了资金的搁置和占用。

涉及具体营运管理时，罗定中特意用 Retail Details（零售详情）这句简洁无比的话来解释。以生鲜食品为例，流运的每一个过程点都加一个控制点，从农田里采摘来的食物，放在车上，再放在冷库里，最后放到商场货架上，全都要加以整理、剔除并进行品质控制。当生鲜食品放在货架上被第一批顾客采购以后，还要进一步地整理。每一次采购后，都需要对一些细节进行特别的关注。家乐福在这方面发展出一套非常复杂的程序和规则，例如，说食品进油锅的时候油温多少度合适，肉类保鲜的温度是多少，多长时间必须要进行一次货架清理，贴标签和商品新鲜度的管理等都有详细的规定，用制度来确保"新鲜和质量"的卖点不会走样。为了使制度被不折不扣地执行，员工的培训也完全是从顾客的角度出发的，让他们把自己当成消费者来进行采购，从而对管理制度有深刻的理解。

这个从一个"空降兵"开始的事业，转眼间将家乐福的旗帜插到中国各个消费中心城市的制高点上。沃尔玛经典的"以速度抢占市场"理念，被家乐福抢了先机。

（案例来源：百度文库）

案例思考：

1. 家乐福在选址时，主要考虑哪些因素？
2. 从这个案例中看出，大卖场仅仅是利用大批量采购压低成本来获胜的吗？

案例3

阿里巴巴与顺丰的前置仓布局模式

前置仓是一种仓储配送模式，它的每个门店都是一个中小型的仓储配送中心，总部的中央大仓即便只对门店供货，也能够覆盖"最后一公里"。消费者下单后，商品从附近的零售店里发货，而不是从远在郊区的某个仓库发货。简单来说，前置仓是在离消费者较近的地方，设置一个小型的仓库，用户下单2小时内就能配送上门，如阿里巴巴、顺丰的前置仓布局。

1. 阿里巴巴

在2017年年底的"2017中国零售创新峰会"上，阿里巴巴菜鸟网络B2B总监范春莹表示，菜鸟网络已经着手在B2B领域打造一个全新的物流模式——前置仓，通过全面布局前置仓，帮助商品提前下沉、包裹越库集货，形成集约式共同配送，高效服务全国的数百万家小店。按照规划，菜鸟将把小店前置仓规模做到数百个，覆盖全国主要城市。此前，菜鸟在小店配送方面已经与阿里零售通一起推出了区域仓和城市仓。此次打造前置仓是物流触角的进一步延伸，服务半径缩小到了30千米，让商品离小店更近。

2018年1月10日，天猫与菜鸟方面宣布，即日起联合物流伙伴和商家推出基于门店发货的"定时达"服务。消费者网购下单时，可以选择从就近的实体门店送货，最快2小时

· 135 ·

可以送达，还可以预约特定时段送货。屈臣氏天猫旗舰店已经开通该服务，屈臣氏在上海、广州、深圳、杭州、东莞五大城市的200多家门店变身"前置仓"，可以给3千米内的网购消费者送货。

经过"门店发货"的模式试运行后，菜鸟门店发货的订单量显著增长。菜鸟宣布将"门店发货"的模式进行升级，将这个从线下门店直接发货的模式扩展到全国30多个核心城市，总计接入近400家门店作为发货前置仓，做到消费者网上下单，菜鸟楼下发货，提升用户的购物体验。至此，菜鸟新物流迈上"分钟级"配送时代新台阶。

2. 顺丰

顺丰的做法与阿里巴巴不同，利用了线下体验店和"前置仓+店配"模式。顺丰速运在杭州率先开启了"前置仓+店配"的新模式，顺丰速运的"前置仓"设在收方客户较集中区域的速运营业网点，充分利用了分点现有资源（场地、仓管员、电脑、监控、设备等），同时将配送半径缩小到3千米内，满足了同步配送5~10家门店的要求，大大减少串点线路后端门店的等待时间，达到快速配货的目的。顺丰通过借助速运网点的前置仓资源，承接了更多的相关服务，将自身的配送优势充分发挥，实现同城生活圈内1小时和2小时等不同时效的配送。

顺丰的线下体验店经历了一轮市场洗牌探索期，于2014年上线顺丰嘿客，主要解决"最后一公里"物流难题。市场遇阻之后，2015年更名为顺丰家，与顺丰优选联手打造社区O2O。2016年全国范围内的顺丰嘿客、顺丰家门店逐步变成顺丰优选实体店。顺丰优选深入国内外产地进行直采合作，其商品覆盖全球60多个国家和地区，品类包括肉类海鲜、熟食蛋奶、水果蔬菜、酒水饮料、休闲食品、冲调茶饮、粮油干货等。

综上所述，关于前置仓的布局，阿里巴巴可以覆盖到乡村的门店，菜鸟的线下便利店可以实现从门店到个人的配送；而顺丰的前置仓主要分布在城市。顺丰想要打造一个与阿里巴巴相抗衡的新商业局面，完美地把强大的快递网络、线上交易平台、线下实体三者结合起来，还有很长的一段路要走。

（案例来源：物流沙龙，作者贺璐，引文经节选、整理和改编）

案例思考：
1. 前置仓与传统仓库相比，有什么优势？
2. 试分析阿里巴巴与顺丰的前置仓各有什么特色。

模块三　实训项目

一、实训目的

通过调研，使学生了解具体省市周边的关键产业集群，并能进行详尽的分析，如上下游企业供应链的情况；能够对具体行业，如食品、日化、汽车、家电、电商物流仓库选址等进行充分的分析；能全面了解上游供应及配套产业，掌握具体省市周边产业集群、环境、区域经济对仓库选址的影响；能了解并分析具体企业仓储业务的规模、经营商品的性质、特点，了解经营不同商品的仓库在选址时的注意事项。

二、实训内容

1. 实训任务

①分小组调研所在省市周边的不同物流企业、便利店或超市的仓库，了解其所处位置及布局方式。

②调研不同类型仓库周边的自然环境、经验环境、基础设施情况及企业业务情况，分析影响仓储规划与布局的因素。

③了解企业是否有新建或新租赁仓库的计划。如果有，根据仓储对象分析：需要建几个仓库，新建仓库如何选址，建什么类型仓库；如果是租赁，则考虑租赁仓库如何选择。

2. 实训成果

形成调研及分析报告，各学习小组进行交流。若发现不妥之处，提出修改方案。

模块四　小结与习题

一、内容小结

本章对仓储总体规划进行了介绍，主要内容包括仓储规划与仓库选址两大部分。仓储系统的物流规划是一种对仓库的设备、产品及人员所需空间进行合理分配和有效组合的技术。

仓储规划是指在一定区域或库区内，对仓储设施的数量、规模、地理位置等各要素进行科学规划和整体设计，在总体布置方案中，对总体方案进行修正。影响仓储规划与布局的因素包括仓储生产作业流程、商品吞吐量、机械设备使用特点、库内道路、仓库业务及作业流程。

仓库选址是指在一个具有若干供应点及若干需求点的经济区域内，选一个地址设置仓库的规划过程。仓库选址的步骤：调查准备、分析阶段、提出选址报告、筛选及评价。仓库选址的方法主要有因素评分法及重心法。重心法是单设施选址中常用的模型，是一种选择中心位置，从而使成本降低的方法。

不同类型的仓库选址时应注意特殊选址要求，经营不同商品的仓库对选址的要求不同，如果蔬食品、冷藏品、建筑材料、燃料及易燃材料等仓库在选址时应分别加以分析，注意特殊要求。

二、思考题

1. 仓储规划的目标和原则有哪些？
2. 仓储布局的基本方式有哪些？
3. 影响仓储布局与规划的因素有哪些？
4. 仓库选址的步骤及方法有哪些？
5. 不同类型仓库选址应注意哪些事项？

第六章

仓储布局规划

学习目标

1. 能够对物流基础数据进行分析。
2. 了解仓库内部布局与结构对仓储作业效率的影响。
3. 能够合理进行仓库布局规划。
4. 掌握影响仓库平面布局的因素与要求。
5. 能够对库房分区与货区进行规划。
6. 能够选用合适的仓储设施设备。

案例导入

某制造型企业的仓储规划

国内某制造型企业在 2014 年营业额达到了 400 亿，随着公司的发展及市场需求的提升，该企业在各事业部推行精益生产。为保障精益生产的顺利实施，优化物流环节势在必行。

该企业的仓储优化与设计从供应链运作的角度出发，构建较为完整的仓储运作绩效评价体系，对该企业的供应链物流系统进行全面、系统的分析及评价，进行有针对性的仓储运作模式设计、仓储运作流程优化、仓储设备选配、人员配置、物料存储策略制定及仓库目视化管理等。

1. 仓储运作模式设计与优化

企业将精益生产计划作为约束条件，设计批量分拣和单台套分拣模式相结合的分拣配送运作模式，同时采用分拣单和看板推拉结合的方式实现配送信息传递，以满足精益生产要求，提高仓储运作效率及仓储管理能力。

2. 仓储设备选配

基于仓储运作流程的仓储设备选配，结合物料属性特点的分析，采用多种类型的仓储设备进行存储及搬运。例如：异形不规则件，根据其具体形态使用悬臂货架或重型货架；重型规则件使用重型货架；体积较小、重量较轻的物料使用中型货架；先进先出、周转快的物料使用流利货架，同时匹配相应的周转箱或托盘。通过对存储保管设备的选配提高仓库面积利用率、仓储运作效率及仓储管理能力。

3. 人员、搬运设备作业安排

人员、搬运设备分区域、分工种作业，即指定区域指定人员及搬运设备进行作业，提高仓储作业专业化，提高仓储运作效率与仓储管理能力。

4. 存储策略制定

基于仓储运作模式的存储策略制定，根据物料生产需求、出入库频率及物料基本物理属性对物料进行分类，在物料分类基础上采用分区存储与随机存储相结合的存储策略，满足精益生产要求，提高分拣效率，减少人员作业量。

5. 仓库目视化管理应用

物料标识卡片、仓储设备标识卡片、看板等的应用，使仓库实现目视化管理，提高仓储管理能力与仓库可参观性。

（资料来源：新浪网）

模块一　基础知识

一、物流基础分析

（一）仓储商品基本情况分析

1. 商品品种数目分析

分析商品品种数目可以帮助确定物流中心的存储货位数目与拣选点数目。在商品不混载的情况下，每个 SKU 应当有一个或多个存储货位。在进行仓储规划时，设计的存储点数目应当超过预估的在库 SKU 数目。如果要为每个商品设置便于拣选的储位，则设计的拣选点数目应当超过预估的在库 SKU 数目。

2. 商品重合度

商品重合度表明商品在各个业态间受欢迎的程度，对不同重合度的商品可以设计不同的管理模式与流程，可以针对核心商品进行重点管理。

分析商品重合度可以帮助确定存储类别。物流中心可以将大型店、中型店、小型店三种业态的共性商品指定专门区域共同存储，将特性商品分类存储。

3. 商品外形尺寸

除了商品品种数目、商品重合度，还需要对商品外包装尺寸进行分析。物流仓储中心商品品种多样，外形、尺寸各不相同，但大部分在一定范围内。分析商品外形尺寸可以明确异形品（尺寸上过大、过长、过宽和形状不规则的商品），帮助确定货架尺寸与搬运设备参数。统计分析仓库内各种商品的尺寸包括：分别对长、宽、高划分恰当的区段；统计商品尺寸在各个区段的频数与占比；确定商品平均尺寸。

仓库设计是基于数据的，没有数据便无从设计，盲目拍脑袋有可能导致决策失误，造成重大的经济损失。因此，在做整体仓储设计时，首要任务是要有供仓库设计的基础数据。

一般情况下，进行仓库设计，需要掌握以下基础数据。

①产品明细：产品 SKU、物料号、长宽高、重量、堆码标准、储存要求。

②产品出库数据：入库明细、出库明细。

③历史库存数据：建议用 1 年的历史库存数据。

④仓库硬件设计图纸：库内平面图、作业门与柱子/作业码头分布图、消防设备/照明设备分布图。

⑤仓库硬件参数：承重、地面类型等。

⑥未来仓库业务变化趋势：可以根据行业预测 3 年内或 5 年内的变化趋势。

（二）EIQ 分析

1. EIQ 分析的定义

EIQ 分析（订单品项数量分析）是物流中心的 POS 系统，是在进行物流系统的规划时，从客户订单的品类、数量与订购次数等出发，进行出货特征的分析。E（Entry）表示订货件数，I（Item）表示货品种类，Q（Quantity）表示数量。EIQ 分析就是利用 E、I、Q 这三个物流关键因素来研究物流系统的特征，以便进行基本的规划。

2. EIQ 分析的内容

EIQ 分析的分析项目主要有 *EN*（每张订单的品项数量分析）、*EQ*（每张订单的订货数量分析）、*IQ*（每个单品的订货数量分析）、*IK*（每个单品的订货次数分析）。EIQ 分析是根据以上四个分析项目的结果进行综合考量，为配送中心提供规划依据。

订单是配送中心工作的核心，所有的工作都是为了使订单能快速高效地完成，并降低配送运作成本，提高客户满意度。应根据客户的需求特性，结合 PCB 及 ABC 的交叉分析方法，进行订单不同层面的分析，得出客户订单的品项、数量与订购次数的特点，选择最适当的物流作业方式、设备使用、设施布置。

小知识

PCB 分析

PCB 分析，即以配送中心各种接受订货的单位进行分析，对各种包装单位的 EIQ 资料表进行分析，以得知物流包装单位特性。其中字母 P 表示托盘单位，字母 C 表示箱单位，字母 B 表示单品。

分析是为了判断与应用，公司的经营变化可以通过 EIQ 识别出来。下面以一个简单的例子，说明 4 个客户、6 类商品的 EIQ 分析过程，EIQ 分析数据如表 6-1 所示。

表 6-1　EIQ 分析数据

数量		订货品项						订货数量	订货品项
		I_1	I_2	I_3	I_4	I_5	I_6	EQ	EN
客户订单	E_1	300	200	0	100	200	100	900	5
	E_2	200	0	400	600	700	0	1 900	4
	E_3	1 000	0	0	0	0	800	1 800	2
	E_4	200	800	0	300	500	200	2 000	5
订货数量	IQ	1 700	1 000	400	1 000	1 400	1 100	GEQ GIQ 6 600	GEN GIK 16
订货次数	IK	4	2	1	3	3	3		

注：GEQ、GIQ、GEN、GIK 分别表示 EQ、IQ、EN、IK 的合计数量。

根据表 6-1 的资料，可展开简单的 EQ、EN、IQ、IK 分析。

①订单订货数量（EQ）分析。可以明确地了解客户的订货量及比例，进而掌握货品配送的需求，运用客户订单 ABC 分析法来决定订单处理的原则、拣货系统的规划，以及出货方式及出货区的规划。如表 6-1 所示，按照订货数量的百分比进行 ABC 管理分类，4 家客户订单的数量不同，E_4 客户订货数量大，E_1 客户数量最少，因而 E_4 可以作为重要客户，优先安排配送。

②单品订货数量（IQ）分析。通过了解各类产品出货量的分布状况，分析产品的重要程度与运量规模，针对众多商品进行分类并予以重点管理，也就是观察不同的出货商品各占出货量的百分比，这样可以分析出货量集中在哪些商品中，由此可以知道哪些品种为热销产品。IQ 分析适用于仓储系统的规划选用、储位数量的估算，以及拣货方式和拣货区的规划。从表 6-1 中可以看出 6 类商品中 I_3 的出货量最少，可以安排在较偏僻的地方；I_1、I_5 的出货量大，可以安排在进出较便利的区域。

③订单品项数量（EN）分析。依据单张订单品种数据，可以了解客户订购品种数，从而选择较适用的拣货方式，如批量拣取或按单拣选；还可来确定物品拣货时间与拣货人力需求，进一步提高拣货作业的生产效率。表 6-1 中 E_1 和 E_4 客户选择的品项都是 5 种，但出货量相差较大，可分别选择按单拣选与批量拣取方式。

④单品订货次数（IK）分析。统计各种品种被不同客户重复订购的次数，有助于了解各产品的出货频率，可配合 IQ 分析决定仓储与拣货系统的选择。另外，当储存、拣货方式决定后，有关储区的划分及储位配置，也可利用 IK 分析的结果作为规划参考的依据。表 6-1 中 I_2 与 I_4 的出货数量相同，但选取的品类量不一致，I_2 商品被选取的次数少，每次拣选量较大，拣货工具优先考虑自动化，采用批量出货的方式。

3. EIQ 分析的步骤

①分解订单出货资料。

②对订单出货资料进行取样。

③选择配合物流系统特性的物流系统设备及其运用系统。

④选择物流设备。

⑤进行模拟分析。

⑥进行物流系统的基础规划。

⑦进行 EIQ 统计分析。

⑧进行图表数据分析。

4. EIQ 分析的应用

通过 EIQ 分析能够画出 EIQ 分析图，得出配送中心订单的具体特性，为配送中心规划决策提供有效信息；配送中心物流系统对 EIQ 数据加以分析之后，可归纳出订单内容、订货特性、接单特性等方面的特征；正确选择适合配送中心特性的物流设备及其运用系统，从EIQ 分析资料可以得到决策的基本要求，依据这些要求选择合适的物流设备，可节省一定的设计决策时间；在模拟、仿真分析中，应用 EIQ 的相关数据，可以来仿真分析系统所需作业人员数、作业时间，从而做出更好的决策。在规划配送中心时，可以根据历史数据的 EIQ分析，来推断配送中心的需求状况、平均每日的出货量、进货量等，把这些数据当作假定的需求，与设计中的系统设备条件加以对应，即可得到基本的系统规划方案。

为了更好地理解 EIQ 分析，下面用一个示例进行说明。假设某企业接到的订单数（E）为 4 600，出货种类数（I）为 240，订货数量（Q）为 288 000，其他指标数如表 6-2 所示。

表 6-2 EIQ 分析数据汇总

序号	指标名称	指标	数量
1	每张订单平均订货数量	EQ_{avg}	63 箱
2	每出货品项平均出货量	IQ_{avg}	120 箱
3	订单最大订货量	EQ_{max}	2 000 箱
4	订单最小订货量	EQ_{min}	100 箱
5	订单最大订货品项数	EN_{max}	35 项
6	订单最小订货品项数	EN_{min}	5 项
7	品项最大出货量	IQ_{max}	1 400 箱
8	品项最小出货量	IQ_{min}	50 箱

一般而言，如果配送中心的出货量每天在 5 000 箱以内，采用人机配合的物流设备即可；如果配送中心的出货量每天在 5 000 ~ 20 000 箱，就可以采用自动化的仓储及自动分类机等物流设备；如果物流中心的出货量每天在 20 000 箱以上，就可以采用完全自动化的物流设备和拣货设备。上述配送中心的总订货量为 288 000 箱，可以采用完全自动化的物流设备和拣货设备。

在表 6-2 中，I=240，可见配送品项数目较少；而 E=4 600，说明客户相对较多；Q=

288 000，说明出货量较大。所以该配送中心在流程设计上，应对货物的进货与存储设计得相对简单，对货物的出货流程应侧重于高效与自动化，以解决客户数量多且平均需求量大的特性。

由于每张订单平均订货数量为63箱，订单最大订货品项数是35项，故采用批量拣货方式较为经济。同时，由于订单最大订货量为2 000箱，订单最小订货量也有100箱，所以货物拣选设备应选用托盘式的自动化机械。

在配送中心的布置规划上，先对出货商品进行 IQ 分析（最好能绘制每单一品项出货总数量的曲线分布图）；再按商品的 IQ 分析图进行 ABC 分类，将 A 类商品尽量规划在靠门口及通道的位置以方便进出货，C 类商品则尽量规划在角落，而 B 类商品则介于 A、C 之间，使搬运量与搬运距离尽量最小化。在料架的陈列上，也可以利用 IQ 分析，A 类商品的托盘规划于第一层，以方便存取，C 类商品的托盘则规划在货架最高层，而 B 类商品则介于两者之间。

5. EIQ 分析的用途

EIQ 分析在物流上的运用非常广泛，尤其是在销售数据管理分析、拣货系统规划、储存作业设计、人力需求评估、储位规划管理、营销预测计划及信息系统的整合等方面。其用途分述为以下几个方面。

（1）掌握重要客户及需求特性

通过 EQ 分析，可以了解客户的订货数量，确定畅销款和滞销款；通过 PCB 分析，可以了解客户的订货方式是属于整栈、整箱还是单件，同时可为客户提供产品及销售区域的特性数据。

（2）确定品项需求特性与拣货方式

通过 IQ 分析与 IK 分析，可以了解每一种产品品项的出库分布状况，作为产品储存、拣货、分类的参考，并提供产品成长或滞销情况。

（3）计算库存及相关作业空间需求

用 IQ 的总出货平均数乘以品项数，便可作为整体需求量，再乘以库存天数，可估计出库存总需求量；EQ 平均量乘以订单数，即可估计出配送车辆需求或备货区域空间。

（4）储位规划与管理

根据 EIQ 分析数据进行仓库的储位规划，以使各种产品的储位能在作业效率和空间利用率上，获得最经济的效益。

（5）提供各作业效率数据

通过对物流中心进行 EIQ 分析，可以比较各个阶段物流作业的效率，发现物流系统存在的问题和需要改善的地方，故 EIQ 分析可以作为物流中心的诊断工具，优化物流流程。

（6）提供销售或出货预测数据

历史 EIQ 数据可作为销售预测的重要参考，同时也可以此来预测未来的物流流量，及时合理地进行各项作业计划，进而提高库存周转率、作业效率，降低配送的前置时间。

（7）物流设备选型的重要依据

通过对 EIQ 资料的分析计算，可以决定物流中心所需要的设备种类或自动化程度，不因为过度追求自动化而导致财力上的浪费。物流中心设备系统必须适合该物流特性，才能达到高效率的作业。

（8）评估人力需求

根据 PCB 分析得出货量与标准工时，便能计算出栈板、箱和单件拣取所需要的设备数量及人力需求。

▶ 案 例

心怡科技应对"618"大战

2019 年母婴行业的"618"大战，由心怡科技运营的杭州贝豪仓预估 16 万多订单，实际流入超 20 万单，且商品大小件混合，订单复杂性和时效压力大增。2019 年贝豪在全国布局了 3 个仓，其中杭州仓是体量最大、难度最高的仓库，需要一仓发全国，甚至还有澳大利亚、加拿大、新加坡等海外订单，服务平台包括天猫、京东、唯品会、贝店等。

贝豪仓的 SKU 有近万个，出库的常用箱型有 56 种，非常用箱型有 150 多种，日均发货 2.4 万单，这是非常典型的非标准复杂仓配管理。而在这次"618"之前，贝豪仓全面启用了心怡科技的仓易宝系统发货，包括 WMS、OMS、TMS 和数据应用分析系统等。

根据心怡科技数据平台分析，贝豪仓的预估订单在 24 万左右，是平时的 10 倍。如何面对暴增的订单是摆在心怡科技运营专家前的一道题。大量的订单汹涌而来，波峰预测就显得非常重要。在这方面，物流大数据平台起到很大的作用。基于全链路销售预测、算法和大数据应用能力，心怡科技在选品、补货和调拨上均有智能化的相应策略，能有效实现全链路的供应链管理和在线追踪。这也是贝豪仓在"618"大促当天，即使在几个小时内就涌进 15 万订单，仍能淡定面对并且在 72 小时内发完全部订单的关键。

贝豪仓只是心怡科技众多仓储合作伙伴的一个缩影，心怡科技还同时为品牌 B2C、线上超市、跨境电商、精品电商、社交电商等多种电商模式客户提供仓储物流服务，其复杂程度可想而知。

在心怡科技看来，要制造有"弹性"的柔性生产能力，单靠堆人不行，单靠堆黑科技也不行。应把人的运营经验、能力和数据能力、智能硬件结合起来，输出为各种场景的解决方案，为商家创造多、快、好、省的价值。

（资料来源：消费日报网，引文经整理、节选和改编）

二、仓库总体规划

（一）仓库总体布局

仓库总体布局是指在一定区域或库区内，对仓库的数量、规模、地理位置和仓库设施道路等各要素进行科学规划和整体设计。

仓库总体布局包括内部平面布局和空间布局。内部平面布局是对保管场所内的货垛（架）、通道、垛（架）间距、收发货区等进行合理规划，并正确处理它们的相对位置。空间布局是指库存物品在仓库立体空间上的布置。

1. **仓库总体布局的目标**

（1）保护目标

针对易爆、易燃、易氧化的物体危险物品，应与其他物体分开，以降低损坏的可能性；对于需要特殊安全设施保护的产品，应加以重点保护，以防被盗；对于需要温控的设备，如冰箱或者加热器，应进行妥善安置；仓库人员应该避免将需要轻放和易碎的物品与其他物品叠放，以防损坏。

（2）效率目标

效率目标有两层含义：第一，仓库空间要有效利用，要利用现有设施的高度，减少过道的空间；第二，仓库里台架的布局要合理，以减少人工成本和搬运成本。

（3）适度机械化、自动化

机械化和自动化系统的使用大大提高了作业效率。通常在物品形状规则、容易搬运，订单选择活动较为频繁，物品数量波动很小且大批量移动的情况下，机械化更为有效。在进行机械化、自动化设计时，应考虑相关风险，如因为技术的快速变化而引起的设备磨损，以及大规模投资的回报问题等。

2. **仓库总体布局的原则**

在进行仓库整体布局时，主要遵循以下几项原则。

①单一的物流流向，避免逆向操作和大幅度改变方向的低效率运作，强调唯一的物流入口与出口，便于管理与监督。

②采用高效率的物料搬运设备及操作流程，尽量实现一次性作业，减少搬运次数，缩短搬运距离，避免不必要的搬运环节。同时要保证各区域间的信息互通。

③最大限度地利用平面与空间，节省建设投资；尽量利用仓库的高度，有效利用仓库的容积。

④尽可能采用单层设备，这样做造价低，资产的平均利用效率高。

⑤在物料搬运设备大小、类型、转弯半径的限制下，尽量减少通道所占用的空间。

⑥在仓库里采用有效的存储计划。

3. **影响仓库总体布局的因素**

影响仓库布局的主要因素包括以下几种。

（1）商品需求量的分布

我国各地经济发展很不平衡，各地客户对各种物品需求量也有所不同。仓库的布局应与物品市场的分布保持一致。所以，研究不同地区的消费特征，考虑各种物品的销售市场分布及销售规律，是仓库布局的一个重要依据。

（2）工农业生产布局

我国资源的分布情况、工农业生产部门的配置、不同地区的生产发展水平及发展规划有所不同，流通部门的工农业仓库受工农业生产布局的制约，因此，在进行仓库的布局时要充分研究工农业生产布局，注意各地区生产和产品的特点，及这些物品进入流通过程的规律，以适应工农业产品收购、储存和调运的需要。

（3）经济区域

经济区域是结合了生产力布局、产销关系、地理环境、交通运输条件等自然形成的经济活动区域。按照经济区域组织流通、合理分布仓库，对于加快物流速度、缩短运输路线、降低物流费用有着重要的意义。

（4）经济条件

仓库的布局还应该考虑企业的资金状况，权衡投资金额和投资后的经济效益，保证在经济效益上的可行性。

（5）交通运输条件

在仓库的布局上，特别要重视交通运输条件，仓库地址应尽量选择在靠近铁路、公路、水路等的运输方便和可靠的地方。这是合理组织物流活动的基础。

总之，仓库的合理布局是在综合考虑上述因素的基础上，遵循有利于生产、加快物流速度、方便消费和提高物流效益等原则，统筹规划，合理安排。这对于提高仓储物流系统的整体功能有重要意义。

4. 仓库总体布局设计

（1）仓库结构类型的选择

仓库结构类型主要根据仓库的功能、存储对象和环境要求来确定，如仓库是单纯用来储存还是兼有分拣、流通加工、配送等功能，储存商品的性质、类型、数量、外形和尺寸，仓库内外温度、湿度的限制及消防、安全等要求。同时经济能力、投资额对经营成本的要求等，也会对仓库结构类型的选择产生一定的影响。

（2）仓库设施、设备配置

根据仓库的功能、存储对象、环境要求等确定主要设施、设备的配置。一般情况下，不同功能的仓库，应配置的设施、设备如表6-3所示。

表6-3 仓库设施、设备配置

功能要求	设施、设备配置
存货、取货	货架、叉车、堆垛机械、起重运输机械等
分拣、配货	分拣机、托盘、搬运车、运输机等
验货、养护	检验仪表、工具、养护设备等
防火、防盗	温度监视器、防火报警器、监视器、防盗报警设备等
流通加工	加工作业机械等
控制、管理	计算机及辅助设备等
配套设施	站台（货台）轨道、道路、场地等

（3）仓储面积及参数的确定

仓储面积是影响仓库规模和仓储能力的重要因素，其与仓库建筑面积和库区总面积相关。

仓库建筑面积涉及仓库建筑系数和仓库建筑平面系数两个参数。

仓库建筑面积是仓库建筑结构实际占地面积，用仓库外墙线所围成的平面面积来计量。多层仓库建筑面积是每层的平面面积之和。其中，除去墙、柱等无法利用的面积之后称有效面积。有效面积从理论上来讲是可以利用的面积，但是，可利用的面积中有一些是无法直接进行储存活动的面积，如楼梯等，除去这一部分面积的剩余面积称使用面积。

仓库建筑系数是各种仓库建筑物的实际占地面积与库区总面积之比。该参数反映库房及仓库管理的建筑物在库区内排列的疏密程度，反映总占地面积中库房比例的高低。仓库建筑系数的计算公式为：仓库建筑系数=仓库建筑占地面积÷库区总面积×100%。

仓库建筑平面系数是衡量使用面积所占比例的参数。其计算公式为：库房建筑平面系数=库房使用面积÷库房建筑面积×100%

决定仓库面积的因素主要有：物资储备量，决定所需仓库的规模；平均库存量，主要决定所需仓库的面积；仓库吞吐量，反映仓库实际出入库的物品量，与仓库面积成正比；物品品种数，在物品总量一定的情况下，物品品种数越多，所占货位越多，收发区越大，所需仓库面积也越大；仓库作业方式，机械化作业必须有相应的作业空间；仓库经营方式，如实行配送制需要配货区，进行流通加工需要作业区等。

在仓储面积确定过程中，还会涉及库房高度利用率和仓容。

库房高度利用率反映库房空间高度有效利用程度的指标，这个参数可用来衡量仓库有效利用程度。其计算公式为：库房高度利用率=货垛或货架平均高度÷库房有效高度×100%。

仓容：仓容即仓库中可以存放物品的最大数量，一般以重量单位吨来表示。仓容大小取决于面积大小及单位面积承载物品的重量及物品的安全要求等。仓容反映的是仓库储存的最大能力，是衡量流通生产力的重要参数。

现代仓库为适应商品快速周转的需要，在总体规划时应注意适当增加生产作业区的收发货作业区面积和检验区面积。仓库总体布局示意如图6-1所示。

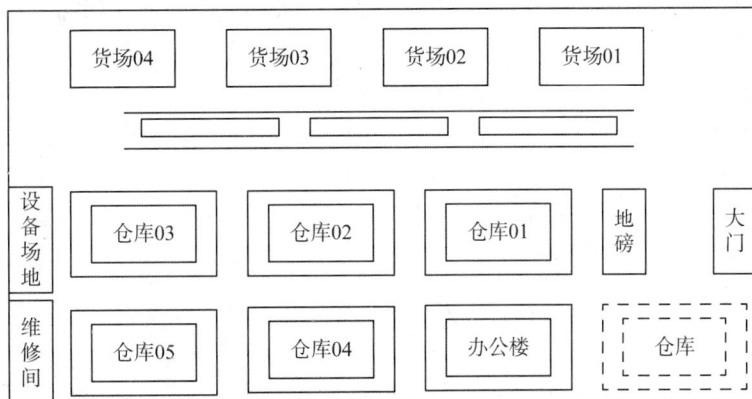

图6-1　仓库总体布局示意

（二）仓库结构

仓库结构是指仓库的层次性，应根据储存的商品和地价合理确定。仓库的结构设计应考虑以下几个方面。

1. 平房建筑和多层建筑

仓库结构从出入库作业的合理化考虑，应尽可能采用平房建筑，这样储存产品就不必上下移动，不必利用电梯将储存产品从一个楼层搬运到另一个楼层。但是在城市内，尤其是在商业中心地区，土地有限，价格昂贵，为了充分利用土地，采用多层建筑成为最佳的选择。在采用多层仓库时，要特别重视上下楼的通道设计。如果是流通仓库，则采用二层立交斜路方式，二层作为收货、验货和保管的场所，一层则作为理货、配货、保管的场地，货车可直接行驶到二层仓库。

2. 仓库出入口和通道

仓库出入口的位置和数量由建筑的开间与进深、库内货物堆码形式、建筑物主体结构、出入库次数、出入库作业流程及仓库职能等因素决定。出入库口的尺寸大小则由卡车是否能出入库内，所用叉车的种类、尺寸、台数，保管货物尺寸大小决定。库内的通道是保证库内作业畅顺的基本条件，通道应延伸至每一个货位，方便每一个货位直接进行作业；通道路面应平整、平直，减少转弯和交叉。

货车的库房出入口，要求宽度和高度必须达到4米；铲车的出入口，宽度和高度必须达到2.5～3.5米；大型货车入库的通道应大于3米；叉车作业通道应达到2米。通常库房出入口采用卷帘或铁门。

3. 立柱间隔

库房内的立柱是出入库作业的障碍，会导致出入库作业效率低下，因而立柱应尽可能减少。一般仓库的立柱间隔以货车或托盘的尺寸为基准，通常7米的间距比较适宜，它适合2台大型货车（宽度2.5米×2）或3台小型载货车（宽度1.7米×3）的作业。采用托盘存货或作业的，因托盘种类规格不同，如采用标准托盘时，以放6个标准托盘为宜，间距略大于7.2米（1.2米×6）。

平房建筑的仓库，拓宽立柱间隔较为容易，可以实现较大的立柱间隔。而钢骨架建筑的仓库可不要立柱。当平房仓库梁的长度超过25米时，建立无柱仓库比较困难，则可设中间梁柱，使仓库成为有柱结构。在开间方向上的壁柱，可以每隔5～10米设一根。在开间方向上的柱间距必须和隔墙、防火墙的位置、天花板的宽度等相匹配。

4. 天花板的高度

机械化、自动化仓库对仓库天花板高度的要求很高。如使用叉车时，标准提升高度是3米，而使用多段式高门架时要达到6米。从托盘装载物品的高度看（包括托盘的厚度在内）密度大且不稳定的物品，通常以1.2米为标准；密度小而稳定的物品，通常以1.6米为准。以其层数来看，1.2米×4＝4.8米，1.6米×3＝4.8米，因此，仓库天花板高度应该是5～6米。另外，有的仓库内部设置夹层楼板，也称临时架，即在地板与楼板之间另加一层楼，能成倍利用保管的空间，并能够有效地利用仓库梁下的空间。

5. 地面

地面的承载力必须根据承载货物的种类或堆码高度来确定。通常，一般平房普通仓库地面承载力为2.5～3吨；多层仓库层数加高，地面承受负荷能力降低，一层是2.5～3吨，二层是2～2.5吨，三层是2～2.5吨，四层是1.5～2吨，五层是1～1.5吨甚至更小。地面的负荷能力是由保管货物的重量、所使用的装卸机械的总重量、楼板骨架的跨度等决定的。流通仓库的地面承载力必须保证重型叉车作业足够受力。

地面的形式有低地面和高地面两种。为了防止雨水流入仓库，低地面式的高度比基础地面高出 20～30 厘米，且由于叉车的结构特点，入口需要保持较平稳的坡度；高地面式的高度要与出入库车厢的高度相符，通常，大型货车为 1.2～1.3 米，小型货车为 0.7～1.0 米，铁路货车站台为 1.6 米。一般情况下，经营原材料和半成品的仓库因为货车直接出入库的频率较高，所以低地面式较为有利；而流通型仓库因为在库内分货、配货，并根据物品的不同采取不同的存放方式，因此，采用高地面较为合适。

小知识

仓储储位空间无规划是大问题

多数大型快速消费品生产企业自建配送中心，或将仓储、配送业务外包给第三方物流商。而中小生产企业一般采用附属仓库，面积不大，仓库只划分了收货区、发货区、储存区及杂物区。在运作时，有些商品本应当天发出（已移到发货区），但因客户临时取消订单，或没有及时提货，导致商品滞留。

很多物流中心都缺乏定位观念，放置商品时只图收发方便，违背了通畅作业的基本原则，影响作业进出，导致非正常货损增加，同时埋下安全隐患。对企业而言，做好货物存储区的分段和编码是仓储规划下的关键，可按如下步骤和要求进行规划。

①将货物存储区分成若干区段，然后对各区段进行编码（各个储区根据周转率快慢，以接近集货区为原则配置编码）。

②储放时，将同一品种商品放在同一储位；同类物品、同类厂家的商品尽可能堆放一起，以利于进货和补货作业；产品或品种相同，但规格和型号不一样，在储放时要标识清楚，并用颜色加以辨别，以免发货混淆。

企业在通过仓储规划降低仓储成本时，应以保证物流总成本最低和不降低企业的总体服务质量和目标水平为前提。

（资料来源：百度文库，引文经整理、节选和改编）

（三）储存空间规划

储存物品的空间又称储存空间，储存空间规划是指库存物品在仓库立体空间上进行规划。储存空间规划是普通仓库规划的核心，其合理与否直接关系仓库的作业效率和储存能力。因此，储存空间规划极为重要。

1. 储存空间的构成

储存空间包括物理空间、潜在利用空间、作业空间和无用空间，即储存空间＝物理空间＋潜在利用空间＋作业空间＋无用空间。其中，物理空间指物品实际占用的空间；潜在利用空间指储存空间中没有被充分利用的空间，一般仓库有 10%～30% 的潜在利用空间；作业空间指作业活动进行所必备的空间，如作业通道、货品之间的安全间隙等。

2. 储存空间规划的原则

在进行储存空间规划时，首先要考虑需储存物品的数量及其储存形态，以便能提供适当的空间。同时，必须进行仓储区的分类，了解各空间的使用目的，确定储存空间的大小，然后进行储存空间的布置设计。如果因储存空间的限制而无法满足储存要求，就要寻求可以提高保管效率的储存方法。储存空间规划应遵循以下原则：实行定置管理，确保工作环境整洁、安全；选择适当的建筑形式；照明、通风、采暖条件好；具备适当的柔性，适应生产的变化。

3. 储存空间规划的基本思路

仓库基建时，应将场地上自然起伏的地形适当加以改造，使之满足库区各建筑物、库房和货场之间的装卸、运输要求，并合理进行场地排水设计。

（1）库房、货场、站台标高布局

库房地坪标高与库区路面标高决定了仓储机械化程度和叉车作业情况。库房地坪与路面之间的高差要适当，最多不超过4%的纵向坡度，以利于提高机械作业的效率。货场一般沿铁路线布置，多数跨铁路专用线两侧，在标高上，应确保铁路专用线的正常运营。装卸站台一般有汽车站台和火车站台之分，其高度和宽度与铁路线和汽车路线标高关系密切，通常因商品批量大小、搬运方式和运输工具而异，一般分为高站台和低站台。处理多品种、少批量的商品，一般采用高站台，站台高度与汽车货台高度一样。一般汽车站台高出路面0.9~1.2米，宽度不少于2米；铁路站台高出轨面1.1米，宽度不少于3米。处理少品种、大批量的商品，一般采用低站台，站台面和地平面等高，以便于铲斗车、吊车等机械进行装卸作业。此外，还有种可升降站台，可根据需要调节高度和坡度。

（2）合理利用地坪建筑承载能力

仓库地坪单位面积建筑承载能力因地面、垫层和地基的结构差异而有所不同。例如，在坚硬的地基上采用300毫米厚的片石，地面用200毫米厚的混凝土，其建筑承载能力为5~7吨每平方米。应充分利用地坪的承载能力，采用各种货架存货，以充分利用空间，同时使用各种装卸机械设备配合作业，加速库存商品的周转。

在规划仓储空间时，首先应考虑物品的货量及储存条件，以便根据实际需求提供适当的空间。所以在布局时要充分了解包括长宽高、重量等物理性质，掌握物品SKU、堆码标准等信息。其基本思路如下。

①根据物品的特征，分区分类存放，特性相近的物品共同存放。

②重不压轻，将单位体积大、单位质量大的物品存放于货架底层，并且靠近出库区和通道。

③周转率高的物品储存在进/出库装卸搬运最便捷的位置。

④同一供应商或者同一客户的货物集中存放，便于后期进行分拣配货作业。

4. 储存空间规划的影响因素

影响储存空间规划的主要因素是作业、物品和设备。作业因素主要包括作业方法及作业环境；物品因素主要包括货品特性、物品存储量、出入库量等；设备因素主要包括储存设备及出入库设备等。

在规划布局的过程中，必须在空间、人力、设备等因素之间进行权衡，宽敞的空间并不总是有利的，因为空间过大，保管或存取物品过程中机械设备与仓储管理人员行走距离也会增加。但是，空间狭小拥挤也会影响工作，降低作业效率。

5. 库容量的确定及利用

库容量主要取决于拟存物品的平均库存量。物品平均库存量是一个动态指标，随着物品的收发经常发生变化。流通领域的经营性仓库，其库容量难以计算，但可以确定一个最大吞吐量指标；制造企业内仓库，可根据历史资料和生产的发展，估算出平均库存量，一般应考虑 5 ~ 10 年后预计达到的数量。

库存量以实物形态的数量表示。在库存量大体确定后，应根据拟存物品的规格、品种、体积、单位重量、形状和包装等确定每一个物品单元的尺寸和重量，以此作为仓库的存储单元。仓库存储单元一般以托盘或货箱为载体，每个物品单元的重量多为 200 ~ 500 千克，最好采用标准托盘尺寸。对于托盘货架仓库，库容量一般以托盘为单位。库容量的利用要考虑以下两方面的损失。

（1）蜂窝损失

分类堆码时的计算面积要考虑蜂窝损失。若某仓库分类堆码为一个通道各有一排物品，每排物品有若干列，而每一列堆码 4 层，如果在一列货堆上取走一层或几层，只要不被取尽，所生产的空缺就不能被别的物品填补，留下的空位如同蜂窝，故为蜂窝损失。它影响着库容量的充分利用。

（2）通道损失

通道损失源于通道占据了有效的堆放面积。无论是分类堆码还是货架储存，都存在通道损失。若不考虑通道深度的情况，通道损失可用下式计算：

$$L = W \div (W + 2d) \tag{6-1}$$

式中　L——通道损失；

　　　W——通道宽度；

　　　d——货堆深度。

6. 储存空间的评价要素和评价方法

（1）评价要素

储存空间规划的成功与否，需要从仓储成本、空间效率、作业时间、物品流量、作业感觉五个方面进行评价。

①仓储成本，主要指固定保管费用、保管设备费用、其他搬运设备费用等。

②空间效率，主要指储存物品特性与数量，出入库设备，梁柱、通道的安排布置等。

③作业时间，主要指出入库时间。

④物品流量，主要指进货量、保管量、拣货量、补货量、出货量。

⑤作业感觉，主要指作业方法、作业环境。

（2）评价方法

有了以上评价要素，就可以利用下面几个指标来衡量储存空间的规划是否科学合理。

①仓储成本指标。以每一立方米物品的保管数量来估算，该费用包括固定保管费用和可

变保管费用，单位为元/m³。

②空间效率指标。仓库空间效率可根据实际的保管容积率来评估，其计算公式为：

仓库空间效率＝实际仓储可利用容积÷仓储空间容积×100%

③时间指标。作业时间主要用拣货时间加上在保管时因货位的空间调整而移动货品的时间来表示。

④流量指标。仓库流量的评估基准以月为单位，即以每月的入库量、出库量、库存量三项数值来计算，其值为 0～1，越接近 1 说明库存的周转率越高，其计算公式为：

仓库流量＝（入库货量＋出库货量）÷（入库货量＋出库货量＋存货量）

⑤作业感觉指标。仓库可以自行定义该指标的级数，如宽的、窄的、大的、小的、舒服的、不舒服的、整齐的、杂乱的等。再利用问卷方式调查作业人员对其作业空间的感觉，由此得到这些感性指标。

三、仓库的平面布置

仓库平面布置指对仓库的各个部分，包括生产区、辅助生产作业区等，在规定范围内，根据实际操作物流需求，进行全面合理的安排。仓库平面布置对仓储作业的效率、储存质量、储存成本和仓库盈利目标的实现产生很大影响。

（一）仓库平面的构成

一个仓库通常由生产作业区、辅助作业区和行政生活区三大部分组成。

（1）生产作业区

生产作业区是现代仓库的主体部分，是商品仓储的主要场所。其主要包括储货区、道路、铁路专用线、码头、装卸平台等。储货区是储存保管、收发整理商品的场所，是生产作业区的主体区域。储货区主要由保管区和非保管区两大部分组成。保管区是主要用来储存商品的区域，非保管区包括各种装卸设备通道、待检区、收发作业区等。现代仓库已由传统的储备型仓库转变为以收发作业为主的流通型仓库，其各组成部分的构成比例通常为：合格品储存区面积占总面积的 40%～50%；通道占总面积的 8%～12%；待检区及收发作业区占总面积的 20%～30%；分拣区占总面积的 10%～15%；退货及不合格品隔离区占总面积的 5%～10%。库区铁路专用线应与国家铁路、码头、原料基地相连接，以便机车直接进入库区进行货运。库内的铁路线最好采用贯通式，顺着库长方向铺设，并应使岔线的直线长度最大，其股数应根据货场和库房宽度及货运量来决定。在进行整体规划时，需要着重考虑生产作业区域的布局。

（2）辅助作业区

辅助作业区是为仓储业务提供各项服务的设备维修车间、车库、工具设备库、油库、变电室等。值得注意的是，油库应远离维修车间、宿舍等易出现明火的场所，周围要设置相应的消防设施。

（3）行政生活区

行政生活区是行政管理机构办公和职工生活的区域，具体包括办公楼、警卫室、化验室、宿舍和食堂等。为便于业务接洽和管理，行政管理机构一般布置在仓库的主要出入口，并与生产作业区用隔墙分开，避免非作业人员对仓库生产作业产生影响和干扰。职工宿舍楼一般应与生产作业区保持一定距离，以保证仓库的安全和生活区的安宁。

小知识

仓储规划中功能区面积的测算

功能区面积测算是仓储规划中对仓储设施对象进行数字化需求构建的部分。面积（空间）就是仓储的"实"。功能区面积的测算可以先归类，归类以后，一类功能区可以调用一个方法，只是参数不同而已。可以将功能区分为月台、存储区、分拣区、集货区（缓存区）、通道，基本上所有的功能区都可以由这些部分组成。它们各自的功能或特点如下。

第一，每个功能区都会有通道，也就是说通道本身是一个模块，同时也是其他功能区的子模块；第二，存储区中可以细分为托盘区、轻型货架区、地堆区、自动化货架区，虽然形式不同，但是主体结构相同，比如货位的三维结构、通道的考虑要点、作业功能等；第三，集货区（缓存区）可以在各个流程中存在，只要时间上无法无缝衔接，就有可能存在集货（缓存）占用面积；第四，分拣区的设计比较灵活，与分拣批次、出库方式都有关联，是一个流动性强且非常重要的区域，因此，在设计时需要多方面考虑。

功能区面积测算的变量繁多，而且获取方式比较复杂，这也是仓储规划的难点之一。面积测算中变量的应用需要注意以下几点：第一，有的变量是直接输入的，如建筑方面的信息；第二，有的变量是通过数据分析运算后输入的，比如到货车辆、库容等；第三，有的变量是人工采集的，如作业时长等。

（二）仓库面积的计算

仓库面积包括存储面积和辅助面积，存储面积指货架和作业通道实际占用面积；辅助面积指收发、分拣作业场地、通道、办公室和卫生间等的面积。面积计算方法一般有直接计算法、荷重计算法、类比计算法和公式计算法。

（1）直接计算法

直接计算法就是直接计算出货架、堆垛所占的面积和辅助面积等，然后相加求出总面积。

（2）荷重计算法

荷重计算法是一种经验算法，通常以每种物品的荷重因子，即每吨物品存储时平均占用的体积为基础，再根据库存量、储备期和单位面积的荷重能力来确定仓库面积。这种计算方法适合散装物品，在我国计划经济时代应用较多，但因为现在储备时间大大缩短和采用货架、托盘后物品的单位面积荷重能力数据改变较大，应用不多。

（3）类比计算法

面积较难计算时，可以采用类比计算法，以同类仓库面积比较类推所需面积。该法以现已建成的同级、同类、同种仓库面积为基准，根据储量增减比例关系，加以适当调整，来推算新建仓库的有效面积。

$$S = S_0 \times \frac{Q}{Q_0} \times k \quad (6\text{-}2)$$

式中　S——拟新建仓库的有效面积，单位为 m^2；

　　　S_0——参照仓库的有效面积，单位为 m^2；

　　　Q——拟新建仓库的最高储备量，单位为 t；

　　　Q_0——参照仓库的最高储备量，单位为 t；

　　　k——调整系数（当参照仓库的有效面积不足时，$k>1$；当参照仓库的有效面积有余时，$k<1$）。

（4）公式计算法

公式计算法综合考虑了集装单元存储系统的四种方式：单元堆垛、深巷式存储（或称贯通式货架存储）、单深货架存储和双深货架存储，采用一套变量和公式来计算面积。公式计算法实质上是根据单元堆垛与货架存储的几何特征得出公式的，这些公式比较复杂，变量多，在实际应用中多有不便。

例6-3　某仓库拟存储 A、B 两类物品，包装尺寸的长宽高分别为 500 毫米×280 毫米×180 毫米和 400 毫米×300 毫米×205 毫米，在 1 200 毫米×1 000 毫米×150 毫米的标准托盘上堆垛，高度不超过 900 毫米，两类商品最高库存分别是 19 200 件和 7 500 件。采用选取式重型货架堆垛，货架每一货格存放两个托盘物品。作业叉车为电动堆垛叉车，提升高度为 3 524 毫米，直角堆垛最小通道宽度为 2 235 毫米。试确定货架长、宽、高，层数和排数，并计算货架区面积。

分析：采用货架存储直接计算的方法是以托盘为单位的，要先确定货架和货格尺寸、货架排列和层数，再确定面积。具体步骤如下。

步骤 1：计算 A、B 两类物品所需的托盘存储单元数。

对于 A 类物品，1 200×1 000×150（毫米）的托盘每层可放 8 件（不超出托盘尺寸）；可堆层数为（900-150）÷180＝4.17，取整，即 4 层，故每一托盘可堆垛 32 件；所需托盘数为 19 200÷32＝600。同理，对 B 类物品，每托盘可堆垛 30 件，共需 250 托盘。A、B 共需 850 托盘。

步骤 2：确定货格尺寸。

因每格放 2 个托盘，按托盘货架尺寸要求，确定货格尺寸为 2 750 毫米（立柱宽度 50 毫米）长，1 000 毫米深，1 100 毫米高（含横梁高度）。

步骤 3：确定货架层数。

由叉车的提升高度 3 524 毫米，确定货架层数为 4 层，含地上层。

步骤 4：确定叉车货架作业单元。

该单元共有 16 个托盘，长度为 2 750 毫米，深度为两排货架深度+背靠背间隙（100 毫米）+叉车直角堆垛最小通道宽度，即深度=2×1 000+100+2 235＝4 335 毫米；在计算面积时，为了使计算结果更简洁，可以将长度、深度单位换算成米，即单元面积 S_0＝2.75×4.35≈11.96 米。

步骤5：确定面积。

由总库存量折合量除以叉车货架作业单元得所需单元数，再乘以单元面积即可得货架区面积，即单元数=850÷16=53.125，取不小于该数的最小整数，即54个，故货架区面积$S=54×S_0=645.84$平方米。

步骤6：确定货架排数。

货架总长和排数与具体的面形状有关。新建仓库可以此作为确定仓库大体形状的基础。本例有54个单元，按6×9得货架为9个单元，即长为$9×2750=24750$毫米（取24.8米），共6个巷道，12排货架；深为$6×4350=26100$毫米，深度比长度大，不符合货架沿长方向布置的原则。可考虑用4巷道，取$4×14=56$，此时长度为$14×2750=38500$毫米（取38.5米），深度为$4×4350=17400$毫米（取17.4米）。

（三）仓库平面布置的原则

（1）便于储存保管

仓库的基本功能是对库存物品进行储存保管。在进行平面布局时要利于物品的合理储存和充分利用库容，为保管创造良好的环境，提供适宜的条件。

（2）利于作业优化

仓库作业优化是指提高作业的连续性，实现一次性作业，减少装卸次数，缩短搬运距离，使仓库完成一定的任务所发生的装卸搬运量最少。同时还要注意各作业场所和科室之间的业务联系和信息传递。

（3）保证仓库安全

仓库安全是一个重要的问题，仓库的平面布置要注意防火、防洪、防盗、防爆灯。仓库建设时要严格执行建筑设计防火规范的规定，留一定的防火间距，并有防火、防盗安全设施。作业环境的安全卫生标准要符合国家的有关规定，有利于职工的身体健康。

（4）节省建设投资

要因地制宜，充分考虑地形、地质条件，利用现有资源和外部协作条件，根据设计规划和库存物品的性质更好地选择和配置设施、设备，最大限度地发挥其效能。仓库中的延伸性设施，例如供电、供水、排水、供暖、通信等基础设施对基建投资和运行费用的影响很大，应该尽可能集中布置。

（5）提高出入库效率

易燃的物品应尽量靠外面布置，以便管理；有吊车的仓库，汽车入库的运输通道最好布置在仓库的横向方向，以减少辅助面积，提高面积利用率；仓库内部主要运输通道一般采用双行道；仓库出入口附近，一般应留有收发作业的面积；仓库内设置管理室及生活间时，应用墙与库房隔开，其位置应靠近道路一侧的入口处。

（四）仓库平面布置的要求

（1）仓库平面布置要适应仓储作业过程的要求，有利于仓储作业的顺利进行

仓库平面布置的物品流向，应该是单一的。仓库位置应便于商品的入库、装卸和提取，库内区域划分明确、布局合理。避免任何迂回运输，力求最短的搬运距离。最大限度地利用

空间。提高装卸机械的装卸效率，满足装卸工艺和设备的作业要求。

（2）仓库平面布置要有利于提高仓储经济效益

仓库货门的设置既要考虑集装箱和货车集中到达时的装卸作业要求，又要考虑由于增设货门而造成堆存面积的损失。集装箱物品仓库和零担仓库尽可能分开设置，库内物品应按发送、中转、到达商品分区存放，并分线设置货位，以防发生事故，同时可最大限度发挥其效能。

（3）仓库平面布置要有利于保证安全和职工的健康

仓库建设时严格执行《建筑设计防火规范》的规定，留一定的防火间距；仓库应配置必要的安全、消防设施，以保证安全生产。有防火防盗安全设施，作业环境的安全卫生标准要符合国家的有关规定，有利于职工的身心健康。同时还要考虑防洪、排水标准和措施。

（五）仓库内部布置

仓库内部布局是对保管场所内的货垛（架）、通道、垛（架）间距、收发货区等进行合理规划，并正确处理它们的相对位置。

1. 货位布置形式

保管面积是库房使用面积的主体，它是货垛、货架所占面积的总和。货垛、货架的排列形式决定了库内平面布置的形式。仓库货位布置的形式有垂直式布置和倾斜式布置两种。

（1）垂直式布置

垂直式布置指货垛或货架前排与仓库的侧墙互相垂直或平行，具体包括横列式布局、纵列式布局和纵横式布局。垂直式布置如图6-2所示。

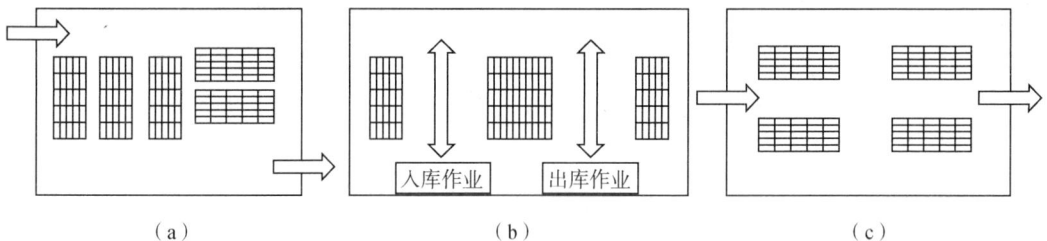

图6-2　垂直式布置

（a）横列式布局；（b）纵列式布局；（c）纵横式布局

①横列式布局。横列式布局是指货垛或货架的长度方向与仓库的侧墙互相垂直。其主要优点为：主通道长且宽，副通道短，整齐美观，便于存取盘点；如果用于库房布局，还有利于通风和采光。但是仓库利用率低。

②纵列式布局。纵列式布局是指货垛或货架的长度方向与仓库侧墙平行。其主要优点为：可以根据库存物品的在库时间和进出频率安排货位，在库时间短、进出频繁的物品放置在主通道两侧，在库时间长、进出不频繁的物品放置在里侧；仓库利用率较高，主干道货位可储存周转率高的物品，支干道货位可储存周转率低的物品。但是该布置不利于机械化操作。

③纵横式布局。纵横式布局是指在同一保管场所内，同时兼有横列式布局和纵列式布

局，可以根据储存物品的特性进行利用，综合利用两种布局的优点。

（2）倾斜式布置

倾斜式布置指货垛或货架与仓库侧墙或主通道成60°、45°或30°夹角，具体包括货垛（架）倾斜式布局和通道倾斜式布局。货垛倾斜式布局是横列式布局的变形，主要出于方便叉车作业，减小叉车旋转角度，提高作业效率而采用该方式。通道倾斜式布局可以将仓库划分为不同作业区，如少量长期储存区、量大短期储存区等，便于仓储区域综合利用。这两种倾斜式布置的效果如图6-3所示。

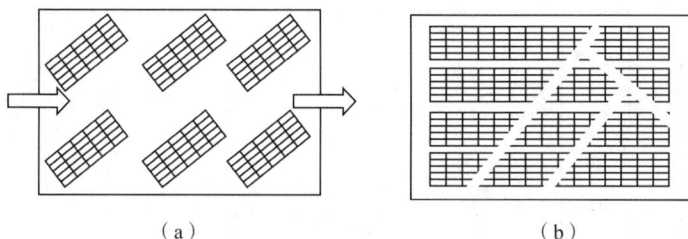

（a）　　　　　　　　　　　　　（b）

图6-3　倾斜式布局

（a）货垛倾斜式布局；（b）通道倾斜式布局

2. 物流动线布置

在仓储设施规划中，通道的布置形式决定了物品、人员的流动模式。影响仓库内部流动模式选择的一个重要因素是仓库入口和出口的位置。通常由于外部运输条件或原有设施规划与设计的限制，需要按照给定的出入口位置来规划流动模式。仓库内部流动模可以用物流动线类型来反映，而基本物流动线类型有以下五种。

（1）U形动线

U形动线描述：在仓库的一侧同时有发货月台和收货月台。U形使用同一通道供车辆出入，可以根据进/出货频率，将流量大的物品安排在靠近进/出口的储存区域，缩短这些物品的拣货、搬运路线。U形适用于有大量物品需要一入库就进行出库操作的企业；适合越库作业的进行。另外，由于储存区靠里，比较集中，易于控制与进行安全防范，可以从建筑物三个方向进行空间扩张。这是目前仓储业较多采用的布局。U形动线示意如图6-4所示。

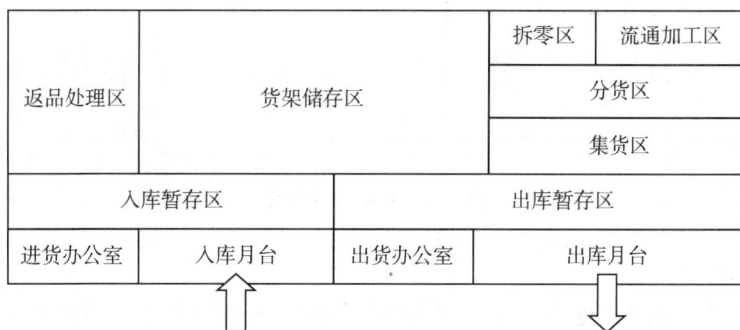

图6-4　U形动线示意

（2）I形动线

I形动线描述：出货和收货区域处在仓库内两端相对的位置。I形是最简单的一种流动模式，入口与出口位置相对，仓储设施只有一跨，外形为长方形，设备沿通道两侧布置。常用于接收相邻加工厂的货物，或用不同类型的车辆来出货和发货。这种直线型布局可以应对进/出货高峰同时出现的情况。

无论订单大小与拣货品项多少，均需要通过仓库全程，适合用于作业流程简单、规模较小的物流作业。I形动线示意如图6-5所示。

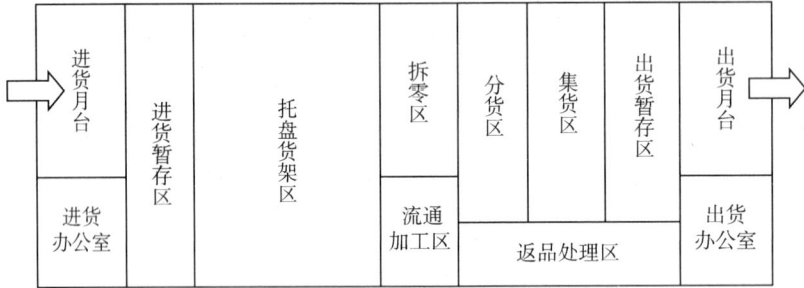

| 进货月台 | 进货暂存区 | 托盘货架区 | 拆零区 | 分货区 | 集货区 | 出货暂存区 | 出货月台 |
| 进货办公室 | | | 流通加工区 | 返品处理区 | | | 出货办公室 |

图6-5　I形动线示意

（3）L形动线

L形动线描述：需要处理快速货物的仓库通常采用L形动线，把货物出入仓库的途径缩至最短。L形适用于仓储设施中不能够实现直线流动的情况，但设备布置设计与I形相似，入口与出口分别处于仓储设施两侧面。可以应对进出货高峰同时发生的情况；适合越库作业的进行；可同时处理"快流"及"慢流"的货物。L形动线示意如图6-6所示。

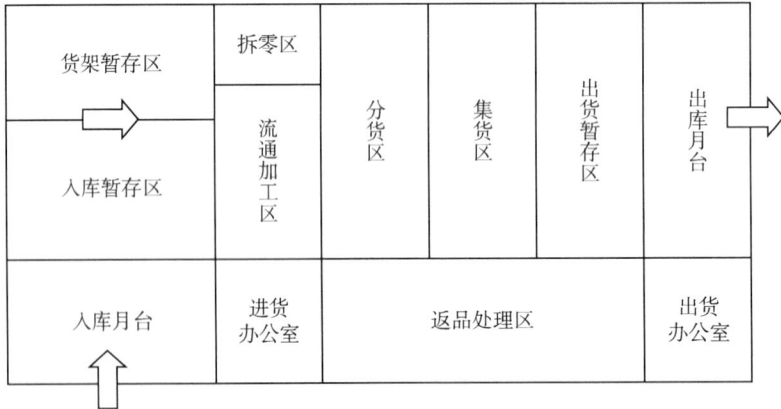

货架暂存区	拆零区	分货区	集货区	出货暂存区	出库月台
入库暂存区	流通加工区				
入库月台	进货办公室	返品处理区			出货办公室

图6-6　L形动线示意

（4）S形动线

S形动线描述：需要经过多步骤处理的货品一般采取此种动线。可以满足多种流通加工等处理工序的需要，且在宽度不足的仓库中作业；可与I形动线结合使用。S形动线示意如图6-7所示。

图6-7　S形动线示意

（5）T形动线

T形动线描述：可以满足物品流转与储存两大功能，可以根据需求增加储存面积。T形动线示意如图6-8所示。

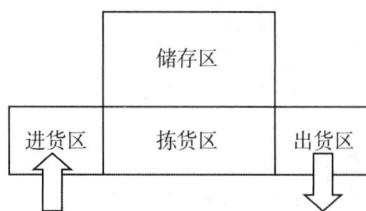

图6-8　T形动线示意

实际物流动线通常是由以上五种基本类型组合而成的。仓储设施可以根据作业流程要求及各作业单位之间的物流关系选择合适的类型，进而确定仓储设施的外形及尺寸。

（六）仓库内非保管场所的布置

仓库内非保管场所是指仓库内除货架和货堆所占的保管面积之外的其他面积，在日常管理中，应尽量扩大保管面积，缩小非保管面积。非保管面积包括通道、墙间距、收发货区、仓库工作人员办公地点等。

1. 通道

（1）影响通道位置及宽度的因素

影响通道位置及宽度的因素：通道形式；搬运设备的形式、尺寸、产能、回转半径；储存物品的尺寸；与进/出口及装卸区的距离；物品的批量、尺寸；防火墙的位置；建筑柱网结构和行列空间；服务区及设备的位置；地板承载能力；电梯及坡道位置。

（2）通道的设计原则

①流量经济。让所有仓库通道的人、物移动皆形成路径。

②空间经济。通道通常需占据仓库空间，因此须谨慎设计以发挥空间运用的效益。

③设计的顺序。首先为主要通道配合出入仓库门的位置进行设计；其次为出入部门及作业区间的通道进行设计；最后为服务设施、参观走道进行设计。

（3）通道设计的计算

库房内的通道分为运输通道、作业通道和检查通道。

①运输通道。运输通道主要供装卸搬运设备在库内行走，其宽度主要取决于装卸搬运设备的尺寸和单元装卸的大小，其计算公式为：

$$A = P + D + L + 2C \tag{6-4}$$

式中　A——通道宽度；

　　　P——叉车外侧转向半径；

　　　D——商品至叉车驱动轴中心线的间距；

　　　L——商品长度；

　　　C——转向轮滑行的操作余量。

大体来说，用小推车搬运时通道的宽度一般为 $2 \sim 2.5$ 米；用叉车搬运时，一般为 $2.4 \sim 3$ 米；进入汽车的单行道一般为 $3.6 \sim 4.2$ 米。

②作业通道。作业通道是供作业人员存取、搬运物品的行走通道，其宽度取决于作业方式和商品大小。采用人工存取的货架之间的过道宽度一般为 $0.9 \sim 1.0$ 米，货垛之间的过道宽度一般为 1 米左右。其中，当通道内只有一人作业时，其宽度的计算公式为：

$$A = B + L + 2C \tag{6-5}$$

式中　A——作业通道的宽度；

　　　B——作业人员身体的厚度；

　　　L——商品长度；

　　　C——转向轮滑行的操作余量。

③检查通道。检查通道是供仓库管理人员检查库存物品的数量及质量的行走通道，其宽度只要能使检查人员自由通过即可，一般为 0.5 米左右。

2. 墙间距

墙间距一般宽度为 0.5 米左右，一方面是使货垛和货架与库墙保持一定距离，避免物品受潮；另一方面也可作为检查通道和作业通道。当兼为作业通道时，其宽度须增加一倍。墙间距同时作为作业通道是比较有利的，它可以使库内通道形成网络，方便作业。

3. 收发货区

收发货区是指供收货、发货时临时存放物品的作业场地，可分为收货区和发货区，也可以划定一个收货、发货共用的区域。收发货区的位置应靠近库房进门和运输通道，可设在库房的两端或适中的位置，并要考虑到收货、发货互不干扰。对靠近专用线的仓库，收货区应设在专用线的一侧，发货区应设在靠近公路的一侧。如果专用线进入库房，收货区应设在专用线两侧。

4. 仓库工作人员办公地点

仓库工作人员的办公地点可设在库内，也可设在库外。如果设在库内，需要隔成单间，但这会影响库内的布置，也占用了有限的储存面积，因此，宜在库外另建办公场所。如果在库外建办公场所，需要考虑管理的方便，不能离得太远。

（七）仓库内部布置

仓库内部布置的主要目的是提高仓库内作业的灵活性和有效利用仓库内部的空间。仓库内部布置应在保证商品储存需要的前提下，充分考虑到库内作业的合理组织，协调储存和作业的不同需要，合理利用仓库空间。

商品保管和出入库作业是在仓库内进行的两种基本作业形式。按照仓库作业的主要内容，仓库可以分为储备型和流通型两大类。这两类仓库由于主要作业内容不同，对仓库的布置要求也有所不同。

1. 储备型仓库的布置

储备型仓库是以商品保管为主的仓库。在储备型仓库中储存的商品一般周转较为缓慢，并且以整进整出为主。储备型仓库主要目的是增加商品储存量，仓库布置的重点是在尽可能压缩非储存面积的基础上，增加储存面积。

在储备型仓库内，除需要划出一定的商品检验区、商品集结区，以及在储存区内留有必要的作业通道之外，仓库的主要面积应用于储存商品。检验区是为了对入库商品进行验收作业，集结区是为了对商品出库时进行备货作业。根据仓库内货位布置及商品出入库的作业路线，在储存区内还需要规划出必要的作业通道。

储备型仓库的布置特点要突出储存面积占仓库总面积的比例。为此，就必须严格核定各种非储存区域的占用面积。仓库内非储存面积一般包括商品出入库作业场地、作业通道、墙距和垛距。在核定作业场地，即检验区和集结区时，要考虑仓库平时出入库的商品数量。一般来说，仓库出入库作业量增大，这些区域也应该相应扩大，以保证及时、有效地组织商品出入库作业。核定作业通道所需面积时，一方面，应该注意在合理安排出入库作业路线的基础上，适当减少作业通道的数量和长度；另一方面，应合理确定作业通道的宽度，此时主要应考虑使用机械设备的类型、尺寸、灵活性及操作人员的熟练程度等。

2. 流通型仓库的布置

流通型仓库是以商品收发为主的仓库，例如批发和零售仓库、中转仓库，以及储运公司的以组织商品运输业务为主的仓库等。在流通型仓库中，储存的商品一般周转较快，频繁地进行出入库作业。对于流通型仓库来说，为了适应仓库内大量商品经常性地收发作业的需要，在进行仓库布置时必须充分考虑提高作业效率的要求。

在流通型仓库中，商品经过验收后首先进入储存区，在储存区内，按一定要求进行密集堆码。商品在储存区集中保管，然后经拣货及出库准备区出库。随着商品出库，拣货区的商品不断减少，然后从储存区向拣出货位上进行补货。确定拣货及出库准备区面积的大小主要应考虑商品出库作业的复杂程度和作业量的大小。作业越复杂，作业量越大，作业区域也应该越大，以避免作业过程中作业场地过于拥挤、相互干扰，降低作业效率。

与储备型仓库相比较，流通型仓库的布置有不同的特点，主要区别是缩小了储存区，增加了拣货及出库准备区。拣货及出库准备区的作用就是为了方便商品出库作业。在流通型仓库里，备货往往是一项复杂且工作量大的作业，各种商品按一定次序分别安排在各个货位上。进行备货作业时，作业人员或机械在货位间的通道内巡回穿行，将需要的商品不断拣出，送往集结区发运。

对于流通型仓库来说，仓库布置不以提高面积利用率为主，而要综合考虑各种需要。实际上，仓库储存的商品周转越快，储存面积相对也越小。

流通型仓库具有时间调整和价格调整的功能，同时，它是一个利润增值中心。它的保管方式不仅要求提高储存效率，更要求及时、准确、迅速地满足顾客的物流服务需求。流通型仓库不仅为物流合理化提供了条件，更重要的是为提高社会经济效益开辟了一条途径，流通型仓库在仓储业中显得越来越重要。

(八) 典型业务应用场景

1. 电商仓储

电商仓储讲究的是流通，追求的是入库量应与出库量基本持平，实现快进快出。尽管京东的"亚洲一号"、亚马孙的智能仓储技术在行业中具有很强的优势，但是由于价格等因素的存在，仓储仍存在一定程度的人工操作。

基于电商日订单量大、每张订单项目量少、订单要求反应速度快等特点，电商仓储需要能灵活调配工作人员，体现在电商仓库各区域的布局要合理，如图6-9所示，该图为典型的电商仓库布局示意。

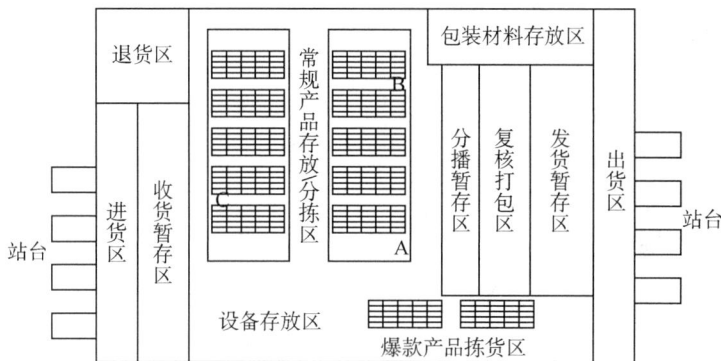

图6-9　典型电商仓库布局示意

（1）储存区规划

电商仓库多SKU，但每个SKU库存少，所以在电商仓储中以箱为单位。主要选择箱式货架，如隔板货架、中型货架等。在存放时，遵循ABC分类。A类指销量高、周转快、月出货占比高的物品，把这类物品统一放置到靠近分拨区位置，进出货频繁，为重点盘点区。B类为出货量少、频率低的物品，相对接近分拨区。C类为滞销品，靠后放，可以按周期盘点。

（2）分拣操作

C端客户送货速度快、送货准确度高的需求，对电商仓储的分拣能力提出了更高的要求。同时，在拣货后还需要在复核区进行二次订单核对，确保无误。为追求效率，可以创建波次，如表6-4所示，是常见的几种波次创建类型及目的。相较纸单拣选，采用PDA（Personal Digital Assistant，掌上电脑。物流领域中主要指条码扫描器、RFID读写器等），分拣正确率高，同时能实现实时库存同步。

表6-4　波次表

创建波次	目的
爆款订单分离	爆款产品订单可免去分拣及复核，实现快递发货
单品多件分离	免去分货，实现快速拣货与复核
不同承运商分离	不同承运商的订单分离，可减轻交接压力

另外，电商购物看不到实物便下单的特性，会造成大量退货的情况。因而对于电商仓储来说，还需要有退货处理能力，能做到对退货产品快速分拣，让可二次销售的产品再次上架。

小知识

电商仓储物流设备规划

仓储物流设备规划主要包含存储、搬运、复核、打包等设备的规划，选择合适的设备配合完成各个操作。由于电商特性，在仓储物流订单生产环节，为了提升拣选效率，会设计三种可能的拣选模式：单品拣货、先集后分、边摘边播。

单品拣货和先集后分这两种拣选模式，在拣选设备选择上，可参考传统的散件拣选，比如选用大的拣货笼框或者类似超市购物的拣货小车等。而边摘边播，要在一趟拣选任务中完成多个订单商品的拣选，并且在拣选过程中按照各个订单将商品分好，因此所选用的拣选设备上要能够相互隔开。

（案例来源：百度文库，引文经整理、节选和改编）

2. 汽配仓储

（1）储存区库区划分

汽配种类成千上万，正是这种商品的多样性、复杂性、形状各异性的特征，对汽配仓储的库区规划形成极大的考验。但是也正是因为这些特性，汽配仓储的库位没有所谓的标准或通用布置，都是各企业结合自身需求所规划的。大致有按供应商、配件类别、配件结构、车型、配件进出仓频次或数量、配件形态或重量分类等来划分库区的。

（2）货架选择

汽配仓储成本高、利润低，企业往往会重点考虑使用工具、货架的经济性。工具可随时更换，但货架必须考虑货架类型、库区规划等因素。通常采用标准货架、钢管货架、角铁货架等，其中角铁货架使用最为普遍。

（3）WMS应用

由于很多零部件有时效性，为了减少零部件因为长期存放而腐蚀、变质、老化等，在存取零部件时应该坚持先进先出原则。

使用WMS（仓库管理系统）的企业，在遵循先进先出原则时，应用的是条形码管理。

通过扫描入库时的采购订单条形码，完成系统入库作业后，系统会自动产生每一零部件的入库标签，而标签上的条形码与采购订单条形码是相互关联的。在出库拣货时，系统会根据零部件入库日期、批次等信息，自动分配先入库的存货库位；操作人员只需要根据系统提示，去指定的库位拣货即可。

3. 医药仓储

医药仓储是一个特殊的行业，对医药仓储来说，每一细节都在 GSP（Good Supply Practice，《药品经营质量管理规范》）中有规定。

（1）库区划分

医药仓库库区应划分为收货验收区、合格品区、发货区、不合格品区、退货区、待处理药品区；另外，冷库须设置收货验收区、合格品区、装箱发货区、退货区、待处理药品区、包装物料预冷区等专用场所；同时专管药品、中药材和饮片须单独设置对应区域。

不同的药品对温度与湿度也有一定规定。一般来说，会将散货区设在阴凉库，因为阴凉库可以存放常温要求的药品。如果放在常温库就要设置两个散货区，这样会降低利用率和增加成本。

（2）储存方式

仓储储存方式的优化对提高拣选出库效率有重要作用，一般医药仓储会采用整零分开，即将未拆过箱的药品存储在整件库，把已经拆箱、零散的药品放在专属的散件库区。每个库区都有专职操作人员，只从事各自库区内的药品的保管、拣货发放、出库复核工作，互不串岗。

实行整零分开后，可以明确药品的责任人，能有效地减少药品发货的差错率，实现快速盘点，并且在整件库配合使用重型货架可以有效提高库房的空间利用率。

（3）流程规划

由于整个流程是多个环节的组合，每个环节保质保量完成，能提升整个流程作业的效率。

在验收入库时，药品上架准确，有助于后期拣货作业。一般采用 RFID 确认，同时可采用组盘上架方式，这样既可以提高效率，又可以通过扫描上架目的库位保证上架准确率。另外，尽量采用系统指示上架，减少人工指示上架。

拣货是医药仓储工程量最大的环节，拣货的效率决定了仓储的效率。在智能仓储中，通过扫描分拣集货箱上的条形码，能获知分拣清单上所需的药品种类与数量，分拣人员可以在系统中定位到药品储存库位，引导拣货。

在出库环节一定要清点准确、交接清楚，一旦出错，后续处理就很麻烦。

尽管随着智能仓储的兴起，药品多批次、信息繁多的情况也随之得到缓解。但场地不够、集货复核效率低下等问题依然存在。有的企业采取密集式存储货架搭配穿梭小车模式试图解决上述问题。还有企业选择设置独立庭院，实行独立管理，有效地解决了上述问题。

四、仓储设施设备

物流仓储设备是现代化企业的主要作业工具之一，是合理组织批量生产和机械化流水作业的基础。对第三方物流企业来说，物流仓储设备又是组织仓储物流活动的物质技术基础，体现了企业的物流能力。伴随着物流的发展与进步，物流仓储设备不断提升与发展。物流仓储设备领域中许多新的设备不断涌现，如四向托盘、高架叉车、自动分拣机、自动引导搬运车、集装箱等，这些设备的应用极大地减轻了人们的劳动强度，促进了物流仓储的快速发展，提高了仓储物流运作效率和服务质量，降低了物流成本，在物流仓储作业中起着重要作用。

物流仓储设备是物流技术水平的主要标志，现代物流仓储设备体现了现代物流仓储技术的发展。我国近年来的物流仓储设备现代化、自动化程度较高，其特点主要表现在以下几个方面。

①设备的社会化程度越来越高，设备结构越来越复杂，并且从研究、设计到生产直至报废的各环节之间相互依赖、相互制约。

②设备出现了"四化"趋势，即连续化、大型化、高速化、电子化，提高了生产率。

③能源密集型的设备居多，能源消耗大；同时，现代设备投资和使用费十分昂贵，因而提高管理的经济效益对物流企业来说非常重要。

（一）仓库设备配置的原则

仓库是物流的重要组成部分。仓库的设备种类很多，为使其发挥最佳效用，必须进行合理的选择配置和管理使用，应选择和配置最经济、最合理、最适用、最先进的技术设备。除此之外，要求每一类设备工作可靠，无论在什么作业条件下，都要具有运行的稳定性。具体而言，仓储设备配置的原则主要有以下几种。

1. 适用性原则

仓储企业在选择运输设备时，要充分考虑仓储作业的实际需要，所选设备要符合货物的特性和储存量的大小，能够在不同的作业条件下灵活方便地操作。另外，仓储设备并不是功能越多越好，因为在实际作业中，并不需要太多的功能，如果设备功能不能被充分利用，则会造成资源和资金的浪费。同样，功能太少也会导致仓储作业的效率低下。因此要根据实际情况正确选择设备功能。

2. 先进性原则

先进性主要是指设备技术的先进性，主要体现在自动化程度、环境保护、操作条件等方面。但是先进性必须服务于适用性，尤其是要有实用性，以获得经济效益的最大化。

3. 最小成本原则

最小成本原则主要是指设备的使用费用低，整个寿命周期的成本低。有时候，先进性原则和最小成本原则会发生冲突，这就需要企业在充分考虑适用性的基础上进行权衡，做出合理选择。

4. 可靠性和安全性原则

可靠性和安全性日益成为选择设备、衡量设备好坏的主要因素。可靠性是指设备按要求完成规定功能的能力，是设备功能在时间上的稳定性和保持性。在评估设备的可靠性时，必须考虑到成本问题。安全性要求设备在使用过程中保证人身及货物的安全，并且尽可能不危害到环境。

（二）仓储设备的种类

1. 按仓储设备主要类别划分

（1）自动化立体仓储设备

利用自动化立体仓储设备可实现仓库高层合理化、存取自动化、管理简便化。其功能可分述为如下四点。

①高层货架存储，节约用地，充分利用库房空间，增大存储量。

②自动存取，提高出入库效率，机械自动化作业解放人力，降低劳动强度。

③计算机控制，自动对信息准确地进行存储和管理，自动打印各种报表。

④可与其他输送设备配合使用，使生产、仓库、物流整体连接，减少管理成本。

（2）分拣系统

分拣系统采用集中管理、分散控制的管理模式，将传感器、PLC（可编程逻辑控制器）、计算机、网络、电子拣选等硬件和软件模块相结合，以适应分拣系统的工艺要求和管理要求。该系统的总体任务是：实现控制系统与信息管理系统的信息交换；实现分拣过程高度自动化；实现分拣过程与备货系统高度紧密协调运作；实现对整个设备运行过程的实时监控；实现日处理订单量≥8 000 个的分拣控制；实现按分拣需求自动补货；实现当出现非正常停机时系统保护原有资料，而恢复正常时能接续原状态继续运行。

（3）升降设备

升降设备也叫升降机、提升机或电梯，是垂直上下往复输送的一种形式，也是水平输送机和垂直升降设备相结合的运送装置，是比较先进的一种特殊机械设备。其工作原理是利用升降平台的往复运动来实现物料的垂直输送，并且升降平台上可装上不同种类的输送设备，与出入口输送设备相配合，使输送过程完全自动化。升降平台的上下行程均可输送物料，在升降平台的一个循环过程中可使物料同时双方向流动。

2. 按仓储设备用途划分

物流仓储设备按用途细化可分为包装设备、仓储设备、集装单元器具、装卸搬运设备、流通加工设备、运输设备。

（1）包装设备

包装设备是指完成部分或全部包装过程的机器设备，主要包括填充设备、罐装设备、封口设备、裹包设备、贴标设备、清洗设备、干燥设备、杀菌设备等。包装设备是使产品包装实现机械化、自动化的根本保证。

（2）仓储设备

仓储设备主要包括货架、堆高车、搬运车、分拣设备、提升机、搬运机器人及计算机管理和监控系统等。这些设备可以组成自动化、半自动化、机械化的商业仓库，来堆放、存取和分拣承运物品。

（3）集装单元器具

集装单元器具主要有集装箱、托盘、周转箱和其他集装单元器具。货物经过集装器具的集装或组合包装后，具有较高的灵活性，随时都处于准备运行的状态，有利于实现储存、装卸搬运、运输和包装的一体化，达到物流作业的机械化和标准化。

（4）装卸搬运设备

装卸搬运设备指用来搬移、升降、装卸和短距离输送物料的设备，是物流机械设备的重要组成部分。从用途和结构特征来看，装卸搬运设备主要包括起重设备、连续运输设备、装卸搬运车辆、专用装卸搬运设备等。

（5）流通加工设备

流通加工设备主要包括金属加工设备、搅拌混合设备、木材加工设备及其他流通加工设备。

（6）运输设备

运输在物流系统中的独特地位，对运输设备提出了更高的要求。运输设备应具有高速化、智能化、通用化、大型化和安全可靠的特性，以提高运输的作业效率，降低运输成本，并使运输设备达到最优化。根据运输方式不同，运输设备可分为载货汽车、铁道货车、货船、空运设备和管道设备等。第三方物流公司一般只拥有一定数量的载货汽车，而其他的运输设备就直接利用公用运输设备。

> **案　例**

托盘高架仓库的应用

Haribo 公司在波恩附近建造了一个新的物流中心和生产基地。其物流活动的中心是 SSI Schäfer 公司研发生产的巨大托盘高架仓库，共有 92 800 个托盘架口。从高架立体库架口中存取物资的是 22 辆 SSI Schäfer 公司研发生产的 Exyz 型自动存取高架叉车，物资入库的吞吐量为每小时 645 托盘，出库的吞吐量为每小时 590 托盘。Haribo 公司从高架立体库储备的充足物资中受益，因为所有的物料流都是在两个楼层中反映出来的。

为了确保以最快的速度出库，需要交付的物资托盘在多级缓冲的不同缓冲区按照最佳的交付顺序排队，等待出库。按照客户、运输路线和日期规定的出库物资排序方式，极大地提高了物流工作的效率。

在 Haribo 公司新的物流仓库中还使用了综合性仓库管理软件和 WAMAS 物流软件，这对 Haribo 公司物流过程的个性化扩展有极大的帮助。WAMAS 软件将企业内部物流的所有组成部分整合到一个智能系统中，管理和控制着 Haribo 公司所有与内部物流有关的物流过程，能够高效灵活地处理各个合同、订单，提供和分析所有的物流指标，实现了物流优化和资源优化。

（案例来源：弗戈工业传媒，引文经整理、节选和改编）

模块二　案例讨论

案例1

蒙牛乳业自动化立体仓库的库区分布

内蒙古蒙牛乳业泰安有限公司（以下简称"泰安公司"）乳制品自动化立体仓库，主要存放成品纯鲜奶和成品瓶酸奶。该库后端与泰安公司乳制品生产线相衔接，另一端与出库区相连接，库区面积8 323平方米，货架最大高度21米，托盘尺寸1 200毫米×1 000毫米；库内货位总数19 632个，其中，常温区货位数14 964个，低温区货位4 668个；入库能力150盘/小时，出库能力300盘/小时，出入库采用联机自动。

根据存储温度的不同要求，该库划分为常温和低温两个区域。常温区保存鲜奶成品，低温区配置制冷设备，存储瓶装酸奶。按照生产、存储、配送的要求及奶制品的工艺要求，经方案模拟仿真优化，最终确定将库区划分为入库区、储存区、托盘（外调）回流区、出库区、维修区和计算机控制室6个区域。

（1）入库区

入库区由66台链式输送机、3台双工位高速环形穿梭车组成。链式输送机负责将生产线码垛区完成的整盘货物转入各入库口；双工位高速环形穿梭车则负责将生产线端输送机输出的货物向各巷道入库口分配、转运，并进行空托盘回送。

（2）储存区

储存区包括高层货架和17台巷道堆垛机。高层货架采用双托盘架货位，实现货物的存储功能；巷道堆垛机则按照指令完成从入库输送机到目标货位的搬运、存货及从目标货位到出货输送机的取货、搬运、出货任务。

（3）托盘（外调）回流区

托盘（外调）回流区分别设在常温储存区和低温储存区内部，由12台出库口输送机、14台入库口输送机、若干巷道堆垛机和货架组成，可完成空托盘回收、存储、回送、外调货物入库及剩余产品、退库产品的入库和回送工作。

（4）出库区

出库区设置在出库口外端，分为货物暂存区和装车区，由34台出库输送机、叉车和运输车辆组成。叉车司机通过电子看板、RF终端扫描，完成装车作业，反馈货物发送信息。

（5）维修区

维修区设在穿梭车轨道外的一侧，在某台空穿梭车更换配件或处理故障时，其他穿梭车仍旧可以正常工作。

（6）计算机控制室

计算机控制室设在二楼，用于出入库登记、出入库高度管理和联机控制。计算机管理与控制系统主要包括仓储物流信息管理系统和仓储物流控制与监控系统。仓储物流信息管理系统实现上层战略信息流、中层管理信息流的管理；仓储物流控制与监控系统实现下层信息流与物流作业的管理。

通过对蒙牛自动立体仓库的库区进行上述合理布置，从而保证其成品物流、内包材物流、辅料物流在仓库流程操作和控制系统方面都实现生产物流与仓储物流的统一管理调度，以及多库存储与生产物流的统筹管理等。

（案例来源：百度文库，引文经节选、整理和改编）

案例思考：

1. 联系案例思考乳制品企业在进行仓库布局时考虑的因素有哪些？
2. 思考仓库内部布局对仓储作业效率有哪些影响？

⊙ 案例2 ●●●

普洛斯的物流园区规划

一、背景资料

普洛斯是中国最大的现代产业园提供商和服务商，也是中国市场最早启动智慧物流及相关产业生态系统的打造者和促进者。截至 2019 年，普洛斯在中国、美国、日本、巴西、印度等市场处于领先地位，管理资产规模达 640 亿美元，拥有和管理的物业组合超过 7 300 万平方米。普洛斯与国内主要电子商务企业及其第三方服务伙伴，如唯品会、中粮我买网、京东等建立了合作关系，同时帮助成都、西安、天津等专业电子商务园区提供发展解决方案，帮助客户提高运营效率及实现共同配送。电商迅猛发展带动国内物流配送体系的升级与发展，顺丰、韵达、百世物流等速递/快运行业领导者也积极与普洛斯进行战略合作，支持其全国网络的布局。

二、普洛斯解决方案助力唯品会实现快速发展

唯品会是中国领先的网上限时特卖零售商，于 2008 年在广东成立，并于 2012 年 3 月 23 日在纽约证券交易所上市。唯品会面临的物流挑战是业务快速增长、注重客户体验、关注配送时效、独特的特卖电商模式。而普洛斯为其提供的解决方案是一站式服务模式：战略选址、设计施工、物业管理；得天独厚的定制化经验；高效的网络满足客户不断开发配送中心的需求；优越的地理位置减少运输成本和配送时间；品质物业和可靠的园区安全保障。

唯品会与普洛斯在中国展开了全国范围的合作，普洛斯物流园的战略性选址，帮助唯品会降低物流成本并提高配送效率，满足了唯品会快速的业务增长需求。普洛斯是唯品会在华东地区唯一的物流设施提供商。

1. 地块交通资源

唯品会华东物流配送中心位于昆山市南部，淀山湖北部。土地现状平整，无任何建筑物，周边供电、供水等配套齐全。物流园东靠杨家角路，北靠丁家滨路，西接民和路，周边与京沪高速公路相邻，交通便利。处于长三角地带的核心区域，对周边城市有着较强的辐射能力。地块距离唯品会千灯现有物流园仅 4 千米，距离唯品会淀山湖原有物流园仅 6 千米。

物流配送中心所处位置的交通极为便利，如距苏沪高速公路仅 4 千米，距虹桥机场仅 28 千米，丰富的交通资源优势决定了此地块适宜规划为新的物流中心。配送中心仓库建筑平面结构示意如图 6-10 所示。

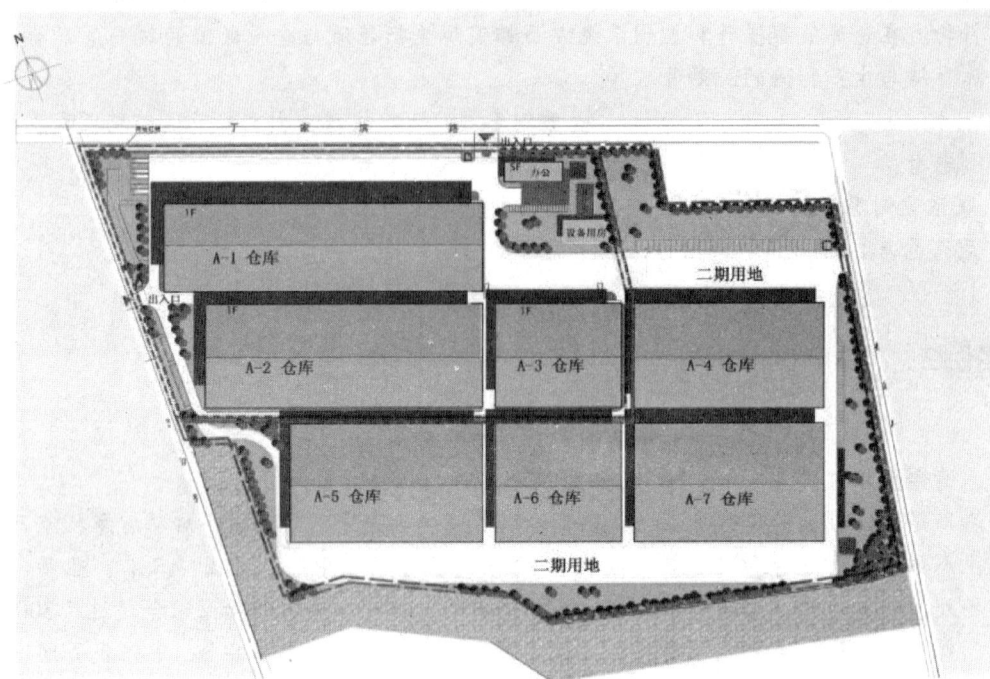

图6-10 配送中心仓库建筑平面结构示意

2. 分区示意及仓库形态分析

充分利用地块的长边南北向布置库房，一期用地布置3栋仓库，二期布置4栋仓库其分区示意如图6-11（a）所示。一期、二期的仓库通过通道连接。布局借鉴了天津亚马孙及昆山花桥亚马孙的成功经验。通过多库结合，形成"巨型仓库"。仓库形态分析过程如图6-11（b）所示。

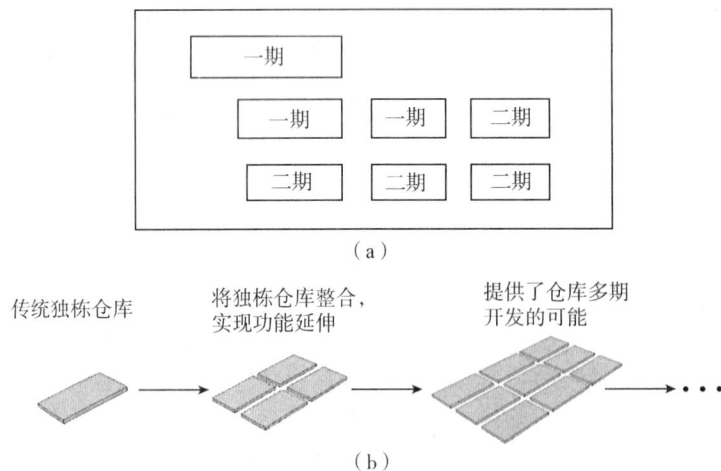

（a）

（b）

图6-11 分区示意及形态分析

（a）分区示意；（b）仓库形态分析过程示意

3. 仓库间货物流转分析

将7栋仓库看成一栋巨型仓库，因此在北侧设置了收货区，在南侧设置了发货区，收发货区每个柱跨都设置了货物升降平台及提升门，仓库之间则通过叉车来流通，形成快进快出的周转模式，提高了周转效率，解决了单栋仓库无法达到的灵活性。其货物流转示意如图6-12所示。

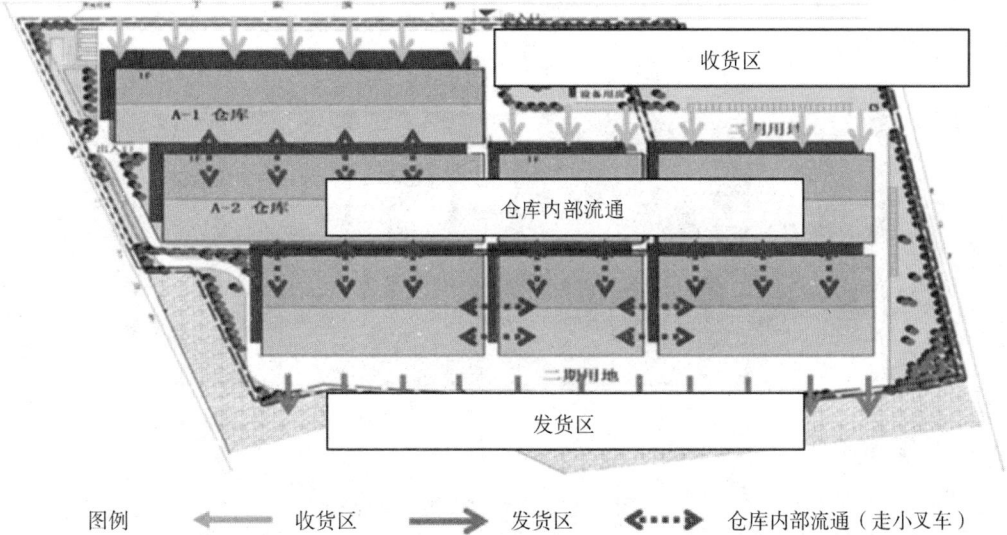

图6-12　仓库货物流转示意

4. 综合楼功能

（1）一层

一层左侧为接待大厅，门厅开敞、大气。右侧为员工食堂，可供352人同时用餐。在满足规范设计的同时，提供较为宽敞的就餐环境，以形成物流园区良好的配套。一层内部结构如图6-13所示。

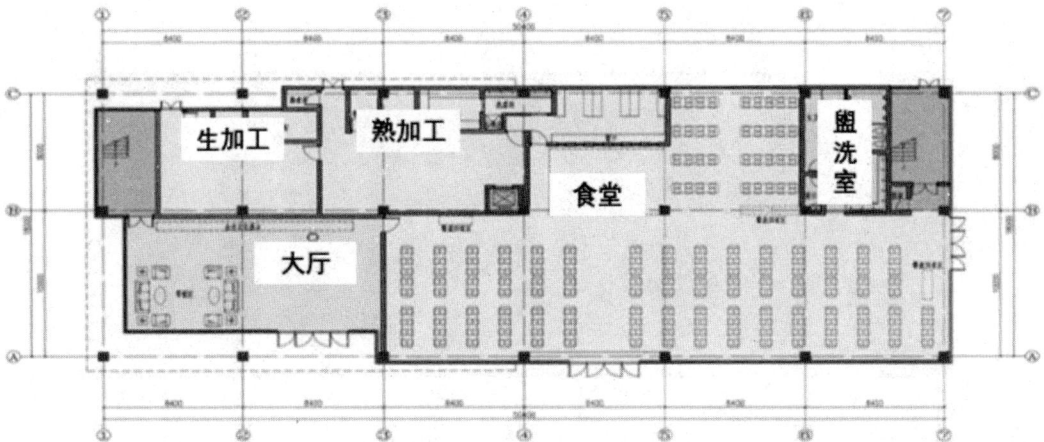

图6-13　综合楼一层示意

（2）二层

二层主要为开敞办公，将打造一个现代化的物流办公环境，为快速的物流配送链条提供便捷的后勤办公服务，在提升物流园区效率的同时，满足唯品会多方面的需求。办公隔间有财务间及总经理室，形成办公组。开敞办公人数按 5 平方米每人计算，可供 112 名办公人员使用。另外，该层还设置了自助餐区及两个 VIP 用餐包间，满足高层次的就餐需要，通过楼梯及服务间衔接一层食堂。综合楼二层内部结构如图 6-14 所示。

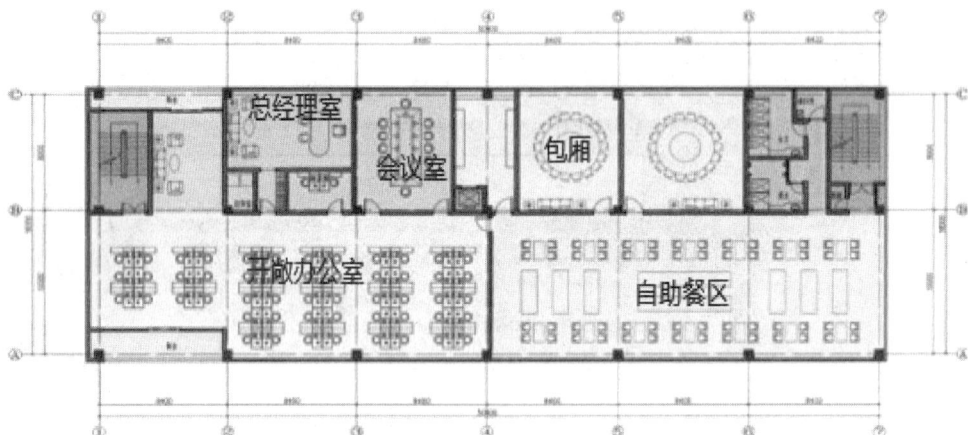

图 6-14　综合楼二层内部结构

（3）三层和四层

三层和四层为男生宿舍，共有 19 间宿舍单间，按 8 人每间计算，共可为 304 名员工提供住宿。

洗浴设施方面：每层配备更衣室、淋浴室、热水设备及洗衣房。

卫生设施方面每层配备蹲便器、小便斗、洗手盆、盥洗室水嘴、拖把池。三层和四层内部结构布局一样，三层的内部结构如图 6-15 所示。

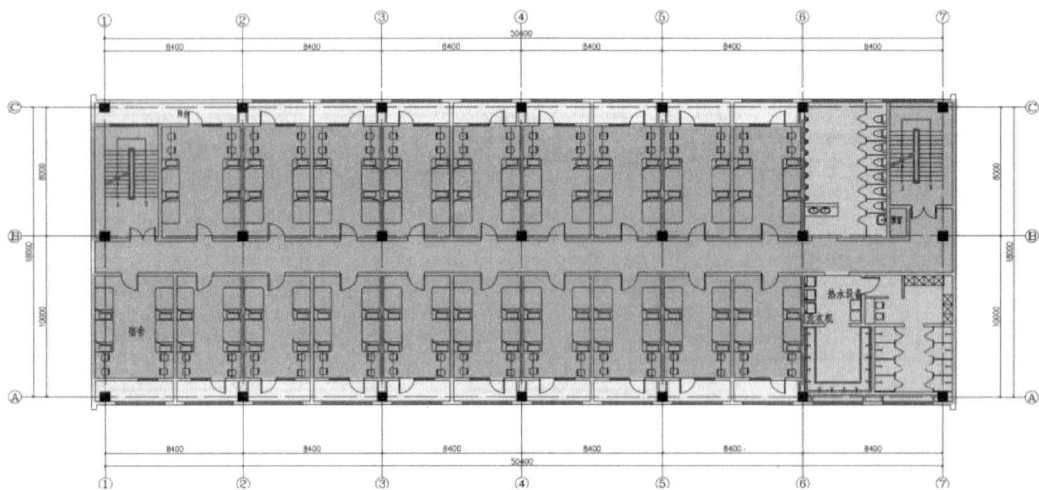

图 6-15　综合楼三层内部结构

5. 综合楼外部景观设计

综合楼处的景观以绿地及硬质铺地为主，辅以适当的小型灌木及地方的地被植物，通过色彩的深浅搭配来营造一种简洁又不失现代感的景观空间，让员工可以在工作中充分享受到绿色与休闲，通过活跃的气氛来烘托富于创新精神的企业文化。

（案例来源：新浪网）

案例思考：

1. 电子商务企业及其第三方服务伙伴建立合作的作用有哪些？
2. 普洛斯在园区规划上是如何助力唯品会实现快速发展的？

案例3

服装电商库内布局规划

1. 规划总体原则

①单一的物流方向。仓库内商品的卸车、验收、存放地点安排必须适应仓库生产流程，按一个方向流动。

②最短的运距。应尽量减少迂回运输，根据作业方式、仓储商品品种、地理条件等合理安排库房、专运线与主干道的相对位置。

③最少的装卸环节。尽量减少装卸搬运的次数，以降低物流环节的成本。

④最大的利用空间。仓库总平面布置是立体设计，应有利于商品的合理储存和充分利用库容。

2. 功能区布局要求

①入库区、验收区、残次品区、通道区、服装货品存放区、打单区、分拣区、出库区、退换货区及行政生活区明确划分，平面化布局，严格管理。

②入库、出库区保证便利顺畅，残次品区域与货品区需要用显著标识区分，以免发错货品。通道区严禁摆放物品，以免影响作业效率。

③各区域面积比例根据业务量划分，流通性仓库常见构成比例如下：合格品存储区大于60%，通道占比小于10%，待检区及出入库作业区占比10%～15%，待处理区和不合格品隔离区占比小于5%，集结区占比小于10%。

3. 货品区域布局

服装货品种类众多，款式、颜色繁杂。货品区域划分尤其需要细致，主要可从商品属性和销售属性来划分。

①商品属性。

按季节分类：春、夏、秋、冬各为一区，同一季节服装质量、体积差异相似，存放简单、规整。在标准纸箱中，其不同属性服装的包装能力见表6-5所示。

表 6-5　标准纸箱包装能力表

件

内衣	春夏秋装	冬装
500	50	10

按种类来分：上装，如外套、衬衣、T恤；下装，如裤装、裙装。同一种类的衣物再按照颜色划分，不同颜色放置不同区域，减少因商品混淆而增加的拣货成本。

服装的放置顺序遵循"由上至下，由短到长，颜色由浅到深"的原则排列。

②销售属性。

当季货品：按照热销程度分为一级商品、二级商品，不同级别在同一储货区域分开放置。货架贴好标签，可按服装货号的原则进行排号，推荐字母排列法 A～Z，按服装货号对号入座。

反季货品：按照货号摆放，主要与应季商品区分开。如果是反季促销，货品存放位置稍微靠前，便于拿取。

其他过季货品：可把部分应季货品（往季热销但有存货或颜色、款式好搭配的货品）拿出来搭配售卖，其他货品不建议占用此仓库空间，影响货品查找效率。

（资料来源：知乎专栏）

案例思考：

1. 服装电商仓库与普通仓库在布局规划时有哪些不同的地方？
2. 服装电商仓库在进行区域布局时考虑的因素有哪些？

模块三　实训项目

一、实训目的

仓储布局规划实训是设施规划与物流分析的重要实践性教学环节，是旨在综合运用所学专业知识完成仓库布置设计的一项基本训练，其目的是：能正确运用物流工程基本原理及有关专业知识，学会由产品入手对仓储系统进行调研分析；使学生能够根据仓储业务的规模、经营商品的性质和特点，熟练地对仓库的平面进行合理的安排和布置；通过货区的有效布置学会怎样提高物品的保管质量，方便进出库作业，从而降低物流的仓储成本，提高仓库平面和空间利用率；通过实训，初步树立正确的设计思想，增强运用所学专业知识解决实际问题的能力。

二、实训内容

仓储布局规划模块实训的主要目标是培养学生分析、发现仓库布局方面存在的问题并加以改善的工作能力，使学生掌握完整的布局设计方法。为此，本实训包括两个阶段：一是理论调研阶段，二是仓库布局设计阶段。具体内容与工作量要求如下。

1. **实训任务**

理论研究方面：适当选择一个小型仓库作为研究对象，该仓库的储存类型最好属于多品种、中小批量产品，其产品品种在 5～10 种。需要对该仓库做以下工作：调查仓库面积；绘制各仓储区；调查储存产品；绘制仓库现有平面布局图；对现在平面布局进行分析，找出不合理处，并提出改进意见。

仓库布局设计方面：针对仓库实际情况，实现完成下列工作。

①每一小组根据当地公司的业务项目情况确定占地面积。根据食品与日化类、机电类、五金类、化学危险品类等仓储对象进行分析，策划在总占地面积中能建几个仓库；根据业务情况建什么类型的仓库；库房结构是怎样的；仓库总体布局结构包括哪些部分。

②对储存商品 EIQ 分析。对公司业务量做出预测，并做适当的发展预测；确定各类产品的数量，不同产品要求不同的仓储布局，要对每一品类产品的储存量及流通状况进行计划；计算各部分所占的体积；依据以上内容进行仓库容量的确定。

③根据给定条件编制库区规划平面布局图。要注意生产作业区、辅助作业区和行政生活区三大部分各组成部分的比例，以及长、宽、高、面积等。画出仓库平面布局设计图，图中标出货物存放区域、消防器材位置、货物堆垛间距、货架间距、进出通道位置、电源开关位置、搬运设备、计量设备、库房储位看台、库管员的岗位位置等。

④进行仓储内部布局设计。在设计的时候要注意收货与运货接口，收发货物的体积和频率，按订单进行分拣的空间，存储空间和其他空间（回收区域、办公区域、后勤区域）。

⑤策划仓库内非保管场所情景布置。通道宽度设定合理；收发货区位置科学，面积安排适当；仓库管理人员的办公场所设置合理等。画出该仓库的总平面布局图，写出评价报告。

2. **实训成果**

设计时按照平面布局的基本原则评价该仓库的布局，可以有必要的文字说明；设计好后，各学习小组进行交流，若有不妥之处，提出修改方案。形成最优布局方案。

模块四　小结与习题

一、内容小结

本章主要对仓储布局规划进行介绍。物流基础分析主要包括商品品种数目分析、商品重合度及商品外形尺寸分析。EIQ 分析就是利用 E（订货件数）、I（货品种类）、Q（数量）这三个物流关键要素，来研究仓储配送中心的需求特性，为仓储配送中心提供规划依据。

仓库总体布局的目标包括保护目标、效率目标及适度机械化、自动化。仓库总体布局设计应考虑仓库结构类型的选择及仓库设施设备配置。仓库结构应考虑仓库出入口及通道、立柱间隔、天花板高度及地面承重。仓库总体布局的目的一方面是提高仓库平面和空间利用率，另一方面是提高物品保管质量，方便进出库作业，从而降低物品的仓储成本，主要包括仓库内部平面布局和空间布局两个方面。平面布局是指对货区内的货垛（架）、通道、垛（架）间距、收发货区等进行合理的规划，并正确处理它们的相对位置。空间布局是指库存物品在仓库立体空间上布局，其目的在于充分有效地利用仓库空间。

仓库平面布置是否合理对仓储作业的效率、储存质量、储存成本和仓库盈利目标的实现有很大影响。仓库总平面布置要对仓库的物料储运部门、管理部门和生产服务部门的建筑物、场地和道路等，进行全面合理安排和布置。

二、思考题

1. 物流基础数据分析应分析哪些方面？
2. 仓库总体布局的原则有哪些？
3. 仓库的结构设计应考虑哪些方面？
4. 影响仓库平面布置的因素有哪些？
5. 常见的仓库平面布局形式有哪些？
6. 仓储设备配置的原则有哪些？

第四篇　仓储配送运营管理

第七章

仓储库存管理

◢◤ 学习目标 ‒ ‒ ‒ ‒

1. 了解库存的定义、作用及分类。
2. 解释库存管理中 ABC 管理法等传统库存管理技术。
3. 解释 VMI 的概念，并阐述其运作流程。
4. 概括定量法、定期法等传统库存控制技术与库存管理的关系与特点。
5. 运用 MRP、JIT 等现代库存控制技术与管理方法对案例进行评判。

◢◤ 案例导入 ‒ ‒ ‒ ‒

超市的高库存与缺货现象

"高库存"与"缺货"，一个是库存过多，一个是无货可售，看似矛盾的主体却经常在同一家超市门店同时存在。

在一家门店中，可能畅销商品总是缺货，而非畅销品却占用了大量的库存空间和资金，这些商品数量庞大，严重影响门店的资金周转率和库存周转率。然而，真正想要淘汰一些商品的时候，又往往不知所措，好像每一种商品都能销售一点，淘汰谁都不合适，保留谁都有理由。在经济学中有一个名词叫作"劣币驱逐良币"，这个理论讲述的是当货币市场上如果同时存在两种能够购买商品的货币，则制作成本高、做工精美的货币有可能被人们收集起来，只利用那些制作简单、成本低廉的货币进行日常交易。同样的道理，在零售门店中，畅销商品由于销售较快，需要不断地上货、补货、订货，而非畅销商品往往销售较慢，上货后可能很久都不会有变化。对于门店的理货人员来说，畅销商品的增加无疑给其带来了更加繁重的劳动，而货架上非畅销品的增加，则会减少上货的工作量。因此，在他们看来，管理畅销商品当然没有管理非畅销品省心了，于是在零售门店中也在悄悄地进行一场"劣货驱逐良货"的角逐。

"劣货驱逐良货"最大的弊端就是"货架上的畅销商品不见了"。这是什么原因造成的呢？

以往零售门店缺少对商品的陈列管理，造成每种商品的陈列位置不固定、陈列排面没有标准等问题发生。每当发生某种商品缺货的时候，门店的理货人员就会将其他商品陈列在缺货商品的位置上，造成门店缺货率低的假象，应付零售企业总部的管理检查。长此以往，门店货架上的畅销商品越来越少，滞销商品充斥货架，即使该种商品随后到货，理货人员可能也会误以为货架上已经有商品陈列而将畅销商品长时间置于存货区域。而对于顾客来说，多次光临该门店发现没有自己可以选择的商品，就会转移自己的购物场所。一段时间以后，门店的客流量就会像畅销商品一样慢慢地流失，销售额呈现明显的下滑趋势。

对于一家零售店来说，商品的展示和存储空间是有限的，而门店经营的单品有成千上万种。如果企业用较大的空间去陈列非畅销品，畅销商品的陈列和库存将会受到影响，缺货的现象随时都有可能发生。假如一个门店对于商品的品类和分析规划比较混乱，则会造成一面高库存、一面缺货的现象。

（案例来源：MBA 智库文档，引文经整理、节选和改编）

模块一　基础知识

一、库存与库存管理

"库存"一词可以表示为某段时间内持有的存货（即可看见、可计算和可称量的有形资产）。库存里的物资叫存货，是作为今后按预定目的使用而处于闲置或非生产状态的物料。库存以原材料、在制品、半成品、成品的形式存在于供应链的各个环节。

（一）库存的含义

库存可以表述为"为达到多种目的而维持的货物和物料的存货"，它主要用于满足正常的需求。在生产过程中，库存作为一种缓冲，可以调节成以一种方式到达而以另一种方式使用的物品。例如，如果每天吃一个苹果，每次买 12 个，每隔 12 天就需要买一次，那么在这 12 天中，冰箱中的苹果库存将以每天一个的速度减少。

由于无法预测未来的需求变化，为防止物品短缺，减少企业缺货率，而不得不采用库存的手段，以应付外界的变化。库存具有"蓄水池"的功能，如在一定时期内，供给速度与需求速度不一样，便需要用一个蓄水池存水，以便保证以后可以以所需要的速度供水。当供给速度快于需求速度时，水池的水位（库存）便会上升；当需求速度快于供给速度时，水位便会下降。如果能够使供给进度与需求速度相匹配，库存便会被降至最低。

APICS（American Production and Inventory Control Society）是美国著名组织美国生产与

库存管理协会，成立于1957年，该组织现已更名为运营管理协会（The Association for Operations Management）。美国生产与库存管理协会（APICS）将库存定义为："以支持生产、维护、操作和客户服务为目的而存储的各种物料，包括原材料和在制品、维修件和生产消耗品、成品和备件等。"库存管理的主要任务是进行库存物料计划和控制有关的业务，这与仓库管理主要针对仓库或库房的布置、物料运输和搬运及存储自动化等的管理是不同的。

库存是为了满足未来需要而暂时闲置的资源，所以资源的闲置就是库存，而与这种资源是否存放在仓库中没有关系，与资源是否处于运动状态也没有关系。

从广义的角度看，库存还包括处于制造加工状态和运输状态的商品。因为商品的流动，库存总是变化的，其变化过程如图7-1所示。库存包括以下四个阶段。

订货阶段：从决定订货起，到发出订货单，然后进行订货谈判，直到订货成交。

进货阶段：从订货成交到商品入库为止。

保管阶段：从商品入库到商品出库为止。

销售出库阶段：从清点交货到商品装车发运为止。

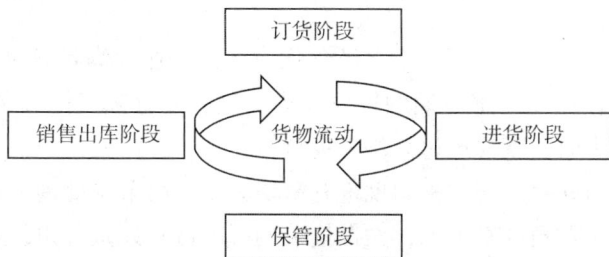

图7-1 库存变化总过程

（二）库存的分类

1. 按其在生产加工和配送过程中所处的状态划分

（1）原材料库存

原材料库存是指等待进入生产作业的原料与组件。企业从供应商处购进原材料，首先要进行质检，然后入库，在生产需要时，发货出库进入生产流程。

（2）在制品库存

当原材料出库后，依次通过生产流程中的不同工序，每经过一道工序，附加价值都有所增加。在完成后一道工序之前，都为在制品，工序之间的暂存就是在制品库存。

（3）产成品库存

在制品在完成最后一道工序后，成为产成品，产成品经质量检查后会入库等待出售，形成产成品库存。产成品可以有多个储存点，如生产企业内、配送中心零售店，最后转移到最终消费者手中。

上述三种库存处在一条供应链上的不同位置，如图7-2所示。例如，对于一个加工工艺复杂的产品来说，由于生产工序较多，各种在制品会大量存在，使库存包括多种不同加工程度的中间产品。甚至有些大型制造业企业还建有自己的配送中心，产成品的库存也大量存在。这样，整个物流和库存系统就会相当复杂。而对于一个零售商来说，其库存只有成品，相对简单。

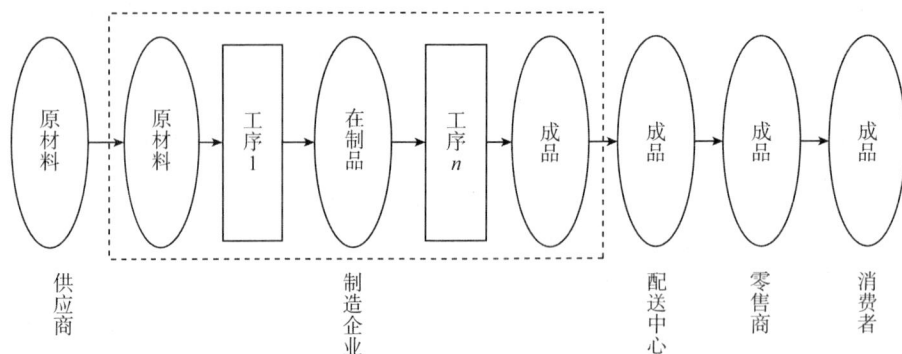

图 7-2 供应链上的库存位置

2. 按作业和功能划分

（1）经常库存

经常库存又称周转库存，是指在正常经营环境下，企业为满足日常需要而建立的库存。仓库一般通过经常库存保证一定时期的供应能力。这种库存随着陆续的出库需求不断地减少，当降低到某一水平时，就要通过订货来进行补充。

经常库存的高低与库存补充的采购批量有密切关系，而采购批量是采购与保管两个矛盾因素平衡的结果。从采购角度来考虑，大批量采购可以得到数量折扣，并节省订货费用和作业费用，因此采购批量越大越好；但从保管角度出发，为减少存货的资金占用和管理费用支出，采购批量越小越好。因此，如何在两者之间进行权衡选择，要根据企业实际情况加以考虑。

（2）安全库存

用于缓冲不确定性因素（如大量突发性订货、供应商突然延期交货等）而准备的库存即为安全库存。安全库存可能被使用，当仓库中某商品每月的出库需求没有波动时，库存容易控制，通常不必考虑其安全存量。可是，在实际经营中，常有不测情况发生，如消费需求超过预计数量，因交通等方面影响造成交货延期，甚至还会发生火灾、水灾，以及供应商因生产设备故障停工等异常事件。这些情况一旦发生，即可能造成企业经济上和信誉上的损失，而设立安全库存可作为经常库存的后备以防不时之需。所以，安全库存又称为后备库存或波动库存。

（3）生产加工和运输过程的库存

生产加工过程的库存指处于加工状态，以及为了生产的需要暂时处于储存状态的零部件、半成品或制成品。运输过程的库存是指处于运输状态或为了运输而暂时处于储存状态的物品。

（4）投机性库存

投机性库存又称屏障库存，是指企业为了预防商品（或物料）涨价，在低价时进行额外数量的购进而形成的库存。例如，企业生产中使用的煤、石油、水泥或羊毛、谷类等价格易波动的原材料，常常采取投机性库存，在价低时采购，以保证产品的价格稳定和销售利润。获利性和风险性的特点决定了这类库存的投机色彩。

（5）季节性库存

季节性库存是指为了满足特定季节出现的特定需要（如夏天对冷饮的需要）而建立的库存，或指季节性出产的原材料（如大米、棉花、水果等农产品）在出产的季节大量收购所建立的库存。

（6）积压库存

积压库存是指因品质变坏不再有效用的商品的库存或因滞销而卖不出去的商品的库存。

3. 按客户对库存的需求特性划分

（1）独立需求库存

独立需求库存是指企业自身不能控制而由市场需求所决定的库存。这种库存与企业对其他库存产品所作的生产决策没有关系。

（2）相关需求库存

相关性需求是一种确定型的需求。由相关需求而形成的库存，就是相关需求库存。它的特征是：企业内部为满足生产制造的需求，可以根据企业性质和生产周期准确计算。例如，用户订购一辆汽车之后，相应地要配置若干个轮胎、反光镜、车用座椅等，它们是由汽车的需求状况所决定或派生出的需求。

（三）库存的作用

库存既然是资源的闲置，就一定会造成浪费，增加企业的成本。库存对企业产生积极和消极两方面的效果。积极的一面是，它既保证企业内部生产和流通作业各个环节顺利运作，维持企业正常生产，又保证了下游客户（企业或消费者）的正常消费。消极的一面是，它占用了大量资金，减少了企业的利润，掩盖了企业管理不善的各种矛盾，使企业效益低下，甚至导致企业亏损。

小知识

库存的弊端

①占用企业大量资金，通常情况下占到企业总资产的20%～40%，库存管理不当会形成大量资金的沉淀。

②增加了企业的产品成本与管理成本占库存材料成本的增加直接导致产品成本增加，而相关库存设备、管理人员的增加也加大了企业的管理成本。

③掩盖了企业众多管理问题，如计划不周、采购不力、生产不均衡、产品质量不稳定及市场销售不力等。

那么，为什么还要维持一定量的库存呢？这是因为库存有其特定的作用，即没有商品的储存就没有商品的流通。因此，库存在物流的运作中具有特定的作用。

1. 保持生产运作的独立性

在作业中心保持一定量的原材料能给该作业中心带来生产柔性。例如，每一次新的生产准备都带来成本，而库存能减少生产准备次数。装配线上各个工作站是独立进行工作的，所以即使是相似的操作，在各个工作站所花的时间也不同。因此，有必要在工作站上保持一些零件，这样作业时间短的工作站与作业时间长的工作站之间可以得到平衡，进而使平均产量平稳化。

2. 满足需求的变化

如果能够精确地知道产品的需求，就有可能使生产的产品恰好满足需求。但是，需求通常是不能准确预测的，所以必须保持安全库存或准备好缓冲产品，以防需求出现突然变化。

3. 增强生产计划的柔性

库存储备能减轻生产系统为尽早生产出产品而产生的压力。也就是说，生产提前期宽松了，在制订生产计划时，就可以通过加大生产批量使生产流程更加有条不紊，并降低生产成本。生产准备完成后，若生产批量比较大，就能分摊生产准备成本。

4. 克服原料交货时间的波动

在向供应商订购原材料时，有许多原因导致材料延误，如发送时间变化、订单积压、工人罢工、订单丢失、材料误送或送达的材料有缺陷等。

小知识

为什么要保持库存？

企业会出于很多理由保持库存，其中最为常见的理由是满足用户与生产的日常需求。如果企业认为未来的物资供应将中断，或发生物资短缺，那么它便会持有超过正常运营所要求的库存量。同样，如果企业认为未来原材料成本将上升或对产品的需求会出现突然的增长，也会保持大量的库存。这种情况也适合用于机器设备的零配件库存，以确保在必要时供生产使用。

库存成本是构成企业总成本的主要部分。建立库存是为了满足如下要求：在恰当时间，以恰当的数量和质量，在恰当的地点得到物资供应。理想的情况是，原材料和零部件在恰当的时间和数量被送达所使用的地点，以满足日常需求。这样既实现零库存又满足100%的服务需求。

（案例来源：百度文库，引文经整理、节选和改编）

（四）库存管理简述

1. 库存管理的含义

库存管理也称库存控制，是指对制造业或服务业生产、经营全过程的各种物品、产成品及其他资源进行管理和控制，使其储备保持在经济合理的水平上；是企业根据外界对库存的要求与订购的特点，预测、计划和执行的一种补充库存的行为。它的重点在于确定如何订货、何时订货、订购多少等问题，以便企业在恰当的时候，以最低的成本满足其用户对特定数量和质量的产品的需求。

传统的观念认为仓库里的商品多，表明企业兴隆。但是库存多，占用资金多，利息负担也会加重。而过分降低库存，又会加大短缺成本，造成货源短缺，错过销货机会，失去销售额。

2. 库存管理的内容

库存管理的内容包括分析和评价供应链对保持库存的需求及所需库存的数量，预测原材料和零配件需求量，以及建立库存监控和供应计划与控制机制。除内部物流管理活动外，库存管理还涉及库存实物搬运的场所和设施。

在生产型企业中，最终产品中包含的原材料占生产总成本的比重很大，因此库存采购物资的价值会在企业总资产中占据相当大的比重。在商业企业中，出于供应线路无法预测等原因，需要保持较多的库存。因此，这些企业应当对库存管理给予格外关注。

除原材料和零部件这样的采购品项库存外，生产企业还要保持在制品、制成品和设备零配件的库存。

所有企业都要加入某一产品的转换链条中，该产品转换过程始于初始产品的供应商，止于最终用户。在这一链条中，每一个企业都通过其购买和销售交易与其他企业产生联系。某一企业中不良库存管理会影响该供应链上其他环节。

3. 库存管理的重要性

高效的库存管理对企业至关重要，这主要是由库存在运营资金周转中的地位所决定的。库存所占用的资金不可能再用于其他用途，例如购置新设备、提高采购品质量、改善营销和分销系统等。因此，控制库存量非常重要。很多本可以生存的企业大多由于不良库存管理而失败。

一般而言，保持过量库存会导致库存过期并严重降低企业的灵活性。而企业库存水平越低，企业盈利越多，对市场条件变化的响应能力也越强。尽管要将库存数量降到最低限度，但实际上绝大多数企业仍要保持一定的库存。如果库存是不可避免的，那么库存管理就必须确定在供应链的哪个环节保持库存，并指导如何对库存量进行准确的度量和控制。这里需要的不是一次性的决策，而是根据市场条件的变化、企业的战略及商业环境与技术条件而持续地进行检查和调整。

⊙ 案　例

李宁"打造一个以零售为导向的商业模式"

李宁公司围绕"打造一个以零售为导向的商业模式"的公司总体战略，在针对运营方面主要做了以下几个方面的工作。

（1）去库存，恢复现金流及盈利能力

李宁公司自2012年开始大规模开展渠道复兴计划，并将其作为公司的重点工作，加速库存清理。公司通过支持经销商清理库存或以一次性库存回购方式协助经销商伙伴清理渠道滞压存货，以及通过自营工厂店、普通折扣店、临时特卖场、电子商务及体系外渠道，大力推进老旧库存的清理，并针对性地计划重整应收账款结构来优化库存结构，恢复健康的现金流及盈利能力。同时，为渠道提供更多新产品组合，为未来发展奠定基础。

（2）优化产品上市流程，防止库存问题卷土重来

传统上，包括李宁公司在内的企业基本上都会通过每季度一次的展销会上订购未来交付货品，公司根据订单安排产品的生产、交付和面世。随着消费者需求日益多元化，市场环境迅速变化，显然这种模式已经无法适应市场的变化。鉴于此，李宁公司着手优化产品上市流程，根据对消费者的研究和市场分析，最终确定了"有指导性的订货＋快速补货＋快速反应"的产品上市流程。为全国设立最畅销产品组合及制定SKU计划，以满足区内不同消费者需求，帮助经销商和子经销商根据店铺分析做出更恰当订货。当展销会上订购的产品推出世面时，时实监察最畅销产品组合的SKU零售销售并提供即时补货支持。另外，李宁公司还优化了存货资源的资源管理平台，利用此平台可预测未来订单匹配状况，及时发现集团仓库、经销商及附属公司的存货过剩或短缺情况，并且相应作出加减单、货品调配、促销清货等决策。

（3）改善公司供应链管理，提升市场变化反应能力

为从根本上解决库存问题，李宁公司致力于增强供应链管理能力，以构建以需求为驱动、灵活应对市场的供应链体系，以提升公司零售运营能力和支撑业务增长。其主要内容包括：同一级/二级供应商使用统一的规划工具可以根据需求变化快速响应，使管理效率大幅提升；巩固分段生产/分段发货模式，能有效降低库存风险并能够针对实时销售需求快速响应；实施精益生产线以满足零售模式对小批量/高频次/短周期产品的需求，同时对快速反应和快速补货订单提供绿色通道；集中中央仓库使其更贴近生产工厂以缩短订单前置期，并根据数据分析和预测提前将适量货物运送到离门店更近的区域分拣中心，以确保快速补货；将遍布全国的所有配送中心的信息系统全部标准化；通过入股核心供应商、基地向中部转移和从东南亚采购等方法，优化供应基地布局以控制供应资源，避免劳动力不足，节约成本和补充体能；加强与国内外领先供应商的ODM模式合作，提升产品、生产效率。

（案例来源：百度文库，引文经整理、节选及改编）

（五）库存管理的作用

库存管理是在满足顾客服务要求的前提下，通过对企业的库存水平进行控制，尽可能降低库存水平，提高物流系统的效率，不断提高企业的竞争力。其作用具体体现在以下几个方面。

1. 平滑生产要求

季节性需求模式的企业淡季库存过剩，旺季库存不足，这种库存被命名为季节性库存。这些季节性库存则可以起到平滑生产要求的作用。加工新鲜水果、蔬菜的公司会涉及季节性库存，出售滑雪板、贺卡、羽绒服的门店也一样。

2. 分离运作过程

过去的制造企业用库存做缓冲，为持续生产而持续运作。缓冲使得解决这种问题时，不必中断其他业务。同样，运用原材料库存的公司使生产过程和来自供应商的运送中断问题凸显出来，制成品库存割裂了销售过程和制造过程。但是一些公司对库存缓冲进行了进一步地

研究，认为缓冲库存会占用资金和空间，可以通过外包加工和消除供应商不确定性，来减少运作过程对库存的需要。

3. 阻止滞销

延迟送货和意外的需求增长都会导致缺货风险。发货延迟可能是由于供应商缺货、运货失误、质量问题等原因所导致。此时持有的安全库存则能够降低缺货风险，满足未能预料到的高需求和因交付时间差而持有超过平均需求的库存，从而起到阻止滞销的作用。

4. 避免价格上涨

由于市场的不确定性，未来物价会发生上涨，为避免增加成本，公司会以超过平时正常水平的数量进行采购，目的是为获取价格折扣而储备多余商品。

案　例

通过改善库存管理提高敏捷性

雅特生（Artesyn）是一家电源商品制造商。因为产品制造效率低和原材料成本增加等原因，雅特生科技公司被迫借助分销商管理库存调整公司盈利预测。为了应付电容及磁性元件在下一年度的预期短缺，该公司转向同安富利的集成材料业务（IMS）分部合作。安富利的 IMS 准备在中国、美国和欧洲的部分国家的雅特生生产厂开设 6 个厂内仓库。通过这种合作，雅特生希望最终能够将运营和物料采购成本降低 20%。通过合理预测，安富利能够将交货期由几周降至一到两天。

IMS 将与雅特生的 MRP（物资需求计划）系统相连接，监视物料需求情况，自动补充库存。该分销商还将承担将物料从仓库发送到定点生产厂之间的运输费用。厂内库存及库存积压所占用的资金由分销商承担，安富利对存货进行管理。

安富利也为用户管理着几十个厂内仓库。安富利公司在 2010 年前三季度，通过厂内库存的调整，销售额增长了 50%。不过，虽然分销商提供的增值业务有所提升，但其核心竞争力还是在于掌握和管理库存的能力。

事实上，安富利过去认为，厂内库存业务在其总体业务中的比例将缩小，因为初始成本增加。但是，现实的情况正好相反。这部分业务在安富利总体业务中的所占比例正在增加，因为最终用户意识到，分销是处理物料问题和提高库存反应速度的最好途径，从长远来看还能降低成本。

（案例来源：蒋长兵. 仓储管理与库存控制 [M]. 北京：中国物资出版社，2010. 引文经整理、节选及改编）

（六）库存管理的发展趋势

随着计算机技术和网络通信技术的发展、全球经济一体化的推进、企业对库存管理重视程度的加强，库存管理呈现出向计算机化和网络化、整合化和零库存方向发展的趋势。

1. 计算机化和网络化管理

由计算机为媒介的网络发展迅速，利用计算机不仅能把复杂的数据简单化，而且能使库存管理系统化，从而把复杂的库存管理工作推向更高的阶段。同时，计算机能及时解决库存管理的临时变动和需要。在库存管理中，利用网络渠道，可以大量节省通信和管理费用，可以及时查询公司在各地的库存资料，可以建立整个供应链下的库存管理系统。企业在进行库存管理时充分发挥网络化的优势。

2. 整合化管理

库存成本管理是企业物流管理的主要部分，必须实行整合化，即把供应链上各相关的供应商、零售商、批发商、厂家等库存管理设施整合起来，优化企业库存管理，达到降低物流总成本的目的。

3. 零库存管理

库存管理在一定程度上是为了实现零库存，当然这种零库存只是某个单位的零库存，是企业把自己的库存转移给上游的供应商或下游的零售商。零库存包含两层意义：一是库存数量趋于零或等于零；二是库存设施、设备的数目及库存劳动耗费同时趋于零或等于零。而后一种意义上的零库存，实际上是社会库存结构的合理调整和库存集中化的表现。

二、库存管理方法

（一）库存相关成本

1. 库存持有成本

库存持有成本（Inventory Carrying Costs）是指和持有库存相关的成本。一般情况下，库存持有成本用百分比表示，用百分比乘以该库存的价值，可得出持有某特定库存的成本。如果某库存的价值为 100 元，该库存的持有成本为 18%，则相关库存费用为 18 元。所以，库存持有成本百分比的增减将会影响相关的库存费用。一般来说，在库存持有成本的百分比增加时，公司会选择持有较低的库存，因为持有大量库存会带来较大的风险（如陈旧）。

库存持有成本可分为机会成本、可变成本和固定成本。机会成本是指闲置库存所占用的资金，这些资金本可以被用于能够改进企业总体绩效的其他活动。可变成本是指随每一个附加单位库存而增加的成本。例如，如果年保险费为库存价值的 2.5%，那么对于每 10 万元的库存，每年便要支付 2 500 元的保险费。固定成本是指与库存水平无关的成本。例如，无论物流仓库是装满货物还是几乎是空的，库房租金都一样。

2. 订货成本

订货成本是指从发生订单到收到存货整个过程中所付出的成本。订货成本的发生有两种情况。一种是由于向外部供应商发出采购订单购买物料而发生的成本，如采购物料时，必须书写物料申请单与采购订单，必须处理发票、付款给供应商，收进的货物必须检查并送交仓库或加工地等发生的费用。另一种是由于向内部工厂发出订单而发生的成本，如向工厂订制一批物料时，所发生的文书工作的成本、机器调整费、新调整后首次生产带来的开工废品，以及其他取决于订货或生产批数的一次性费用。

3. 缺货成本

库存管理的目的是实现库存水平的最优化，而不是最小化。这是因为，对于任何产品而言，库存不足可能和物品过多一样不利，甚至比物品过多还要糟糕。当消费者的需求不能够立即得到满足时，缺货成本便发生了。

（二）ABC 分类管理

1. ABC 分析法的基本原理

ABC 分析法最初来源于人口管理理论。19 世纪意大利经济学家帕累托在研究人口理论时发现，占人口总数 20% 的人拥有财富总数的 80%，而另外 80% 的人只占有 20% 的财富，即所谓的"重要的少数与次要的多数"理论，这就是帕累托原理。后来，人们发现这一规律在经济活动中广泛存在，于是就将这个原理逐渐在企业中推广使用。

企业对于单一品种进行管理，不存在重点与非重点之分。但是，对于多品种管理则存在重点管理什么、一般管理什么的区别。所以，就必须解决商品的重要程度或优先权的问题，也就是进行品种的 ABC 分析，划分出 A、B、C 三个不同重要程度，进行有差别的订货、控制和保管。

ABC 分析法的基本原理为：将库存物品按品种和占用资金分为特别重要的库存 A 类、一般重要的库存 B 类和不重要的库存 C 类，其核心是抓住重点，分清主次。一般来说，A 类库存物资的库存占用金额占总库存金额的 75% ~ 80%，其库存量占总库存数的 5% ~ 15%；B 类库存物资的库存占用金额占总库存金额的 10% ~ 15%，其库存量占总库存数的 20% ~ 30%；C 类库存物资的库存占用金额占总库存金额的 5% ~ 10%，其库存量占总库存数的 60% ~ 80%。

A 类物品属于重点库存控制对象，要求库存记录准确，严格按照物品的盘点周期进行盘点，检查其数量与质量状况，并要制定不定期检查制度，密切监控该类物品的使用与保管情况。另外，A 类物品还应尽量降低库存量，采取合理的订货周期量与订货量，杜绝浪费与呆滞库存。C 类物品无须进行太多的管理投入，库存记录可以允许适当的偏差，盘点周期也可以适当地延长。B 类物品介于 A 类与 C 类物品之间，采取适中的方法加以使用、保管与控制。

运用 ABC 分析法进行库存管理简单、易用，长期以来为许多企业所采用。但应注意的是，构成产品的各种材料和子件都是缺一不可的。对 C 类物品进行管理的同时，一定要防止因数量和质量而影响计划执行。

2. ABC 分析法的一般步骤

（1）确定统计期

为确定 ABC 分类，先要进行统计分析，而确定一个合适的统计期对获得准确的 ABC 分析结果有一定影响。选定统计期的基本原则有：就近原则，通常情况下选择计划期之前的一个月或几个月；正常原则，指选取企业运营比较正常的时段。

（2）填写 ABC 分析卡

分别统计出所有商品在该统计期的单价、库存量和占用金额，并对每种商品制作一张 ABC 分析卡，并填上商品名称和商品编号，如表 7-1 所示。

表7-1 ABC分析卡

商品名称		商品编号	
单价	库存量		占用金额

（3）填写ABC分析表

把所有ABC分析卡按库存占用金额的大小顺序填写到ABC分析表中。ABC分析表模板如表7-2所示。然后进行累计统计。

表7-2 ABC分析表模板

序号	单价/元	库存量/件	占用金额/元	占用金额百分比/%	累计占用金额百分比/%	库存量百分比/%	累计库存量百分比/%	分类
1	1 000	30	30 000	44.79	44.79	2.75	2.75	A
2	700	24	16 800	25.08	69.87	2.20	4.95	A
3	200	35	7 000	10.45	80.32	3.21	8.16	A
4	50	60	3 000	4.48	84.80	5.49	13.65	B
5	35	65	2 275	3.40	88.20	5.95	19.60	B
6	30	60	1 800	2.69	90.89	5.49	25.09	B
7	30	38	1 140	1.70	92.59	3.48	28.57	B
8	28	40	1 120	1.67	94.26	3.66	32.23	C
9	20	51	1 020	1.52	95.78	4.67	36.90	C
10	5	153	765	1.14	96.92	14.01	50.91	C
11	7	96	672	1.00	97.92	8.79	59.70	C
12	6	90	540	0.81	98.73	8.24	67.94	C
13	3	150	450	0.67	99.40	13.74	81.68	C
14	2	200	400	0.60	100.00	18.32	100.00	C
合计	—	1 092	66 982	100.00	—	100.00	—	—

（4）根据ABC分析表确定分类

根据已计算的占用金额的累计百分比，按照ABC分类的基本原理，对ABC三类库存物资进行分类。

1~3类物资库存数量占比为8.16%，占用金额占比为80.32%，应划为A类。

4~7类物资库存数量占比为20.41%，占用金额占比为12.27%，应划为B类。

8~14类物资库存数量占比为71.43%，占用金额占比为7.41%，应划为C类。

（5）绘制ABC分析图

以累计库存量百分比为横坐标，以累计占用金额百分比为纵坐标，在坐标图上绘制

ABC 分类曲线，如图 7-3 所示。

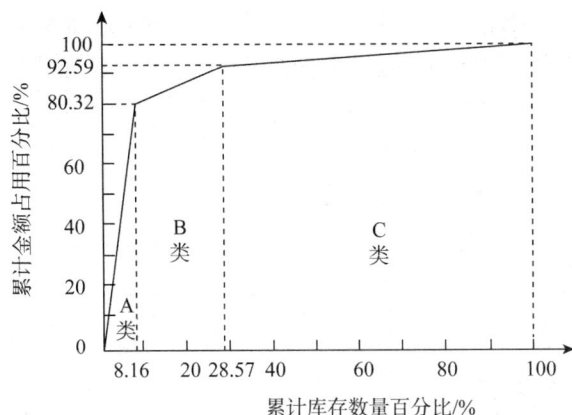

图 7-3　ABC 分析图

上面是以累计占用资金百分数、累计库存数量百分数为依据进行 ABC 分类的大致过程。在利用各项目数百分比进行 ABC 分类时，没有一个绝对的界限，在一定的范围内有微幅的变动是可以的，只要符合比率范围。在实际工作中，可以根据具体情况灵活确定。

3. ABC 分析法与库存管理

目前，商品正朝多样化的方向发展，这些商品有畅销的，也有滞销的。因此，仓库基于销售额成发货量差别进行 ABC 分类管理是合理的，也是必要的商品销售状况的波动，决定了要定期进行 ABC 分析，对库存商品做出符合不同销售阶段状况的分类，从而科学地管理库存资源。

一个仓库里存放的商品品种成千上万，而往往只有少数品种销售速度快、销售额高，构成总利润的主要部分。大多数品种销售速度慢，销售额低，只能构成总利润的较小部分。从库存管理的合理性出发，利用 ABC 分析法将销售额高的少部分品种划作 A 类，将销售额低的大部分品种划分为 C 类，剩余划为 B 类，并对由此产生的不同类别实施差别管理。

（1）ABC 分类管理细则

①重点管理 A 类商品。重点管理包括合理降低安全库存，对库存量进行严密监控，密切联系供应商，保障供应，加强保管、保养，保证产品质量，严防损坏和遗失等工作。仓库除了协助企业增加销售额外，还要在保障供给的条件下，尽量降低商品的库存额，减少占用资金，提高资金周转率。A 类商品消耗金额高，提高其周转率，具有较大的经济效益。

A 类商品是进货快、发货快的项目，虽然品种仅占 5% ～15%，但如能管好它们，就等于管好了总销售额的 75～80% 的商品，保证了企业绝大部分收益。而 A 类商品品种不多，只要集中力量，是完全可以管理好的。所以，重点管理 A 类商品是十分值得和有意义的。

②灵活管理 B 类商品。B 类商品介于 A 类商品与 C 类商品之间，这类商品品种数量不是太多，效益也不是太差，企业可实际情况确定管理的程度，如果有条件就重点管理，没有条件就一般管理。

③一般管理 C 类商品。与 A 类商品形成鲜明对比的是占总品种数超过一半的近 C 类商品，在经营上几乎是最不重要的商品，如果像 A 类商品那样对 C 类商品一一加以认真管理，

耗时又耗力，且经济效益也不大，是不合算的。所以，对 C 类商品实施一般管理，对其库存数量实行一般监控，可多储备，不投入过多管理力量，以免分散精力。需要注意的是，C 类商品中可能包括上市不久的新商品及积压商品，对于长期积压的陈旧品种应果断清理，对新产品要进行专门的观察与分析。

ABC 类商品分类控制表如表 7-3 所示。

表 7-3　ABC 商品分类控制表

项目	A 类商品	B 类商品	C 类商品
控制程度	严格控制发货、保管、报废损失和记录文档	常规关注，正常控制	尽可能采用简便的控制
库存记录	进行准确、完整的明细记录，并实时更新	正常的记录处理，成批更新	最简单的记录，大计量单位计数
盘点原则	每月一次	每季度一次	每（半）年一次
订货策略	提供详细、准确的订货量、订货点，并频繁地审核以保证供应并压缩库存	每季度或发生主要变化时，评审一次经济订货量与订货点	常用目视评审确定下一年的供应量
安全库存	尽可能低	较大	允许偏高
保管位置	出入口附近	中间	里面
作业优先	最高级优先	正常处理，仅在关键时给予一定优先级	最低优先级

（2）ABC 分类管理的几个问题

①单价的影响。年销售额相同的两个品种，其中一个可能年需求量大，单价低；另一个可能年需求量小，单价高。两者的管理原则应略有区别，因为单价高，库存数量增长一点，占用金额便急剧上升。所以，对于单价很高的商品，在管理上要比单价较低的商品更严格。控制库存时，单价高的品种的安全系数可以低些，但要加强安全系数低、库存量减少带来的风险管理。

②商品的重要性。ABC 分类的重要性主要体现在年销售额上，并不等同于商品的重要性，某些 B 类或 C 类商品，虽然年销售额不高，但完全可能是重要商品。商品的重要性主要体现在以下三个方面：缺货会造成停产或严重影响正常生产，缺货会危及安全，市场短线商品，缺货后不易补充。因此，充分考虑商品的重要性，在 ABC 分类结果的基础上，再进行重要与一般的细分。

在进行 ABC 分类时，只考虑销售额是不够的，还必须考虑商品的重要性。对于 A 类商品，企业的策略是适当压缩库存，用加强管理的办法补救由此造成的损失。但对于重要商品，企业的策略则是增加安全库存，辅以加强管理，提高可靠性。所以，即使是 C 类商品，只要具有重要性，就应加强管理，严密监视库存动态与消耗动态，防止缺货。

· 192 ·

（三）供应商库存管理（VMI）

供应商管理库存（Vendor Managed Inventory，VMI）的机制为：供应商收到下游顾客的销售资料及目前的存货水准后，再依据预先制定的存货水准来补顾客的存货。所以，VMI 就是一种库存管理方案，通过掌控销售数据和存货量，供应商可以更有效地计划、更快速地对市场变化和消费者的需求进行反应。因此，VMI 可以用来降低库存量、改善库存周转率，进而维持库存量的最优化。而且供应商与批发商之间可以分享重要信息，所以双方都可以调整需求预测、补货计划、促销管理和运输装载计划等。

1. VMI 系统计划

（1）需求预测计划

需求预测计划，即使用统计工具来预测未来的实际可能需求。目的是协助供应商解决销售何种商品、商品销售给谁、以何种价格销售、何时销售等问题。一般预测所需的参考要素包括客户订货历史数据、各种市场营销信息等。从需求预测程序来看，供应商收到客户最近的产品活动信息，利用 VMI 进行需求历史分析；然后使用统计分析方法，根据客户的平均历史需求、客户的需求动向、客户需求的周期进行产生最初的预测模式；在此基础上，由统计工具模拟不同市场经营状态，如促销活动等，产生调整后的预测需求。

（2）补货配送计划

补货配送计划通过指派可利用的成品库存来平衡顾客服务需求，以达到成本效益的目的。通过实时库存的配置，改善对顾客的服务，降低库存水准及降低运输成本，最主要的是有效地管理了库存量。

VMI 系统将配送及供应单位整合于连续补货循环过程中。VMI 运作基本框架和流程如图 7-4 所示。

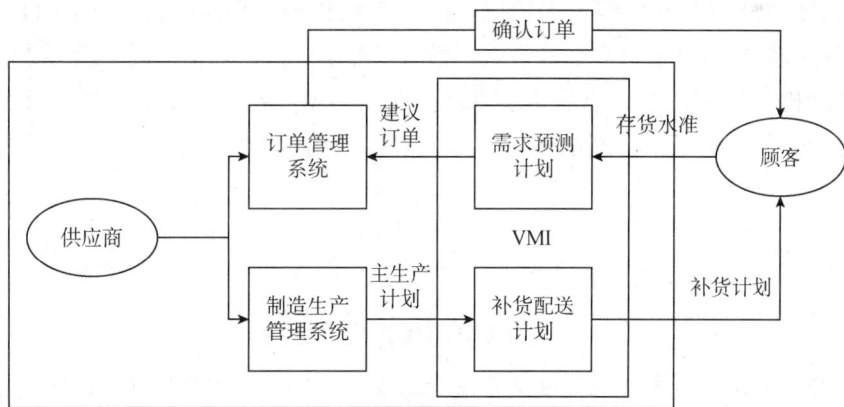

图 7-4　VMI 运作框架和流程

从 VMI 运作基本框架和流程可以看出以下几点。

①依顾客存货水准及销售状况进行需求预测计划，经统计计算后提出建议订购量。

②依建议订购量，订单管理系统发出补货通知单，由客户进行订单确认。

③依订单管理系统、制造生产管理系统排定主生产计划，以计划排定补货配送计划。

④依补货配送计划将补货计划通知客户并进行实时补货。

VMI 管理机制也体现出对供应链的整体效益，具体表现在以下几个方面。

①建立上下游厂商紧密的合作关系，提升企业供应链的竞争力。

②有效运用信息技术整合企业内部与外部信息流的活动，发挥供应链效率。

③供应链成员共同承担风险、成本，分享利益，可维系双方合作关系。

④可改善预测、需求计划的相关技术，促进供应链整体运作绩效。

⑤设定适合 VMI 管理机制的绩效衡量指标，可以帮助企业检验实施成效与改进方向。

2. VMI 的实施

有关 VMI 的实施，美国已有许多成功案例，如零售业的沃尔玛、日用品业的强生和宝洁等。虽然 VMI 实施已有许多成功案例，但在执行时仍有些问题值得探讨，如必须要转变思考模式及理清角色定位，才能达成信息的共享；如何利用信息技术提供促销计划和价格调整的数据给供应商，以利于安排产品交货期、掌握市场销售动态、预测生产需求等。这些是推动 VMI 管理机制健康发展的重要问题。具体地讲，VMI 实施的前提有如下几点。

①建立顾客信息系统。供应商如要有效管理销售库存，必须要获得顾客的有关信息。通过建立顾客的数据库，供应商能够掌握需求变化的相关情况，把由分销商进行的需求预测与分析功能集成到供应商的系统中。

②建立物流网络管理系统。供应商要很好地管理库存，必须建立起完善的物流网络管理系统，保证自己的产品需求信息和物流畅通。目前已经有很多企业开始采用 MRPII（Manufacturing Resources Planning，制造资源计划）或 ERP（Enterprise Resource Planning，企业资源计划）。这些系统都集成了物流管理功能，通过对这些功能的扩展，可以建立完善的物流网络管理系统。

③建立供应商与用户的合作框架协议。供应商和用户一起通过协商，确定订单处理的业务流程及库存控制的有关参数，如补货点、最低库存水准、库存信息的传递方式等。

④组织结构的变革。这一点也非常重要，因为 VMI 改变了供应商的组织模式。引入 VMI 后，订货部门产生了一个新的职能，即负责控制用户的库存，实现库存补给和高服务水平。

⊙ 案 例

达丰的 VMI HUB 成功之路

与其他行业相比，达丰所在的电子产品行业最近几年来一直面临着价格下跌、产品更新换代加快和产品生命周期缩短的压力，缩短供应链响应时间、降低供应链成本成为电子行业竞争的核心武器。达丰率先在园区内建立了基于 VMI 业务模式的大型生产物流中心（VMI HUB），形成了供应商、物流中心和达丰生产厂密切协同的高效供应链。达丰的 VMI HUB 是一套让信息贯穿生产厂、物流中心及供应商间的协同作业模式，透过 VMI 机制进行存货管理，不仅可以深化生产厂和供应商之间的合作关系，降低整体供应链库存积压，还能增加资金流量，提升营运弹性。

透视达丰的 VMI HUB 运作，首先由生产厂发出订货单给供应商，通常这张订货单只作为参考，不会被视为正式订单。待供应商确认回复后，生产厂便将未来某一段期间对零组件需求量的循环预测值（Rolling Forecast）告知供应商，而供应商则必须据此回复是否能如期交货。也就是由生产厂告知供应商未来某一段期间的需求变化，供应商则回复给生产厂可供给的数量。然后，供应商就可以根据循环预测资料，主动送货至 VMI 仓库中。当 VMI 仓管人员收到货物之后，便会将收货信息传送给生产厂，生产厂只要等到真正有用料需求时，再请 VMI 货仓运货至生产工厂即可。不再像传统做法那样，为避免发生货物于运送途中因意外事故而延滞送达时间或供应商来不及备料等而导致缺料的情况，必须在实际用料前很长一段时间（某些原料的前置时间甚至还会拉长到三个月至半年）就向供应商叫货。

透过 VMI 机制能将前置时间缩减至零，因为供应商会依据生产厂给出的预测值定期送货至 VMI 仓，所以生产厂在确保 VMI 货仓必定有货的情况下，其前置作业时间只剩下从 VMI HUB 运送至制造工厂的时间，可以将库存积压降至最低。

（案例来源：百度文库，引文经整理、节选及改编）

三、库存控制方法

（一）订货点技术

1. 定量订货法

（1）定量订货法原理

定量订货法就是预先确定一个订货点和订货批量，随时监控货物库存，当库存下降到订货点时，就发出订货单进行订货的一种控制技术。定量订货法是从时间上控制库存量的一种方法，工作量比较大。定量订货法在操作中有可能随时发生，主要取决于生产企业或市场对该物资的需求情况。定量订货法技术模型示意如图 7-5 所示。

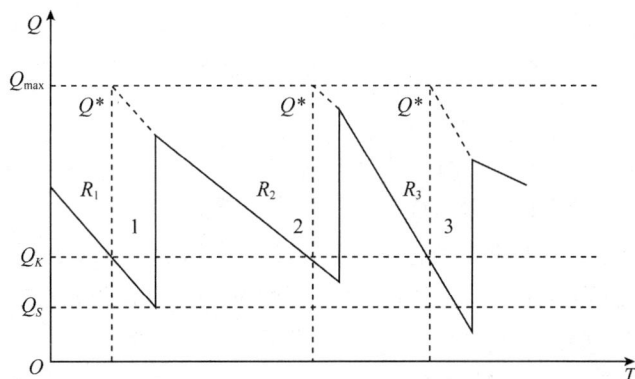

图 7-5　定量订货法技术模型示意

假如实施订货点控制技术之前，已确定了订货点为 Q_K、订货批量为 Q^*。其中 Q_K 由两部分构成：一部分是安全库存 Q_s；另一部分是提前期需求量 Q_L，则 $Q_K = Q_s + Q_L$。在系统开始运作时，从 0 时开始，每天检查库存，假设在第一个周期，随着生产或销售的进行，库存量以 R_1 的速率下降，当库存下降到 Q_K 点（即 1 点）时，系统发出订货信息，订货量为 Q^*。随后进入订货进货提前期 T_{K1}。提前期 T_{K1} 结束时，在 T_{K1} 期内消耗掉的库存数量为 Q_{L1}，使库存水平降到最低；在 T_{K1} 周期结束后，库存水平正好到达安全库存 Q_s。这时所订货物批量到达，实际库存上升一个 Q^*，达到 $Q_{MAX} = Q_s + Q^*$，然后进入第二个周期的销售。假设第二个周期的销售速率为 R_2，库存下降到 Q_K 的 2 点时，系统又发出订货信息，订货批量为 Q^*。随后进入第二个订货进货提前期 T_{K2}。提前期 T_{K2} 结束时，T_{K2} 内所消耗掉的库存数量为 Q_{L2}，使库存水平又下降到最低，由于提前期需求量小于提前期平均需求量 Q_{LP} 而使库存水平高于安全库存量 Q_s。这时所订的货物批量到达，实际库存量又上升一个 Q^*，再次达到高库存，进入第三个周期的销售。这样不断循环下去。如果假设库存量变化是随机的，也就是假设 $R_1 \neq R_2 \neq R_3 \neq \cdots$，$T_{K1} \neq T_{K2} \neq T_{K3} \neq \cdots$，因而提前期需求量 $Q_{L1} \neq Q_{L2} \neq Q_{L3} \neq \cdots$。

定量订货也可以是确定型的情况，这样 $R_1 = R_2 = R_3 = \cdots$，$T_{K1} = T_{K2} = T_{K3} = \cdots$，因而提前期需求量 $Q_{L1} = Q_{L2} = Q_{L3} = \cdots$，各个提前期需求量的平均值 Q_{LP} 等于每个提前期的需求量 Q_L。由于控制了订货点和订货量，所以就控制了最高库存水平。名义最高库存 Q_{MAX} 不会超过 $Q_K + Q^*$，实际各点的最高库存不会超过 $Q_K + Q^* - Q_{LP}$。

对用户需求的满足程度主要取决于安全库存量大小的设置。应根据库存满足需求的大小，来设计安全库存的数量，如在 T_{K3} 内提前期需求量大于提前期平均需求量 Q_{LP} 而使库存水平低于安全库存量 Q_s。安全库存程度越高，则库存满足需求的程度也越高，但是相应成本也会提高。

（2）定量订货法核心问题

定量订货法要解决三个核心问题：确定订货点，解决什么时候订货；确定订货批量，解决一次订货多少；确定订货如何具体操作，以及库存系统的基本库存、安全库存、周转率。

（3）确定订货点

在库存控制理论中，订货点是一个决策变量，是控制库存水平的关键因素。在实际物流管理中又称为"额定库存量"。

在定量订货法中，订货点以库存水平作为参照点，当库存水平降到某个库存水平时就发出订货信息。因此，将发出订货时的库存水平称为订货点。

订货点不能取得太高，如果太高，库存量过大，占用资金就大，会导致库存费用升高，成本增加；订货点也不能取得过低，如果过低，则可能导致缺货损失，一方面增加缺货成本，另一方面服务率下降。

那么合理的订货点主要受哪些因素影响呢？一般情况下，影响订货点的因素有以下三个。

①需求速率。需求速率也就是货物需求的速率，用单位时间内的平均需求量 R_p 来描述。需求速率越高，订货点也越高。

②订货提前期。订货提前期是指从发出订单到所订货物运送入库所需要的时间长度，以

T_K 表示，T_K 值的大小取决于路途的远近和运输速度的快慢。

③订货提前期需求量。订货提前期需求量是按照已有的需求速率在订货提前期内发生的需求量，用 Q_L 表示。订货提前期需求量、需求速度、订货提前期的关系式为：

$$Q_L = R_P \times T_K \tag{7-1}$$

因此，合理的订货点量等于提前期需求量。如果用 Q_K 表示订货点量，即有

$$Q_K = Q_L = R_P \times T_K \tag{7-2}$$

（4）确定订货批量

订货批量就是每一次订货的数量。订货批量不仅直接影响库存量，而且直接影响货物供应的满足程度。因此，订货批量的合理性直接影响企业的经营状况。

确定订货批量的主要影响因素有以下两个。

①需求速率。需求速率越高，订货批量就越大。

②经营费用。费用的高低，对订货批量有影响，经营费用低订货量可能就大；反之，订货量就小。在定量订货中，对每一个具体的品种而言，每次订货批量都是相同的，所以对每个品种都要制定一个订货批量，通常是以经济订货批量（EOQ）作为订货批量。

（5）经济订货批量

经济订货批量（Economic Order Quantity，EOQ）是平衡采购订货成本和保管仓储成本之间的核算，使得总成本最小。

采购订货成本是指从发出订单到收到存货整个过程中所付出的成本，如订单处理成本、运输费、保险费及装卸费等，订货成本是随着订货次数变动而变动的。保管仓储成本包括空间成本、资金成本、库存服务成本、库存风险成本，保管仓储成本是随着订货批量的变动而变动的。

在企业年消耗量固定的情况下，每次订货量越大，订货次数就越少，每年花费的总订货成本就越低，因此，从订货费用的角度看，订货批量越大越好。但是，订货批量的加大，必然使保管仓储成本增加，所以从存储费用的角度看，订货批量越小越好。订货成本与保管仓储成本呈现此消彼长的关系。由于存货的每次订购数量直接影响存货总成本，因此，要使存货总成本在满足生产经营需要的前提下，达到最低水平。经济订货批量如图7-6所示。

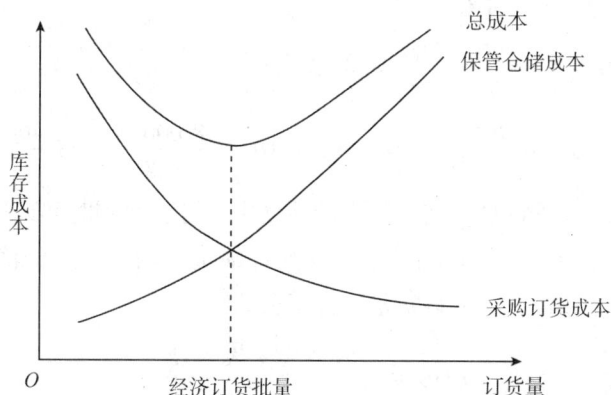

图7-6　经济订货批量

①理想的经济订货批量。理想的经济订货批量指不考虑缺货，也不考虑数量折扣的经济订货批量。在没有缺货，没有数量折扣因素的情况下，总成本=年度采购成本+库存保管费+订货费，其公式如下：

$$T_C = DP + \frac{DC}{Q} + \frac{QK}{2} \qquad (7-3)$$

式中　T_C——年度库存总费用；

　　　D——年需要量；

　　　P——单位采购成本；

　　　C——单位订货费；

　　　Q——每次订货批量；

　　　$Q/2$——年平均存储量；

　　　K——每件货物平均年保管费用。

要使 T_C 最小，将上式对 Q 求导数得：

$$EOQ = \sqrt{\frac{2CD}{K}} = \sqrt{\frac{2CD}{PF}} \qquad (7-4)$$

式中　PF——每件货物平均年保管费用；

　　　F——年保管费率；

　　　EOQ——经济订货批量。

例7-1　红星公司每年需要购买 8 000 件运动服，每件价格是 100 元，其年储存成本是 3 元/件，每次采购成本为 30 元。问：该公司的经济订货批量是多少？年订购次数为多少次？每次订货时间间隔为多少天（按一年 360 天计算），年度总成本为多少？

已知：D 为 8 000 件，C 为 30 元/次，K 为 3 元/(件·年)，$P=100$ 元。代入经济订货批量公式（7-4）中，得到如下结果。

经济订货批量：$EOQ = \sqrt{\dfrac{2CD}{K}} = \sqrt{\dfrac{2 \times 30 \times 8\ 000}{3}} = 400$（件）

年订购次数：$N = \dfrac{D}{EOQ} = \dfrac{8\ 000}{400} = 20$（次）

每次订货时间间隔：$T = \dfrac{360}{N} = \dfrac{360}{20} = 18$（天）

年度总成本：$T_C = DP + \dfrac{DC}{Q} + \dfrac{QK}{2} = 8\ 000 \times 100 + \dfrac{8\ 000 \times 30}{400} + \dfrac{400 \times 3}{2} = 801\ 200$（元）

②允许缺货的经济订货批量。在实际生产活动中，订货达到时间或每日耗用量不可能稳定不变，因此有时不免会出现缺货的情况。在允许缺货的情况下，经济订货批量是指订货费、保管费和缺货费之和最小时的订货量，计算公式为：

$$EOQ = \sqrt{\frac{2CD}{K}} \times \sqrt{\frac{K + C_0}{C_0}} \qquad (7-5)$$

式中　C_0——单位缺货费；

K——每件货物平均年保管费用。

例7-2　在例7-1中，允许缺货，且单位缺货费为6元/件·年的情况下，若其他条件不变，允许缺货的经济订货批量是多少？

已知：D 为 8 000 件，C 为 30 元/次，K 为 3 元/(件·年)，C_0 为 6 元/(件·年)。代入允许缺货的经济订货批量公式（7-5）中，得到如下结果。

$$EOQ \times \sqrt{\frac{2CD}{K}} \times \sqrt{\frac{K+C_0}{C_0}} = \sqrt{\frac{2 \times 30 \times 8\,000}{3}} \times \sqrt{\frac{3+6}{6}} \approx 490$$

③有数量折扣的经济订货批量。为了鼓励大批购买，供应商往往在订购数量超过一定量时提供优惠的价格。在这种情况下，买方应进行计算和比较，以确定是否需要增加订货量。其判断的准则是：若接收折扣所产生的年度总费用小于经济订货批量所产生的年度总费用，则应接受折扣；反之，应按不考虑数量折扣计算的经济订购批量购买。

例7-3　在例7-2中，假如供应商给出的数量折扣条件是：若一次订购量小于600件时，每件价格是100元；若一次订购量大于600件时，每件价格是80元。若其他条件不变，问每次应采购多少？

步骤1：计算按享受折扣价格时的批量，即600件采购的年度总成本。

已知：D 为 8 000 件，C 为 30 元/次，K 为 3 元/(件·年)，P 为 80 元/件，Q 为 600 件。代入式（7-3）中，得到年度总成本：$T_c = DP + \frac{DC}{Q} + \frac{QK}{2} = 8\,000 \times 80 + \frac{8\,000 \times 30}{600} + \frac{600 \times 3}{2} =$ 641 300(元)

步骤2：按折扣价格计算经济订购批量。

将上述已知条件代入式（7-4）中，得到经济订购批量：$EOQ = \sqrt{\frac{2CD}{K}} = \sqrt{\frac{2 \times 30 \times 8\,000}{3}} =$ 400（件）

即价格为80元时，经济订购批量仍然为400件。

步骤3：分析判断。

根据步骤2的计算结果可知，按价格80元/件计算的经济订货批量是400件，它小于折扣条件规定的数量（一次不小于600件），这表明每次订购400件是无法享受折扣价格的，这时只能按价格100元/件计算年度总成本费用。根据例7-1可知，这种情况下的年度总成本为801 200元。再根据步骤1的计算结果可以判断，若按享受折扣价格时的批量即600件采购，年度总成本为641 300元，小于按不享受折扣价格时的批量400件采购的年度总成本。因此，采购策略应为每次订购600件。

④考虑运输数量折扣的经济订货批量。当运输费用由卖方支付时，一般不考虑运输费用对年度总费用的影响。但如果由买方承担，则应考虑对年度总成本的影响。因此，此时的年度总成本应为：

$$T_c = DP + \frac{DC}{Q} + \frac{QK}{2} + Y \tag{7-6}$$

式中　Y——运输费。

简单的比较方法是将有运费折扣的年度总成本与无运费折扣的年度总成本进行比较，选择年度总成本小的方案。

例7-4 在案例7-3中，若订购批量小于600件时，运输价格为2元/件；若订购批量不小于600件时，运输价格为1.5元/件。若其他条件不变，最佳订购批量是多少？（按理想的EOQ计算出的年度总成本为T_{C1}，其运输费为Y_1；按运价折扣计算出的年度总成本为T_{C2}，其运输费为Y_2）

步骤1：按EOQ计算年度总成本。

已知：D为8 000件，C为30元/次，K为3元/(件·年)，P为100元/件，Q为400件，Y_1为8 000×2=16 000元。

$$T_{C1} = DP + \frac{DC}{Q} + \frac{QK}{2} + Y_1 = 8\,000 \times 100 + \frac{8\,000 \times 30}{400} + \frac{400 \times 3}{2} + 8\,000 \times 2$$
$$= 817\,200(元)$$

步骤2：按运价折扣计算年度总成本。

已第：Y_2=8 000×1.5=12 000元。

$$TC_2 = DP + \frac{DC}{Q} + \frac{QK}{2} + Y = 8\,000 \times 100 + \frac{8\,000 \times 30}{600} + \frac{600 \times 30}{2} + 8\,000 \times 1.5$$
$$= 813\,300(元)$$

步骤3：分析判断。

根据步骤1和步骤2的计算结果可以判断，按一次订购600件可以节省的年度总成本费用为817 200-813 300=3 900（元）。

因此，应该每次订购600件。

（6）定量订货技术的特点

①定量订货法的每次订购量是相同的，即Q是固定的。这样操作比较简单并可降低成本。

②定量订货法的平均库存量较低，因此定量订货法有利于贵重物资的库存，可以对企业潜在的缺货做出更快的反应。

③由于要随时掌握库存和控制存货，每次补充库存或物资出库都要进行记录，从而使维持定量订货模型需要的时间更长。同时，订货时间又不能预先确定，且要占用一定的人力和物力。

2. 定期订货法

（1）定期订货法原理

定期订货技术是从时间上控制订货周期，从而达到控制库存量目的的一种方法。这种方法不必每天检查库存，只是在订货周期这一天检查即可。定期订货法的原理是预先确定一个经济订货周期T^*和一个最高库存量Q_{MAX}，周期性地检查库存，发出订货。订货批量应使得订货后的名义库存量达到额定的最高库存量Q_{MAX}。定期订货法技术模型示意如图7-7所示。

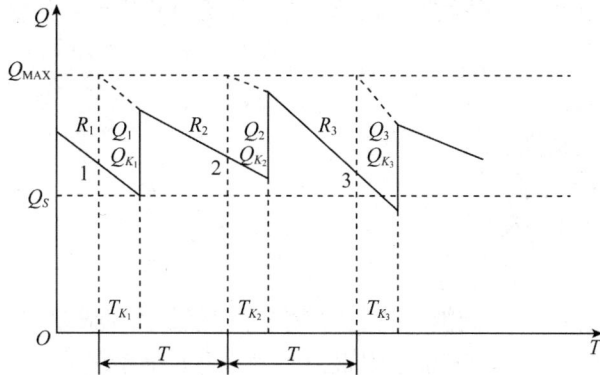

图 7-7 定期订货法技术模型示意

在系统运行以前，先确定好订货周期，假设为 T，也对仓库库存控制的最高库存量进行确定，假设为 Q_{MAX}。假设在时间轴的 O 点开始执行定期订货法，检查库存量，库存水平如果处在 1 点时，库存量假设为 Q_{K1}，则发出订货。订货量取 Q_{MAX} 与 Q_{K1} 的差值，即第一次的订货量 $Q_1 = Q_{MAX} - Q_{K1}$，随后进入第一个订货提前期 T_{K1}。提前期结束，所订 Q_1 的商品到达，实际库存一下升高 Q_1，到达高库存。然后进入第二个周期，生产或销售仍然按正常进行，整个过程中可以不管库存量的变化。经过一个订货周期，到了按该订货周期订货的时间，检查库存量，假设这时（2 点）的库存量为 Q_{K2}，又发出订货量 Q_2，Q_2 的大小等于 Q_{MAX} 与 Q_{K2} 的差值。随后进入第二个订货提前期 T_{K2}。T_{K2} 结束，所订货物 Q_2 到达，实际库存量又一下提高到高库存。随后进入第三个销售周期。到了下一个订货日，又检查库存、发出订货，这样不断循环。

这样的库存操作为何能起到既控制库存量又满足用户的需要呢？实际上，刚订货时，包括订货量在内的名义库存量最高就是 Q_{MAX}，待经过一个订货提前期销售，所订商品到达，实际最高库存量比 Q_{MAX} 还要减少一个提前期平均需求量 Q_{LP}，等于 $Q_{MAX} - Q_{LP}$。所以，Q_{MAX} 实际上就是最高库存量的控制线，它是定期订货法用以控制库存量的一个关键性的控制参数。

定期订货法保证用户需求满足程度的原理与定量订货法是不同的。定量订货法是以提前期用户需求量为依据，制定的库存策略目的是保证提前期内用户需求量的满足，它的决策参数 Q_K 只能按满足程度来保证提前期内用户的需求量。定期订货法不单以满足提前期内的用户需求量为目的，而是要满足订货周期内的需求量及提前期内用户的需求量，即是以满足 $(T + T_K)$ 期间的用户总需求量为目的的。因为 $(T + T_K)$ 期间的总需求量也是随机变化的，Q_{MAX} 也是一个随机变量，其值由两部分构成，一部分是 $(T + T_K)$ 期间的平均需求量，另一部分是为预防随机性延误而设置的安全库存量。安全库存量的大小根据一定的库存满足率来设置。库存满足率越高，则安全库存量也越多，Q_{MAX} 也越大，库存满足程度也越高。

（2）定期订货法的核心问题

①确定订货周期。定量订货法与定期订货法的订货间隔期不同，定量订货法的订货间隔期可能不等，而定期订货法的订货间隔周期总是相等的。订货间隔期的长短直接决定最大库存量的大小，因而决定了库存费用的大小。定期订货法订货周期的确定要本着总费用最省的

原则。一般情况下，用经济订货周期公式来计算。经济订货周期计算公式为：

$$T^* = \sqrt{\frac{2C_2}{C_1 R}} \qquad (7-7)$$

式中　T^*——经济订货周期；

　　　　R——库存量下降率；

　　　　C_1——本次单位订货费；

　　　　C_2——下次单位订货费。

②确定最高库存量 Q_{MAX}。定期订货法的最高库存量是为了满足 $T + T_K$ 期间的库存需求。因此，以此时间为基础，考虑到不确定因素，增加一个安全库存量 Q_S。这样，$T + T_K$ 期间的最高库存量公式为：

$$Q_{\text{MAX}} = R_P (T + T_K) + Q_S \qquad (7-8)$$

式中　R_P——物品在（$T + T_K$）期间单位时间的平均需求量。

③确定订货量。每个周期订货量的大小都是按当时的实际库存量大小确定的。每次检查的值不同，则订货量也不同。

（3）定期订货法的特点

①定期订货法的订购量是变化的，不同时期的订购量不尽相同。订购量的大小主要取决于各个时期货物的需求量。由于每次订购量不同，其运作成本相对较高。

②定期订货法平均库存量较大，以防止在盘点期发生缺货现象。

③定期订货法一般只在盘点期进行库存盘点，工作量相对较少，可以提高工作效率。

④由于定期订货法的安全库存量比定量订货法高，因此，定期订货法需要较大的安全库存作保证。

（二）MRP 库存控制法

物料需求计划（Material Requirement Planning，MRP）起源于 20 世纪 60 年代初，最初是针对当时制造企业生产管理中存在的普通问题，以及传统库存控制方法的不足而提出的一种生产组织管理技术。它是一种以控制整个生产过程中的库存水平为出发点，围绕物料组织生产的新的生产方式，也是一种新的库存控制思想。

MRP 是一种根据主生产计划、物料清单和库存余额，对每种物料进行计算，指出何时将会发生物料短缺，并给出建议，以最小库存量来满足需求且避免物料短缺的模拟技术。

1. MRP 的基本思想

MPR 的基本思想是围绕物料转化组织制造资源，实现按需要准时生产。

制造型企业的生产是将原材料转化为产品的全过程，如加工装配式生产，其工艺顺序如图 7-8 所示，将原材料制成毛坯，将毛坯加工成零件，将零件组装成部件，将部件总装成产品。对于制造型的流程工业，也具有类似的生产工艺顺序。

图 7-8　加工装配生产的工艺顺序

按照上述生产过程，如果确定了产品的需求时间和需求数量，就可以确定产品装配数量和装配时间；确定了产品装配数量和装配时间，就可以按产品的结构确定产品所需零部件的出产数量和出产时间，进而确定零部件投入数量和投入时间，直至确定原材料需要的数量和时间，汇总得出制造原料的需求数量和时间。这一装配执行过程如图7-9所示。

图7-9 装配执行过程

可见，MRP是以物料为中心来组织生产的。以物料为中心体现了为顾客服务的宗旨和按需定产的思想。这里的"物料"是一个广义的概念，泛指原材料、在制品、外购件及产品。以物料为中心组织生产，要求上道工序应该按下道工序的需求进行生产，前一生产阶段应该为后一生产阶段服务，各道工序做到既不提前完工，也不误期完工，因而是最经济的生产方式。

在MRP中，物料的需求可分成独立需求（Independent Demand）和相关需求（Dependent Demand）。独立需求是指需求时间由企业外部的需求来决定，如客户订购的产品，售后服务用的备品、备件等，其需求数量一般通过预测和订单来确定，可按订货点法处理。相关需求则是指对某些项目的需求取决于对另一些项目的需求，如汽车制造中的轮胎需求取决于制造装配汽车的数量。相关需求一般发生在制造过程中，可以通过计算得到。对原材料、毛坯、零件、部件的需求，来自制造过程，是相关需求，是MRP处理的需求。

MRP的提出解决了物料转化过程中的几个关键问题：何时需要，需要什么，需要多少。它不仅在数量上解决了缺料问题，更关键的是从时间上解决了缺料问题。

2. MRP系统的库存控制

下面举一个简单的例子来说明MRP系统的库存控制思想。如表7-4所示数据，在MRP系统中，物料的库存状态数据包括毛需求量、预计入库量、库存量、净需求量等。

表7-4 MRP系统中库存状态

时区	1	2	3	4	5	6
毛需求量		15		45		40
预计入库量			30		20	
库存量	20	5	35	-10	20	-20

时区	1	2	3	4	5	6
净需求量				10		20
计划订货量				10		20
计划订单下达		10		20		

在表7-6的MRP系统中，时区2、4和6有收到顾客的需求，通过检查预计入库量、库存量，得出净需求量，这个数量就是需要再订购的数量。同时由于订货存在提前期，所以尽管在时区4和6分别需要10单位和20单位物料，但仍然需要在时区2和4下达订单。这样就确定了两个问题，一是下达订单的时间，即时区2和4；二是一次订单的数量，时区2的订单数量是10单位，时区4的订单数量是20单位。这样综合考虑了再订购的数量和时间，以及库存量等因素，可以保证满足顾客在特定的时间需要特定数量的商品，而且没有造成库存量的额外增加。MRP系统的库存控制思想实质就是根据需求来确定订货的数量和时间，整个生产过程没有产生新的库存。

在以上过程中，假定初始库存量为零，一样不会影响顾客需求的满足，只是改变了订货的时间和数量。但是为什么MRP系统不能做到"零库存"呢？因为MRP系统存在两个关键问题。一是订货提前期。我们总是假定提前期总是固定的，因而MRP系统总是可以准确地确定再订货的时间，不会造成早订货，物料积压，库存增加。但是，实践中不能完全保证提前期是固定不变的，为了应对变化的提前期，就需要在库存中增加一些数量，预防在规定的提前期内物料没有及时到达，造成不能按时完成生产，顾客的需求得不到满足。另一个原因是MRP系统没有考虑生产能力。虽然再订货的数量和时间能够准确确定，但在一段时间内如果企业的生产能力受到限制，那么即使物料按时到达仍然不能满足顾客的需求。企业需要保持一定的库存，来平衡生产能力，在一定时间内保持均衡的产出。

3. MRP 的发展

MRP的发展经历了从订货点法到MRP，再到MRP II和ERP的阶段。

（1）制造资源计划

MRP II 是制造资源计划（Manufacturing Resource Planning，MRP）的简称。制造资源计划是20世纪80年代初在MRP的基础上发展起来的，它是一种资源协调系统，代表了一种新的生产管理思想。

MRP II 的基本思想就是把企业中的各子系统有机地结合起来，形成一个面向整个企业的一体化系统。MRP II 实际上从横向和纵向两个角度体现了其管理思想。在纵向上，一方面向下体现出从决策层、计划层到执行层对企业经营计划的层层分解，迅速下达，并具体落实到车间和班组，责任明确；另一方面，通过向上反映，从执行层、计划层及时反馈计划执行情况信息向决策层，为计划的及时调整提供依据。在横向上，体现出企业的核心业务——"计划控制系统与财务系统"的集成关系，它们之间的联系桥梁是信息的管理，即生产基础数据的管理。通过信息系统将基础数据集成为一体，实现企业各部门业务活动的沟通与联系，形成一个资金流、物流、人员流与信息流的集成系统。

MRP II 的思想集中体现了制造企业生产经营过程中的客观规律和需求，其功能全面覆盖了市场预测、订单接收、生产计划、物料需求、能力需求、库存控制、车间管理到产品销售的整个生产经营过程，以及相关的财务活动，从而为制造业提供了有效的计划和控制工具。

MRP II 与 MRP 本质的不同是，MRP II 集成了销售管理、成本管理和财务管理的内容，不但解决了物流和信息流的统一，还集成了资金流，为财务分析和财务决策提供支持。

（2）企业资源计划

ERP 是企业资源计划（Enterprise Resource Planning，ERP）的简称。其概念由美国 Gartner Group 于 20 世纪 90 年代初提出。实施以客户为中心的经营战略是 20 世纪 90 年代企业在经营战略上的重大转变。ERP 的管理思想主要体现为对整个供应链上的资源进行管理，同时也体现出精益生产、同步工程和敏捷制造的思想。ERP 的核心管理思想就是以客户为中心，实现对整个供应链的有效管理。

ERP 的应用特点是在明确生产企业现有资源情况下，对企业的资源进行组合、配置、优化，达到降低成本和提高企业效益的目的。在实施过程中，关注客户关系管理（CRM）。以客户为中心的经营战略渗透到整个供应链的管理，使企业内部的各个部门及内外部在管理过程中协调平衡。

实施以客户为中心的经营战略就要对客户需求迅速做出响应，并在最短的时间内向客户提供高质量和低成本的产品。ERP 要求企业能够根据客户需求迅速重组业务流程，消除业务流程中非增值的无效活动，变顺序作业为并行作业，在所有业务环节操作中追求高效率和动态响应，迅速完成整个业务流程。而基于时间的作业方式的真正实现又必须扩大企业的控制范围，面向整个供应链，把从供应商到客户的全部环节都集成起来。

ERP 在保留 MRP II 系统中人、财、物等资源基础上，扩展了管理的范围，把客户需求和企业内部的制造活动及供应商的制造资源整合在一起，形成一个完整的企业供应链，并对供应链的所有环节，如订单、采购、库存、计划、生产制造、质量控制、运输、分销、服务与维护、财务管理、人事管理、实验室管理、项目管理、配方管理等进行有效管理。ERP 同时能很好地支持管理中的混合型制造环境，满足企业多方位的经营需求。

（三）JIT 与库存控制

现代库存管理中一个最流行的方法是准时制生产方式（Just In Time，JIT）。很多人认为，JIT 起源于日本制造商，但其理念实际上始于 20 世纪 20 年代美国亨利·福特（Henry Ford）的综合生产和装配工厂。日本制造商，尤其是丰田汽车公司，完善了 JIT 方法，从而使采取 JIT 方法的企业能够获得明显的竞争优势。

20 世纪 70 年代企业重点关注质量，在此期间，企业对"全面质量管理"和"零缺陷"之类的技术有浓厚的兴趣。在 20 世纪 80 年代，质量不再是竞争力的一个来源，而成为一种基本要求，没有质量，企业就无法生存。然后，竞争的重点转到了生产效率，准时生产方式和零库存生产方式便开始形成。

生产制造类企业为了生存，在原材料成本难以降低的情况下，只能从物流环节寻找利润源，减少采购、库存、运输等方面所产生的费用。在 20 世纪 90 年代，大量的企业应用这些制造技术取得了成功。20 世纪 80 年代，西方发达国家逐渐重视对 JIT 技术的研究，并广泛应用于生产管理、物流管理等方面。JIT 从最初的一种减少库存水平的方法，发展成一种内涵丰富，包括特定知识、原则、技术和方法的管理哲学。

1. JIT 的基本原理

JIT 是指在精确测定各生产制造工艺环节的作业效率的前提下，准确地计划物料供应量和供应时间的生产管理模式。其核心思想是：只在需要的时候，按照需要的数量，生产需要的产品。具体而言，是指保证品种有效性，拒绝不需要的品种；保证数量有效性，拒绝多余的数量；保证所需时间，拒绝不按时供应；保证产品质量，拒绝次品和废品。JIT 的最终目标是一个平衡系统，一个贯穿整个系统的平滑、迅速的物料流。在该方式下，生产过程将在尽可能短的时间内，尽可能以最佳的方式利用资源，杜绝浪费。

JIT 反映了生产制造业追求卓越的理念，是通过工厂的拉动系统进行管理的，涉及产品设计、过程设计、设备选择、物料管理、质量保证等一系列活动。其基本点是有计划地消除所有的浪费，不断提高生产率。强调零库存，以零缺陷为目标改善产品质量。通过减少准备时间、队列长度和批量到达时间来缩短提前期，改进操作过程，并且以最小成本来实现这些目标。

在 JIT 理念中，浪费包括过量生产、等候时间、不必要的运输、存货、加工废品、工作方法低效和产品缺陷。JIT 认为，库存是万恶之源，因为它不仅占用大量的资金，造成修建或租赁仓库等一系列不增加价值的活动，产生浪费，还将许多管理不善的问题掩盖起来，如机器经常出故障，设备调整时间太长，设备能力不平衡，缺勤率高，备件供应不及时等，使问题得不到及时解决。JIT 就是要通过不断减少库存来暴露管理中的问题，从而不断消除浪费，不断地进行改进。

JIT 是一组活动的集合，其目的在于实现在原材料、在制品及产成品保持最小库存的情况下进行大批量生产，零件准时到达下道工序并被下道工序迅速加工和转移。准时制依据任何工序只在需要时才生产必要的制品的逻辑，生产的需要则产生于对产品的实际需求。理论上讲，当有一件产品卖出时，市场就从系统的终端拉动一个产品，于是形成了对生产线的订货。总装配线上的工人从物流的上游工位拉动一个新产品去补充被取走的产品，随后这个上游工位又从更上游的工位拉动产品。重复这一过程，直到原材料投入工序。为了保证该拉动过程平稳工作，JIT 要求全过程各阶段都具有高水平的质量、良好的供应商关系及对最终产品需求的准确预测。

尽管 JIT 的基本思想简单，容易理解，但是实现却不容易。因为 JIT 设置了一种极限，也就是"零库存"。

（1）JIT 的四个主要要素

①零库存。零库存是一种现代库存管理方法，它要求在准确的时间把准确的数量送到准

确的地点。超过需要的一切都是浪费，因此，任何库存都是浪费。JIT 理念认为，库存是由计划不周、能力不够、供应商过失、订单处理延迟、生产操作不规范、设备保养差等原因造成的。JIT 生产可以发现其他生产方式由于过多的库存和过多人员而隐藏的问题。

②备货期短。由于采用小批量供货和较短的供货周期，JIT 使备货时间大大地缩短了。生产提前期的缩短也会使成本下降。

③高频率、小批量补货。高频率、小批量补货可以减少和避免存货，当发现问题时容易得到改进，易实现均衡作业及柔性生产等。

④高质量和无缺陷。JIT 要求消除引起浪费的各种原因，要求在整个生产过程中每一个操作都达到精益求精，将质量管理引入每一个操作，对产品质量及时地进行检测与处理。

（2）JIT 的目的和要求

①JIT 的目的。解决生产过程中时间、库存和废品等浪费问题；暴露系统在生产过程中存在的问题；实现流水线生产。

②JIT 的要求。JIT 强调全体员工的参与和管理，要求对生产过程进行持续的改革。JIT 模式的生产过程要求有一个稳定的环境，其生产过程不要求大规模、大批量的组织生产，要求减少批量，以小的批量规模组织生产。

（3）JIT 与传统库存管理的比较

JIT 以追求消除浪费、实现原材料和外购件零库存为目标，与传统库存管理比较，其特点有以下几个。

①采用单源的供应方式。有别于传统供应商多源的供应方式，JIT 采用单源的供应方式，这样一方面可以与供应商建立长期的合作伙伴关系，而不是传统的交易关系，享受长期性的、规模性的低成本效益；另一方面在原材料和外购零部件等的质量上得到保证。由于长期的合作伙伴关系，JIT 把质量的保障责任放在供应商处，不需要企业来把关。供应商须参与生产企业从产品设计到生产管理的整个过程，而不仅仅是按指令供货。从源头上保证供货质量，将供应商所供的货直接送到生产线上，减少了一系列中间传统环节，达到了降低成本的目的。

②小批量供货和较短的备货时间。小批量供货是 JIT 的特点之一，以保证按时、保质、保量供货。由于小批量供货和较短的备货时间要求，在采用 JIT 模式时，仓储设施等可以在生产企业附近建立。

③高效的信息共享。消除浪费、降低成本和零库存，需要从供应商供货到产品生产及产品出厂销售等整个供应链通过高效的信息协调整个系统来实现。及时、准确的信息可以迅速反映企业库存状况，使产、供、销之间的时间差和空间差降到最低，以达到降低成本和提高企业效益的目的。

2. JIT 的生产系统

在库存控制方面，JIT 不同于 MRP，前者被称为拉动式系统，后者被称为推动式系统。

（1）拉动式系统

拉动式系统是指由市场需求信息拉动产品装配需求，再由产品装配需求拉动零件加工。

每道工序和每个车间按照当时的需求向前一道工序和上游车间发出需求指令，上游工序和车间完全按这些需求指令进行生产，形成物流和信息流的统一。

（2）推动式系统

推动式系统是指计划部门根据市场需求，按零部件展开，计算出每种零部件的需要量和需要时间，形成每个零部件的投入产出计划，然后将计划发给每一个生产地和工作车间。每一个生产地和生产车间都按计划制造零部件，将实际完成情况反馈到计划部门，并将加工完的零部件送到后一道工序和下游生产车间。由于实际生产作业计划会不可避免地受到随机因素的干扰，因此推动式系统必然造成物流和信息流的分离。

3. JIT 系统库存控制

JIT 系统是一种典型的拉动式系统，市场对产品的需求是 JIT 系统最源头的拉动力。日本丰田公司最早发明了"看板拉动系统"来控制 JIT 系统的库存。"看板"在日文中的意思是"信号"，是用来传递生产计划与控制信息的工具。看板一般分为两种：生产看板和搬运看板。生产看板用于指挥生产，规定了各工序应该生产的零部件种类和数量，一般通过放置零部件容器的适时适量补给来指挥 JIT 生产。搬运看板用于指挥零部件在前后两道工序之间的传送，即适时、适量地将容器内的在制品传送到下游工序。一般，容器内规定放置的零部件的数量是固定不变的。两看板系统物流状态如图 7-10 所示。

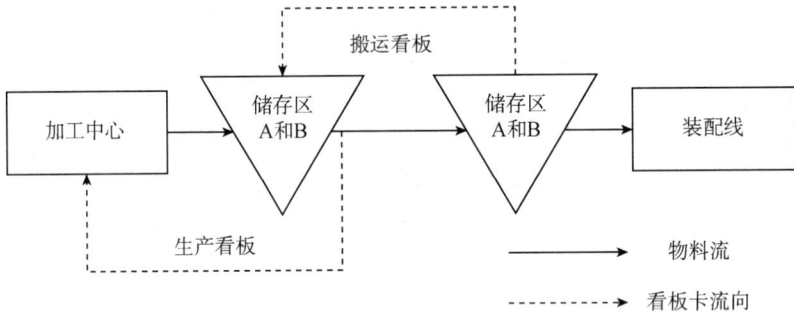

图 7-10 两看板系统物流状态

图 7-10 画出了一条装配线，该装配线由一个加工中心供应零件，该加工中心生产 A 和 B 两种零件，这两种零件储存在两个容器里，一种靠近装配线，另一种靠近加工中心。靠近装配线的容器内有一个搬运看板，靠近加工中心的容器内有一个生产看板。这就是通常所说的两看板系统。

当装配线从一个装满零件 A 的容器中取走零件时，就有一个工人从容器中取走搬运看板，把这个看板放到加工中心的储存区。在加工中心，工人发现了零件 A 的容器，取出生产看板，并放入搬运看板。容器中放入搬运看板就说明准许将该容器移送到装配线。而取出的生产看板则放在加工中心的工具架上，说明准许另一批原料投入生产。工具架上的看板就成为加工中心的分配表。

看板拉动系统不仅可以用于单个制造车间内部，也可以用于制造车间之间，还可以用于制造商和外部供应商之间，其原理是一样的。

当市场需求发生改变时，就需要改变生产线的产出率，而只要对应改变生产看板和搬运看板的数量就能达到改变产出率的目的。因此，确定 JIT 系统中的看板数量就成为生产系统对市场需求响应的关键因素。与此同时，看板的数量也能决定 JIT 系统中在制品库存的数量，因为看板卡代表着使用区与供应区之间来回流动的物料的容器数，每个容器代表供应的最小生产批量，容器数量直接决定系统中在制品的库存数。

精确地估算生产一个容器的零件所需的生产提前期是确定容器数量的关键。提前期与容器内的零件加工时间、生产过程中的任何等待时间、原料运送到工人手中所需的运输时间有关系。看板数的计算公式为：

$$K = （提前期内的期望需求量 + 安全库存量）／容器容量$$

$$K = DL(1 + S)/C \qquad (7-9)$$

式中 K——看板数；

D——特定时段内所需产品的平均数量；

L——补充订货的提前期；

S——安全库存量，用提前期内需求量的百分比表示；

C——容器容量。

看板拉动系统并不能实现零库存，但是它能通过控制每种零件的容器数来控制一次投入工序的物料数。企业可以方便地调整看板系统以适应系统当前的运行方式，因为看板卡片的数量可以十分容易地增加或减少，从而达到控制库存的目的。

⊙ 案 例

艾尔文汽车配件公司

艾尔文汽车配件公司是为 BigThree 公司生产消音器组件的企业。该公司应用看板拉动的方式控制物料在其生产单元中的移动。消音器组件的装配包括切断和弯曲多根管子，焊接到消音器和汽车的催化式排气净化器上等多项工作。消音器和净化器是基于当前的市场需求而拉入生产单元的；净化器在特定的生产单元中生产。

净化器以 10 个一瓶的方式进行生产，并用一种特殊的手推车运送到装配单元。净化器单元的设计是为了在零准备时间的前提下生产多种净化器，该单元每隔大约 4 小时对一批净化器的需求作出反应。净化器单元位于消音器装配单元的旁边，因而可以实现运输时间为零。

消音器装配组装单元平均每小时装配 8 个组件，每个组件都使用同样的净化器。由于工序中多少存在差异，管理层确定需求量的 10% 作为安全库存。问需要多少看板数来管理净化器的供应任务，达到 JIT 的目标？

分析：已知供应净化器的提前期（L）为 4 小时，对净化器的需求（D）为每小时装配8 个组件，所以：$K = 8 × 4(1 + 0.1)/10 = 3.52（套）$

所以，该公司需要 4 套看板，即需要在系统中设置 4 个装载净化器的容器，每个容器的容量是 10 个。

（案例来源：百度文库，引文经整理、改编）

通过上面的案例可以看出，由于存在看板，生产过程不可能是零库存。如果单单从库存控制的角度来分析 JIT，它和 MRP 系统下库存控制的方法非常相似，都是从顾客的需求出发来计划物料的订购数量和时间，都是从下道工序推算上道工序的需求，一步一步向源头逼近。唯一有差别的地方是 JIT 系统包括的内容更广泛，JIT 系统不仅仅是一种生产技术，更是一种企业管理思想，包括生产工艺和流程设计、全面质量管理、稳定的生产计划、看板控制系统、供应商合作思想、库存控制、改进产品设计等。

模块二　案例讨论

案例1

戴尔电脑"零库存"管理

在不景气的大环境下，戴尔始终保持着较高的收益，并且能不断增加其市场份额，这主要源自戴尔的"零库存"管理模式。

当谈及戴尔的成功之道时，几乎众口一词地归结为直销模式。迈克尔说，人们只把眼光停留在戴尔公司的直销模式上，并把这看作戴尔公司与众不同的地方，但是直销只不过是最后阶段的一种手段，企业真正努力的方向是追求零库存运行模式。

在库存的数量管理上，戴尔以物料的低库存与成品的零库存声名远播，其平均库存只有约 5 天，而联想的平均库存有 22 天，与戴尔最接近的竞争对手也有 10 天以上的库存，业内其他企业平均库存更是达到了 50 天左右。戴尔仅因低库存就比许多竞争对手拥有了 8% 左右的价格优势。高效率的物流配送使戴尔的过期零部件比例保持在材料开支总额的 0.05% ~ 0.1%，而戴尔的对手企业这一比例有 2% ~ 3%，其他工业部门甚至有 4% ~ 5%。由于材料成本每周会有 1% 的贬值，因此库存天数对产品的成本影响很大。

然而，戴尔的库存管理并不仅仅着眼于"低"，通过双向管理供应链，通盘考虑用户的需求和供应商的供应能力，使二者的配合达到最佳平衡点，实现"永久性库存平衡"，才是戴尔库存管理的最终目的。

采用符合行业标准的、模块化的产品是戴尔库存管理的另一个重要内容。戴尔很少把一项刚研发出来的新技术或新产品即刻推向市场，而是等到技术已经标准化、产品已经成熟后，才大规模进入市场，并力争在进入后能快速成为市场的领导者。正因为如此，戴尔大量采用符合行业标准的、开放的技术，而不是独家的、封闭的技术。这一点反映在库存物料的管理上，就使得戴尔特别强调库存本身的标准化，要求它们符合行业的标准，并尽可能地实现模块化与可互换性，以最大限度地降低重复开发的成本。

需要注意的是，当人们为戴尔的"物料的低库存与成品的零库存"喝彩时，应该看到，戴尔没有仓库，但是供应商在它周围有仓库。事实上，戴尔的工厂外边有很多配套厂家，戴尔在网上或电话里接到订单并收了钱后会告诉客户到货的大概时间。在客户等待的这段时间里，戴尔可以对订单进行整合，对已有的原材料进行分拣。如还需要的原材料就下订单给供应商，下单之后，原材料到了生产线上才进行产权交易，而之前的库存都是供应商的。

当然，戴尔需要一个组织严密的供应商网络，才能按照这样的安排准点送货，才能实现物料的低库存和成品的零库存。这就需要供应商严格按照戴尔的要求，执行戴尔的标准，确保迅速配送。戴尔之所以能围绕直销实现准时制生产，是因为它有一个组织严密的供应商网络。戴尔95%的物料来自这个供应链网络，其中75%来自40家大规模的供应商，另外25%来自规模略小的20家供应商。戴尔公司几乎每天都要与这60家供应商中的每一家打交道，甚至需要多次沟通。戴尔致力于与优秀的供应商合作，并努力使这种合作关系简单化。

戴尔把库存的压力转移给了供应商，这是加入戴尔供应链的代价。但戴尔需要的货物量很大，加入戴尔供应链意味着拥有不断增长的市场和随之而来的利润。戴尔拥有稳定的订单，而且这些订单量很大，这足以使想和戴尔合作的供应商心动。

实际上，戴尔每天都监控着每一个部件的供应状况。在生产运营中，如果生产线上某一部件由于需求量突然增大导致原料不足，主管人员就会立刻联系供应商，确认对方是否可能增加下一次发货的数量。如果问题涉及硬盘之类的通用部件，主管人员就会立即与后备供应商协商。如果联系了可供选择的所有供应渠道后仍然没有收获，主管人员就会与公司内部的营销人员协商，通过他们的"直线订购渠道"与客户联系，争取把客户对于某些短缺部件的需求转向那些备货充足的部件，而所有这些操作，都能在几个小时内完成。

（资料来源：百度文库，引文经整理、节选和改编）

案例思考：

1. "零库存"是不是意味着没有库存？戴尔公司"零库存"运行模式的精髓在哪里？

2. 在企业里推行"零库存"运行模式需要什么条件？是不是所有的企业都适合"零库存"的管理模式？

案例2

上海通用是如何降低库存风险的

有人认为库存管理是零售企业的三大核心能力之一（另外两个是商品管理和顾客行为分析），也有很多从事流通的经销商或零售企业没有关注"库存"的重要性。事实上，库存在仓储企业运营中非常重要。例如，为同样实现800万元的销售额，A企业用了600万元库存，而B企业用了1000万元库存，B企业就可能因为库存问题面临资金链断裂而不自知的局面。

如何实现低库存，不同类型的企业有不同的库存管理方法，大多数企业会选择用好的商品管理方法来改善。但是这种方法不足以全面解决问题，更重要的是，当企业已经转移库存风险时，企业的上下游可能会通过其他途径又将库存损失转回至企业。上海通用就面临过这种情况，那么，它又是如何解决这个问题的呢？

上海通用三种车型的零部件总量有5400多种，这相当于一个中型超市的单品数。上海通用的这些零部件来自180家供应商，这也和一个大型卖场的供应商数量相近。上海通用的部分零件是本地供应商生产的，这些供应商会根据通用的生产要求，在指定的时间内直接送到生产线上，这样，因为不进入原材料库，上海通用保持了很低或接近于零的库存，省去大量的资金占用。

传统的汽车厂要么有自己的运输队，要么找运输公司把零件送到公司。这些方式并不根据需要来供给，所以存在一些缺点。

第一，有的零件由于体积或数量不同，并不一定正好能装满一卡车。但为了节省物流成本，往往要凑满一卡车才运输，如果装不满就要等待。这样不仅造成了库存高、占地面积大等问题，也影响了对客户的服务响应速度。

第二，不同供应商的送货环节缺乏统一的标准化的管理，在信息交流、运输安全等方面都会存在各种各样的问题，如果想管好它，必须花费很多的时间和很大的人力资源。

上海通用改变了这种做法，使用了"循环取货"的技巧，即聘请一家第三方物流供应商，由第三方物流公司来设计配送路线，每天早晨依次到不同的供应商处取货，直到装上所有的材料，再直接送到上海通用。这样，通过循环取货，通用的零部件运输成本可以下降30%。这种做法减少了所有供应商空车返回的浪费，充分节约了运输成本。同时，也体现了上海通用的一贯思想：把所有增值空间不大的业务外包给第三方，他们会更懂得怎样节省费用。

上海通用公司通过自身经验为分销商提供了一些新的启示：区域性的零售大户如果没有建立自己的配送中心的实力，则应该考虑请一家专业的物流公司通过"牛奶取货"方法供货，然后与供应商协商共同承担物流费用。例如，在日本的7-11便利店发展初期，其供应商送货时要面对频繁的送货次数、复杂的送货路线、小批量的订单和大量的上下搬运作业，多数供应商不愿意承担这样的成本。但如果采取大批量小频率送货，7-11就要承担大量库存的风险。于是，7-11联合供应商共同送货。实践证明，这样的运作模式为7-11降低了大量的配送成本。但这也产生了一个问题，即为了保证7-11的低库存，并在7-11要货时就备足品类，要求供应商准备大量库存。

实际上，上海通用也遇到了这种情况。上海通用采取的是"柔性化生产"，即一条生产流水线可以生产不同平台的多个型号的产品。这种生产方式对供应商的要求极高，供应商必须处于"时刻供货"状态，这样就会给供应商带来很高的存货成本。但是，供应商一般不愿意独自承担这些成本，而会把部分成本分摊到给上海通用供货的价格中。同时，供应商还会将另一部分成本分担到其上游的供应商那里。为了克服这个问题，上海通用与供应商时刻保持信息沟通，根据产量不断尝试调整库存，让供应商也了解下游计划，让其能根据上海通用的生产计划安排存货和生产计划，减少对存货资金的占用。

（资料来源：百度文库，引文经整理、节选及改编）

案例思考：

1. 用传统方式压缩库存来转移库存风险有何弊病？

2. 上海通用的"循环取货"有哪些实用价值？

3. 核心企业在压缩库存时，怎样避免将库存推向供应链的上游而导致供货成本上升？

案例3

AK 公司的 ABC 库存管理

AK 公司是一家专门经营进口医疗用品的贸易公司，因为进口产品交货期较长，库存占用资金大，库存管理显得尤为重要。

AK 公司按销售额将其经营的 28 种产品排序，划分为 A、B、C 三类。排序在前 3 位的产品占到总销售额的 97%，因此把它归为 A 类产品；第 4 至 7 种产品，每种产品的销售额在 1%~2%，把它们归为 B 类；其余的 21 种产品（共占销售额的 1%），将其归为 C 类。

对于 A 类的 3 种产品，AK 公司实行了连续性检查策略，每天检查库存情况，随时掌握准确的库存信息，进行严格的控制，在满足客户需要的前提下维持尽可能低的安全库存量。通过与国外供应商协商，对运输时间作认真的分析，算出该类产品的订货前置期为两个月（也就是从下订单到货物从 AK 公司的仓库发运，需要两个月），即如果预测在 6 月份销售的产品，应该在 4 月 1 日下订单给供货商，才能保证在 6 月 1 日可以出库。

由于 AK 公司的产品每个月的销售量不稳定，因此，每次订货的数量就不同，要按照实际的预测数量进行订货。为了预防预测的不准确和工厂交货的不准确，还要保持一定的安全库存，安全库存是下一个月预测销售数量的 1/3。该公司一旦实际的存货数量加上在途的产品数量等于后两个月的销售预测数量加上安全库存，就下订单，订货数量为第三个月的预测数量。因其实际的销售量可能大于或小于预测值，所以，每次订货的间隔时间也不相同。这样进行管理后，A 类产品库存的状况基本达到预期的效果。

对于 B 类产品的库存管理，AK 公司采用周期性检查策略。每个月检查库存并订货一次，目标是每月检查时库里应有以后两个月的销售数量（其中一个月的用量视为安全库存），另外在途中还有一个月的预测量。每月订货时，根据当时剩余的实际库存数量，决定需订货的数量。这样就会使 B 类产品的库存周转率低于 A 类。

对于 C 类产品，AK 公司采用了定量订货的方式。根据历史销售数据得出，产品的半年销售量为该类产品的最高库存量，并将其两个月的销售量视为最低库存。一旦达到最低库存就订货，将其补充到最高库存量。这种方法比前两种更省时，但库存周转率更低。

AK 公司实行了产品库存的 ABC 管理以后，虽然 A 类产品占用了最多的时间、精力进行管理，但得到了满意的库存周转率。而 B 类和 C 类产品，虽然库存的周转率较慢，但相对于其很低的资金占用和很少的人力支出来说，也取得了较好的效果。

在对产品进行 ABC 分类以后，AK 公司又对其客户按照购买量进行了分类。发现在 69 个客户中，前 5 位的客户购买量占全部购买量的近 75%，将这 5 个客户定为 A 类客户；到第 25 位客户时，客户购买量已达到 95%。因此，把 6~25 位客户归为 B 类，其他的 26~69 位客户归为 C 类。对于 A 类客户，实行供应商管理库存，一直保持与他们密切的联系，随时掌握他们的库存状况；对于 B 类客户，基本上可以用历史购买记录做出他们的需求预测，作为订货的依据；C 类客户有的是新客户，有的一年只购买一次，因此，只在每次订货数量上多加一些，或者用安全库存进行调节。这样既可以提高库存周转率，也可以提高对客户的服务水平。尤其是 A 类客户，对此非常满意。

通过 AK 公司的实例可以看到，将产品及客户进行 ABC 分类管理，再结合其他库存管理方法，如连续检查法、定期检查法、供应商管理库存等，就会收到很好的效果。

（资料来源：百度文库，引文经整理、节选及改编）

案例思考：

1. AK 公司将产品分为了哪几类进行管理？分类依据是什么？

2. AK 公司分类方式的优点是什么？

3. AK 公司怎样对 A、B、C 三类产品进行库存控制？

4. AK 公司如何利用客户的 ABC 分类管理提高库存周转率？

模块三　实训项目

一、实训目的

学习 ABC 分析法，使学生了解到，ABC 分析法只是一种手段，其真正的目的是针对不同的分类采取不同的措施，针对控制程度、配置、管理要点、订货方式、记录检查方式、保管条件等方面采取不同的规划，使库存管理更加合理、更加优化。

二、实训内容

要求学生实训课前复习 ABC 管理法内容，在实训过程中遵守实训要求，按老师指定的步骤进行，发现问题要及时修改，以在实训中不断地完善 ABC 管理法知识，达到实训的目的。

1. 实训任务

以库存管理为例来说明 ABC 分析法的具体应用。如果对库存商品进行年销售额分析，那么需要做好以下几项工作。

①收集各种商品的年销售量、商品单价等数据。现统计了某企业持有的 10 种粮食库存情况，如表 7-5 所示。

表 7-5　10 种粮食库存情况

序号	粮食品种	单价/元	销售量/包
1	红豆	4	300
2	小米	8	1 200
3	绿豆	1	290
4	大米	2	140
5	玉米豆	1	270
6	黑豆	2	150

序号	粮食品种	单价/元	销售量/包
7	黄豆	6	40
8	芸豆	2	700
9	黄米	5	50
10	豌豆	3	2 000

②对原始数据进行整理并按要求进行计算，如计算销售额、品项数、累计品项数、累计品项百分数、累计销售额、累计销售额百分数等。

③制作 ABC 分类表。在总品项数不太多的情况下，可以用大排队的方法将全部品项逐个列表。按销售额的大小，由高到低对所有品项顺序排列；将必要的原始数据和经过统计汇总的数据，如销售量、销售额、销售额百分数填入表中；计算累计品项数、累计品项百分数、累计销售额、累计销售额百分数；将销售额为 75% ~ 80% 的前若干品项定为 A 类；将销售额为 10% ~ 15% 的若干品项定为 B 类；将其余的品项定为 C 类。如果品项数很多，无法全部排列在表中或没有必要全部排列出来，可以采用分层的方法，即先按销售额进行分层，以减少品项栏内的项数，再根据分层的结果将关键的 A 类品项逐个列出来进行重点管理。

④以累计品项百分数为横坐标，累计销售额百分数为纵坐标，根据 ABC 分析表中的相关数据，绘制 ABC 分析图。

⑤根据 ABC 分析的结果，对三类商品采取不同的管理策略。

2. 实训成果

以实训中绘制 ABC 分析表及分析图，对 ABC 管理策略的选择进行说明，并形成实训报告。

3. 实训思考

①ABC 管理法的思想与原理是什么？

②ABC 管理法的程序实施步骤是什么？

③论述 ABC 分类法在企业库存管理中的应用。

模块四　小结与习题

一、内容小结

库存管理是供应链管理的关键组成部分，而不同的职能部门又有不同的库存管理目标，如市场营销部门的目标是确保具备充足的库存供客户需求以避免潜在的短缺，即要求较高的库存水平；而财务部门则强调库存持有成本最小化，即要求较低的库存水平。供应链是由多个企业构成的，其中每个企业都有独特的库存管理理念，所以，供应链中的每个环节都希望其他环节持有库存以保证自己库存最小化。通过不同的科学库存管理方法，如本章讲解的

ABC 分类管理、供应商库存管理（VMI），以及合理的库存控制技术，如订货点技术（定量订货技术、定期订货技术）、MRP、JIT 等现代库存控制技术，可以对制造业或服务业生产、经营全过程，甚至供应链环节中的各种物品、产成品及其他资源进行管理和控制，使其储备保持在合理的水平上。

二、思考题

1. 简述库存的定义、作用及分类。
2. 定量订货法的原理是什么？
3. 定期订货法的适用范围是什么？
4. 简述 ABC 分类管理的思想与原理。
5. 举例说明 MRP 技术的应用。
6. JIT 运作的基本原理是什么？

第八章

仓储配送经营与商务管理

1. 复述仓储经营管理的内容。
2. 区分不同仓储经营方法的概念，并对不同方法的特点进行对比。
3. 复述仓储合同相关概念，说出仓储合同相关内容。
4. 区分仓储合同当事人的权利与义务，能够草拟仓储合同。
5. 复述仓储与配送商务管理的概念与内容，能够概括配送合同的内容要点。

仓储合同与合同违约

个体户 A 在 B 仓库寄存电器 100 台，价值共计 100 万元，双方商定：B 仓库自 2019 年 1 月 15 日至 2 月 15 日保管个体户 A 的电器，A 分三批取走。2 月 15 日为 A 取走最后一批电器的时间，需要支付保管费 20 000 元。

2 月 15 日，A 前来取最后一批电器时，双方因保管费而发生争议。A 认为电器实际上是在 1 月 25 日晚上才入 B 仓库的，所以应当少付保管费 2 500 元。B 仓库拒绝减少保管费，理由是仓库早已为 A 的电器的到来安排了相应货位，至于 A 是不是准时进库是 A 自己的事情，与 B 仓库无关。A 认为 B 仓库位于江边码头，自己又通知了电器到库的准确时间，B 仓库不可能空着货位。最后 A 只同意支付 17 500 元的保管费，B 仓库于是拒绝 A 提取所剩下的最后一批电器。

（资料来源：文档库，引文经整理、节选和改编）

模块一　基础知识

一、仓储经营管理

仓储经营管理是指在进行仓库管理过程中，运用先进的管理理论、科学的管理方法及以市场需求为导向的经营理念，对仓储经营活动进行计划、组织、协调、控制和监督工作，充分利用仓储资源，以实现最佳的协调与配合，降低仓储经营管理成本，提高仓储经营效益的活动过程。

（一）仓储经营管理

仓储经营管理既包括仓储企业对内部仓储业务活动的管理，也包括对整个仓储企业资源的经营活动的管理，即仓储商务活动的管理。具体内容包括以下几个方面。

（1）仓库的选址与建筑决策管理

企业在进行仓库选址时不仅要依据目前的生产运营情况，还要考虑未来发展变化；同时保证所建仓库及各种设施设备等资源能够被有效利用，降低仓储成本；保证仓库运营安全，一方面使存储物不受自然或人为损坏，另一方面保证存储物对仓库外环境的安全。

（2）仓库机械作业的选择与配置

企业根据自身发展情况决定设施设备类型，无论是机械化还是全自动化设施设备，一旦被选择使用，则需要对相应设备的投资规模、规格型号、安装调试及运行保养等工作进行管理。

（3）仓库的日常管理

仓库的日常管理包括对仓库日常业务，如入库、出库、在库保养等工作进行组织和协调，对库存货品的库存量、安全库存、进货量、最低订货点、进货周期等予以确定，对仓库安全、仓库消防、仓库安全作业进行管理等内容。

（4）仓储经营组织管理

仓储经营组织管理包括仓储经营组织的结构设定、经营管理人员的配备与选择、经营计划和经营管理制度的制定与实施。仓储企业应在资源配置、市场管理、合同管理等方面制定相关的管理制度，做到权利与职责明确。

（5）仓储市场管理

仓储企业需要广泛地开展市场调查与研究，分析消费者需求特点，向社会提供让客户满意的仓储服务类型、制定价格策略加强市场监督和管理，广泛地开展市场宣传，巩固与扩大客户群体。

（6）仓储资源管理

充分利用仓储资源，为企业创造和实现更多的商业价值与机会。

（7）仓储成本管理

在仓储成本管理过程中，一方面企业应对仓储成本进行准确核算，确定具有竞争力的价格体系；另一方面，企业应通过科学合理的管理方法，充分利用仓储资源和先进技术来降低交易成本。

● 案 例

华鹏飞的仓储业务经营管理

华鹏飞股份有限公司（以下简称"华鹏飞"）成立于2000年，公司总部设立在深圳，是国家AAAA级物流企业。仓储业务是华鹏飞综合物流服务的关键业务，其为合作伙伴提供高品质仓储物流服务，包括CDC（中央配送中心）/RDC（区域配送中心）外包、VMI及其他增值服务。华鹏飞在全国拥有近10万平方米的标准仓库，在WMS/BARCODE等信息系统的充分支持下，可以为客户提供优质的仓储服务。

华鹏飞在传统仓储服务的基础上为客户提供个性化的经营服务，在仓储环节上，可以为客户提供产品检验、分拣组合等增值服务；在流通加工环节，可以根据客户的要求对产品进行贴标签、打包、装保护膜等作业。

另外，华鹏飞积极拓展物流服务领域、细分物流市场，为客户提供更多的增值服务。在物流外包方面，华鹏飞积极与客户对接，为其提供CDC仓库，及时将客户生产的产品运到CDC仓库，并提供来货验收、入库扫描并上传系统、存货管理、出货分拣及扫描、信息处理及反馈等服务。同时根据客户的要求，及时将产品配送或交付到客户指定的用户或物流承运商手中。通过物流外包服务，客户将更加专注于研发、生产和销售等核心业务，这更有利于发挥其竞争优势。

（案例来源：林贤福，黄裕章. 仓储与配送管理实务［M］. 2版. 北京：北京理工大学出版社，2018.）

（二）仓储经营方法

现代仓储经营方法主要包括保管仓储经营、混藏仓储经营、消费仓储经营、仓库租赁经营、流通加工经营、仓储多种经营、创新型仓储经营等。

1. 保管仓储经营

（1）保管仓储经营的概念

保管仓储经营是指仓储经营者提供完善的仓储条件，接受存货人的待存储货物并进行保管，在合同期满后，仓储经营者将保管的货物原样交还给存货人的仓储经营方法。

在保管仓储经营中，仓储经营者一方面需要尽可能多地吸引货主，获得大量的仓储委托，以取得最大化仓储收入；另一方面还需要在仓储保管过程中尽量降低保管成本，提高经营收益。仓储保管费与仓储物的数量、仓储时间和仓储费率三者密切相关。仓储保管费计算公式为：

$$C = Q \times T \times K \qquad (8-1)$$

式中　C——仓储保管费；

　　　Q——存货数量；

　　　T——存货时间；

　　　K——仓储费率。

（2）保管仓储经营的特点

①保管仓储主要是将存货人的货品存入仓储企业。仓储企业必须对仓储物实施必要的保管而达到最终维持保管物原状的目的。在货物保管过程中，仓储物的所有权依旧在存货人手中，仓储企业没有处置仓储物的权力。

②仓储物一般是数量多、体积大、质量大的大宗货物。例如，粮食、工业制品、钢材等。

③保管仓储活动是有偿的，保管人为存货人提供仓储服务，存货人必须支付仓储保管费。仓储保管费是保管人提供仓储服务的价值表现形式，也是仓储企业盈利的主要来源。

④保管仓储经营的整个仓储过程均由保管人进行操作，而仓储经营人需要有一定的经济投入。

2. 混藏仓储经营

（1）混藏仓储经营的含义

混藏仓储经营是指存货人将一定种类、品质、数量的存储物交付保管人进行储藏，而在储存保管期限届满时，保管人只需以相同种类、品质、数量的替代物返还的一种仓储经营方法。

混藏仓储经营者的主要收入依然来自仓储保管费，存量越多、存期越长，收益越大。尽管混藏仓储是成本较低的仓储方式，然而一旦仓储物品种增加，仓储成本也会相应增加，所以在混藏仓储经营中应尽可能接收少品种、大批量的货物。因此，混藏仓储适用于建筑施工、粮食加工、五金等行业中的品种无差别、可以准确计量的货物。

（2）混藏仓储经营的特点

①混藏仓储经营的对象是种类物。

混藏仓储经营的目的并不完全在于原物的保管，寄存人仅仅需要实现存储物价值的保管即可，因此保管人只需返还与原仓储物相同种类、品质与数量的替代品，并不需要原物返还。保管人以种类物为保管物，在保存方式上不再需要对保管物进行特定化管理，所以可将所有同种类、同品质的保管物混合仓储保存。混藏一方面减少了仓储设施设备与仓储管理成本的投入；另一方面提高了仓储空间利用率，从而降低了仓储总成本。

②混藏仓储的保管物并不随交付而转移所有权。

混藏保管人只需为寄存人提供保管服务。而保管物的转移只是物的占有权转移，与所有权的转移无关，保管人无权处置存货的所有权。

⊙ 案　例　•••● ● ●

小麦混藏仓储

农民将小麦交付给仓储企业保管，仓储企业可以混藏小麦。仓储企业将所有收存的小麦混合储存于相同品种的小麦仓库，形成一种保管物为混合物（所有权的混合）的状况。小麦的所有权并未交给加工厂，各寄存人对该混合保管物按交付保管费的份额，各自享有所有权。在农民需要时，仓储企业从小麦仓库取出相应数量的存货交还给农民。

（资料来源：百度文库）

3. 消费仓储经营

（1）消费仓储经营的含义

消费仓储经营是指存货人不仅将一定数量、品质的种类物交付仓储管理人储存保管，而且与保管人相互约定，将储存物的所有权也转移给保管人，在合同期届满时，保管人以相同种类、品质、数量替代品返还的一种仓储方法。与混藏仓储经营不同的是，消费仓储经营在存放期间，货物所有权转移给仓储保管人，保管人将具备对货物行使处置的权利。因此，消费仓储的经营人一般具有货物消费的能力，如面粉加工厂的小麦仓储、加油站的油库仓储、经营期货交易的保管人等。

在仓储经营收益方面，消费仓储与前两种经营方式不同，仓储保管费是消费仓储经营中的次要收入，有时甚至采取零仓储费结算方式。其主要收入源于对仓储物的消费，当该消费收入大于返还仓储物时的购买价格，仓储经营人即获得了经营利润；反之，消费收益小于返还仓储物时的购买价格，就不会对仓储物进行消费，而依然原物返还。消费仓储的开展使仓储财产的价值得以充分利用，提高了社会资源的利用率。

（2）消费仓储经营的特点

①消费仓储是一种特殊的仓储形式，具有与保管仓储相同的基本性质。其目的仍旧是对保管物的保管，主要是为寄存人的利益而设定。原存储物虽然可以消耗使用，但其价值应得以保存。寄存人交付保管物于保管人，只需在需要时仍然能够得到等同于原样的输出。

②消费仓储将种类物作为保管对象，仓储期间转移所有权于保管人。保管人在他接收保管物时便取得了保管物的所有权，保管人以所有人的身份可自由对保管物进行处置，这是消费仓储最为显著的特征。

③消费仓储以物的价值保管为目的。在消费仓储中保管物的所有权被转移，在合同期满时，保管人无须返还原物，只要保证输出的货物与原存货种类、品质、数量等相同，保存保管物的价值即可。

保管仓储、混藏仓储与消费仓储在存储对象、存储物的所有权、经营人收益和适用范围等方面有所区别，具体如表8-1所示。

表 8-1　保管仓储、混藏仓储和消费仓储的比较

仓储经营方式	存储对象	存储物的所有权	仓储经营人的收益	适用范围
保管仓储	特定物	不转移	以仓储保管费为主	数量多、体积大、质量大的大宗货物，如粮食、工业制品、钢材等
混藏仓储	种类物	不转移	以仓储保管费为主	品质无差别、可以准确计量的货物，适用于建筑施工、粮食加工、五金等行业
消费仓储	种类物	转移	对仓储物的消费是主要收益，仓储保管费只是次要收益	主要在期货仓储中开展

4. 仓库租赁经营

（1）仓库租赁经营的含义

仓库租赁经营是通过向存货人出租仓库、场地、仓库设备等，由存货人自行保管货物的仓储经营方式。进行仓库租赁经营前，须签订仓库租赁合同，并在合同条款约束下从事租赁经营活动，取得相应的经营收入。仓库租赁经营既可以是整体性的出租，也可以采用部分出租、货位出租等分散出租方式。

小知识

仓库租赁经营成因

仓库出租的原因有三：一是仓库所有人为更好地经营核心主业，放弃仓库保管经营业务；二是仓库经营人不善于经营仓储保管，致使保管成本无法降低，企业利润较低；三是仓库经营人不具有特殊商品的保管能力和服务水平。

仓库承租的原因为：仓库租用者具有特殊的保管能力、作业能力及企业管理的需要；采取租用仓库的方式自行开展仓储保管更有利于企业的发展。

（2）仓库租赁经营的特点

①承租人具有特殊商品的保管能力和服务水平。采取仓库租赁经营方式的前提条件为：出租的收益所得高于自身经营的收益。

②以合同的方式确定租赁双方的权利和义务。仓库出租人具有仓库及设备的所有权，承租人具有对租用仓库及设备的使用权；出租人具有按合同约定提供仓库及设备的义务和收取租金的权利，承租人具有保护仓库设施设备及按约定支付租金的义务。

③分散出租方式增加管理工作量。若采用部分出租、货位出租等分散出租方式，出租人需要承担更多的仓库管理工作，如环境管理、保安管理等。但采用整体性的出租方式，虽然减少了管理工作量，却也放弃了所有自主经营的权力，不利于仓储业务的开拓和对经营活动的控制。

小知识

箱柜委托租赁保管业务

箱柜委托租赁保管业务是仓储业务者以一般城市居民和企业为服务对象，向他们出租体积较小的箱柜来保管"非交易"货品的一种仓库业务。箱柜委托租赁保管业务作为一种城市型的保管业务，具有较大的发展潜力。箱柜委托租赁保管业务主要是对一般居民和家庭的贵重货品，如金银首饰、高级衣料、高级皮毛制品、古董、艺术品等，提供保管服务；对企业以法律或规章制度规定必须保存一定时间的文件档案等货品提供保管服务。

对以文件档案为保管对象的仓库一般有三个特点：一是注重保管货品的保密性，因为在保管的企业资料中，会涉及企业的商业秘密，所以仓库有责任保护企业秘密，防止被保管的企业资料流失；二是注重保管货品的安全性，防止保管货品发生损失，如发票、交易合同、会议记录、产品设计资料、个人档案等需要保管比较长的时间，必须保证其存储安全；三是注重快速服务反应，当企业需要调用或查询保管资料时，仓库经营人能迅速、准确地调出所要资料并及时送达企业。

（案例来源：徐俊杰，姜凌. 现代仓储管理［M］. 2 版. 合肥：安徽大学出版社，2015.）

5. 流通加工

（1）流通加工的概念

流通加工是指物品从生产地到使用地的过程中，根据需要进行包装、分割、计量、分拣、刷唛、拴标签、组装等简单作业的总称。它是物流服务业与现代化生产发展相结合的产物，它弥补了企业因大批量生产加工不能满足消费者多样化需求的不足。同时，通过一定的流通加工手段，可以降低仓储与运输成本，提高物流效率。流通加工必将给流通等领域带来更大的经济效益和社会效益。

（2）流通加工的作用

流通加工并非在所有物流活动中存在，但随着日益激烈的市场竞争和用户的多元化需求，流通加工越来越显示出它不可替代的重要地位和作用。总的来讲，流通加工在物流环节中，它不是通过"保护"货物原有形态来实现价值，而是同生产一样，通过改变或完善货物的原有形态而实现价值。所以流通加工的主要作用体现在以下几个方面。

①提高产品生产者生产率，提高产品质量和经济效益。使生产集中于现代化生产模式，以流通加工这一方式来弥补大量生产的不足。

②提高物流效率与服务质量，满足用户个性化、多样化需求，提高和完善物流功能。

③提高仓储业加工设备的利用率和劳动生产率。将加工对象集中起来进行流通加工，达到低成本、高质量的加工效果，满足客户的特殊需求。

④提高各种运输手段的运用效率。流通加工能使运输工具、装卸设备充分发挥作用，从而提高货物的运输效率，降低运输成本。

⑤完善商品功能，提高经济效益。流通加工可以改变些商品的功能，使其具有更广的适

应面，从而提高商品的销售量和销售额。

6. 仓储多种经营

面对日益激烈的竞争和消费者价值取向多重化，仓储经营者发现，加强仓储的多种经营、改进为顾客服务的方式是创造持久竞争优势的有效手段。

（1）仓储多种经营的概念及优点

仓储多种经营指仓储企业为了实现经营目标，采用多种经营方式，例如，在开展仓储业务的同时，开展运输中介、商品交易、配载与配送、仓储增值服务等。仓储企业为增加企业的利润增长点，可以依据自身条件因地制宜地开展仓储多种经营。其前提条件是这些项目是企业的优势项目，可以降低风险，能够确保企业的正常经营与运作。

仓储多种经营能适应瞬息万变的物流市场；能更好地避免和减少风险；是实现仓储企业经营目标的需要，可使仓储经营的范围更广，经营资金更分散。

▶ 案 例

西南仓储公司的发展转型

西南仓储公司是一家地处四川省成都市的国有商业储运公司，先后经历了由专业储运公司到非专业储运公司再到专业储运公司的发展历程。在业务资源和客户资源不足的情况下，这家以仓储为主营业务的企业，仓储服务是有什么就储存什么，储存过各类材料，其经营成本总是高居不下。

经过市场调查最后确定仓储业务以电器为主。一方面，在家用电器仓储上，加大投入和加强管理，同时加强与国内外知名家用电器厂商的联系，吸引家电企业进入。另一方面，与原有的非家用电器企业用户协商，建议其转库，同时将自己的非家用电器用户主动介绍给其他同行。

在家用电器的运输和使用过程中，难免出现损坏，于是这家企业在库内开办了家用电器的维修业务，既解决了生产商售后服务的实际问题，也节省了维修品往返运输的成本和时间，并分流了企业内部的富余人员，一举两得。除此之外，这家企业还为一个最大的客户提供过办公场所，这为企业赢得了很好的口碑。另外，经过多方努力，还找到一家第三方物流企业，并在第三方物流企业的指导下，通过与几家当地的运输企业合作（外包运输），开展了区域内的家用电器配送，现阶段这家企业家用电器的物流配送已经覆盖了多个省份。

（资料来源：孙宏英. 仓储与配送管理：理论实务案例实训 [M]. 2 版. 大连：东北财经大学出版社，2017.）

（2）仓储增值服务

随着物流业的快速发展，仓储企业充分利用其涉及面广、仓储手段先进等有利条件，向多功能的物流服务中心方向发展，开展包装、贴标签、产品配套和组装、简单的加工生产、退货和调换等多项增值服务，从而增加仓储利润。

①包装：产品的包装环节由仓储企业独自或由企业的仓储部门完成，把仓储的规划与相

关包装业务结合起来综合考虑，有利于提高物流效益。

②贴标签：在仓储过程中完成在产品或产品包装上贴标签的工序。

③产品配套、组装：当某产品需要由一些组件或配件组装配套而成时，就有可能通过仓储企业的配套、组装等增值服务来提高整个供应链的效率。在仓储过程中，这些配件不出仓库就可直接由装配工人完成配装，提高了物流效率，降低了供应链成本，不但使仓储企业的竞争力增强、效率提高，也减轻了生产企业的压力。

④简单的加工生产。一些简单的加工生产业务本来在生产过程中是作为一道单独的工序完成的，但把这些简单加工过程放到仓储环节来进行，可以从整体上缩短物流流程，降低加工成本，并使生产企业专心于主要的生产运营活动。

⑤退货和调换服务。当产品销售之后，产品出现质量问题或出现纠纷，需要实施退货或货物调换业务时，由仓储企业协助办理。

▶ 案 例

顺丰速运的仓储增值服务

顺丰速运有限公司（下文简称顺丰速运）近年来为了给客户提供更加全面的便捷服务，根据客户的需要开展了多项仓储增值服务，具体业务项目包括标签服务、货物捆绑服务、盖印服务、礼品包装服务、保险服务、条形码打印、质量检查服务、发票打印、共同包装及重新包装服务。这些增值服务不仅提高了客户的满意度，而且成为顺丰速运新的利润增长点。

（资料来源：顺丰速运官网，引文经整理和改编）

7. 创新型仓储经营

除了上述几种较为传统的仓储经营方式外，目前还出现了网络仓库、融通仓和融资租赁三种创新型仓储经营方式。

（1）网络仓库

网络仓库是与传统的仓库完全不同的仓库形式，它不是一个可以看得见摸得着的特定的仓库，而是一个可借助互联网与先进的通信设备随时调动所需物资的若干仓库的总和。网络仓库的覆盖区域非常广，仓储企业将供应商订货的数量和距离通过网络渠道快速传递到网络中心，迅速寻找配对，在最短的时间里做出选择，选择一个有足够大并且距离需求地（收货方）最近的存储仓库。

仓库的网络化是现代经济高速发展催化下的必然产物。网络仓库的出现改变了传统的仓储观念，仓库的网络化使货物在仓库之间的调动大大减少，物资从出厂到最终目的地可能只经过一到二次运输，大大节省运输费用；并且使生产厂商和消费者的距离又近了一步，这对生产厂商正确捕捉消费者需求具有重要意义。

（2）融通仓

融通仓是融、通、仓三者的集成、统一管理和综合协调。融通仓是一种对物流、信息流和资金流进行综合管理的创新，其内容包括物流服务、金融服务、中介服务、风险管理服务及这些服务间的组合与互动。融通仓的核心思想是在各种流的整合与互补、互动关系中寻找时机，其目的是提升顾客服务质量，提高经营效率，减少运营资本，拓宽服务内容，减少风险，优化资源使用，协调多方行为，提升供应链整体绩效，增强整个供应链的竞争力等。

融通仓的做法是仓库经营企业为中小型企业提供相关服务，中小型企业的货主把货物存放在仓储企业的仓库中，货主取得仓单后凭此向银行申请贷款，银行根据质押物品的价值和其他相关因素向客户提供一定比例的贷款。仓储物流企业所提供的服务就是接受银行的委托，对货物的流动性进行监管，及时向银行提供质押监管信息，以便银行随时掌握货物流动的信息。

仓库采取融通仓经营方式带来的好处有以下几点。

①与金融机构不断巩固和加强合作关系，依托融通仓设立中小企业信用担保体系，以便于金融机构、融通仓和中心企业更加灵活地开展质押贷款业务。

②充分发挥融通仓对中小企业信用的整合和再造功能，帮助中小企业更好地解决融资问题。

③银行拓宽了服务对象范围，扩大了信贷规模，同时给第三方物流企业带来新的利润增长点，带来了更多、更稳定的客户。成功的融通仓运作能取得银行、企业、物流公司共赢的良好结果。

（3）融资租赁

当一些货物对仓库的现代化和智能化程度要求较高，但货主限于实力不能自主建造仓库，而普通的仓库租赁也并不能满足货主的需求时，仓储企业可通过提供融资租赁等方案来满足这些货主的需求。

融资租赁是指由出租方融通资金为承租方提供所需设备，有融资、融物双重职能的租赁交易，它主要涉及出租方、承租方和贷款方，并由两个或两个以上的合同构成。在融资租赁方式下，首先由货主提出关于仓库需求的招标方案，然后物流企业投标，中标后便进入融资租赁方案的实施阶段。仓储物流企业与货主签订融资租赁协议，筹资时与银行签订贷款协议。

融资租赁经营方式是仓储企业根据货主的个性化要求设计仓储建设方案并提供仓储服务。这种经营方式具有融资功能，对仓储企业与货主企业都有好处。但由于融资租赁的仓库大多是根据货主的个性化需求建造的，对其他货主并不一定适用。如果物流企业与货主企业合作期满但融资租赁尚未到期，一旦货主重新招标并淘汰该物流企业，物流企业还拥有该仓库的所有权，因此将面临一定程度的空置风险。

二、仓储商务管理

仓储商务是指仓储经营者利用仓储保管能力向社会提供仓储保管服务，并以获得经济收益为目的所进行的交换行为。仓储商务是仓储企业基于仓储经营而对外进行的经济交换活动，属于一种商业行为，一般发生在公共仓储和营业仓储中。

仓储商务是企业对外经济活动的综合体现，仓储商务的活动可以分为制定仓储经营决策、进行市场调查和宣传、订立仓储合同、存货人交付仓储物、仓储保管人接收货物及存货人提货六个方面。

(一) 仓储商务管理的概念与特征

仓储商务管理是仓储经营组织对仓储商务进行计划、组织、指挥和控制的过程，是独立经营的仓储企业对外行为的内部管理，属于企业管理的一方面。

仓储商务管理涉及企业的经营目标、经营收益，因此更加重视管理的经济性、效益性。相对于其他企业项目管理，商务管理具有外向性特征，它是围绕仓储企业与外部发生的经济活动的管理；商务管理又有整体性，商务工作不仅是商务职能部门的工作，因涉及仓储企业整体的经营和效益，它也是其他部门获得充足工作量的保证。因而，仓储商务管理是仓储企业高层管理者的核心工作，也是企业其他各部门关心和需要各部门支持的工作。

(二) 仓储商务管理的内容

仓储商务管理是企业仓储管理的一个重要组成部分，包括对商务工作的人力、物力的组织和管理，企业资源的有效利用，有针对性的市场调研及分析，准确的成本核算，规章制度建设，风险防范机制激励机制的制定，以及商务队伍的培养和发展等方面。

三、仓储合同管理

(一) 仓储合同概述

1. 仓储合同的概念

《中华人民共和国合同法》（下文简称《合同法》）第三百八十一条指出，仓储合同是保管人储存存货人交付的仓储物，存货人支付仓储费的合同。提供储存保管服务的一方称为保管人，接受储存保管服务并支付报酬的一方称为存货人。

仓储合同的标的是仓储保管行为，是仓储合同关系中存货人与保管人的民事权利义务共同指向的对象，包括仓储空间、仓储时间和保管要求。仓储合同的标的物是仓储物，是仓储合同标的的载体和表现。

小知识

仓储合同与保管合同的区别

仓储合同有其法定的特点，所以在签订履行时要注意自己的权利义务内容、起始时间，这决定着承担责任的内容和开始时间。此外，仓储合同与保管合同的合同生效时间不同，仓储合同为成立时生效，保管合同为交付时生效；仓储合同均为有偿，而保管合同有偿与否由当事人自行约定。

2. 仓储合同的特征

仓储合同属于保管合同的一种，但是与一般的保管合同相比而言，仓储合同又具有如下特征。

①仓储保管人必须拥有仓储设施设备，同时具备从事相应仓储业务资格。仓储是一种商

业行为，有无仓储设备是仓储保管人是否具备营业资格的重要标志。仓储设备是保管人从事仓储经营业务的基本物质条件。所谓从事仓储保管业务的资格，是指保管人必须取得专门从事或者兼营仓储业务的许可。在我国，仓储保管人应当是在工商行政管理机关登记，从事仓储保管业务，并领取营业执照的法人或其他组织。

②仓储合同的标的物应为实物动产。在仓储合同中，存货人应当将仓储物交付给仓储保管人，由保管人按照合同的约定进行储存和保管。因此，依合同性质而言，存货人交付的仓储对象必须是实物动产，不动产不能成为仓储合同的标的物。

③仓储合同是诺成、双务、有偿合同。《合同法》第三百八十二条有"仓储合同自成立时生效"的规定，确认了仓储合同为诺成性合同，而不是等到仓储物交付才生效。同时，仓储经营作为一种商业活动，仓储保管人替存货人储存仓储物，提供储存、保管服务，并收取仓储费用；而存货人为获得仓储保管人提供的储存、保管服务，必须交付相应的仓储费用，双方的义务具有相应性和对价性。

④仓单是仓储合同的重要凭证。存货人的货物交付或返还请求以仓单为凭证，仓单具有仓储物所有权凭证的作用，属于物权凭证。

3. 仓储合同的形式

根据《合同法》的规定，合同可以采用书面形式、口头形式或其他形式。订立仓储合同的要约、承诺也可以是书面的、口头的或其他形式。合同的其他形式包括通过行为订立合同、签发格式合同等。在未订立合同之前，存货人将货物交给仓储保管人，保管人接收货物，则表明事实上的合同已成立。在周转极为频繁的公共仓储中，保管人可以采用预先已设定好条件的格式合同。在格式合同中，存货人只有签署或者不签署合同的权利，而没有商定格式合同条款的权利。

由于仓储的货量较大、存期较长，可能进行配送、加工等作业，还会涉及作为仓单持有人的第三人，所以仓储合同使用完整的书面合同较为合适。完整的书面合同有利于合同的保存、履行和发生争议时的处理。

（二）仓储合同当事人的权利与义务

仓储合同一经成立，即发生法律效力。作为仓储合同的当事人，仓储保管人和存货人在享有合法权利的同时，也应按照合同的约定履行相应的义务。

1. 保管人的权利与义务

（1）保管人的主要权利

根据《合同法》的规定，仓储合同中保管人享有以下权利。

①合同签署后保管人有权要求存货人按照合同约定的品种、数量、质量、包装等交付货物。

②有权要求存货人对货物进行必要的包装。

③有权要求存货人告知货物情况并提供相应资料。根据相关法律规定，如存货人储存易燃、有毒、有腐蚀性、有放射性等危险物品或者易变质的物品，存货人应当说明该物品的性质，提供有关资料。存货人违反规定的，保管人可以拒收仓储物，也可以采取相应措施以避

免损失的发生，由此产生的费用由存货人承担。

④有权要求存货人对变质或损坏的货物进行处理。

⑤有权要求存货人按期提取货物。《合同法》第三百九十三条规定："储存期间届满，存货人或仓单持有人不提取仓储物的，保管人可以催告其在合理期限内提取，逾期不提取的，保管人可以提存仓储物。"因存货人延迟提取仓储物，仓储保管人员有权收取因延迟提取所产生的费用。

（2）保管人的主要义务

保管人在享有《合同法》规定的权利时，必须承担相应的义务。

①给付仓单的义务。仓单是仓储保管人在收到仓储物时，向存货人签发的，表示已经收到一定数量的仓储物，并以此来代表相应的财产所有权利的法律文书。存货人或仓单持有人将以仓单内容向保管人主张权利，保管人也将以仓单所记载的内容向存货人或仓单持有人履行义务。

②妥善保管仓储物的义务。保管人应当严格按照合同规定提供合理的保管条件来妥善保管仓储物。如果仓储物属易爆、有毒、有放射性等危险物品，仓储保管人必须具备相应的仓储条件与仓储资质，如果条件不具备，不得接收危险物品作为仓储物。

③验收货物和危险通知的义务。保管人在接收存货人交存的货物时，应当按照合同规定对货物进行验收，检查货物的品名、规格、数量、外包装状态等。如果在验收时发现仓储物变质、发生不可抗力损害或其他涉及仓储物所有权的情况，仓储保管人应及时通知存货人或仓单持有人。

④返还保管物的义务。合同约定的保管期届满或因其他事由终止合同时，保管人应将储存的原物返还给存货人或存货人指定的第三人。合同中约定有储存期限的，在仓储合同存储期限届满前，保管人不得要求存货人提前取回保管物；存货人要求提前取回时，保管人不得拒绝，但保管人有权不减收仓储费。

2. 存货人的权利与义务

（1）存货人的主要权利

根据《合同法》的规定，仓储合同中存货人享有以下权利。

①提货权。存货人拥有凭仓单提取仓储物的权利。如果在合同中约定了仓储时间的，存货人有权提前提取仓储物。如果在合同中没有约定仓储时间，存货人仍有随时提取仓储物的权利。

②转让权。物品在储存期间，存货人有权将提取物品的权利转让给他人，但是必须办理仓单的背书手续。

③检查权。物品在储存期间，仓储保管人负责保管存货人交付的仓储物，此时保管人对物品享有占有权，但仓储物的所有权仍然属于存货人，存货人为了防止货物在储存期间变质或发生货损货差，有权随时检查仓储物或提取样品，但在检查时不得妨碍保管人的正常工作。

④索偿权。因保管人的原因造成仓储物损坏、灭失的，存货人有权向其索赔。

（2）存货人的主要义务

存货人在享有《合同法》规定的权利时，必须承担相应的义务。

①如实告知货物情况的义务。存货人要求仓储保管人储存易燃、易爆、有毒、有放射性等危险物品或易腐烂等特殊物品时，应当说明物品的性质和预防货物发生危险、变质的方法，同时提供有关的技术资料，并采取相应的防范措施。如果因存货人未将危险物品情况如实地告知保管人，而遭受货物损失的，存货人应承担责任。

②按约定交付货物的义务。存货人应当按照合同约定的品种、数量、质量、包装等将货物交付给仓储保管人入库保管，并在验收期间向仓储保管人提供验收资料。存货人不能按此约定交付储存物的，应承担违约责任。

③支付仓储费和其他必要费用的义务。仓储费是仓储保管人提供仓储服务应得的报酬。一般情况下，仓储费应在存货人交付仓储物前支付，而非储存货物后或提取货物时支付。所以存货人应依据仓储合同或仓单规定的仓储费，将其按时交纳给仓储保管人。其他必要费用是指为了保护存货人的利益或避免损失而支付的费用。如果仓储合同中规定的仓储费包括必要费用时，存货人大可不必再另外支付。

④按约定及时提取货物的义务。仓储合同期限到时，存货人应当凭仓单及时提取储存的货物，提取货物后应交回仓单。如果储存期限满后，存货人不提取货物的，保管人可以提存该货物。

▶ 案 例

面粉受潮引发的赔偿纠纷案

甲公司在乙公司存储了100吨布袋装面粉，后甲公司提取面粉时，发现面粉已经受潮，遂要求乙公司赔偿。乙公司引用《合同法》第三百七十条进行抗辩："寄存人交付的保管物有瑕疵或者按照保管物的性质需要采取特殊保管措施的，寄存人应当将有关情况告知保管人。寄存人未告知，致使保管物受损失的，保管人不承担损害赔偿责任；保管人因此受损失的，除保管人知道或者应当知道并且未采取补救措施的以外，寄存人应当承担损害赔偿责任。"

案例中，乙公司的抗辩理由能否成立？为什么？

（案例来源：百度文库，引文经改编、整理）

（三）仓储合同的订立

1. 仓储合同订立的原则

（1）平等原则

《合同法》第三条规定："合同当事人的法律地位平等，一方不得将自己的意志强加给另一方。"根据这一规定，在订立仓储合同的过程中，合同当事人双方要自觉、有意识地遵循平等原则，不能以大欺小、以强凌弱，杜绝命令式合同，反对一切凭借职位、业务、行政等方面的优势而与他人签订不平等的仓储协议。

（2）自愿与协商一致原则

《合同法》第四条规定："当事人依法享有自愿订立合同的权利，任何单位和个人不得非法干预。"自愿意味着让存货人与仓储保管人完全依照自己的判断去追求自己最大的利益。协商一致是在自愿基础上寻求利益的结合点。仓储合同的订立只有在自愿和协商一致的基础上，才能最充分地体现双方的利益，从而保证双方依照约定履行义务。

（3）公平及等价有偿原则

《合同法》第五条规定："当事人应当遵循公平原则确定各方的权利和义务。"这一规定要求仓储合同的双方当事人依价值规律来进行利益选择，禁止无偿划拨、调拨仓储物，也禁止强迫仓储保管人或存货人接受不平等利益交换。

2. 仓储合同订立的程序

一般来说，订立仓储合同主要有两个阶段，即准备阶段和实质阶段，实质阶段包括要约和承诺。

（1）准备阶段

在许多场合，当事人并非直接提出要约，而是经过一定的准备，进行一些先期性活动，才考虑订立合同。其中包括接触、预约和预约邀请，其意义在于双方当事人相互了解，为双方进入实质的缔约阶段创造条件，扫除障碍。

（2）实质阶段

根据《合同法》规定，只要存货人与仓储保管人之间依法就仓储合同的有关内容经过要约和承诺的方式达成一致，仓储合同即告成功。正因为要约与承诺直接关系当事人的利益，决定合同是否成立，所以将其称为合同订立的实质阶段。

①要约，是指特定人发出的订立合同的意思表示，内容必须确定并表明经特定人同意后合同即告成立。发出要约的当事人称为要约人，而要约所指向的当事人则称为受要约人。一般来说，要约的内容主要包括标的物的数量、仓储时间、仓储要求、仓储费用等。

②承诺，是指受要约人做出的同意要约内容的意思表示，承诺必须在要约的有效期限或合理期限做成，并与要约的内容一致。受要约人对要约内容的任何扩充、限制或者其他变更，都构成一项新的要约，并非有效的承诺。在仓储合同中，承诺的法律意义在于仓储保管人一旦承诺，仓储合同即告成立且同时生效。

（四）仓储合同的内容

仓储合同的内容，又称仓储合同的主要条款，是存货人和保管人双方协商一致而订立的规定双方所享有的主要权利和承担的主要义务的条款，是检验合同合法性、有效性的主要依据。仓储合同应具备当事人条款、仓储物条款、仓储条款、价款、当事人的权利和义务条款、违约责任和争议处理条款等，具体包括以下内容。

①保管货物的品名、品类条款。双方当事人必须在合同中对合同标的物的品名、品类做出明确规定。

②货物的数量、质量、包装条款。货物的数量依据保管人的存储能力由双方协商确定，并以法定计量单位计算。在合同中货物的质量应用国家或者有关部门规定的质量标准表明。由存货人负责货物的包装。对于包装标准来说，有国家或者专业包装标准的，执行规定标准；没有有关标准的，在保证运输和储存安全的前提下，由合同当事人约定。

③货物验收的内容、标准、方法、时间条款。验收存货人的货物是保管人的义务和责任，合同中应明确约定验收的内容、标准。通常验收的内容、标准包括三个方面：一是无须开箱拆捆，即直观可见的质量情况，验收项目主要有货物的品名、规格、数量、外包装状况等；二是包装内的货物品名、规格、数量，以外包装或者货物上的标记为准，无标记的，以供货方提供的验收资料为准；三是散装货物按国家有关规定或者合同的约定验收。

验收方法有全验和按比例抽验两种，具体采用哪种方法，双方当事人应在合同中写明。验收期限是自货物和验收资料全部送达保管之日起，至验收报告送出之日止，日期以运输或邮电部门的戳记或直接送达的日期为准。

④货物保管和保管要求条款。仓储合同的标的物即存货人委托储存保管的货物，种类繁多，性质各异，因而保管要求也各不相同，许多货物需要特殊的保管条件和方法，在合同中应作出相应的约定。例如，存储易燃、易爆等危险货物，要求存储单位要有相应的存储技术与条件设施，在合同中需要特别说明，以免发生危险事件。

⑤货物出入库手续、时间、地点、运输方式条款。双方应当详细约定货物出入库具体的交接事项，以便分清责任。合同对货物入库，应明确规定是由存货人或运输部门、供货单位送货到库，还是由保管人到供货单位、车站、码头等处提取货物。同样地，对货物出库，也应明确规定是由存货人自提还是由保管人代发代送。

⑥货物损耗标准条款。货物损耗标准是指货物在储运过程中，由于自身性质或自然因素所导致存储物发生一定数量或质量上的记录误差。在仓储合同中双方应就此问题进行统一的约定。

⑦计费项目及结算方式条款。计费项目包括保管费、搬运装卸费、货物保养费等。条款中应写明各项费用的承担方及计算标准、支付方式、支付信息等。

⑧责任划分和违约处理条款。仓储合同中应明确当事人双方的权利与义务，同时双方应对违约责任的处理达成统一共识，并对违约责任的承担方式进行明确，即违约金的赔偿标准及数额等。

⑨合同的变更及解除条款。当事人双方在合同中约定或按法律规定设定变更或解除合同的条款。

⑩争议的解决。有关合同争议的诉讼或者仲裁的约定，包括仲裁地点、仲裁机构，或者合同中选择的诉讼地点。

上述十项内容是仓储合同的主要条款，除了以上约定内容外，当事人双方在实际签订中可以出于双方利益考虑，对其他事项做出约定。

案 例

仓储合同范例

合同编号：

存货人（甲方）_____ 地址：_____ 联系人及电话：_____

保管人（乙方）_____ 地址：_____ 联系人及电话：_____

合同签订地：_____

存货人和保管人根据《中华人民共和国合同法》经双方协商一致，签订本合同。双方同意本着友好合作的原则共同信守。

第一条 储存货物的名称、规格、包装、数量、质量（或者采用如表8-2所示的格式）

表8-2 储存货物明细表

编号	货物名称	品种规格	包装	数量	质量	备注

第二条 货物包装

（1）存货人负责货物的包装，包装标准按国家标准或行业标准规定执行。没有以上标准的，在保证运输和储存安全的前提下，由合同当事人议定。

（2）包装不符合国家或合同规定，造成货物损坏、变质的，由存货人承担责任。

第三条 货物保管

保管方法：根据_____规定进行保管，或者_____（双方协商方式进行保管）。

第四条 保管期限：从_____年_____月_____日至_____年_____月_____日

第五条 验收项目和验收方法

（1）存货人应当向保管人提供必要的货物验收资料，如未提供必要的货物验收资料或提供的资料不齐全、不及时，所造成的验收差错及贻误索赔期，保管人不承担赔偿责任。

（2）保管人应按照合同规定的包装外观、货物品种、数量和质量，对入库货物进行验收，如果发现入库货物与合同规定不符，应及时通知存货人。保管人未按规定的项目、方法和期限验收，或验收不准确而造成的实际经济损失，由保管人负责。

（3）验收期限：国内货物不超过_____天，国外货物不超过_____天。超过验收期限所造成的损失由保管人负责。货物验收期限，是指货物和验收资料全部送达保管人之日起，至验收报告送出之日止。日期均以运输或邮电部门的戳记或直接送达的签收日期为准。

第六条 入库和出库的手续

按照有关入库、出库的规定办理，如无规定，按双方协议办理。入库和出库时，双方代表或经办人都应在场，检验后的记录要由双方代表或经办人签字。该记录视为合同的有效组成部分，双方当事人各保存一份。

第七条　损耗标准和损耗处理

按照有关损耗标准和损耗处理的规定办理，如无规定，按双方协议办理。

第八条　保管费用和结算办法

保管费率为_____元/（天·吨），不足12小时按半天计算；总保管费为_____元。费用在货物交存保管的_____天内交付给保管人，保管到期前交付。

第九条　违约责任

1. 保管人的责任

（1）由于保管人的责任造成退仓或不能入库时，应按合同规定赔偿存货人运费和支付违约金_____元。

（2）对危险物品和易腐货物，不按规程操作或妥善保管，造成毁损的，负责赔偿损失。

（3）货物在储存期间，由于保管不善而发生货物灭失、短少、变质、污染、损坏的，负责赔偿损失。如属包装不符合合同规定或超过有效储存期而造成货物损坏、变质的，不负赔偿责任。

（4）由保管人负责发运的货物，不能按期发货，赔偿存货逾期交货的损失；错发到货地点除按合同规定无偿运到规定的到货地点外，并赔偿存货人因此而造成的实际损失。

2. 存货人的责任

（1）易燃、易爆、有毒等危险物品和易腐物品，必须在合同中注明，并提供必要的资料，否则造成货物毁损或人身伤亡的，由存货人承担赔偿责任直至由司法机关追究刑事责任。

（2）存货人不能按期存货，应向保管人支付违约金_____元。

（3）超议定储存量储存或逾期不提时，除交纳相应保管费外，还应偿付违约金_____元/（天·吨）。

3. 违约金和赔偿方法

（1）违反货物入库和货物出库的规定时，当事人必须向对方交付违约金。违约金的数额，为违约所涉及的那一部分货物的_____个月保管费/租金（或_____倍的劳务费）。

（2）因违约使对方遭受经济损失时，如违约金不足以抵偿实际损失，还应以赔偿金的形式补偿其差额部分。

（3）赔偿货物的损失，一律按照进货价或国家批准调整后的价格计算。有残值的，应扣除其残值部分或残件归赔偿方，不负责赔偿实物。

第十条　不可抗力

由于不能预见并且对其发生和后果不能防止或避免的不可抗力事故，致使直接影响合同的履行或约定的条款履行时，遇有不可抗力事故的一方，应立即将事故情况通知对方，并应在_____天内，提供事故详情及合同不能履行或者部分不能履行或需要延期履行的理由的有效证明文件，此项证明文件应由事故发生地区的公证机构出具。按照事故对履行合同影响的程序，由双方协商决定是否解除合同，或者部分免除履行合同的责任，或者延期履行合同。

第十一条 争议处理

本合同所发生的争议，双方应本着友好协商的方式协商解决。不能协商解决的，双方当事人可通过提交仲裁委员会仲裁或依法向人民法院起诉。

第十二条 其他

保 管 人：＿＿＿＿＿＿＿（盖章）　　　　存 货 人：＿＿＿＿＿＿＿（盖章）

法定代表人：＿＿＿＿＿＿＿＿＿　　　　法定代表人：＿＿＿＿＿＿＿＿＿

地　　　址：＿＿＿＿＿＿＿＿＿　　　　地　　　址：＿＿＿＿＿＿＿＿＿

银 行 账 户：＿＿＿＿＿＿＿＿＿　　　　银 行 账 户：＿＿＿＿＿＿＿＿＿

签订日期：＿＿＿＿＿年＿＿＿月＿＿＿日

（五）仓储合同的生效与无效

仓储合同为诺成性合同，合同成立之时即立即生效。生效的具体表现为：双方签署合同书；合同确认书送达对方；受要约方的承诺送达对方；公共保管人签发格式合同或仓单；存货人将仓储物交付保管人，保管人接收。无论仓储物是否交付存储，仓储合同自成立时生效。

无效合同是指已订立的合同由于违反了法律规定，而被认定为无效。合同无效由人民法院或者仲裁机构、工商行政机关认定，认定为合同整体无效或者部分无效的，可采取变更或者撤销的方式处理。无效合同的认定可以在合同订立之后、履行之前、履行之中或者履行之后认定。

▶ 案 例 ●●●

合同生效问题

某汽车装配厂从国外进口一批汽车零件，准备在国内组装销售。2018年3月5日，该厂与某仓储公司签订了一份仓储合同。合同约定：仓储公司为其提供仓储服务，负责保管汽车配件，期限共10个月，从2018年4月15日起到2019年2月15日止，仓储保管费为5万元。双方对储存物品的数量、种类、验收方式、入库及出库时间和具体方式、手续等进行了约定。此外，还约定任何一方有违约行为，要承担违约责任，违约金为合同总额的20%。合同签订后，仓储公司开始为履行合同做准备，清理了合同约定的仓库，并且从此拒绝了其他仓储人的仓储要求。

2018年3月27日，仓储公司通知装配厂已经清理好仓库，可以开始送货入库了。但装配厂表示已找到更便宜的仓库，如果仓储公司能降低仓储费的话，就继续履行仓储合同。仓储公司拒绝了该装配厂的要求，装配厂也明确表示不需要对方的仓库。4月2日仓储公司再次要求装配厂履行合同，装配厂再次拒绝。4月5日，仓储公司向法院起诉，要求汽车装配厂承担违约责任，支付违约金，并且支付仓储费。汽车装配厂辩称合同并未开始履行，因而不存在违约问题。

案例中，该仓储合同是否生效？仓储公司的要求是否合理？法院将如何判决？

（资料来源：华律网，引文经整理、节选和改编）

（六）仓储合同的违约和免责

1. 仓储合同的违约

仓储合同的违约是指存货人或者保管人不能履行合同约定的义务或者履行合同义务不符合合同的约定的行为。为了限制违约行为，以及避免一方的违约造成另一方的损失，由违约方承担违约责任不仅是合同法律制度的规范，也是当事人协议合同的必要事项。法定的和合同约定的违约责任的承担，有利于市场的稳定和秩序。

违约责任往往以弥补对方的损失为原则，违约方须对对方的损失，包括直接造成的损失和合理预见的利益损失给予补偿。违约责任的承担方式有支付违约金、赔偿损失、恢复原状、继续履行合同等。

2. 仓储合同的免责

免责又称为免除民事责任，指不履行合同或法律规定的义务，致使他人财产受到损失，由于有不可归责于违约方的事由，违约方可以不承担民事责任。免责原因有法律规定的免责事项和合同约定的免责事项。但是造成对方人身伤害，因故意或者重大过失造成对方财产损失的，不能免责。

（1）不可抗力

不可抗力是指当事人不能预见、不能避免并且不能克服的客观情况的发生，包括自然灾害和某些社会现象。如火山爆发、地震、台风、冰雹、洪涝等自然灾害，战争、罢工、国家政策调整等社会现象。

不可抗力免责的范围仅限在不可抗力的直接影响，当事人未采取有效措施防范、救急所造成的损失扩大部分不能免责。对于延迟履行合同中所遇到的不可抗力不能免责。在发生不可抗力事件后所订立的合同不得引用不可抗力免责。

（2）仓储物自然特性

因仓储物的性质，超过有效储存期造成仓储物变质、损坏的损失，保管人不承担赔偿责任。

（3）存货人的过失

由于存货人的原因，如包装不符合约定、未提供准确的验收资料、隐瞒和夹带、存货人的错误指示和说明等，造成仓储物的损失，保管人不承担赔偿责任。

（4）合同约定的免责

基于当事人的利益，双方在合同中约定免责事项，对免责事项造成的损失，不承担互相赔偿责任。

案 例

一场雷击引发的纠纷

2017年7月初，甲粮油公司与乙仓储公司签订了一份仓储合同，约定甲粮油公司将50吨玉米存放于乙仓储公司仓库内。当年7月15日下午，乙仓储公司仓库因雷击起火，导致甲粮油公司的玉米烧毁30%。乙仓储公司将剩余的玉米整理后堆放在露天堆场，准备第二天转移到其他仓库，但当天半夜又下起了暴雨，剩余70%的玉米全部淋湿发霉，无法使用。甲粮油公司要求乙仓储公司赔偿全部损失，而乙仓储公司以不可抗力为由拒绝赔偿。甲粮油公司随即诉至法院。

该案例中，仓库起火是否属于不可抗力？乙公司是否应该赔偿全部损失？为什么？

（案例来源：王长青，宫胜利，岳红. 仓储与配送管理实务 ［M］. 北京：北京理工大学出版社，2018.）

（七）仓储合同的变更或解除

在合同生效后，当事人应按照约定全面履行自己的义务，任何一方不得擅自变更和解除合同，这是《合同法》所确定的合同履行原则。但仓储经营具有极大的变动性和复杂性，会因为主客观情况的变化而变化，为了避免当事人双方的利益受到更大的损害，变更或者解除已生效的不利合同是更有效的解决方法。

1. 仓储合同的变更

仓储合同的变更是指对已生效的仓储合同的内容进行修改或者补充，不改变原合同的关系和本质事项。

仓储合同当事人一方因为利益需要，向另一方提出变更合同的要求，并要求另一方在限期内答复，另一方可在期限内答复同意变更。如另一方在期限内未做答复，合同随即发生变更，双方按照变更后的条件履行。如果另一方在期限内明确拒绝变更，则合同不能变更。合同变更后，按变更后的合同履行对变更前已履行的部分不具追溯力，但因为不完全履行而发生的利益损害，作为受害方可向对方请求赔偿，或者提出变更合同的条件。

2. 仓储合同的解除

仓储合同的解除则是指未履行的合同或合同还未履行部分不再履行，使合同签订时双方希望发生的权利义务关系消亡，合同履行终止。

（1）仓储合同解除的方式

①存货人与保管人协议解除合同。协议解除合同是双方意见一致的结果，可以在合同生效后、履行完毕之前由双方协商达成；也可以在订立合同时订立解除合同的条款，当约定的解除合同的条件出现时，合同即解除。

②出现法律规定的仓储合同解除条件而解除合同。这是当事人一方依照《合同法》规定的有权采取解除合同的法律规定进行的行为。例如，因不可抗力致使合同的目的不能实现，任何一方可通知对方解除合同；一方当事人将发生预期违约，另一方可以行使合同解除权；仓储合同的一方当事人延迟履行合同义务，经催告后在合理期限内仍未履行，另一方可以解除合同。一方依法选择解除合同的，只要书面向对方发出解除合同的通知，当通知到达对方时，合同即解除。

（2）仓储合同解除的后果

合同解除后，因为仓储合同所产生的存货人和保管人的权利义务关系消灭，所以对于未履行的合同条款终止履行。合同解除并不影响合同的清算条款的效力，双方仍需要按照清算条款的约定承担责任和赔偿损失，需承担违约责任的一方仍要依据合同约定承担违约责任、赔偿损失责任和采取补救措施。例如，由于存货人违约，导致仓库空置浪费，则存货人应给予保管人相应补偿；保管人由于违约给存货人带来的运输费、转仓费及市场经济损失，需要保管人按照协商规定给予存货人一定的损失补偿。

四、配送商务管理

（一）配送商务及其内容

配送商务是指配送企业与需要商品配送的委托人之间基于配送活动的经济联系，也是双方基于配送商品交换的经济活动，两者的经济是完全独立的。无论是独立经营的配送企业还是兼营的配送企业，都需要与客户发生商务关系，即使是执行内部生产计划的企业内部配送，也可能涉及采用公共运输等对外的商务关系。配送商务的具体内容包括以下几点：配送经营决策和配送产品的市场定位；配送产品的市场宣传；交易机会搜寻和推销；交易磋商和配送合同的订立；配送成本核算和配送价格确定；配送合同履行的督促和履行合同中的沟通与协调；配送合同争议处理和商务风险的防范；客户关系维持和新市场开发。

配送商务是配送经营的核心工作，是经营的基础。只有在良好的商务工作基础上，配送经营才能创造经济效益。

（二）配送商务的组织和管理

配送商务的组织与管理是配送企业对其配送商务工作的组织和管理。能够对配送商务工作进行有序组织与管理是提供高质量配送服务的基础，科学有效的管理理念是提高配送经营效率与效益的保证。

独立配送企业的配送商务组织和管理是整个经营的核心工作，必须给予高度重视，应将其贯穿整个配送经营流程。企业内部的配送活动则属于企业生产管理的范畴，而没有独立的配送商务活动。

配送商务组织与管理的目的是最大限度地利用既有配送资源，向社会提供更好的服务、更多的产品，在交换产品中获得最大的收益，实现配送生产的成本最小化，最终实现利润最大化。

（三）配送合同管理

1. 配送合同概念

配送合同是配送企业与配送委托人确定配送服务权利和义务的协议。或者说，是配送企业收取费用，将委托人委托的配送物品，在约定的时间和地点交付收货人而订立的合同。

委托人可以是收货人、发货人、贸易经营人、商品销售人、商品购买人、物流经营人、生产企业等配送产品的所有人或占有人。

2. 配送合同的特征

（1）有偿合同

配送是一种服务，配送企业需要投入相应的物化成本和劳动，才能实现服务的产生，并从中获取利益。因此配送合同是有偿合同，委托人有义务向提供配送服务的企业支付报酬，同时配送企业具有收取劳动报酬的权利。

（2）诺成合同

诺成合同表示合同成立即可生效。当事人对配送关系达成一致意见时配送合同就成立，合同也就生效。当事人在合同订立后没有依据合同履行义务，就构成违约。当然，当事人可以在合同中确定合同开始履行的时间或条件，时间未到或条件未成熟时虽然合同未开始履行，但并不等同于合同未生效。

（3）双务合同

双务合同表示在配送合同中双方当事人互相承担义务和享有权利的合同，且在合同履行过程中，双方当事人承担的义务与他们享有的权利相互关联，互为因果。

（4）长期合同

在与企业合作的配送服务中，配送活动具有时间相对较长的特性。一般来说，配送过程都需要持续一段时期，以便开展有计划、小批量、不间断的配送，达到配送的经济目的。因而配送合同一般是期限合同，即确定一段时期的配送关系，或者是一定数量产品的配送，需要持续较长的时间。

3. 配送合同的订立

配送合同是双方对委托配送经协商达成一致意见的结果。在现阶段，我国的配送合同订立时首先需要配送企业要约，向客户提出配送的整体方案，指明配送业务对客户产生的利益和配送实施的方法，以便客户选择接受配送服务并订立合同。

配送合同的要约和承诺可以用口头形式、书面形式或其他形式表示。由于配送时间持续较长，配送所涉及的计划管理性强，及时性对配送所产生的后果较大，甚至会发生如生产线停工、客户流失等重大损失，配送过程受环境因素的影响也较大，为了便于双方履行合同、利用合同解决争议，签订完整的书面合同最为合适。

4. 配送合同的主要内容

（1）合同当事人

合同当事人是合同的责任主体，是所有合同都必须明确表达的项目。配送服务的当事人双方分别为配送企业和配送委托人。

（2）配送合同的标的和标的物

配送合同的标的就是配送行为，即将配送产品有计划地在确定的时间和地点交付收货人。配送合同的标的是一种行为，因而配送合同是行为合同。

配送合同的标的物是指被配送的对象，是标的配送行为的载体和表现。标的物可以是生产资料或生活资料，但必须是有形动产。配送产品的种类（品名）、包装、重量、尺寸、体积、性质等决定了配送的操作方法和难易程度，必须在合同中明确标记。

（3）配送方法

常见的配送方法有定量配送、定时配送、定时定量配送、及时配送、多点配送等。需要在合同中明确时间及间隔、发货地点或送达地点、数量等配送信息。

（4）当事人权利与义务

在配送合同中须明确双方当事人具备的权利及应履行的义务。

①配送委托人的权利和义务。配送委托人的权利主要体现在配送委托人可以对配送企业的配送服务质量进行监督，可以要求配送企业定期提供存货信息和各种配送报表等。配送委托人的义务主要表现为按时向配送企业交付配送服务费用，向配送企业提供适合配送的产品，向配送企业提供有关送货业务的相应单据等文件。

②配送企业的权利和义务。配送企业的权利主要表现为可以向配送委托人收取配送服务费用，可以要求委托人提交适宜配送的产品，若配送中查不到收货人或收货人拒绝领取货物时，配送企业可以在规定期限内负责保管并有权向委托人收取保管费用。配送企业的义务主要有以下几点：采取合适的方法履行配送的义务，如选取合适的配送运输路线、采用合适的搬运工具、使用公认的理货计量方法等；应向收货人提供配送单证及配送产品清单，并列明配送产品的名称、等级、数量等信息；配送企业应定期向委托人提交配送报表、收货人报表、残损报表等汇总材料，并随时接受委托人的存货查询；配送企业对委托人提交的配送产品承担及时查验、清点及仓储和保管的义务；配送期满或者配送合同履行完毕，配送企业应将剩余的产品返还给委托人，不得无偿占有或擅自处理。

▶ 案 例 ● ● ●

配送合同当事人的权利和义务

晨达配送中心与流花食品厂签订配送合同，约定该配送中心按指定时间将货物配送到指定地点。3月20日，晨达配送中心将20箱薯片配送到新世纪超市。到货后，超市收货人在未做验货情况下签收配送单。3月21日，超市人员发现该批薯片大部分由于长期保存而受潮，且在送货途中颠簸碎裂。超市向流花食品厂进行索赔，但该厂要求晨达配送中心进行赔偿，并扣压支付给晨达配送中心的各项费用。该配送中心不服，将配送剩余物强行占有，以超市已签单为由，拒不归还。

在此事件中，涉及的相关当事人所具有的权利与义务分别是什么？

（案例来源：王长青，宫胜利，岳红. 仓储与配送管理实务［M］. 北京：北京理工大学出版社，2018. 引文经改编）

（5）违约责任

违约责任就是约定任何一方违反合同约定时需向对方承担的责任。违约责任包括约定违约行为需支付的违约金额，违约造成对方损失的赔偿责任及赔偿方法，违约方继续履行合同的条件等。

（6）补救措施

补救措施本身是违约责任的一种。在配送合同中，由于未履行配送义务可能产生极其严重的后果，为了避免损失的扩大，合同约定发生可能产生严重后果的违约行为的补救方法，如采取紧急送货、就地采购等措施。

（7）配送费和价格调整

获取配送费是配送企业提供配送服务的根本目的。配送企业的配送费应该能弥补其开展配送业务的成本支出并获取可能得到的收益。合同中需要明确配送费的计费标准、计费方法及费用支付的方法。

（8）合同期限和合同延续条款

对于按时间履行的配送合同，必须在合同中明确合同的起止时间。在企业合作的大多数情况下，配送关系建立后会保持很长的时间，因此会出现合同不断延续的情况。为了使延续合同不至于发生较大的变化，往往需要在合同中确定延续合同的订立方法和基本条件，如提出续约的时间或没有异议时自然续约等。

（9）合同解除的条件

为了使履约过程中一方不因为另一方能力的不足或没有履约诚意而招致损失，或者在合同没有履行必要和履行可能时也不至于违约，在合同中约定解除合同条款，包括解除合同的条件、解除合同的程序。

（10）不可抗力和免责

（11）其他约定事项

由于配送产品种类繁多、配送方法多样，当事人在订立合同时应充分考虑可能发生的事件和合同履行的需要，并达成一致意见，是避免发生合同争议的最彻底的方法。特别是涉及成本、行为的事项，更需要事先明确。

（12）争议处理

合同约定发生争议的处理方法，主要是约定仲裁、仲裁机构，或者约定管辖的法院。

（13）合同签署

合同由双方的法定代表人签署，并加盖企业合同专用章。私人订立合同的由其本人签署。合同签署的时间为合同订立时间，若双方签署的时间不同，后签的时间为订立时间。

模块二　案例讨论

案例1

中国储运集团的仓储物流运作模式

中国物资储运集团有限公司（以下简称中储）几年前就借鉴国外发达国家的经验，提出了从传统储运企业向现代物流企业转变的发展战略。这是因为中储具有发展现代物流的综合优势。

1. 硬件优势

（1）规模收益。中储的物流园区、物流中心总占地面积约有1 000万平方米，其中露天堆场约有300万平方米，库房约有300万平方米，仓储面积总量居全国同类企业前列。与新建物流企业相比，中储的成本极其低廉，具有大批量中转和多批次、小批量配送的先天优势，具备将仓库转变成物流中心的条件，便于各类企业物流业务的集中管理，从而形成规模效益，降低成本。

（2）经济便利的铁路专用线。中储拥有铁路专用线 57 条，具备公铁、公水联运动能，与全国各铁路车站可对发货物。将货物存放在中储仓库，无论从产地出货，还是从消费地进货，客户都能享受铁路运输直接入库的经济、安全和便利。这是形成中储全国物流与区域配送相结合的服务特色的重要基础。

（3）机械化作业程度高。中储的库房、货场都有龙门吊和行车覆盖，大大提高了作业效率和安全系数，降低了人工成本。

2. 全国的网络优势

中储所属个仓库分布在全国各大经济圈中心和港口，形成了覆盖全国、紧密相连的庞大网络。中储利用这一网络，不仅提供仓储运输等物流服务，还有效地整合商流资源，成为金属材料、纸制品、化肥等生产企业的代理经销商。中储的网络优势是扩大市场份额、建立现代物流配送中心的基础。

3. 较强的增值服务功能

增值服务主要包括能简化客户手续、带来便利性的服务，通过物流中间加工创造价值的服务，合理组织、降低物流总成本的服务等。中储目前的增值服务主要包括以下几种。

（1）现货交易及市场行情即时发布。中储实行前店后库式的商品交易市场，包括金属材料、汽车、建材、木材、塑料、机电产品、纸制品、农副产品、蔬菜水果、日用百货等市场，并在中储网站上发布全国各大生产资料市场的实时行情。

（2）物流的中间加工。中储的各大金属材料配送中心都配有剪切加工设备，还从日本引进了具有国际先进水平的钢材横剪、纵剪生产线，年加工能力有 10 万 ~12 万吨。

（3）全过程物流组织。中储凭借多年的储运经验和专业的物流管理队伍，运用现代信息技术，为用户设计经济、合理的物流方案，整合内外部资源，包括不同运输方式的整合、仓储资源和运输资源的整合、跨地区资源的整合等，组织全过程代理和"门到门"服务，实现全过程物流的总成本最低。

（4）形式多样的配送服务

①生产配送。作为生产企业的产成品配送基地，为生产企业提供产前、产中、产后的原材料及产成品配送到生产线及全国市场的服务。

②销售配送。生产企业在产品出厂到销往全国市场的途中，中储担当其地区配送中心的角色。生产企业将产品大批量运至中储各地的物流中心，由中储提供保管及众多销售网点的配送服务。

③连锁店配送。为超级市场和连锁商店提供上千种商品的分拣、配送服务。

④加工配送。中储的许多物流中心为用户提供交易、仓储、加工、配送及信息的一条龙服务。

4. 中储的客户

中储紧贴市场，根据不同客户对物流的不同需求，适时调整经营策略，大力发展全程物流代理、现货交易市场及行情实时发布、国际货运代理、配送等业务，取得了可喜的成果。

中储现有的客户主要有以下四大类。

第一类客户是生产资料的生产和经销企业，包括金属材料、建筑材料、汽车、木材、机电产品、塑料、纸制品、化肥等的生产商与批发商，以金属材料为主。中储为其提供交易、仓储、加工、配送、信息等一条龙服务。

第二类客户主要是国家大型重点工程项目。曾承接黄河小浪底水利枢纽、北京首都机场改扩建、来宾电厂等数十个国家重点工程大型设备的国际货运代理业务。服务内容包括揽货，定仓，报关，报验，保险，集装箱拼、装、拆箱，分拨，仓储及配送服务。

第三类客户主要是生活资料生产企业。最典型的是家电生产企业，如海尔、长虹、康佳、厦华、澳柯玛、美的等。中储主要为其提供生产和销售配送服务。

第四类客户是商业批发和零售企业。中储为其提供仓储、分拣及配送服务。

5. 运用现代物流技术，实现从传统储运向现代物流的跨越

中储的目标是充分利用外部资源及内部资源，采取收购、兼并等手段，实现全国合理布局，建成一批与现代物流需求相适应的物流中心，进而推动中储整体向现代物流企业转变的步伐、与国际接轨，建成服务一流的现代物流企业。为此，中储加快了系统信息化建设，投资成立"中储物流在线有限公司"，目的是将虚拟的电子网络和有形的物流网络有机地结合起来，整合资源，提升传统业务。在实施过程中，中储充分发挥自身优势，首先完成系统内部物流网建设，包括数据源、单证和业务流程的标准化。再造业务流程，通过对传统仓库的电子化改造，使之成为能够满足现代物流需求的数码仓库。实现以电子化配送中心、仓库、运输网络为基础，以数码仓库完备的现代物流组织为纽带，以中储电子商务物流平台为核心，横向联合运输网络系统，纵向连接行业分销系统，布局合理、运转高效的现代物流配送和分销电子商务网络体系。

（案例来源：周青浮，乔瑞. 物流仓储与配送 [M]. 延吉：延边大学出版社，2015. 引文经改编）

案例思考：

1. 中储仓储业的经营和发展给了你哪些启发？
2. 你认为仓储经营的发展需要哪些措施？

案例2

某蔬菜公司诉某农科公司仓储合同纠纷案

1. 基本案情

经审理查明，2018 年 10 月 10 日，原告某蔬菜公司与被告某农科公司冻库（以下简称农科冻库）签订了"租库协议"，约定原告因经营加工需租用农科公司冻库，期限从 2018 年 10 月 10 日至当年 12 月 9 日止，共计 2 个月；入库货物按月计费，共计 21 310 元。货物必须在双方商定日期后的 10 天内入库；原告必须按期交纳贮存费；农科冻库为原告提供 24 小时服务。协议签订后，2018 年 10 月 10 日至 10 月 25 日原告先后将 3 312 袋高笋（其中 2 498 袋为编织袋包装、814 袋为网袋包装）存入农科冻库。同时，原告向冻库支付前期保管费共 14 410 元。当年 11 月 5 日至 11 月 12 日，原告陆续从冻库提走 773 袋（其中 3 袋为编

织袋包装、770 袋为网袋包装）高笋进行销售。此后，原告发现高笋变质，遂拒绝继续提走剩余高笋和支付剩余的保管费，并向法院提起诉讼。被告根据双方约定已对腐烂变质的高笋进行了处理。

2. 诉辩意见

原告蔬菜公司诉称：当年 10 月 10 日原告与农科公司冻库签订了"租库协议"后将高笋交给冻库保鲜贮存，使用期为 2 个月。到当年 11 月中旬，原告所贮存的 2 498 袋高笋已全部变质不能食用，给原告造成直接经济损失 166 141.5 元。该批货物原告已支付保管费 14 410 元，故被告应承担高笋的损失赔偿责任。请求法院判令被告赔偿原告货物损失 166 141.5 元及返还已交的保管费 14 410 元，诉讼费用由被告承担。

被告农科公司辩称：原告与农科冻库签订的只是一份租库协议，农科冻库的合同义务是出租冷库，并按照原告要求提供 2℃~5℃（±2℃）的库温。同时，协议中并未约定被告负有对原告交付的高笋进行保鲜贮存的义务，相反原告尚欠被告部分租金未支付。

高笋变质是原告在田间采摘高笋后未及时除去田间热，以及不合理的包装所致，因此高笋变质的责任应完全由原告自行承担。故请求法院驳回原告诉讼请求，并判令原告支付拖欠租金 6 900 元、清理变质高笋产生的费用 3 000 元、库房消毒费 50 元及律师费 9 000 元，共 18 950 元。但是被告没有正式启动反诉程序。

3. 法院判决

在庭审过程中，原被告双方当事人经过举证和质证，除原告对被告提供的冻库温度记录单、被告对原告提供的某农产品中心批发市场有限公司出具的证明的真实性不予认可外，双方对其他各自提供证据的真实性、关联性均无异议。分析当事人的证明主张和诉辩意见后，总结双方争议的焦点问题是：双方是否实际履行了各自的合同义务和高笋腐败变质的原因。因此就上述焦点问题逐一论证如下。

①根据原被告签订的租库协议，该协议是双方相互义务的有偿实践性合同，双方享有的合同权利对应的正是对方应该实际履行的合同义务。原告应当履行的义务是按时交存入库货物、按期交纳依照约定标准计算的储存费；确保入库货物包装必须完好统一，符合冻库储藏标准；由原告自己负责入库货物自身的质量；保证入库物品、产品不能发生腐蚀和爆炸，遵守被告的厂规、厂纪，注意安全、卫生保障等。被告应当履行的义务是提供冻库，保证库温在 2℃~5℃（±2℃）；为原告提供 24 小时服务，并在原告在场的情况下，进库检查和帮助解决租库期间发生的意外事故；被告应当保证原告的生产加工正常进行；被告应当办理工商年检手续或者其他必备的行政许可手续；如果因被告的原因导致原告不能正常出货或影响产品品质，被告负责由此产生的损失。

原被告双方签订租库协议后，原告按期交付了储存物高笋，并按期交纳了前期仓储保管费。被告接约提供了其经营的冻库，保证库温在 2℃~5℃（±2℃）。虽然原告以温度记录单没有被告记录人签名、做记录时也未告知原告等理由，质疑冻库温度记录单的真实性，但是从该证据形式上看，它包含了被告所有冻库储藏房间和相当长时间内的温度记录。从记录的内容上看，在进货和出货的较短时间内温度偏高，且被告将冻库温控设备安置在室外，原告具备掌握和监督冻库温度的便利条件。因此，被告的冻库温度记录单偶尔反映短时间内温度偏高，属于出货和进货时正常合理的现象。该冻库温度记录单是被告的单方工作记录，不需要告知原告认可。该证据的形式和内容基本上反映了其真实性，在原告应当具备举证能力，但却不能提供相反证据证明被告所提交的控制冻库温度不符合约定。法庭认定被告的冻库温度符合原告要求。同时，被告为原告提供了 24 小时服务，方便原告入货和出货。

②关于原告储存的高笋腐败变质的原因，与高笋的包装形式有着直接的因果关系。法院认为，双方争议的合同虽然名称为租库协议，但是实质为特殊的保管合同，即储存他人之物并获取报酬的仓储合同。需要特别说明的是，双方约定保证入库货物包装完好统一、符合冻库储藏标准；入库货物质量，由货主自己负责。被告的工商营业执照和卫生许可证证明，被告具备合法经营冻库的资格和条件，并按照约定提供了场所和保证温度。相反，原告保证入库货物包装完好统一、符合冻库储藏标准、使高笋达到仓储物验收标准的约定义务，尚未完全履行。原告明确认可对储存的高笋没有进行预冷或采取其他除去田间热的处理措施。此外，原告还采用了塑料编织袋和网袋包装两种方式，从当事人的约定说明看，如何使储藏物达到储藏标准，是原告自身应尽的义务。且事实表明，在同样的仓储方式下，网袋包装高笋完好，而编织袋包装高笋全部腐烂变质。在庭审中，原告没有提供其他合法有效证据证明被告违约或者是因被告缘故导致原告损失。综上说明，高笋变质腐烂是因为原告没有履行其合同约定的保证包装符合冷冻储藏标准的义务和法定的提供有关储藏物性质，以及是否需要采取特殊储藏措施资料的义务。故依照《合同法》第三百九十四条第二款"因仓储物的性质、包装不符合约定或者超过有效储存期造成仓储物变质、损坏的，保管人不承担赔偿责任"之规定。判决如下：驳回原告某公司的诉讼请求。

（案例来源：华律网，引文经整理、节选和改编）

案例思考：

1. 在本案例的诉讼中，双方的争议焦点是什么？

2. 农科冻库是否履行了自己应该承担的义务？

3. 如何避免此类纠纷的产生？

案例3

金融仓储的探索者——浙江金储

浙江金储投资有限公司（以下简称浙江金储）从 2008 年成立以来，已与中国工商银行、中国农业发展银行、广发银行、平安银行、上海浦东发展银行、恒丰银行、渤海银行、杭州银行、上海银行、长兴联合村镇银行等近 20 家银行开展了动产监管业务合作。监管的物品涉及黑色和有色金属、造纸、化工、纺织、食品、建材、电子机械、交通、农产品、石油、能源等多个行业的产品和原材料，仅 2009 年就做了 16 亿元授信。金融仓储有效地解决了中小企业"融资难"困境。

1. 金融仓储解决"魔咒"的第一把钥匙——"动产（三方）监管"

2008 年 6 月，杭州的一家金属材料企业找到恒丰银行杭州分行，准备贷款 1 000 万元。

让恒丰银行犯愁的是，这家企业既无不动产可供抵押，也没找其他企业担保，能作担保物的仅有当时市值1 666.67万元的动产——冷轧钢板。当年冷轧钢板的国际市场价格波动剧烈，要确保贷款安全，恒丰银行必须逐日紧盯冷轧钢板市场行情，同时还得将冷轧钢板拉到自备仓库，雇专人看管。如此高昂的成本和不可控风险，银行显然缺乏积极性。

后经恒丰银行、金属企业与浙江金储进行协商，共同签订了《浮动抵押仓储监管三方协议》。金属企业将存放在自家仓库内的1 666.67万元冷轧钢板移交给浙江金储。浙江金储在第一时间派出自己的仓库监管员对金属企业仓库中的货物实施24小时现场监管，并通过视频远程实施监控。浙江金储接管完毕后，恒丰银行就给金属企业发放抵押物6折的贷款1 000万元。同时，浙江金储以货物初始值设定监管的安全货值线，组织专业人员逐日掌握市场行情，确保仓库中货物价值在每个时点都不低于安全货值线。此外，浙江金储还逐月向银行管理部门提供监管报告，实行严格的监管加补货机制。

2008年10月，国际钢材价格下跌了55%。按照协议，货物价格跌幅大于6%，浙江金储就必须向银行反馈信息，提醒银行调整抵押物品价格。同时，还必须督促企业及时补货，以防止仓库内抵押品实际货值低于安全货值。从2008年6月到2009年6月，根据浙江金储的监管报告，银行5次调整了抵押物价格，未出现任何风险。2009年6月25日，金属企业如期归还银行贷款本息，银行通知浙江金储解除监管，一笔动产监管业务至此结束。

2. 金融仓储解决"融资难"的第二把钥匙——"标准仓单"

2009年11月27日，绍兴市（原绍兴县）一家纺织企业把价值661万元的白坯布存放到浙江金储的自备仓库。浙江金储根据抵押物60%放款的原则，在对货物进行验收后，签发了6张标准仓单。企业拿着6张仓单到杭州银行质押申请了6个月期的366万元贷款。半年到期后，如果企业及时归还了贷款，那么银行就会将标准仓单归还给企业，企业凭标准仓单到浙江金储仓库将货提走；如果企业无法偿还贷款，则银行可以凭标准仓单到浙江金储仓库提货，也可以委托浙江金储按市价将货物变现偿贷。绍兴的这家纺织企业对标准仓单模式称赞有加："为了货源和价格，我们经常会提前备料，比如一次采购可供一年生产的原材料。这样，我们仓库里就会有一半原材料闲置半年以上，等于半年以上流动资金冻结在库里。有了标准仓单，既可以质押贷款，又加快了资金流转；既节约了成本，又扩大了再生产，真是方便。"

3. 有利于银行信贷，降低银行信贷风险，解决了银行"不敢贷"疑虑

在杭州召开的"中国金融仓储发展高峰论坛"上，金融仓储模式引发了与会人士的热议。业内人士认为，我国当前银行信贷担保方式多以不动产抵押和企业互保为主，不利于信贷风险的分散。特别是企业互保形式，不是风险的化解，而是风险的累积，累积到一定程度，会产生银行风险的传递与扩散。浙江金储以金融仓储方式开展的动产抵押贷款，既有充足的动产作担保，系自偿性信贷产品，又有专业化的金融仓储企业监控动产物资和市场价格波动，还有完善的"补差"机制，保证了抵质押品的"足量、足值"。动产抵质押贷款主要分散于不同的中小企业，可以降低信贷集中度，分散信贷风险。另外，金融仓储业务还可促进银行信贷及与之相对应的结算、保险等金融业务的创新与发展。

（案例来源：沈默. 现代物流案例分析 [M]. 2版. 南京：东南大学出版社，2015.）

案例思考：

1. 金融仓储存在哪些风险？
2. 物流企业、客户和金融机构如何实现共赢？

模块三　实训项目

一、实训目的

通过仓储合同的模拟订立，学生应熟悉订立合同的各项条款，并能够清晰把握、灵活处理对各项条款的具体内容，解决单纯的理论学习所带来的"眼高手低"现象，最终能够订立简单仓储合同。

二、实训内容

1. 实训任务

①熟悉需要订立合同的模拟企业的具体情况和业务情况。

②参考合同案例，学生按照分组，模拟协商事宜，订立仓储合同。

③由老师出任法官，对合同争议事项进行处理，目的在于确定订立合同内容是否合理，语言是否严密，是否能充分地保护双方当事人的权利。

④由双方学生不断修改合同，最后形成定稿，作为实训成果。

2. 实训成果

以实训中形成的仓储合同作为实训报告成果。

模块四　小结与习题

一、内容小结

仓储经营管理既包括仓储企业对内部产出业务活动的管理，也包括对整个企业资源的经营活动管理，对降低仓储经营管理成本、提高仓储经营效益有着重要意义。现代仓储经营方法除了包括保管仓储、混藏仓储、消费仓储、仓库租赁、流通加工及其他多种经营方式外，还包括网络仓库、融通仓和融资租赁等创新型仓储经营方法。

仓储与配送的商务管理目的是期望最大限度地利用既有资源，降低生产作业成本，同时提供更好的服务，实现企业经营利润最大化。仓储与配送合同的当事人双方分别享有相应的权利及应履行的义务，同时仓储与配送合同均是诺成、有偿合同，合同的签订内容由双方协商而定，合同成立即生效。

二、思考题

1. 简述仓储经营管理的概念与内容。

2. 仓储经营的方法有哪些？都具有哪些特点？

3. 简述仓储商务管理的内容。

4. 仓储合同有哪些特征？

5. 简述仓储合同当事人双方的权利与义务。

6. 仓储合同在什么情况下可以免责？

7. 简述配送商务的具体内容。

8. 简述配送合同当事人双方的权利与义务。

第九章

仓储配送成本与绩效评价

学习目标

1. 复述仓储与配送成本的概念，列举仓储与配送成本的构成。
2. 对仓储与配送成本的核算与控制途径进行概括。
3. 举例说明评价体系中各指标的含义。
4. 依据企业特点设计仓储与配送的绩效评价指标体系。

案例导入

兰克施乐的物流绩效评价

兰克施乐（法国）公司（以下简称施乐）是一家集文案管理与处理技术的公司，产品包括打印机、复印机、数字印刷设备及相关的服务和耗材供应。在管理过程中，施乐认识到持续的过程改进对于新物流战略的实施至关重要，其核心就是高度地专注于过程管理。为了管理物流过程，兰克施乐采取了内、外两种类型的绩效衡量方法。

在内部衡量中选择了诸如订货至安装时间、每份订单成本、每立方米运输成本、总成本和总收入等指标来协助绩效评价。

外部衡量是在外部进行的一些彻底的调查。例如，一个独立机构每年两次调查顾客和潜在顾客对公司的态度，并将调查结果与其竞争对手进行比较。此外，施乐对每一个购买其产品的顾客，在交付产品90天后（或安装90天后）进行回访调查。公司打电话给顾客，询问公司设备的情况、公司的反应能力、销售和支持人员的服务水平等问题。公司领导评论道："每年我们都设定目标并努力完成，然后通过审核来评价绩效。绩效可能是令人满意的，即完成了目标，也可能令人不满意。我们从来没有评过最优，因为并不存在已不能再改进的事情。"

（资料来源：MBA 智库文档，引文经整理、节选改编）

模块一　基础知识

一、仓储成本

仓储成本是指仓储企业在开展仓储业务活动过程中，各种要素投入以货币计算的总和。仓储成本具有如下特征。

（1）重要性

仓储作为物流活动最重要的环节之一，其成本也在物流总成本中占据较大比重。因此，仓储成本的管理成为"第三利润源"的重要源泉。

（2）效益背反性

效益背反又称二律背反，即两个相互排斥而又被认为同样正确的命题之间的矛盾。为了满足客户需求，提高仓储服务水平，就会引起仓库基础设施进一步投资，以及人工成本的投入，从而加大仓储成本的支出；而若仅为了减少仓储成本，通过减少物流节点仓库的设置数量，降低存货量，则会导致运输成本上升，甚至会使客户满意度降低，失去市场竞争力。

（3）复杂性

在现行的会计制度下，对物流成本的核算尚缺乏统一的标准。因此，对于仓储成本而言，也同样增加了其核算的复杂性。

（一）仓储成本的构成

由于不同仓储企业的运作模式和服务类型不同，其仓储成本的构成也会存在一定差异，仓储成本控制的方法也会呈现出多样化特点。仓储成本主要包含仓储运作成本及仓储存货成本，本章涉及的仓储成本主要是围绕仓储运作成本的内容，其成本构成主要包括以下九种类型。

（1）固定资产折旧和租赁费

固定资产主要指建筑物、堆场、道路、运输工具、仓储机械设备等高价值投资，这些投资在仓库建设时一次性投入，通过逐年折旧方式收回。无论是独立经营还是附属仓库都需要按年提取折旧费计入当期仓储成本。固定资产折旧年限一般在 5 年至 20 年。

当企业仓储与设施资源不足以支撑企业运营时，企业可以通过租赁仓库及设施设备的方式满足自身运营需要。企业须向承租的固定资产交纳相应租赁费，如仓储企业所使用的铁路线和码头不属于仓储企业，则应按协议规定来支付这些设施的租赁费用。

固定资产折旧和租赁费属于仓储固定成本，与仓储业务量呈反比关系，即当仓储量增加，单位平均固定成本减少；反之，则增加。

（2）设备维修费

设备维修费主要指用于大型设施设备的定期大修费用。每年的大修基金从仓储经营收入中提取，提取额度为设备投资额的 3% ~ 5%，专项用于设备大修费用。大修费用同属于仓储固定成本。

（3）工资和福利费

工资和福利费指发给仓储企业内工作人员的工资、奖金和各种补贴，以及由企业缴纳的五险一金等费用。福利费可按实发工资的一定标准计算提取。所提取的工资和福利费都要计入当期的仓储成本。其中，仓储管理人员的工资和福利费列入管理费用，属于固定成本；一般人员的工资和福利费是直接人工费，属于变动成本。

（4）仓储保管费

仓储保管费一般包括仓储业务为实现货物存储而产生的开支。从保管费用的构成角度来看，主要包括以下几项：仓储生产经营过程中所消耗的水电、能源费等；仓库的低值货架货柜、装卸搬运过程中所使用的低值工具的耗费；进行绑扎、衬垫、苫盖、包装等工作所需要的材料耗费；出入库短途搬运装卸、盘点倒垛、加工、重型机械使用所产生的耗费；因保管不善等原因造成的物品残损费等。

仓储保管发生的费用较多，多数属于与仓库业务量有关的变动成本或固定成本，有的属于两者皆有的混合成本。在具体核算中应根据实际情况进行分析，分类核算。

（5）仓储管理费用

仓储管理费用是仓储企业为组织和管理仓储经营业务所发生的费用，包括行政办公费、公司经费、工会经费、职工教育费、排污费、绿化费、信息咨询费、审计费、土地使用费、业务费、劳保费及坏账准备金等。

（6）财务费用

财务费用主要指仓储企业使用投资基金所要承担的利息，即资本成本。当资金为借款时，直接支付利息。如果使用自有资金，也应当对资金支付利息，让利息进入经营成本。

（7）营销费用

营销费用包括进行企业宣传、业务广告、仓储促销等仓储经营业务活动产生的费用。

（8）保险费

保险费是仓储企业为应对意外事故或者自然灾害造成存储物损坏所要承担的赔偿责任进行保险所支付的费用。保险费一般根据风险评估或承担风险的程度直接加以征收。风险的评估或承担的风险程度取决于存储物和存储设施这两方面的性质。例如，易燃、易爆的危险类存储物及易丢失和损坏的高价值存储物将会带来相对较高的保险费用。保险费用还与仓储设施内预防措施的设置有关，如装有安保摄像头及自动灭火装备的仓库所投保的保险费将会相应降低。一般来说，如果没有专门约定，仓储物的财产险由存货人承担，仓储保管人仅承担责任险。

（9）税费

在一般情况下，税费是根据一年内某个特定时间的存储物水平或某一段时间内的平均存储物水平征收的。有些地方对存储物税费不做任何评估，直接按存储物价值的百分比来确定税费金额。由仓储企业承担的税费也可看作费用支出，包括仓储营业税、企业所得税及仓库场地的房地产税。

（二）仓储成本的核算

一般来讲，仓储成本的核算可以采用以下三种方法。

1. 按支付形态核算仓储成本

先将企业发生的各项费用按仓储搬运费、仓储保管费、材料消耗费、人工费、仓储管理费、仓储占用资金利息等支付形态分类，然后将各项目费用乘以一定的比例计算出仓储成本的总额。这种方法是从月度损益表中"管理费用、财务费用、营业费用"等费用中取出一定数值乘以一定的比率（物流部门比率，分别按人数比率、面积比率、时间比率等），计算出仓储成本的。

● 案 例 ●●●●

按支付形态核算仓储成本

某物流公司现有员工150人，仓储作业人员36人，全公司面积为6 000平方米，仓储设施面积为3 180平方米，该公司2018年9月按支付形态划分的仓储成本核算情况如表9-1所示。

表9-1 按支付形态划分的仓储成本情况

序号	仓储成本形态	管理等费用/元	仓储成本/元	计算基准/%	备注
1	仓库租赁费	100 000	100 000	100	全额
2	材料消耗费	53 000	53 000	100	全额
3	工资津贴费	372 000	89 280	24	人数比率
4	燃料动力费	32 000	16 960	53	面积比率
5	保险费	10 000	5 300	53	面积比率
6	维修费	31 000	16 430	53	面积比率
7	仓储搬运费	28 000	14 840	53	面积比率
8	仓储保管费	40 000	21 200	53	面积比率
9	仓储管理费	20 000	9 600	48	仓储费比率
10	易耗品消耗费	22 000	10 560	48	仓储费比率
11	资金占用利息	37 000	17 760	48	仓储费比率
12	税费	55 000	26 400	48	仓储费比率
	仓储成本合计	800 000	381 330	/	/

人数比率、面积比率和仓储费比率的计算公式和计算过程如下。

人数比率＝（仓储作业人员数/全公司人数）×100%＝（36/150）×100%＝24%

面积比率＝（仓储设施面积/全公司面积）×100%＝（3 180/6 000）×100%＝53%

仓储费用比率＝（前八项的仓储费之和/前八项的管理等费用之和）×100%

　　　　　＝[（100 000+53 000+89 280+16 960+5 300+16 430+14 840+21 200）

　　　　　　/（100 000+53 000+372 000+32 000+10 000+31 000+28 000+40 000）]

　　　　　×100%

　　　　　＝（317 010/666 000）×100%　＝48%

2. 按仓储项目核算仓储成本

企业按上述核算方法进行仓储成本分析，虽然可以得出仓储成本总额，但从核算表中无法了解仓储成本各组成部分的费用花费情况。而按仓储项目进行仓储成本核算，就可以帮助企业了解仓储成本的费用分布，掌握仓储运营的实际状态，有针对性地进行仓储成本控制。

案　例

按仓储项目核算仓储成本

表9-2　某物流公司仓储成本核算表（按仓储项目核算）

序号	仓储成本形态	管理等费用	项目				
			仓储租赁费	仓储保管费	仓储管理费	材料消耗费	搬运费
1	仓库租赁费	50 040	50 040				
2	材料消耗费	15 362	4 307	6 202	2 445	2 408	
3	工资津贴费	315 667	1 652	219 015	45 000		50 000
4	燃料动力费	6 322	1 350		3 622	1 350	
5	保险费	5 174	2 567	2 582	25		
6	维修费	9 798	3 704		2 390	3 704	
7	仓储搬运费	14 056				3 558	10 498
8	仓储保管费	19 902		19 902			
9	仓储管理费	9 640	1 496	1 496	1 496	5 152	
10	易耗品消耗费	10 658				10 658	
11	资金占用利息	11 930	5 022	6 908			
12	税费	8 574	1 666	6 908			
	合计	477 123	71 804	263 013	54 978	26 830	60 498

3. 按适用对象核算仓储成本

按适用对象核算仓储成本是指按产品、地区、客户等不同对象分别计算产生的仓储成本。这种核算方法可以帮助企业分析出仓储成本用在哪种对象上。一般结合ABC分析法，对不同对象进行重点管理和控制。

(三) 仓储成本的控制途径

1. 仓储成本的控制方法

仓储成本的大小与仓储物资的数量、品种等因素有密切的关系。下面介绍几种常用的存储成本控制方法。

①ABC 分析法。ABC 分析法的基本原理是"关键的少数，次要的多数"，根据各项存货在全部存货中的重要程度进行区别管理。

②加速周转，提高仓容利用率。存储物周转速度加快，能使企业的资金得到循环流动、资本增值加速、货损货差率降低、仓库吞吐能力提高、仓储成本降低。

③充分利用现代仓储技术和设备。如采用物联网技术、定位系统、实时监控系统等计算机管理技术，仓储条码技术，现代化货架，专业作业设备、叉车，新型托盘等。

④加强劳动管理，降低管理成本。人工费是仓储成本的重要组成部分，加强管理能避免人力资源浪费及劳动效率低下。

⑤加强企业成本管理的核算。仓储服务成本是制定仓储服务价格的主要依据，因此可通过加强对仓储成本的科学管理与控制，在提升服务水平的同时，降低仓储服务产品成本，以提高企业的市场竞争力。

⑥充分利用电子商务环境下仓储管理信息化、网络化、智能化的优势，有效地控制进销存系统，使物流、资金流、信息流保持一致，并辅助仓储决策的提出，有效降低库存的成本费用，提高仓储服务的效率。

案 例

Dorfman Pacific 公司降低仓储成本的方法

美国讯宝科技公司（以下简称讯宝科技）是专门提供解决条形码、无线射频及自动化数据采集系统问题相关方案的公司。为全球最大的箱包公司 Dorfman Pacific 在加利福尼亚州的仓库部署了坚固型移动终端和 Wi-Fi 网络基础设施，通过无纸化仓库管理来降低仓储成本并提高员工的工作效率。Dorfman Pacific 每年基于纸面的仓库流程而雇用临时员工的成本约为 25 万美元。自从选择了讯宝科技的 Wi-Fi 网络基础设施和移动终端，将其应用在相关的分拣、包装和发货等工序上，Dorfman Pacific 在订单高峰期处理的订单数量比原来提高了大约一倍，总部仓库的人工成本也降低了近 30%。另外，通过讯宝科技的 Wi-Fi 网络，工作人员可即时查看关键业务信息，且讯宝科技的产品能够承受每天在恶劣仓库环境中的日常使用及失误操作情况。

这说明企业移动终端对公司的业务能产生积极的影响。当仓库和配送中心成为业务的关键时，必须优先考虑如何提高运行效率。移动端的使用可以帮助企业提高运行的可视化和准确性，并提高员工的工作效率。由此看来，无纸化仓库管理技术的开发与运用将进一步降低仓储成本。

（案例来源：Dorfman Pacific 公司利用讯宝企业移动解决方案实现无纸化仓库运营 [J].电子技术. 2006，(10)：54.）

2. 各环节仓储成本的控制

（1）仓储费用管理

货物在存储过程中消耗衬垫材料所产生的费用在仓储费用中占很大比重。因此，降低仓储费用的主要途径在于节约衬垫与毡盖材料及有关人工费用的支出；寻找既能节省这部分费用的开支，又能保证货物保管质量的货物保管方法；开展技术革新和技术改造，充分挖掘仓储设备的潜力。同时在仓储费用管理上也要实行分类管理，加强班组经济核算，促使仓储费用不断降低。

（2）装卸搬运费用管理

货物出入库主要依靠装卸搬运作业来完成，装卸搬运机械的设备折旧费在出入库费用中占有一定比例。因此，仓储部门应在选择使用机械设备时注意其经济性和适用性。

（3）仓储人工费用的管理

仓储人工费用的支出主要包括仓储管理人员及仓储生产人员的工资、奖金等。仓储人工费用的管理应着眼于尽量减少非生产人员的工资支出，因为这部分费用支出与仓储作业量没有直接关系。同时，应不断提高劳动生产率，不断降低储运成本中的劳动消耗部分。此外，选择合理的劳动组织形式、工资形式对于降低人工费用也有重要影响。

（4）仓储其他费用的管理

在仓储中，还有诸如油料、燃料、电力等支出，以及低值易耗品等比较微小的费用，这部分费用在整个物流费用成本中所占的比例较小，但是不能忽视，应采取措施使之不断降低。

二、仓储绩效评价

仓储绩效评价是对仓储成本管理的一种考核和检验，也是成本管理结果的体现。绩效指标可以形成一个体系，用来体现或控制仓储各项活动、作业效率、效益或成本，是衡量仓储管理水平的尺度，也是评价仓库各方面工作和各作业环节工作成绩的重要手段。因此，利用指标考核管理手段，对加强仓储管理工作，提高管理的业务和技术水平是十分必要的。

▶案　例

摩托罗拉公司的供应商管理

摩托罗拉公司大约每3个月要对其供应商进行绩效考核，如果某供应商的服务差错率、准时交货率等不能达到摩托罗拉所要求的水平，则该供应商就会收到来自摩托罗拉公司的限期整改通知；如果逾期不能整改，则该供应商就会被摩托罗拉从供应链中删除。

（案例来源：王长青，宫胜利，岳红. 仓储与配送管理实务 [M]. 北京：北京理工大学出版社，2018.）

（一）仓储绩效评价的制定原则

制订仓储绩效评价指标应遵循以下原则。

①科学性。科学性原则要求所设计的指标体系能够客观地、如实地反映仓储生产的所有环节和活动要素。

②可行性。可行性原则要求所设计的指标便于工作人员掌握和运用，数据容易获得，便于统计计算，便于分析比较。

③协调性。协调性原则要求各项指标之间相互联系、相互制约、相互协调、互为补充，但是不能相互矛盾或彼此重复。

④可比性。对指标进行比较在指标的分析过程中很重要，可比性原则要求指标在时间、内容等方面一致，从而使指标具有可比性。

⑤稳定性。稳定性原则要求指标体系一旦确定，应在一定时期内保持相对稳定，不宜经常变动，频繁修改。可以在执行一段时间，经过总结与评价后再进行改进和完善。

（二）仓储绩效评价的指标体系

仓储绩效评价的指标体系构建主要从以下四个方面进行：资源利用程度方面的指标、服务水平方面的指标、能力与质量方面的指标、储存效率方面的指标，其具体组成如图9-1所示。

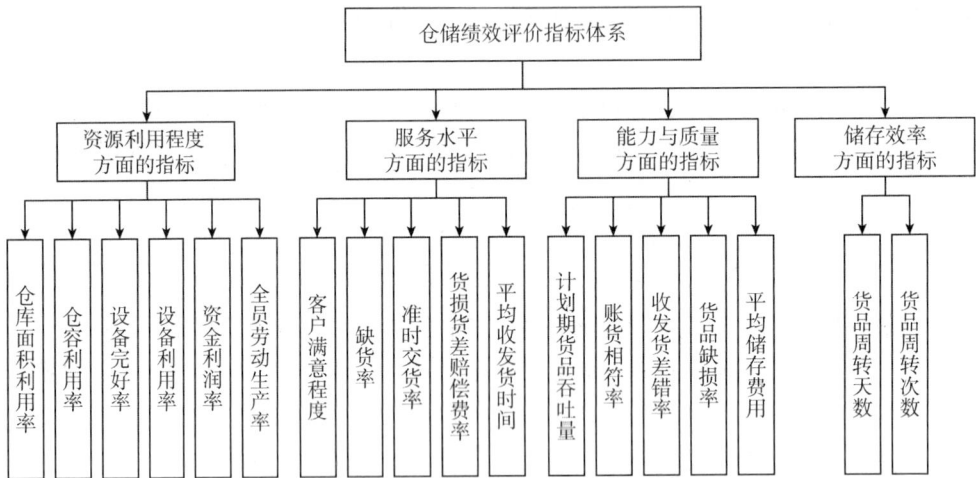

图9-1　仓储绩效评价指标体系

1. 资源利用程度方面的指标

（1）仓库面积利用率

仓库面积利用率是衡量仓库平面利用程度的指标，它一方面与仓库规划有关，另一方面也与货品的储位规划和堆放方式有关。仓库的面积利用率越大，表明仓库面积的有效使用情况越好。其计算公式为：

$$仓库面积利用率 = \frac{仓库可利用面积}{仓库建筑面积} \times 100\% \tag{9-1}$$

（2）仓容利用率

仓容利用率是指一定时期内，存储货品实际占用的空间与整个仓库实际可用的空间的比率，反映仓库立体空间的利用效率。仓容利用率是仓储管理中重要的绩效指标，它可以反映仓库空间的利用是否合理，可以为提高仓容的有效利用提供依据。仓容利用率越高，说明实际用于储存货品所占仓库的空间越大，空间利用率越好。其计算公式为：

$$仓容利用率 = \frac{存储货物实际占用的空间}{整个仓库实际可用的空间} \times 100\% \qquad (9-2)$$

（3）设备完好率

设备完好率是在一定时期内，仓库设备处于完好状态，并能随时投入使用的台数与仓库所拥有的设备台数的比率，它反映了仓库设备所处的状态。其计算公式为：

$$设备完好率 = \frac{完好设备台数}{设备总台数} \times 100\% \qquad (9-3)$$

上式中，完好设备台数是指设备处于良好状态的累计台数，不包括正在修理或待修理设备的台数。

（4）设备利用率

设备利用率是指在一定时期内，设备实际使用台时数与制度台时数的比率，反映了运输、装卸搬运、加工、分拣等仓库设备的利用和节约程度。其计算公式为：

$$设备利用率 = \frac{设备实际使用台时数}{制度台时数} \times 100\% \qquad (9-4)$$

式中，台时数是指某一台设备生产或工作的时间，单位为台小时。

（5）资金利润率

资金利润率是指一定时期内仓库利润与同期全部资金占用的比率，是反映仓库资金利用效果的指标。其计算公式为：

$$资金利润率 = \frac{利润总额}{固定资产平均占用额 + 流动资金平均占用额} \times 100\% \qquad (9-5)$$

（6）全员劳动生产率

全员劳动生产率是指一定时期内，仓库全体员工平均每人完成的出入库货品的数量，一般以年为单位。其计算公式为：

$$全年劳动生产率 = \frac{仓库全年吞吐量}{年平均员工人数} \times 100\% \qquad (9-6)$$

式中，年平均员工人数等于 12 个月的月平均人数之和除以 12。

2. 服务水平方面的指标

（1）客户满意程度

客户满意程度是衡量企业竞争力的重要指标，客户满意与否不仅影响企业经营业绩，而且影响企业的形象。其计算公式为：

$$客户满意程度 = \frac{满足客户要求数}{客户总要求数量} \times 100\% \qquad (9-7)$$

（2）缺货率

缺货率是对物流配送中心货品可得性的衡量尺度。将全部货品所发生的缺货次数汇总起来，就可以反映一个企业满足客户需求的程度及实现其服务承诺的状况。通过这项指标的考核，可以衡量仓储部门库存分析的能力和企业及时补货的能力。其计算公式为：

$$缺货率 = \frac{缺货次数}{客户订货次数} \times 100\% \qquad (9-8)$$

（3）准时交货率

准时交货率是对满足客户需求程度的考核指标。其计算公式为：

$$准时交货率 = \frac{准时交货次数}{总交货次数} \times 100\% \qquad (9-9)$$

（4）货损货差赔偿费率

货损货差赔偿费率是反映仓库在整个收发保管作业过程中作业质量的综合指标。其计算公式为：

$$货损货差赔偿费率 = \frac{货损货差赔偿费总额}{同期业务收入总额} \times 100\% \qquad (9-10)$$

（5）平均收发货时间

平均收发货时间是指仓库收发每笔货品（即每张出入货单据上的货品）平均所用的时间，收发货时间总和一般按天计算。它既能反映仓库服务质量，也能反映仓库的劳动工作效率。其计算公式为：

$$平均收发货时间 = \frac{收发货时间总和}{收发货总笔数} \qquad (9-11)$$

收发货时间的一般界定标准为：收货时间从单证和货品到齐后开始计算，到验收入库后，把入库单送交会计入账为止；发货时间从仓库接到发货单（调拨单）开始计算，经备货、包装、填单等，到办完出库手续为止。

3. 能力与质量方面的指标

（1）计划期货品吞吐量

货品吞吐量又叫货品周转量，指计划期内出入库货品总量，体现仓储业务量情况，一般以吨为单位。货品吞吐量指标常以一个经营期间（月、季或年）的时间范围为计算口径。其计算公式为：

计划期货品吞吐量=计划期货品进库总量+计划期货品出库总量+计划期货品直拨总量

$$(9-12)$$

式中，进库总量指验收入库后的货品总量，出库总量指仓库按正规手续发出的货品总量，直拨总量指从港口、车站直接拨给客户或货到专用线未经卸车、船而直接拨给客户的货品数量。

（2）账货相符率

账货相符率是指在货品盘点时，仓库货品保管账面上的货品储存数量与库存实量的相互符合程度。账货相符率是考核员工责任、制定赔偿标准的依据。其计算公式为：

$$账货相符率 = \frac{账货相符单数(件数)}{储存货品总单数(件数)} \times 100\% \qquad (9-13)$$

分别通过单数与件数来计算，结果具有一定差异性。例如，一个订单中包含的件数较多，则按单计算相符率就低，按件计算相符率就高，所以按件计算较真实。通过此项指标的核算，可以衡量仓库账面货品的真实程度，反映保管工作的管理水平。

（3）收发货差错率

收发货差错率是以收发货所发生差错的累计单（件）数占收发货累计总单（件）数的比率来计算的，它反映了收发货作业的准确度。其计算公式为：

$$收发货差错率 = \frac{收发货差错累计单数(件数)}{收发货累计总数(件数)} \times 100\% \qquad (9-14)$$

（4）货品缺损率

货品缺损主要是由保管不善或自然损耗而导致货物霉腐、破损、泄露、变质、丢失等。其计算公式为：

$$货品缺损率 = \frac{货品缺损量}{货品库存总量} \times 100\% \qquad (9-15)$$

（5）平均储存费用

平均储存费用是仓库经济核算的主要指标之一。它可以综合反映仓库的经济成果、劳动生产率、技术设备利用率、材料和燃料节约情况和管理水平等。其计算公式为：

$$平均储存费用 = \frac{每月仓储费用总额}{月平均储存量} \qquad (9-16)$$

4. 储存效率方面的指标

储存效率方面的指标主要是指库存周转率。库存周转率又叫库存货品的周转速度，是反映仓储工作水平的重要效率指标。在货品总需求量一定的情况下，降低仓库的货品储备量，货品周转速度就加快。从降低流动资金占用和提高仓库利用效率的要求出发，应当减少仓库货品储备量。但若库存量过低，则会影响货品供应的及时性。因此，在库存控制过程中，应科学合理地确定安全库存量，并设定相应的补货机制。在保证供应的同时，降低仓库库存，从而加快货品的周转速度，提高资金和仓库的运作效率。

一般情况下，库存周转率可以用货品周转次数和货品周转天数两个指标来反映。其计算公式分别为：

$$货品周转次数 = \frac{年货品发货总量}{年货品平均储存量} \qquad (9-17)$$

$$货品周转天数 = \frac{360}{货物周转次数} \qquad (9-18)$$

在货品周转次数公式中，年货品发货总量是指年度仓库实际发出货品的总量；年货品平均储存量为每月初货品储存量的平均数。

（三）仓储绩效评价的分析方法

对各项指标进行对比和分析，能够帮助仓储管理人员全面了解仓储运营管理水平及效率。对未达标的绩效指标，要加强管理与加以改善，从而不断改进各项业务工作，为仓储企业的发展规划提供依据。在仓储绩效评价过程中主要会用到以下几种方法。

1. 对比分析法

对比分析法是将两个或两个以上有内在联系的、具有可比性的指标（或数量）进行对比分析，从而认识仓储企业的现状。对比分析法是绩效考核指标分析法中使用最普遍、最简单和最有效的方法。

仓储绩效对比分析表结构因企业的不同而大同小异。某仓储企业仓储绩效对比分析表如表 9-3 所示。

表 9-3　某仓储企业仓储绩效对比分析表

指标	本期		上年实际	同行标杆	差距（+/-）	
	实际	计划			比上年	比标杆
仓储总成本						
单位仓储成本						
吞吐量						
收发货差错率						
货损货差赔偿费率						
仓库面积利用率						
仓容利用率						
货品周转次数						
……						

运用对比分析法对指标进行对比分析时，一般应先选定对比标准。根据分析问题的需要，主要分为以下几种对比标准。

①计划完成情况的对比分析。它是将同类指标的实际完成数或预计完成数与计划完成数进行对比分析，从而反映计划完成的绝对数和程度，分析计划完成或未完成的具体原因，肯定成绩，总结经验，找出差距，提出措施。

②纵向动态对比分析。它是将仓储企业的同类有关指标在不同时间上进行对比，如本期与上期的对比、与历史平均或最高水平的对比等。这种对比反映事物的发展方向和速度，说明当前状态的纵向动态，分析增长或降低的原因并提出建议。

③横向类比分析。它是将仓储企业的有关指标在同一时期与相同类型企业的不同空间条件下进行对比分析。类比单位的选择一般是同类企业中的标杆企业，可以是国内的，也可以是国外的。横向对比往往能起到"清醒剂"的作用，能够帮助企业找出差距并采取措施，赶超标杆企业。

④结构对比分析。它是将总体分为不同性质的各部分，然后以部分数值与总体数值之比来反映事物内部构成的情况，一般用百分数表示。例如，在货物保管损失中，可以计算分析因保管、养护不善造成的霉变残损、丢失短少，不按规定验收、错收错付而发生的损失等的比重。

2. 因素分析法

因素分析法用来分析影响指标变化的各个因素及它们各自对指标的影响程度。因素分析法的基本做法是：在分析某一因素发生变化并对总指标产生影响时，假定只有这一个因素在变动，而其余因素必须是即固定因素，然后逐个替代某一项因素单独变化，从而得到每项因素对该指标的影响程度。

在采用因素分析法时，应注意各因素按合理的顺序排列，并注意前后因素按合乎逻辑的原则衔接。如果顺序改变，各因素变动影响程度之积（或之和）虽仍等于总指标的变动数，但各因素的影响值却会发生变化，从而得出不同的答案。

在利用因素分析法进行仓储绩效评价时，若只涉及数量与质量两个因素时，一般是数量因素在前，质量因素在后。在分析数量指标时，另一质量指标的同度量因素固定在基期（或计划）指标；在分析质量指标时，另一数量指标的同度量因素固定在报告期（或实际）指标。同样，在进行多因素分析时，同度量因素的选择要按顺序依次进行，即当分析第一个因素时，其他因素均以基期（或计划）指标作为同度量因素，而分析第二个因素，则在第一个因素已经改变的基础上进行，即第一个因素以报告期（或实际）指标作为同度量因素，以此类推。

3. 价值分析法

所谓价值分析法，就是通过综合分析系统的功能与成本的相互关系来寻求系统整体最优化途径的一项技术经济分析方法。采用价值分析法主要是通过对功能和成本的分析，力图以最低的生命周期成本可靠地实现系统的必要功能。

价值分析过程大体按下列顺序进行：使用此物品是否必要（必要性）；研究所使用的这些物品，其价值与效用是否相当（效用性）；为满足这种用途，是否还有其他方法或代用品（替代性）；物品所有的性能是否都必要（物品性能的必要性）；质量要求是否过高（质量的浪费）；形状、尺寸是否浪费（形状、尺寸的浪费）；重量是否浪费（重量的浪费）；能否使用标准件和通用件（标准件适用性）；物品的成本相对于用途是否必要或是否适宜（成本的适宜性）；能否采用更适宜、更经济的方法进行生产（生产的适宜性）。

价值分析法的适用范围很广，经营方针、生产计划、生产方法、销售业务、利润计划、作业计划、设计管理、技术管理、科研管理、工具管理、工程管理、作业管理、进度管理、质量管理、库存管理、安全检查等都可考虑利用价值分析法进行分析。

（四）提升仓储管理绩效的途径

仓储管理绩效大致可通过"硬件"和"软件"两个方面的投入与改善得到提升。硬件就是在仓储设施设备的投入上，全面引入先进的技术装备及信息系统；软件则是要在仓储管理过程中运用科学合理的管理理念与方法，改善现场作业方式，通过有效管理和员工配合来实现仓储管理绩效的提升，并提高客户满意度。具体体现在以下三个方面。

1. 引入信息技术，提升作业水平

运用先进的仓储信息技术及全自动化的设施设备对仓库进行有效管理，这是现代仓储与传统仓储的重要区别之一。应用仓储管理系统、条码技术、射频识别技术、电子订货技术、全自动立体货架等技术装备，不仅提高了仓储作业效率，同时使信息流进行有效流动，实现了信息透明化，进而提升了仓储作业水平与服务质量。

2. 以客户为中心，提高服务质量

企业经营讲究的是效益，仓储部门的效益就是业务量的大小。提高仓储部门服务水平的

同时，要满足仓储成本的最小化及经济效益的最大化。因此，仓储部门除了需要将日常仓储运营工作做好之外，还需要转换思想，以客户为中心，提供更高的服务水平与质量，力求满足客户多元化需求。

3. 增加仓储增值服务项目

随着全球电子商务的不断扩张和现代信息技术的快速发展，物流产业得到了快速发展。仓储企业应充分利用在硬件和软件方面的投入，向多功能的物流服务中心方向发展，开展加工、配送、包装、组装、贴标签等多项仓储增值服务，从而提高竞争力，增加仓储利润，提高自身的经济效益。

三、配送成本

配送成本是指在配送活动中的备货、储存、分拣、配货、配装、送货及配送加工等环节发生的各项费用之和，是配送过程中所消耗的各种劳动的货币表现，如人工费用、作业消耗、物品消耗、利息支出、管理费用等。各个环节的成本核算都有其特点。一般而言，配送成本具有如下特征。

（1）配送成本的效益背反

与仓储成本一样，配送成本同样具有效益背反的特点，主要体现在配送成本与服务水平之间的关系上。随着客户服务水平的提高，对客户需求响应性、配送安全性等都会有新的要求，为了满足这些要求，配送企业需要在配送成本上进行投入。例如，库存量的保证、配送的频率、包装的材料及运输方式的安全等，这一系列活动势必会导致配送成本上升。因此，配送成本与配送服务之间呈现正相关的关系，即随着服务水平的提高，配送成本也会随之升高；反之亦然。配送成本与服务水平的关系如图 9-2 所示。

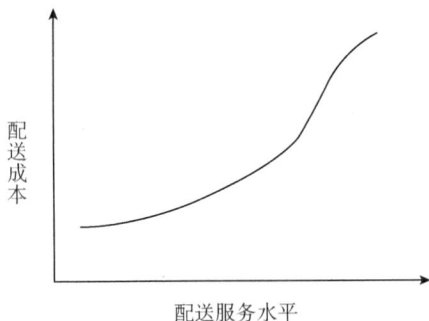

图 9-2　配送成本与服务水平的关系

（2）配送成本具有隐蔽性

配送成本在企业财务会计制度中没有单独的项目，也没有单独设置的会计科目对其进行独立核算。一般，所有的配送成本都被直接列入企业经营或管理等费用中，因此想要对企业中发生的配送成本进行全面且准确的核算也是比较困难的。

具体来讲，连锁店之间进行配送所发生的费用计入销售费用，备货时支付的费用也归入销售费用；配送中发生的人工费用与其他部门的人工费用一般会列入销售费用或管理费用；

与配送有关的利息和企业内的其他利息一起计入营业外费用。还有一些难以归类的成本，如过量采购发生的成本就难以确定是计入生产成本还是配送成本。这样，企业支出的有关配送费用实际上隐藏在了各种财务会计科目中，配送成本的核算和控制通常是分散进行的。

（3）配送成本消减具有乘数效应

乘数效应是指一个经济变量的变化对另一个经济变量的变化所具有的倍数放大作用。假定某企业销售额为 1 000 元，配送成本为 100 元。如果配送成本降低 10%，就可以得到 10 元的利润；如果该企业的销售利润率为 2%，则创造 10 元的利润需要增加 500 元的销售额，即降低 10% 的配送成本所起的作用相当于销售额增加 50%。这种配送成本消减的乘数效应是非常明显的。

（一）配送成本的构成

1. 配送运输费用

配送运输费用是配送成本中占比最大的一个部分，主要包括车辆费用和营运间接费用。

①车辆费用，它是指从事配送运输生产而发生的各项费用，具体包括驾驶员及助手的工资及福利费、燃料费、修理费、折旧费、养路费、车船使用税等项目。

②营运间接费用，它是指营运过程中发生的不能直接计入各成本计算对象的配送站的费用，包括配送站人员的工资及福利费、办公费、水电费、折旧费等内容，但不包括管理费用。

2. 分拣费用

分拣费用主要包括分拣人工费用和分拣设备费用。

①分拣人工费用，它是指从事分拣工作的作业人员及有关人员工资、奖金、补贴等费用的总和。

②分拣设备费用，它是指分拣机械设备的折旧费用及修理费用。

3. 配装费用

配装费用主要包括配装材料费用、配装辅助费用和配装人工费用。

①配装材料费用，常见的配装材料有木材、纸、自然纤维和合成纤维、塑料等，这些包装材料价值不同，成本相差很大。

②配装辅助费用，主要包括包装标记、标志的印刷，拴挂物等的支出。

③配装人工费用，它是指从事包装工作的工人及有关人员的工资、奖金、补贴等费用总和。

4. 流通加工费用

流通加工费用主要包括流通加工的设备、材料、劳务费及其他费用。

①流通加工设备费用，流通加工设备因流通加工形式不同而不同，购置这些设备所支出的费用以流通加工费用的形式转移到被加工产品中去。

②流通加工材料费用，它是指在流通加工过程中，投入的材料消耗所产生的费用。

③流通加工劳务费用，它是指在流通加工过程中，从事加工活动的管理人员、工人及有关人员工资、奖金等费用的总和。

④流通加工其他费用。在流通加工中耗用的电力、燃料、油料、通信等费用，也应归结到流通加工费用中去，作为流通加工其他费用项目。

在实际应用中，应该根据配送的具体流程归集成本。不同的配送模式，其成本构成差异较大。在相同的配送模式下，由于配送物品的性质不同，其成本构成差异也很大。

（二）配送成本的核算

1. 影响配送成本的因素

（1）时间

配送时间持续的后果是占用了配送中心的资源，耗用仓储中心的成本，而这种成本往往表现为机会成本，最终使配送中心不能提供其他配送服务以获得收入。

（2）距离

距离是构成配送运输成本的主要内容，距离越远，运输成本就越高。在造成运输工具及人工成本增量投入的同时，时间成本也会受到影响。

（3）配送产品的数量、重量

配送产品数量和重量的增加会使配送作业量增大。但在一定的范围内，大批量的作业出于规模效应，往往使配送效率提高、成本降低。因此，配送的数量和重量是委托人获得价格折扣的理由。

（4）产品种类及作业过程

不同种类的产品配送难度不同，对配送作业的要求不同，承担的责任也不一样，因而会对配送成本产生较大程度的影响。例如，待配送产品在配送前已具有防护包装，其配送成本显然要比还需要进行配装作业的配送成本低。

（5）外部成本

企业在进行配送作业时或许要使用到外部的资源，导致成本增加。比如，某地的起吊设备租赁市场具有垄断性，则配送企业需要租用起吊设备时就会增加成本；若当地的路桥普遍收费且无管制，则必然也会增加配送成本。

2. 配送成本核算方法

配送企业通过合理有效地采取各种方法，进行动态、全面的核算和管理，对降低配送成本是十分必要的。

（1）营运成本法核算配送成本

配送企业在会计上普遍采用营运成本法核算配送成本。营运成本法是传统的成本核算方式，它以配送各功能模块为成本控制重点，按不同支付形态和配送功能进行核算。营运成本法核算配送成本的公式为：

$$配送总成本 = 运输成本 + 存货持有成本 + 配送运营管理成本 \tag{9-19}$$

营运成本法在成本计算中普遍采用与产量关联的分摊基础，如直接工时、机器小时、材料耗用额等。由于许多不能用经济原理的方式追溯的变动成本和固定费用支出往往会被忽略，从而被混入其他费用之中，导致营运成本法下核算的配送成本不完整。

（2）作业成本法核算配送成本

作业成本法是一种适应配送服务特点的成本核算方式。作业成本法是建立在"作业"

这一基本概念上的，其基本原理是：产品消耗作业，作业消耗资源，并导致成本的发生。用作业成本法计算成本时，需要将着眼点从传统的产品转移到作业上来，以作业为中心。作业成本法核算的配送成本计算公式为：

$$配送总成本 = 配送费用 + 所动用的配送服务资产的总价值 × 资产占用费率\quad (9-20)$$

作业成本法对直接费用的确认和分配与传统的成本计算方法一样，所不同的只是对间接费用的分配。作业成本法采用多元分配基准，而且集财务变量与非财务变量于一体，特别强调非财务变量（运输距离、质量检测时间等）。这种财务变量与非财务变量相结合的分配基础，提高了其与配送产品实际消耗费用的相关性，能使配送成本信息比较准确，但实施过程对企业的实力、人员管理水平及素质有较高要求。

（三）配送成本的控制途径

配送成本控制的目的是实现在配送成本与配送服务这对产生效益背反的关系中寻求平衡，对配送成本在一定约束条件下进行优化，同时尽可能提高客户服务满意度，增加市场竞争力，获取更高的企业利润。

配送成本控制要实现对配送成本的优化，首先必须找出导致配送成本不合理的原因，常见的导致配送成本不合理的原因如表9-4所示。

表9-4　常见的导致配送成本不合理的原因

不合理原因	具体说明
组织不合理	配送是通过大规模的资源组织来降低成本的，如果资源量不够，就不能达到降低配送成本的目的
配送设备落后	配送中心设备落后会造成效率低下，企业信誉降低，产生货物分拣错误等
库存决策不合理	容易造成货品积压或缺货损失
配送线路选择不当	没有充分考虑客户的位置，导致配送的运输成本过高
配送价格不合理	配送价格高于客户自己的进货价格
经营观念不合理	企业唯利是图，有以抢占客户利益为利润点的行为
配送成本管理不到位	对配送成本不重视或监管不力，导致企业长期的高额配送成本

1. 降低配送成本的策略

（1）混合策略

混合策略是指配送业务一部分由企业自身完成，另一部分则外包给第三方物流公司。这种策略的基本思想是：尽管采用纯策略（配送活动要么全部由企业自身完成，要么完全外包给第三方物流）易形成一定的规模经济，并使管理简化，但由于产品品种多变、规格不一、销量不等等情况，采用纯策略的配送方式超出一定程度不仅不能取得规模效益，反而会造成规模不经济。而采用混合策略，合理安排企业自身完成的配送和外包给第三方物流完成的配送，能使配送成本最小化。

⊙ 案 例 ●●●

混合策略的应用

美国一家干货生产企业为满足遍及全美的 1 000 家连锁店的配送需要，建造了 6 座仓库，并拥有自己的车队。随着经营的发展，企业决定扩大配送系统，计划在芝加哥投资 7 000 万美元再建一座新仓库，并配以新型的物料处理系统。该计划提交董事会讨论时，却发现这样不仅成本较高，而且就算仓库建起来也还是满足不了需要。于是，企业把目光投向租赁公共仓库，结果发现如果企业在附近租用公共仓库，增加一些必要的设备，再加上原有的仓储设施，企业所需的仓储空间就足够了，但总投资只需 20 万元的设备购置费、10 万元的外包运费。加上租金，也远没有 7 000 万元。

（案例来源：宋洋，李东，肖锭. 仓储与配送项目教程 [M]. 成都：电子科技大学出版社，2013.）

（2）差异化策略

差异化策略的指导思想是：鉴于产品特性不同，所提供的客户服务标准也会存在一定差异。当企业拥有多种产品线时，对所有产品都按统一的客户服务标准进行配送并不是最经济的做法，而应按产品的特点、销售情况来设置不同的库存、不同的运输方式及不同的储存地点。忽视产品的差异性会增加不必要的配送成本。

⊙ 案 例 ●●●

差异化策略应用

一家生产化学品添加剂的公司，为降低成本，按各种产品的销量比重进行分类：A 类产品的销量占总销量的 70% 以上，B 类产品占 20% 左右，C 类产品则为 10% 左右。对 A 类产品，公司在各销售网点都备有库存；B 类产品只在地区分销中心备有库存，而在各销售网点不备库存；C 类产品连地区分销中心都不设库存，仅在工厂的仓库才有存货。经过一段时间的运行，事实证明这种方法是成功的，企业总的配送成本下降了 20%。

（案例来源：宋洋，李东，肖锭. 仓储与配送项目教程 [M]. 成都：电子科技大学出版社，2013.）

（3）合并策略

合并策略包含两个层次，一是配送方法上的合并，二是共同配送。

①配送方法上的合并。企业在安排车辆完成配送任务时，充分利用车辆的容积和载重量，做到满装满载，是降低成本的重要途径。由于产品品种繁多，不仅包装形态、储运性能不一，在容重方面也往往相差甚远。一辆车上若只装载容重较大的货物，则有可能已经达到车辆的最大载重量，但容积却有空余；又或是只装载容重较小的货物，车辆容积已经达到极限，但载重量还有所富裕，而这两种情况实际上都造成了浪费。若对这两种货物进行搭配装

载，不仅有效利用了车辆有效容积，还实现了满装满载的要求，从而使配送成本达到最优。

②共同配送。共同配送是一种产权层次上的共享，也称集中协作配送。这种配送有两种情况：一是中小型生产、零售企业之间分工合作实行共同配送，即在位于同一行业或在同一地区的中小型生产、零售企业单独进行配送时运输量少、效率低的情况下进行联合配送。这样不仅可减少企业的配送费用，让配送能力得到互补，而且有利于缓和城市交通拥挤，提高配送车辆的利用率。二是几个中小型配送中心之间的联合。针对某一地区的用户，由于各配送中心所配物资数量少、车辆利用率低等，几个配送中心将用户所需物资集中起来，实施共同配送。

▶ 案 例

伊藤洋华堂的共同配送策略

日本的伊藤洋华堂是著名的超市型零售企业，早在 1984 年下半年就开始实施窗口配发制的实验，探索共同配送的可能性。伊藤洋华堂明确共同配送应该实现让零售企业和批发企业共赢的观点，与批发企业达成了一致的意见，得到了积极的配合，所以实验进展十分顺利取得了全面成功。

实验主要以埼玉县和千叶县的店铺为中心，加上部分茨城县、东京都的店铺，一共 39 个店铺，试运行的商品主要是加工食品。从总体上看，借助集中物流管理和共同配送，商品订货开始向小单位化发展，频率也逐步加快，原来是 3 天 1 次订货、发货，实施共同配送后，基本上做到了当天订货、第二天发货，甚至有些商品早上订货，晚上就能发货。在运作过程中，伊藤洋华堂决定所有商品必须先集中到指定批发商处，然后才能对店配送的制度。当然，对于部分适宜直接配送到店或配送到伊藤洋华堂物流中心的商品，必须由伊藤洋华堂作为特殊情况处理。

伊藤洋华堂共同配送制度全面实施后，效果十分明显，配送成本大幅度降低，除了保证配送的迅速、及时之外，配送方式的变革也对零售经营产生较深的影响。同时也推动了信息体系的建设，实现了与客户、供应商之间的信息共享，并通过商品产销物的联动，加强了对单品的管理，促进了商品的鲜度管理，及时应对市场的变化。可以说，伊藤洋华堂的物流管理已向供应链管理方向发展。

（案例来源：百度文库，引文经整理、节选和改编）

（4）延迟策略

延迟策略的基本思想就是对产品的外观及其生产、组装、配送应尽可能推迟到接到顾客订单后再确定，一旦接到订单就要快速反应，因此，信息的迅速传递是采用延迟策略的基础。一般说来，实施延迟策略的企业应具备以下几个基本条件。

①产品特征：模块化程度高，产品价值密度大，有特定的外形，产品特征易于表述，定制后可改变产品的容积或重量。

②生产技术特征：模块化产品设计，设备智能化程度高，定制工艺与基本工艺差别不大。

③市场特征：产品生命周期短，销售波动性大，价格竞争激烈，市场变化大，产品的提前期较短。

> ### 案 例
>
> #### 延迟策略应用
>
> 美国一家生产金枪鱼罐头的企业通过采用延迟策略改变配送方式，降低了库存水平。历史上这家企业为提高市场占有率针对不同的市场设计了几种标签，产品生产出来后运到各地的分销仓库储存起来。由于顾客偏好不一，几种品牌的同一产品经常出现一种品牌的产品畅销而缺货，而另一些品牌却滞销压仓。为了解决这个问题，该企业改变以往的做法，在产品出厂时不贴标签就运到各分销中心储存，接到各销售网点的具体订货要求后才按各网点指定的品牌标志贴上相应的标签。这样就有效地解决了此缺彼压的矛盾，从而降低了库存。
>
> （案例来源：施新平，王利改. 仓储与配送管理［M］. 南京：东南大学出版社，2013.）

（5）标准化策略

标准化策略就是尽量减少因品种多变而导致的附加配送成本，要尽可能多地采用标准零部件、模块化产品。如服装制造商按统一规格生产服装，直到顾客购买时才按顾客的身材调整尺寸。标准化策略要求厂家从产品设计开始就要站在消费者的立场去考虑怎样节省配送成本，而不要等到产品生产出来后才考虑采用什么技巧降低配送成本。

2. 各环节配送成本的控制

配送成本控制是根据成本预测、成本决算和成本预算所提供的实际数据，对配送活动过程中所发生的各种资源的耗费与相应降低成本措施的执行进行指导、监督和调节，以保证目标成本和成本预算任务的实现。配送是多环节物流活动的集成，配送成本的控制需要对各环节成本实施分项控制。

（1）运费的控制

运费是承运单位向客户提供运输劳务所产生的费用，占配送费用的比重较大。运费控制的控制点主要在于运输时间、运输的准确性和可靠性及运输批量水平等方面。控制方法除了对车辆配载进行合理组织外，还可以基于智慧物流系统对配送路径进行优化，提高配送效率，同时通过运输透明化监控运输过程的安全性，降低运输过程的差错事故及保障车辆安全等。

（2）分拣费用的控制

分拣费用是货物在分拣过程中所支出费用的总和。控制方法有合理选择分拣设备、防止机械设备无效作业、合理规划分拣方式和分拣作业过程。例如，运输途中有时需要转运，采取标准化包装可以提高分拣效率，降低分拣成本。

（3）包装费用的控制

包装起着保护产品、方便储运、促进销售的作用。包装费用的控制点是包装的标准化率和运输包装的材料耗费。控制方法有包装材料的成本核算和成本分析、包装尺寸的标准化、包装作业的机械化、对散装物流的组织等。

（4）流通加工费用的控制

货物进入流通领域后，按照客户的要求进行一定的加工活动，由此而产生的费用就是流通加工费用。控制方法有确定合理的流通加工方式、加强流通加工的生产管理、降低流通加工中耗用的水电和能耗费等。

四、配送绩效评价

配送绩效是指在一定经营期间物流配送的运行效率和取得的财务效益等经营成果的体现。配送绩效评价就是运用科学、规范的评价方法，对一定经营时期的企业配送活动的经营业绩和效率进行定量及定性分析，获取有关任务完成水平、取得效益、付出代价的信息，进而在管理活动中利用这些信息不断控制和修正工作的一个持续的动态管理过程。配送绩效评价对配送工作经验的积累与改善、配送业务的发展起着非常重要的作用。

（一）配送绩效评价的制定原则

制订配送绩效指标的依据主要是商品配送的原则。商品配送的原则有及时性、准确性、安全性、经济性。

①及时性。尽量缩短商品的待运和在途时间，加速商品流通，确保商品的市场供给，尽量做到门到门服务。

②准确性。在配送过程中做到单证等信息传递的有效性，确保各项手续交接清楚，并且准确地完成商品的配送。

③安全性。商品在配送的过程中，不发生损坏、变质、污染、渗漏、爆炸、燃烧、丢失等事故，同时确保人员和配送设备的安全性。

④经济性。配送的经济性表现为选择一种合理的配送方式并对这种配送方式加以优化，使整个物流系统或供应链上的配送成本最低、综合效益最好。

（二）配送绩效评价的指标体系

配送绩效评价指标的选取是非常关键的，除了配送作业绩效评价指标、配送服务质量评价指标外，还可以从进出货作业绩效评价指标、拣选作业绩效评价指标等方面来构建配送企业的绩效评价指标体系，具体如图9-3所示。需要注意的是，由于每个配送企业的战略目标和业务重点不相同，选取的绩效评价指标不可能完全一样。

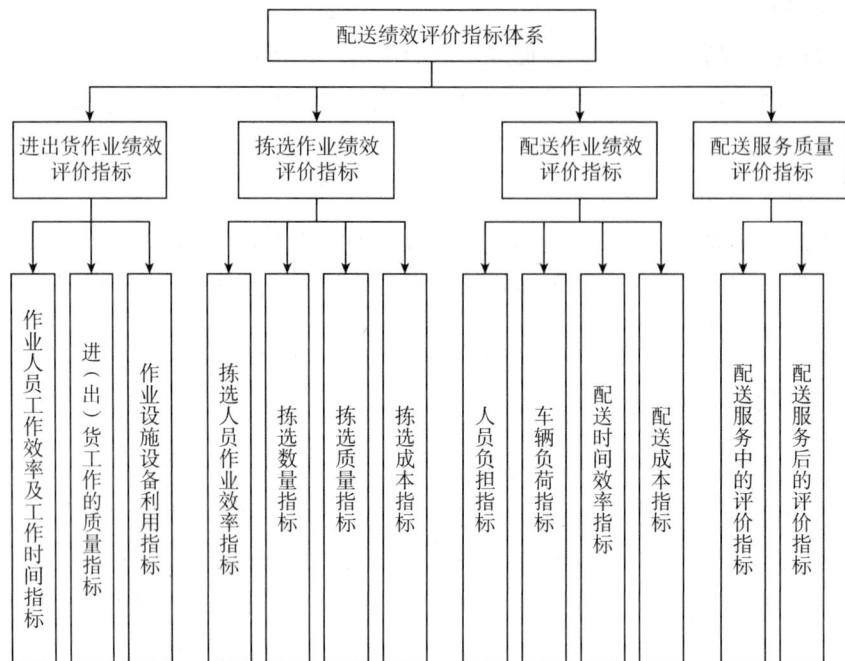

图9-3　配送绩效评价指标体系

1. 进出货作业绩效评价指标

（1）作业人员工作效率及工作时间指标

若进出货人员分开管理，则每人每小时处理的进出货量和进出货时间率要分开计算。

①每人每小时处理进货量的计算公式为：

$$每人每小时处理进货量 = \frac{进货量}{进货人员数 \times 每日进货时间 \times 工作天数} \qquad (9-21)$$

②每人每小时处理出货量的计算公式为：

$$每人每小时处理出货量 = \frac{出货量}{出货人员数 \times 每日出货时间 \times 工作天数} \qquad (9-22)$$

③进货时间率的计算公式为：

$$进货时间率 = \frac{每日进货时间}{每日工作时间} \times 100\% \qquad (9-23)$$

④出货时间率的计算公式为：

$$出货时间率 = \frac{每日出货时间}{每日工作时间} \times 100\% \qquad (9-24)$$

若进出货人员共用，则每人每小时处理的进出货量和进出货时间率的计算方法又不一样。

①每人每小时处理进出货量的计算公式为：

$$每人每小时处理进出货量 = \frac{进出货量}{进出货人员数 \times 每日进出货时间 \times 工作天数} \qquad (9-25)$$

②进出货时间率的计算公式为：

$$进出货时间率 = \frac{每日进出货时间}{每日工作时间} \times 100\%$$ （9—26）

（2）进（出）货工作的质量指标

进（出）货工作的质量指标包括进（出）货数量误差率、进（出）货时间延迟率和进货品合格率。

①进（出）货数量误差率的计算公式为：

$$进(出)货数量误差率 = \frac{进(出)货数量误差量}{进(出)货总量} \times 100\%$$ （9—27）

②进（出）货延迟率的计算公式为：

$$进(出)货延迟率 = \frac{延迟进(出)货的货品总量}{进(出)货总量} \times 100\%$$ （9—28）

③进货品合格率的计算公式为：

$$进货品合格率 = \frac{进货品合格的数量}{进货总量} \times 100\%$$ （9—29）

（3）作业设施设备利用指标

作业设施设备利用指标包括站台利用率、站台高峰率和装卸搬运设备利用率。

①站台利用率的计算公式为：

$$站台利用率 = \frac{进出货车装卸停留总时间}{站台泊位数 \times 工作天数 \times 每天工作时数} \times 100\%$$ （9—30）

②站台高峰率的计算公式为：

$$站台高峰率 = \frac{高峰期车辆数}{站台泊位数} \times 100\%$$ （9—31）

③装卸搬运设备利用率的计算公式为：

$$设备能力利用率 = \frac{设备的实际装卸搬运量}{设备的额定装卸搬运量} \times 100\%$$ （9—32）

$$设备时间利用率 = \frac{设备的实际工作时间}{设备的额定工作时间} \times 100\%$$ （9—33）

2. 拣选作业绩效评价指标

（1）拣选人员作业效率指标

拣选人员作业效率指标包括人均每小时拣货品项数、批量拣货时间。

①人均每小时拣货品项数的计算公式为：

$$人均每小时拣货品项数 = \frac{订单数量 \times 订单平均品项数}{拣货人数 \times 每日拣货时数 \times 工作天数}$$ （9—34）

②批量拣货时间的计算公式为：

$$批量拣货时间 = \frac{拣货人数 \times 每日拣货时数 \times 工作天数}{拣货分批次数}$$ （9—35）

（2）拣选数量指标

拣选数量指标包括单位时间处理订单数和单位时间拣取品项数。

①单位时间处理订单数的计算公式为：

$$单位时间处理订单数 = \frac{订单数量}{每日拣货时数 \times 工作天数} \qquad (9-36)$$

②单位时间拣取品项数的计算公式为：

$$单位时间拣取品项数 = \frac{订单数量 \times 每个订单平均品项数}{每日拣货时数 \times 工作天数} \qquad (9-37)$$

（3）拣选质量指标

拣货质量主要表现为拣误率，其计算公式为：

$$拣误率 = \frac{拣取错误笔数}{订单总笔数} \times 100\% \qquad (9-38)$$

（4）拣选成本指标

拣选成本指标包括每笔订单投入的拣货成本和单位商品投入的拣货成本。

①每笔订单投入的拣货成本的计算公式为：

$$每笔订单投入的拣货成本 = \frac{拣货投入成本}{订单总量} \qquad (9-39)$$

②单位商品投入的拣货成本的计算公式为：

$$单位商品投入的拣货成本 = \frac{拣货投入成本}{拣货商品累计总件数} \qquad (9-40)$$

3. 配送作业绩效评价指标

（1）人员负担指标

人员负担指标包括平均每人的配送量、平均每人的配送距离、平均每人的配送重量和平均每人的配送车次。

①平均每人的配送量的计算公式为：

$$平均每人的配送量 = \frac{出货总量}{配送人员数} \qquad (9-41)$$

②平均每人的配送距离的计算公式为：

$$平均每人的配送距离 = \frac{配送总距离}{配送人员数} \qquad (9-42)$$

③平均每人的配送重量的计算公式为：

$$平均每人的配送重量 = \frac{配送总重量}{配送人员数} \qquad (9-43)$$

④平均每人的配送车次的计算公式为：

$$平均每人的配送车次 = \frac{配送总车次}{配送人员数} \qquad (9-44)$$

（2）车辆负荷指标

车辆负荷指标包括平均每台车辆配送吨千米数、平均每台车配送重量和空车率。

①平均每台车配送吨千米数的计算公式为：

$$平均每台车配送吨千米数 = \frac{配送总量 \times 配送总距离}{配送总车次} \qquad (9-45)$$

②平均每台车配送重量的计算公式为：

$$平均每台车配送重量 = \frac{配送总重量}{配送总车次} \qquad (9-46)$$

③空车率的计算公式为：

$$空车率 = \frac{空车行驶距离}{配送总距离} \times 100\% \qquad (9-47)$$

（3）配送时间效率指标

配送时间效率指标主要核算平均每单的配送时间，其计算公式为：

$$平均每单的配送时间 = \frac{配送总时间}{配送的单数} \qquad (9-48)$$

（4）配送成本指标

配送成本指标主要核算平均每单的配送成本，其计算公式为：

$$平均每单的配送成本 = \frac{配送总费用}{配送的单数} \qquad (9-49)$$

4. 配送服务质量评价指标

（1）配送服务中的评价指标

配送服务中的评价指标如表9-5所示。

表9-5　配送服务中的评价指标

序号	指标名称	指标定义
1	准时配送率	准时送达的订单数占全部需要送达的订单数的比率
2	在途货物破损率	在集货、城间配送、市内配送中货物破损量占总配送货物的比率
3	货物差错率	在发货过程中，发错、少发及送错的货物量占总货物量的比率
4	货物丢失率	在配送过程中，货物丢失数量占总货物数量的比率
5	签收率	城间配送、市内配送的单据签收量占应签收的总单据量的比率
6	信息准确率	各个部门传递准确信息量占总信息量的比率
7	城间配送稳定性	根据配送率、货损率、货差率等指标汇总，考评某一条线路在一定时期内的稳定性

（2）配送服务后的评价指标

配送服务后的评价指标如表9-6所示。

表9-6　配送服务后的评价指标

序号	指标名称	指标定义
1	通知及时率	在一定时间内，通知客户的到货信息量和货损信息量与全部信息量的比率
2	客户投诉率	接到投诉订单的数量占总订单数量的比率
3	客户满意度	接到评价满意订单的数量占总订单数量的比率

某连锁超市生鲜加工配送中心绩效评价体系

某连锁超市经营生鲜商品，需要有一个高效、快速的冷链配送加工体系，才能为广大顾客提供新鲜、安全的生鲜商品。该连锁超市的生鲜加工配送中心从影响绩效的成本、效率、质量和能力四个方面建立二级评价指标体系，如图9-4所示。

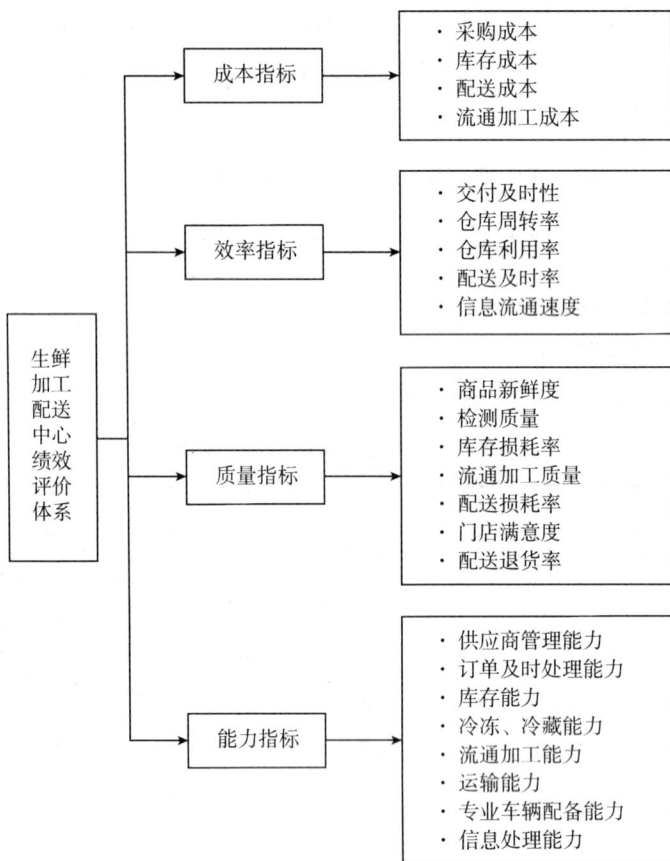

图9-4 生鲜加工配送中心绩效评价体系

（三）提升配送质量的途径

为提升配送质量，国内外总结了一些可供借鉴的经验，发现了一些有效途径，具体表现在以下几个方面。

1. 推行专业化配送

专业化是高效率、低成本的基础。通过采用综合的专业设备设施及操作程序，企业能够更好地承担实体分配功能，取得较好的配送效果，并降低配送过分综合化的复杂程度及难度，从而提高配送服务质量，增强自身的核心能力，进一步增强企业的竞争力。

2. 推行加工配送

将加工和配送结合，充分利用本来应有的中转，而不增加新的中转，使配送服务质量提高。同时，借助配送，加工目的更明确，与用户联系更紧密，还避免了加工的盲目性。将这两者有机结合，不增加过多投入的同时可以追求两个优势、两个效益，是提高配送服务质量的重要经验。

3. 推行共同配送

共同配送可以共享资源，从而发挥资源的最大能力，以最小的资源消耗、最低的配送成本完成配送任务，从而提高配送服务质量。

4. 实行送取结合

在与用户建立稳定、密切的协作关系的同时，配送企业不仅成为用户的供应代理人，而且作为用户储存据点，甚至成为产品代销人。在配送时，将用户所需的物资送达指定地点后，再将该用户生产的产品用同一车运回，这种方法避免了空车运输，也使这种产品成了配送中心的配送产品之一，或者作为代存代储，免去了生产企业的库存包袱。这种送取结合方式，使运力得到有效利用，也使配送企业功能有更大的发挥，从而使配送服务质量与成本得到优化。

5. 推行准时配送

准时配送是提高配送服务质量的关键。当配送真正做到准时化时，用户才能真正把控库存，在保证产品的供应能力的同时进一步实现库存的最低化，甚至实施零库存。另外，准时配送还有利于有效地安排接货的人力、物力，以追求更高效率的工作。从国内外成功的配送案例来看，准时供应配送系统是许多配送企业提高配送服务质量的重要基础。

6. 推行即时配送

即时配送是一种应急手段，可以解决用户企业的断供之忧，是大幅度提高供应能力的重要手段。即时配送是配送企业快速反应能力的具体化，是配送企业能力的体现。即时配送成本较高，如果计划配送能够达到目的，就无须依赖即时配送。但即时配送是保证整个配送服务质量的关键因素，也是实现用户零库存生产的重要保证。

模块二　案例讨论

案例1

安利如何降低物流储运成本

降低物流储运成本是每个物流企业都非常关心的问题。由于物流资讯短缺、物流基建落后、第三方物流公司资质参差不齐等，国内很多企业的物流储运成本居高不下，而安利（中国）日用品有限公司（以下简称安利）的储运成本仅占全部经营成本的46%，创造了物流业的奇迹。安利降低物流储运成本的秘诀在于全方位物流战略的成功运用。具体来说，物流战略主要包括非核心环节外包、仓库半租半建和核心环节大手笔投入三个方面的内容。

1. 非核心环节外包

安利"店铺+推销员"的销售方式，对物流储运有非常高的要求。其物流储运系统的主要功能是将安利工厂生产的产品及向其他供应商采购的印刷品、辅销产品等先转运到公司位于广州的物流中心，然后通过不同的运输方式运抵部分城市的区域仓库暂时储存，再根据需求转运至设在各省市的店铺，并通过家居送货或店铺等销售渠道推向市场。安利储运部同时还兼管全国店铺的营运、家居送货及电话订货等业务。所以，物流系统的完善与工作效率在很大程度上影响着安利整个销售市场的运作。

由于国内的物流资讯较为短缺，安利很难获得物流企业的详细信息，如从业公司的数量、资质和信用等，而很多第三方物流供应商在专业化方面有所欠缺，很难达到客户的要求。在这样的情况下，安利采用了适应中国国情的"安利团队+第三方物流供应商"的全方位运作模式。核心业务，如库存控制库存设计、调配指令及储运中心的主体设施与运作等由安利统筹管理，实现信息资源最大范围的共享，使企业价值链发挥最大效益。而非核心环节，则通过外包形式完成。如以广州为中心的珠三角地区主要由安利的车队运输，其他地区的货物运输则是由第三方物流公司来承担。目前已有多家大型第三方物流公司承担安利大部分的配送业务。安利会派人定期监督和进行市场调查，以评估服务商是否提供了合理的价格，并符合公司的标准。

这样，安利既能整合第三方物流的资源优势，与其建立牢固的合作伙伴关系，又能通过对企业供应链核心环节的掌控，保持自身优势。

2. 仓库半租半建

安利一直坚持实用主义的投资原则。安利在广州的新物流中心就很好地反映了安利的"实用主义"哲学。新物流中心占地面积达 4 万平方米，建筑面积达 1.6 万平方米。这样大的物流中心如果全部由安利自建，仅土地和库房等基础设施方面的投资就需要数千万元。安利采取的是和另一物业发展商合作的模式，合作方提供土地和库房，安利租用仓库并负责内部的设施投入。只用了一年时间，仅投入了 1 500 万元，安利就拥有了一个面积充足、设备先进的新物流中心。

3. 核心环节大手笔投入

安利在管理的核心环节坚持大手笔投入。据了解，安利仅在信息管理系统上就投资了 9 000 多万元，系统的主要组成部分之一是用于配送、库存管理的 AS 400 系统，它使公司的物流配送运作效率得到了很大提升，同时大大降低了各种成本。

安利利用先进的计算机系统将全球各个分公司的存货数据汇集在一起。各分公司与美国总部直接联机，及时更新储存每项产品的生产日期、销售数量、库存状态、有效日期、存放位置、销售价值、成本等数据，使总部能及时了解各地区、各店铺的销售和存货状况，并按各店铺的实际情况及时安排补货。在仓库库存不足时，公司的库存及生产系统则会实时安排生产，并预先制订补给计划，以避免个别产品出现断货的情况。

通过全方位物流战略的运用，安利物流储运成本得以大幅度降低，为企业进一步拓展市场奠定了良好的基础。

（案例来源：范学谦，曾艳丽. 物流成本管理 [M]. 天津：天津大学出版社，2013.）

案例思考：

1. 安利是如何降低物流配送成本的？

2. 安利的核心环节是什么？

3. 本案例给你带来什么启示？

案例2

沃尔玛的配送成本管理

沃尔玛的配送中心设立在100多家零售店的中央，这使得一个配送中心可以满足100多个周边城市的销售网点的需求。沃尔玛配送中心的一端是装货月台，另一端是卸货月台，两项作业分开。看似与装卸一起的方式没有什么区别，但是运作效率由此提高很多。

沃尔玛要卖的产品有几万个品种，吃、穿、住、用、行各方面都有。为了满足食品、快速消费品等商品对响应度的要求，沃尔玛采取了"交叉配送"的作业方式，进货时直接装车出货，没有入库储存与分拣作业，降低了成本，加速了流通，提高了效率，使商品在配送中心停留不超过48小时。

沃尔玛每家店每天送一次货（竞争对手每五天一次），至少一天送货一次意味着可以减少商店或者零售店里的库存，大大降低了零售场地和人力管理成本。要达到这样的目标就要不断完善组织结构，建立一种能够满足这种需求的运作模式。

沃尔玛的配送成本占销售额的2%，而一般来说物流成本占整个销售额的10%左右，有些食品行业甚至达到30%。另外，竞争对手一般只有50%的货物进行集中配送，而沃尔玛90%以上是进行集中配送的，只有少数可以从加工厂直接送到店里，这样成本与对手就相差很多了。沃尔玛始终坚持把最好的东西用最低的价格卖给消费者，这也是它成功的所在。

（案例来源：梁军，杨铭. 配送实务［M］. 北京：中国财富出版社，2015. 引文经整理、改编）

案例思考：

1. 简要说明沃尔玛的配送中心是如何控制配送成本的？

2. 谈一谈你从本案中受到的启发。

案例3

烟草物流配送中心的绩效评价体系

1. 物流配送绩效评价研究的现状

现阶段，国内外对物流配送绩效的研究主要集中在配送绩效评价方法和评价指标选取两个方面。物流权威机构指出，物流的绩效评价要考虑四个指标：交货周期、送货可靠性、送货灵活性、库存水平。每一项指标都有三个指标值：理想值、目标值、当前值。物流绩效管理的目标就是按照理想值设定目标值，根据目标值改进现有的绩效状况。有专家采用了功效系数法为主、综合分析判断法为辅的评价方法，从物流活动方面对物流绩效进行分析，主要分析经济效益、顾客服务业绩、配货和送货质量、库存绩效等指标。

2. 烟草物流配送绩效评价体系建立的原则

绩效评价的核心是确定评价指标体系，尽可能全面地反映影响绩效的所有因素。对烟草物流配送中心来说，指标体系要能够科学、客观、全面地反映配送中心的运行状况。但是一套既科学又合理的绩效评价指标体系必须按照一定的原则进行分析。

（1）目的性原则。指标体系要紧紧围绕绩效评价这一特定的目的进行设计。由于物流本身已经包含了运输、储存、搬运、包装、流通加工、配送、信息处理等基本功能，再加上配送中心自身的管理、规模、技术等，如果不遵循一定的目的性，那么提取的指标不仅无法反映烟草企业的绩效水平，还会因指标数量过多而不利于分析。

（2）系统性原则。指标体系要包括企业绩效所涉及的各个方面，使之成为一个系统。烟草物流配送中心是一个包含众多因素的共同体，必须采用系统设计的思想和系统评价的原则来建立指标体系。因此，要按照相关性、层次性、整体性和综合性的要求来提取指标。

（3）科学性原则。指标的设计必须科学，指标体系结构的拟定、指标的取舍、公式的推导等都要有科学依据。

（4）操作性原则。指标定义时要求定义明确、概念清楚，尽量避免有歧义，能与烟草行业现行统计资料很好地对应。同时，指标的内容不应该过于烦琐，指标的数量不宜过多，以便于操作。

3. 影响烟草物流配送绩效评价的因素

（1）时效性。这关系到配送中心能否及时满足零售客户需求。时间是衡量效率最直接的因素，最能体现烟草物流配送中心的整体作业能力。因此，烟草物流配送中心应在最短的时间内完成配送活动。

（2）经济性。这里指烟草物流配送中心为提供零售客户服务所投入的总成本费用在烟草物流配送中心的服务策略中，既不能单方面地追求最低总成本，也不能单方面地追求高水平的客户服务。一个完善的烟草物流配送体系，需要准确估算实现不同质量水平服务所需要的运作成本，目标是以最低成本实现烟草物流配送服务的最优化。

（3）可靠性。这是指配送中心具备实施与交货相关的所有业务活动的能力，它体现了物流的综合运行质量，包括卷烟完好无损、结算准确无误、卷烟能够及时送到零售客户手中、到货卷烟数量符合订单要求等。

4. 烟草物流配送绩效评价分析

一个绩效评价指标体系应包含进出货作业、储存作业、配送作业三个一级指标，其下又分有不同的二级指标。在选用分析方法上，应将层次分析法和关键业绩指标法相结合，把企业的战略目标分解成可操作的工作目标，通过对各部门岗位指标实施情况的考核来落实，提高配送中心的绩效。两种方法的结合，既能进行定量分析，又能进行定性的功能评价。

对烟草物流配送中心来说，应从效率、成本、质量、服务四个维度建立物流绩效考核指标评价体系。

（1）效率。效率维度涉及库存周转率、订单处理率、交货及时率和完成一次销售的周期等指标。其中，库存周转率数值越高，表明卷烟销售情况越好，库存占用资金越少。该指标是物流绩效考核的一个重点指标。

（2）成本。成本维度中统计的物流成本是配送中心的运输成本和运营成本。科学的物流成本应该是以物流活动为基础的，所有与物流活动有关的费用都应该包括在成本维度中。比如采购费用、运输装卸费用、仓储费用、包装费用、流通加工费用、物流总成本等。

（3）质量。质量维度涉及卷烟配送完好率、物流纯收益、物流费用率、物流效用增长率等指标。

（4）服务。服务维度涉及卷烟配送的准确率、投诉处理率、卷烟破损率等指标。

5．建立物流配送绩效评价体系应注意的问题

首先，物流配送绩效评价体系应具有以下特点：一是要把静态性指标和动态性指标相结合，二是要把可组合性指标和可分解性指标相结合。其次，单纯的指标已不能全面反映烟草物流绩效水平，可以根据评价目的和具体需要选择评价方法。最后，物流系统评价应以整体物流成本最小化、顾客服务最优化、企业利益最大化为目标，将绩效评价的重点放在降低成本上。

（案例来源：杨胜春．浅谈烟草物流配送中心的绩效评价体系［N］．东方烟草报．2010，（2）．）

案例思考：

1．本案例中，建立物流配送绩效评价体系的原则是什么？

2．本案例中，建立物流配送绩效评价体系注意的问题有哪些？

3．你所知道的提升物流配送绩效的方法有哪些？

模块三　实训项目

一、实训目的

通过模拟建立仓储和配送管理绩效指标，学生应熟悉相关绩效指标体系的内容，能够对指标体系进行分析，理解这些指标对企业的影响，并能够运用各种指标对企业的绩效进行评价并提出改进措施。

二、实训内容

1．实训任务

①组织学生进行分组，分组后从家电、服装、医药、制造或食品等行业中选择一个行业，调研该行业在仓储或配送业务上的特点。

②在所选行业中对某个典型企业进行调研，确定该企业在仓储或配送业务上的核心竞争力。

③依据仓储与配送绩效评价的原则，以选择的典型企业为主体，制定符合该企业核心竞争力的绩效评价指标体系。

④对绩效评价各指标进行赋值，并以小组展示的方式对组内建立的评价指标和赋值情况

进行讲解。

2. **实训成果**

将实训中的调研情况及仓储或配送绩效指标体系的建立等结果进行总结，撰写实训报告，以此作为实训成果。

模块四　小结与习题

一、内容小结

从仓储运营角度考虑，仓储成本主要由固定资产折旧和租赁费、设备维修费、工资和福利费、仓储保管费、仓储管理费用、财务费用、营销费用、保险费与税费等构成。常见的仓储成本核算方法包括按支付形态核算、按仓储项目核算和按适用对象核算。配送成本的构成主要包括配送运输费用、分拣费用、配装费用及流通加工费用，其核算方法包括营运成本法与作业成本法两种，两种核算方法各有利弊，企业要根据实际情况进行选择。

绩效评价是对业绩和效率的一种事后评价度量及事前控制指导，从而判断任务的完成情况和所付出的代价。仓储企业利用指标对资源利用程度、服务水平、能力与质量及储存效率等方面，通过对比分析、因素分析及价值分析等方法进行考核评价，以提高仓储业务管理与技术水平。配送管理绩效评价主要对进出货作业、拣选作业、配送作业及配送服务质量进行绩效评价，及时反馈配送情况，帮助企业不断控制和修正工作，提高配送服务水平。

二、思考题

1. 仓储成本的构成包括哪些内容？
2. 简述仓储成本的控制途径。
3. 仓储绩效评价有何意义？遵循的原则是什么？
4. 仓储绩效评价指标体系包括哪些内容？如何提高仓储管理绩效？
5. 简述配送成本的构成及配送成本的影响因素。
6. 简述配送绩效评价体系。

主要参考文献

[1] 阮喜珍. 现代仓储管理［M］. 大连：东北财经大学出版社，2016.

[2] 耿富德. 仓储管理与库存控制［M］. 北京：中国财富出版社，2016.

[3] 颜汉军. 仓储与配送实务［M］. 上海：上海交通大学出版社，2017.

[4] 徐俊杰，姜凌. 现代仓储管理［M］. 2版. 合肥：安徽大学出版社，2015.

[5] 王长青，宫胜利，岳红. 仓储与配送管理实务［M］. 北京：北京理工大学出版社，2018.

[6] 傅莉萍. 仓储管理［M］. 北京：清华大学出版社，2015.

[7] 张洪革，孙宏英. 仓储与配送管理：理论、实务、案例、实训［M］. 大连：东北财经大学出版社，2014.

[8] 慕庆国，李雪松. 现代仓储运营管理［M］. 北京：中国财富出版社，2017.

[9] 梁军，杨铭. 配送实务［M］. 北京：中国财富出版社，2015.

[10] 吴新燕. 仓储管理实务［M］. 南京：东南大学出版社，2016.

[11] 周青浮，乔瑞. 物流仓储与配送［M］. 延吉：延边大学出版社，2015.

[12] 谢家平，何庆斌. 仓储与配送管理［M］. 2版. 上海：复旦大学出版社，2015.

[13] 林贤福，黄裕章. 仓储与配送管理实务［M］. 2版. 北京：北京理工大学出版社，2018.

[14] 范学谦，曾艳丽. 物流成本管理［M］. 天津：天津大学出版社，2013.

[15] 罗俊，黄柳英. 仓储管理［M］. 重庆：重庆大学出版社，2012.

[16] 涂淑丽. 仓储运营管理［M］. 南昌：江西人民出版社，2016.

[17] 王海军，张建军. 仓储管理［M］. 武汉：华中科技大学出版社，2015.

[18] 李方俊，曹爱萍. 配送管理实务［M］. 重庆：重庆大学出版社，2017.

[19] 宋洋，李东，肖锭. 仓储与配送项目教程［M］. 成都：电子科技大学出版社，2013.

[20] 施新平，王利改. 仓储与配送管理［M］. 南京：东南大学出版社，2013.

[21] 冷志杰. 配送管理［M］. 重庆：重庆大学出版社，2009.

[22] 邬星根. 仓储与配送管理［M］. 上海：复旦大学出版社，2005年.

[23] 孙家庆，杨永志. 仓储与配送管理［M］. 北京：中国人民大学出版社，2016.

[24] 赵佳妮，朱卫平，李智忠. 仓储配送管理［M］. 北京：国防工业出版社，2015.

[25] 尤美虹. 仓储管理实务［M］. 武汉：武汉大学出版社，2013.

[26] 张向春. 仓储管理实务［M］. 北京：北京理工大学出版社，2012.

[27] 杨思东，黄静编. 仓储管理实务［M］. 北京：中国经济出版社，2010.

［28］黄中鼎，林慧丹. 仓储管理实务［M］. 武汉：华中科技出版社，2009.

［29］宋华. 物流供应链管理机制与发展［M］. 北京：经济管理出版社，2002.

［30］梁军. 仓储管理［M］. 杭州：浙江大学出版社，2009.

［31］陈华，杨自辉. 仓储管理实务［M］. 长沙：湖南人民出版社，2007.

［32］唐纳德·沃尔斯特. 库存控制与管理［M］李习文，李斌，译. 北京：机械工业出版社，2005.

［33］林慧编. 仓储管理实务［M］. 西安：西北工业大学出版社，2011.

［34］马毅，张虎臣. 物流仓储与配送［M］. 北京：北京交通大学出版社，2009.

［35］王之泰. 新编现代物流学［M］. 4 版. 北京：首都经贸大学出版社，2018.